公務員試験

最初でつまずかない数的推理

佐々木 淳 著

実務教育出版

はじめに

本書は，公務員の採用試験を受験しようと考えている方の中でも，特に算数や数学に苦手意識を持っている方を対象とした数的推理の入門書です。

そのため，算数や数学が苦手な方が疑問を持ちやすい部分に積極的にフォローを入れています。解き方についても奇をてらうことなく極力自然な解説を心がけ，挫折することなく数的推理の重要なテーマをひととおり学習できるように企画されました。

数的推理ってなんだろう？

公務員採用試験（公務員試験）の教養試験は，幅広い科目からまんべんなく出題されるのが特徴です。そのため１科目当たりの出題数は１～２問程度ですが，数的推理は出題数が４～６問と多く，数的推理の出来が公務員試験の合否を左右するといっても過言ではありません。しかし，算数・数学に苦手意識を持っている方は対策が後回しになりがちで，十分な対策をしないまま試験当日を迎えているケースも多いようです。

確かに数的推理では，小学校のときに習った算数や，中学校・高等学校で習った数学の知識が必要ではありますが，現時点で算数・数学が苦手でも十分挽回できます。基本問題を通して解き方を身につければ，算数・数学が苦手な方でも高得点がねらえるのです。公務員をめざす方は，将来の仕事につながるものと思って，この数的推理という壁を乗り越えていきましょう。

数的推理攻略のコツは，数学を嫌わないこと

数的推理を攻略するためのコツは，基本問題をミスせず確実に解くことです。言葉にすると難しく聞こえるかもしれませんが，数的推理の出題パターンは限られていて，似たような問題が多く出題されます。そのため，よく出る形式の問題を確実に解けるように演習していけばいいのです。

もちろん数的推理の問題を解く際には，算数・数学の知識を利用することになるので，「数学」と聞いただけで身構えてしまう方もいるかもしれません。しかし，数的推理で使う数学は，高等学校で学習するベクトルや微分積分などの高度な知識が必要になるわけではありません。一部，数列や集合のように高等学校程度の知識を必要とするものもありますが，ほとんどは中学校の数学の基本的な知識で十分解ける問題になっています。

逆に，数学の知識を使うと簡単に解けてしまう問題も多いですから，これを使わない手はありません。数的推理という科目では，あくまでも数学の知識を「道具」として利用することが求められます。怖からず毛嫌いせず，できる問題や解けそうな問題から取り組むことが大切です。

方程式を使わない解法テクニックは……

公務員試験の中でも出題数が多く，その出来が合否に直結する数的推理ですから，当然多くの参考書や問題集が市販されています。そこでは，数学を苦手とする学生のことを考慮して，極力数学を用いない算数メインの解法テクニックが紹介されていることがあります。

算数の知識だけで解くことができて，なおかつ「この解法テクニックを使うと一瞬で解ける！」などと書かれていたりすると，すごく魅力的に思われるかもしれません。しかし，その解法テクニックは中学受験の経験者だけが知っているような特殊なもので，問題ごとにこと細かく分類されて用意されたものであることがしばしばです。

もちろん中学受験をした経験がある方なら問題はありません。かつての記憶を思い出せばいいだけだからです。

しかし，中学受験をしたことがない方にとっては，問題ごとに細分化されたテクニックを数多く覚えなくてはならなくなります。しかも，中学受験をしたことがある受験生のほうがはるかに有利となるハンディキャップを背負いながらです。

ここで考えてほしいのですが，そもそも中学受験の算数ではなぜ「解法テクニック」が数多くあるのでしょうか?

それは「小学校では方程式を習わないから」です。方程式が使えないために，小学生は何十もの解法テクニックを覚えて中学入試問題に対処しているのです。その何十もの解法テクニックを公務員試験の勉強のために覚える必要はあるのでしょうか？

結論から言うと，その必要はありません。その理由は，**算数の解法テクニックなら解けるのに，方程式では解けない問題というものはないからです。**

方程式を使ったシンプルな解法を

たとえば食塩水の濃度の問題ですが，算数の解法テクニックを使う場合は，天びん算や面積図などを用いて解くことになります。参考書などの解説を一見すると早く解けてすばらしいのですが，なぜ「天びんや面積を使って問題を解くことができるのか？」と問われたらほとんどの人が説明できないのではないでしょうか。

これは裏を返すと，ちょっとひねって出題されれば，たちどころにその解法テクニックが使えなくなったり，使うのが面倒になったりして，解けなくなってしまうことを意味します。**近年は，テクニックを使うと解くのが大変なのに，方程式を使うとあっさり解けるような問題もたびたび出題されています。**

また算数の解法テクニックは，問題ごとに細分化されているため，問題に合わせてどの解法テクニックを使うのかを判断する必要もあります。問題を前にしてどれを使うべきか…10秒，20秒……と貴重な時間を費やして悩んでいる方が少なくありません。公務員試験は時間がありませんから，解法テクニックの選択に時間をかけないことが重要です。

細分化された解法テクニックと比べて，方程式の解法は，式を立てて計算するという１通りです。そのため解法テクニックの選択に悩む時間を短縮することができます。

先ほどの食塩水の問題であれば，天びん算で解こうとすると大変な問題を無理に天びん算で解こうとして，天びんを２回も３回も書いていて，天びんだらけになっている答案を見かけます。これが方程式なら１回で済むのです。

そしてこの方程式の解法は，食塩水の問題のみならず，それ以外の問題にも通用するので応用範囲が広いです。そして極度の緊張感で行われる試験でも焦らずに「いつもどおりの解き方」ができるため，安心感もあります。

しかも本によっては天びん算を用いた後に「方程式を使って解く」という方程式をなるべく使わないようにしているはずなのに，結局最後は方程式を使っているものもしばしば見かけます。実は，方程式を一切使わずに解説している参考書・問題集はほとんど見当たらないのです。そしてその理由は，やはり方程式を使うほうが効率がいいからです。

最終的には方程式の知識が必要になるのであれば，最初から方程式を軸にして学習したほうがいいのではないでしょうか。

そのため，本書では方程式を使ったシンプルな解法を軸に進めていきます。その際，計算力はどうしても必要になってきます。しかし，計算力を養成するために，まずは計算ドリルなどを使って練習……というのでは時間がかかりすぎますし，効率的とはいえません。

そこで本書では冒頭の第１章，第２章，第３章で計算力の養成に主眼を置いた過去問の演習を行っていきます。最初に計算力を養成しつつ，第４章，第５章でよく出題される方程式を使った過去問の演習を行っていきます。

それでは早速進めていきましょう！　本書をやり終えた頃にはきっと，苦手意識がなくなって「あれ？これならなんとかなるかも！」と思えるようになりますから！

佐々木　淳

数的推理の学習のしかた

公務員試験の数的推理について

公務員採用試験の第1次試験は大きく**教養試験（基礎能力試験）**と**専門試験**に分かれます。教養試験には**知能分野**と**知識分野**（人文科学，自然科学，社会科学）があり，知能分野には，公務員の職務遂行に必要な言語能力を測るための**文章理解**と，職務遂行に必要な論理能力を測るための**数的処理**があります。数的推理はこの「数的処理」の科目として出題されます。数的推理は，小学校の算数や中学校（一部，高等学校）で学習した数学のイメージです。

【公務員試験の筆記試験の構成】

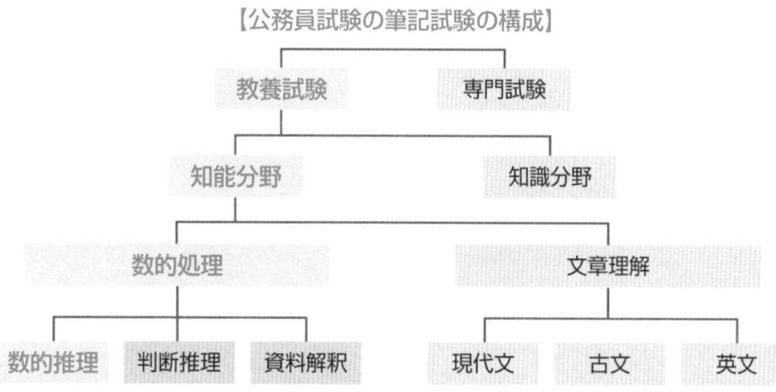

教養試験は，出題範囲が広いにもかかわらずそれぞれの科目の出題数は多くありません。しかし数的処理は特別で，教養試験の中で出題が3～4割と最も多くを占めるため，避けて通ることはできません。

しかも，本書で扱う数的推理は，算数と数学の知識が少々必要になるため，苦手としている受験生が多く，点数の差がつきやすい科目となっています。そのため，数的推理は公務員採用試験の突破のカギを握る最重要科目と言っても過言ではありません。

公務員試験における数的推理の特性を知ろう

数的推理は次ページの表のとおり，算数や数学の知識を使う問題が出題されます。そのため数学を苦手とする人は，数的推理にも苦手意識を持つことが多いです。しかし，数的推理に必要な知識のほとんどは中学校までに学習した内容で，算数の知識のみで解ける問題も出題されます。苦手意識だけで敬遠せず，足し算，引き算で解ける簡単な問題から着実にものにしていくことが大切です。

数的推理に限らず理系の科目は，文系の科目（人文科学，社会科学など）と比較すると，学習の成果がすぐに成績に反映されず，力がついてきたことを体感するまでにはある程度時間がかかります。そのため，長期的に継続して取り組むことが大事です。

【数的推理に必要な算数・数学の知識】

	出題テーマ（本書で学習できるテーマ）
小学校算数	四則演算，分数の計算，最小公倍数，最大公約数，比と割合
中学校数学	方程式，n 進法，場合の数と確率，相似な図形，三平方の定理，図形
高校数学	数列，集合など

数的推理が苦手な方は高卒程度の問題から始めるのがオススメ

数的推理の問題集の多くは，大卒程度の採用試験がターゲットになっているため，扱っている過去問も大卒程度のものとなっています。そのほうが直接的に対策できて効率的に見えますが，数学を苦手としている方にとって大卒程度の過去問はハードルが高く，それが挫折につながっていることもしばしばです。

そのため本書では，少ない知識から対応できる高卒程度の過去問を例題として使いながら徐々にレベルアップする形式をとっています。高卒程度の例題から始めるというと「これが大卒程度試験の対策になるのか？」「効率が悪いのでは？」と不安になる方がいるかもしれませんが，大卒程度の過去問にいきなり取り組んで挫折してしまったのでは，本末転倒です。数的推理に限らず学習は「急がば回れ」で，確実に１つ１つものにしていけば，本試験当日には解答できる力が備わります。

そもそも，高卒程度と大卒程度の試験の数的推理の問題には，それほど大きな内容の差はありません。それを象徴するのが，人気の東京都（特別区も含む）の採用試験問題で，Ⅰ類（大卒程度の試験）で出題された問題が，数年後にⅢ類（高卒程度の試験）でそのまま出題されたことがあるほどです。

高卒程度と大卒程度の試験のレベルの違いをざっくり述べると，高卒程度に比べて大卒程度の数的推理の問題は，計算がやや面倒であったり，使う公式が複数になったりする傾向はあります。でも本当にちょっとした違いです。ただ，このちょっとした違いが，苦手とする人にとっては大きなハードルになります。問題を解くのも難しくなり，理解するのにも時間がかかるため，間違える確率も高くなります。そして多くの受験生は「勉強しても全然過去問が解けるようにならない！」とスランプに陥って挫折していくのです。本書では，そうならないような問題配列にしてありますので，焦らず慌てず取り組んで確実に力をつけていきましょう。

問題集を何度やっても数的推理の問題ができるようにならない理由は

「数的推理の参考書をやったのに解けるようにならない！」また「数的推理の問題集は何度もこなしているのに試験になると解けない！」と悩んでいる方も多いと思います。

このような状態になる原因は２つあります。

１つは，**計算力が身についていない場合**です。実は数的推理を苦手としている方に限らず，数学を苦手にしている方の多くは，考え方としては合っているにもかかわらず，計算力が足りないために途中で計算ミスをしてしまって，正答までたどり着けないだけということが多いのです。そのため本書では，徐々に計算力も身につけられるように，問題を配列してあります。

もう１つは，**基本的な知識・解き方が身についていない場合**です。計算力はそこそこあるのに，試験になると問題が解けないというのは，こちらのパターンが多いです。基本的な知識・公式を身につけるために必要なことは，まずはなるべく簡単な例題を通して解き方を覚えて，演習問題を通して例題で学んだ知識や公式を使いこなせているのかをすぐに確認することです。

例題に取り組んだ後，すぐに類題の演習に移ったのに解けないということも多々あると思います。そんなときは，類題の解説を通して，「なぜ解けなかったのか」「どこで間違えたのか」をきちんと把握しましょう。ただ解説を読むだけではなく，その類題の解き方を自分で自分に解説しながら進めることが大事です。この「間違えたら，自分に解説する」という経験が，学んだばかりの知識や公式を定着させる際には効果的です。

「問題集を何度も復習しているのに試験になると解けない」と悩んでいる方の多くが，シンプルではない大卒程度のレベルの例題で学習するため，基本的な知識・公式の理解が未消化となっていて，また類題を演習しないので知識や公式が定着していない状態にあります。だからこそ初めは高卒程度レベルの例題で知識や公式の理解を深めて，大卒程度レベルの問題へつなげていきましょう。

問題が解けないという失敗の経験は多くの受験生がします。その失敗の経験を，問題集でするのか，採用試験当日にするのかなのです。大きな失敗をする前に，たっぷりと小さな失敗の経験を重ねてください。その失敗を修正することで定着した深い知識・公式こそが，試験当日に通用する知識・公式になるのです。本書では，失敗経験をするために必要な類題を，たっぷり用意しています。

細かい計算過程や公式もフォロー

数的推理では１つ１つの基本的な知識や公式を理解できることが大事です。そのため，例題・類題ともに詳細な解説を加えました。側注にはほかの問題集では省略されがちな「途中式の計算過程」や「基本的な公式の確認」をなるべく省略することなく，細かくフォローしました。計算過程でつまずいたり，公式を忘れてしまったりした場合は，側注をフル活用して学習を進めてください。もちろん側注を見ても理解できないときもあると思います。そのときは，いったん保留にして先に進めてください。後に復習した際に，以前理解できなかったことが理解できるようになっていることもよくあります。

本書の構成と使い方

高卒程度試験から大卒程度試験へ徐々にレベルアップ

本書は，数学を苦手とする方でも挫折せずに読み進めていけるように，テーマや例題・類題が配列してあります。国家一般職［高卒］・地方初級など，高卒程度の公務員試験で出題された基礎的な問題を通して解法のエッセンスを学びながら計算力を養い，最終的には国家一般職［大卒］・地方上級など大卒程度の試験問題にも対応できるようにしてあります。

数的推理に苦手意識がある方は，それぞれのテーマにある国家一般職［高卒］・地方初・中級で出題された問題を1つでも多くマスターできるように進めていってください。理解が難しいと思うテーマがあったら保留して先に進めてください。**数的推理は，最初から完璧な理解を求めると挫折の原因になります。**ほかのテーマの学習を進めていって知識や計算力が上がると，以前は理解できなかったところが理解できるようになることはよくあります。公務員試験当日までに1つでも多くのテーマをものにできるようにしていきましょう。

国家一般職［高卒］・地方初・中級試験レベルは，すべての公務員試験受験者が理解しておくべき内容です。国家一般職［高卒］・地方初級・中級受験者は，本書を読み終えた後『初級スーパー過去問ゼミ　数的推理』へ移行して，過去問の演習を行いましょう。

対象：国家一般職［高卒・社会人］，地方初級，地方中級，国家専門職［高卒・社会人］（税務職員など），警察官・消防官［高卒・短大卒］，国家公務員［経験者採用試験］，地方公務員［民間経験者採用試験］など

国家一般職［大卒］・地方上級試験レベルは，国家一般職［高卒］・地方初・中級試験レベルの問題で学んだ知識・公式を土台にして，その知識や公式を組み合わせて活用できる力や計算力が必要となります。国家一般職［大卒］・地方上級受験者は，本書を読み終えた後『数的推理がみるみるわかる！解法の玉手箱』や『新スーパー過去問ゼミ　数的推理』へ移行して，過去問の演習を行いましょう。

対象：国家一般職［大卒］，地方上級，国家専門職［大卒］（税務職員，国税専門官，外務省専門職員，防衛省専門職など），警察官・消防官［大卒］など

【問題集のレベル分けの目安】

国家一般職［高卒・社会人］ 地方初級，地方中級	市役所上級 警察・消防	国家一般職［大卒］ 地方上級	国家総合職
最初でつまずかない数的推理	最初でつまずかない数的推理		
	数的推理がみるみるわかる！解法の玉手箱	数的推理がみるみるわかる！解法の玉手箱	
		新スーパー過去問ゼミ　数的推理	新スーパー過去問ゼミ　数的推理

ページ構成も二段構え！

「解説を読んでいる途中途中でわからないことが出てきて混乱する」「初学者向けの本は説明が長くてうっとうしい！」「できればコンパクトに要点だけ知りたい」……という受験生の声にお応えして，簡潔な本文と詳細な側注の二段構成になっています。また，要点のまとめや例題なども豊富に掲載しています。

▶試験別の頻出度
タイトル上部に，国家総合職，国家一般職［大卒］，地方上級全国型，市役所上級Ｃ日程，初級公務員全般の試験における頻出度を「★」で示しています。

★★★：頻繁に出題される
★★：よく出題される
★：たまに出題される
—：ほとんど出題されない

▶本文部分
教科書のように，そのテーマの理論の説明や，問題の解き方などを解説しています。

▶図・グラフ
可能な限り図やグラフ中にも説明を書き加えて，その図で何を理解すべきかがわかるようにしています。

▶要点のまとめ
そのテーマで絶対に覚えておきたい知識や公式などを簡潔にまとめています。

2-2　国総 —　国般 ★　地上 ★　市役所 —　初級 ★

n進法（記数法）
～10進法に直すだけ～

n進法（記数法）の問題とは？

私たちが普段使っている０から９の数字を使った数字の表し方は**10進法**といいます。ですが，すべての数字が10進法で表されているとは限りません。身近な例を探してみると，コンピュータの回路では２進法が使われていて，分や秒などの時間は60進法など，10進法以外も実はよく使われています。これらを総称して***n*進法**（**記数法**）といいます。

２進法では，０と１の２つの数字しか使えません。２～９の数字が使えないので，０，１の次は繰り上がって10，11となり，その次も繰り上がって100，101となります。表にすると次のとおりです。

【２進法，３進法，４進法の対応表】

10進法	1	2	3	4	5	6	7	8	9	10
2進法	1	10	11	100	101	110	111	1000	1001	1010
3進法	1	2	10	11	12	20	21	22	100	101
4進法	1	2	3	10	11	12	13	20	21	22

10進法の「６」は，２進法では「110」となりますが，そのまま「６＝110」とすると意味不明となります。そのため，10進法以外は「$110_{(2)}$」と何進法かわかるように，数字の右下にカッコ書きで添え字をつけることがあります。

公務員試験では，10進法以外の足し算，引き算，かけ算，割り算が問われます。私たちに一番なじみのあるのが10進法ですから，*n*進法の問題はすべて10進法に直してから考えます。よくある*n*進法の問題の解き方は，次の３段階です。

＊n進法の問題の解き方
①***n*進法の数をすべて10進法に直す。**
②**10進法に直した数を計算する。**
③**計算した数を*n*進法に直す。**

テーマの重要度
最短経路の問題や魔方陣と同様に，それほど頻出ではありませんが，解法を覚えたらすぐに問題が解けるようになるので，落とすことはできません。確実にマスターしましょう。東京都はこのテーマが好きなようです。

なんて読むの？
*n*進法は「えぬしんほう」と読みます。
なお「記数法」と呼ばれたりもします。

10進法と*n*進法の表示方法
何進法かがわかるように，数字の右下にカッコ書きで添字を記します
$6=110_{(2)}$

58

▶側注部分

本文には載せられなかった詳しい説明や，関連知識，ポイントの復習，疑問点のフォローなど，さまざまな要素が詰まっています。

重要ポイント

全員が知っておくべき，覚えておくべき知識を中心にまとめています。ポイントの復習も兼ねています。

補足知識・関連知識

補足の説明や豆知識などを中心に解説しています。

アドバイス・コメント

公務員試験の傾向や，勉強のしかた，著者からのアドバイスなどを載せています。

注意点・盲点

間違いやすかったりひっかかったりしやすいところ，案外気づかない盲点など，読者に注意を促します。

解き方・考え方

具体例などの細かい説明や，問題を解く際のテクニカルなポイントや視点などを解説しています。

素朴な疑問

初学者が抱きそうな疑問や，初歩的な知識・小中学校で習うような事柄などを中心に解説しています。

ここで，n進法を10進法に直す方法を紹介します。まず，10進法の数字は，「$10^{\square}$」を使って表すことができます。たとえば，「5432」は「ごせん，よんひゃく，さんじゅう，に」と読みますが，数字では「せん，ひゃく，じゅう」の部分が省略されていますね。これを$10^{\square}$を使って補って書くと，5432は以下のように表すことができます。

$$5432 = 5000+400+30+2 = 5\times1000+4\times100+3\times10+2 = 5\times10^3+4\times10^2+3\times10^1+2\times10^0$$

n進法の問題はこの発想を利用します。

同様に考えて，6進法の1234の場合は，$6^{\square}$を使って次のように表すことができます。

$$1234_{(6)} = 1\times6^3+2\times6^2+3\times6^1+4\times6^0$$

この式をそのまま計算すると，

$$1\times216+2\times36+3\times6+4\times1 = 216+72+18+4 = 310$$

これが6進法の1234を10進法の数字に直したものなのです。つまり，

$$1234_{(6)} = 310$$

ということになります。

では，問題を見ながら，解き方を確認していきましょう。

$10^{\square}$の表し方

$10^{\square}$の□の部分を**指数**といいます。

1000は0が3つあるので10^3，100は0が2つあるので10^2，10は0が1つなので10^1，と表すことができます。

ゼロ乗

もとの数字が何であっても，ゼロ乗はすべて「1」です。10のゼロ乗も，6のゼロ乗も1です。

$10^0=1$，$6^0=1$

小さい位から

6進法は，6を位取りとして小さいほうから6の0乗，6の1乗，6の2乗，6の3乗…の位となります。これを10進法に直すには，各位の数字をかけ算して足していきます。

1	2	3	$4_{(6)}$
↑×6の3乗	↑×6の2乗	↑×6の1乗	↑×6の0乗
6^3	6^2	6^1	6^0

例題1

6進法で5432と表される数を4進法に直したものはどれか。　（警視庁Ⅰ類）

1　102132　**2**　103113　**3**　103130
4　103132　**5**　103233

解法のステップ

この問題は解き方の2段階目がないの……ていきます。つまり，まず6進法の……変換した数字を4進法に変換しま……

▶例題

実際に公務員試験で出題された問題の中から，理解度をチェックできるような良問を選んで掲載しています。

ウォーミングアップ

算数・数学のキホンのキ
～計算の「カン」を取り戻そう！～

数的推理の学習を始める前に，算数・数学の初歩的なところを押さえておきましょう。

ここでは，計算力を上げるために，足し算，引き算，かけ算，割り算の筆算のやり方と，小数と分数の計算，単位変換についておさらいしていきます。「これくらいならできるよ！」という方も多いとは思いますが，確認の意味でも，一度取り組んでみてください。

足し算の筆算のやり方

まずは足し算から確認していきます。

さすがに足し算がわからないという人はいないかもしれませんが，筆算のやり方は覚えているでしょうか？

公務員試験では筆算をよく活用するので，筆算のやり方を，実際に簡単な問題を解きながら確認していきましょう。このくらいだと暗算で解けてしまうかもしれませんが，あくまでも筆算のやり方を確認するのが目的ですので，筆算で解いてみてください。

問

次の計算をしなさい。

(1)　32＋54

(2)　54＋98

(3)　376＋264

(1) 2つの数字の位をそろえて縦に並べ，一の位（一番右側の数字）から，上の数字と下の数字を足していき，足した結果を横線の下に記入していきます。

言葉で説明するとややこしいですが，次ページの図を見れば，やり方を思い出せるのではないでしょうか？

バカにしないで

文系だった方，苦手で算数・数学から長く離れていた方などは，忘れているところもあると思います。また，ある程度できる方についてもバカにせず，まさにウォーミングアップのつもりでザッと復習していきましょう。

筆算

計算機などを使わずに，紙に書いて解いていく計算の方法です。

四則演算

足し算，引き算，かけ算，割り算をまとめて四則演算（しそくえんざん）といいます。

和

足し算の答えのことを**「和」**といいます。「32と22の和は54」などというふうに使います。

位（くらい）

位は，その数が何十，何百になっているのかを表します。十の位が3，一の位が2のときは

十の位

32

一の位

です。

一の位　→　十の位

```
  3 2          3 2
+ 5 4   →    + 5 4
    6          8 6
```

まずは一の位を足します。
2+4=6

次に十の位を足します。
3+5=8

答：86

(2) 次に，繰り上がりのある足し算を確認していきます。

一の位を計算すると 4+8 で12となります。一の位の「2」はいいとして，十の位の「1」はどうすればいいのか覚えていますか？　繰り上がった数字は，その位の左上にメモしておいて，上の位の数と一緒に足せばいいのです。

```
  5 4          5 4
+ 9₁8   →    + 9₁8
    2        1 5 2
```

まずは一の位を足します。
4+8=12
2ケタとなるので「1」を繰り上げます。繰り上げた「1」を一の位に書いた2の左上に書きます。

次に十の位を足します。
十の位は，繰り上がった「1」も足します。
5+9+1=15

答：152

(3) それでは，3ケタの足し算を確認していきましょう。

今までの知識を応用して解きます。

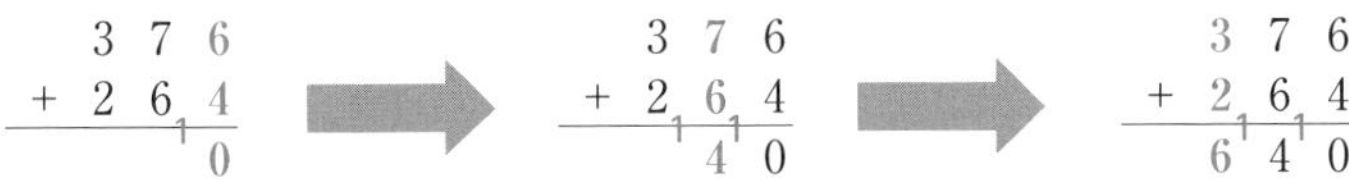

```
  3 7 6          3 7 6          3 7 6
+ 2 6₁4   →    + 2₁6₁4   →    + 2₁6₁4
      0            4 0          6 4 0
```

まずは一の位を足します。
6+4=10
2ケタとなるので
「1」を繰り上げます。

次に十の位を足します。
十の位は，繰り上がった「1」も足します。
7+6+1=14
2ケタとなるので
「1」を繰り上げます。

最後に百の位を足します。百の位も，繰り上がった「1」を足します。
3+2+1=6

答：640

ケタ（桁）

ケタは位がいくつあるのかを表します。

4 → 1ケタ　32 → 2ケタ　429 → 3ケタ

繰り上がり

2つの数を足すとき，同じ位の数の和が2ケタになったとき，2ケタ目の数を上の位に移すことです。

4＋8＝12（一の位，十の位 → 12：繰り上がり，一の位）

計算過程はメモ

繰り上がった数は，その位の左上に小さく書いておきましょう。

繰り上がりのある筆算

左の書き方は，下の筆算を簡略化した形です。

```
  5 4          5 4
+ 9 8   →    + 9 8
  1 2          1 2
             1 4
             1 5 2
```

引き算の筆算のやり方

足し算は楽勝だったかもしれませんが，引き算は大丈夫でしょうか？　ここでは，引き算の筆算のやり方を確認していきます。

問

次の計算をしなさい。
(1)　17－5
(2)　17－11
(3)　34－6
(4)　100－28

(1) やり方は足し算と同様に，一番右側にある一の位の数字から引いていきます。引いた結果は，その下に記入していきます。

$$\begin{array}{r} 17 \\ -\ \ 5 \\ \hline 2 \end{array} \Rightarrow \begin{array}{r} 17 \\ -\downarrow 5 \\ \hline 12 \end{array}$$

まずは一の位を引きます。
7－5＝2

次に十の位を引きます。
1－0＝1

答：12

(2) 2ケタと2ケタの引き算を確認します。

$$\begin{array}{r} 17 \\ -11 \\ \hline 6 \end{array} \Rightarrow \begin{array}{r} 17 \\ -11 \\ \hline 6 \end{array}$$

まずは一の位を引きます。
7－1＝6

次に十の位を引きます。
1－1＝0
最高位の数が0の場合
0は省略します。

答：6

差

引き算の答えのことを「**差**」といいます。「17と５の差は12」などというふうに使います。

最高位が０？

２つの数の差の最高位が０のとき，０は省略します。
06，023，00701
↓
6，23，701

(3) 次はいよいよ繰り下がりのある引き算を確認します。

「繰り下がり」については，小学生のときにつまずいた経験がある人もいるかもしれませんが，大丈夫ですか？ ここで確認しておきましょう。

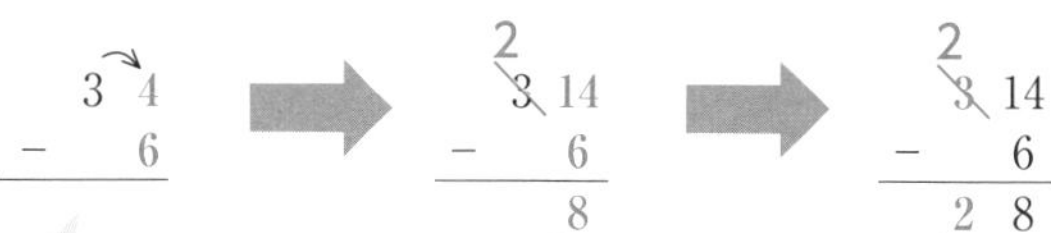

一の位は4から6を引けないので，繰り下げます。

十の位から「1」を繰り下げて
14－6＝8

十の位，引く数がない場合は下ろします。
2－0＝2

答：28

(4) ちょっと難しいタイプの引き算です。やり方，ちゃんと覚えていますか？

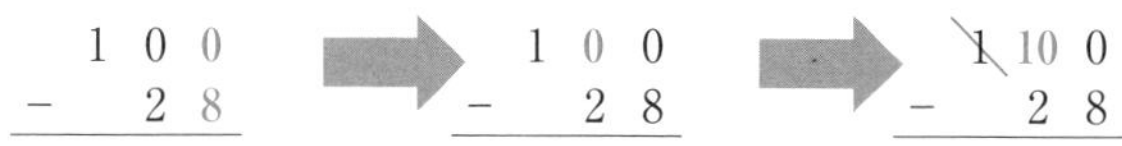

一の位は0から8を引けないので繰り下げます。

十の位が0で繰り下げができないので，百の位から繰り下げます。

百の位から十の位へ繰り下げます。

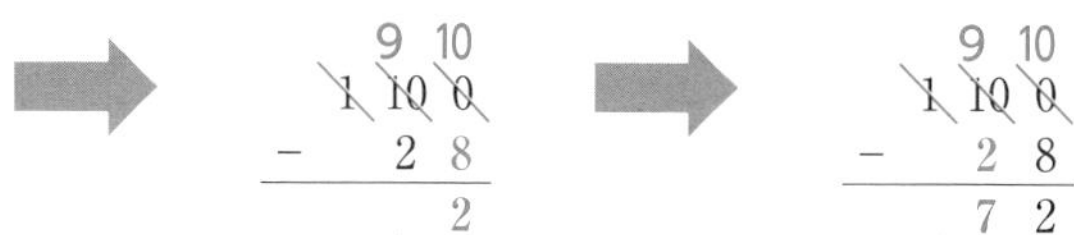

十の位から「1」を繰り下げて
10－8＝2

次に十の位を引きます。
9－2＝7

答：72

繰り下がり

位が同じ2つの数の差が0より小さくなったとき，ひとつ上の位から下の位へ数を移すことです。

一の位　繰り下がり

34－6＝20＋14－6

0より小さい

＝20＋8

＝28

214？

左の図では，十の位から繰り下げた1を一の位に足して「14」と書いていますが，実際に解くときは十の位を書き換えて，あとは暗算してください。

計算のコツ

数字の9を使うと，繰り下がりのない引き算となり，計算ミスを減らせます。たとえば，100－28の場合なら，100は1＋99とできるので，99－28を計算してから1を加えます。

$$\begin{array}{r} 99 \\ -\ 28 \\ \hline 71 \end{array}$$

100－28
＝1＋99－28
＝1＋71
＝72

かけ算の筆算のやり方

次はかけ算です。

かけ算では基礎の基礎として,「九九」を覚えている必要があります。ちょっと怪しいなという人は，ここで確認しておいてください。

7の段

けっこう間違えて覚えている人がいます！　要注意ですよ！

【九九の一覧表】

	1	2	3	4	5	6	7	8	9
1の段	1	2	3	4	5	6	7	8	9
2の段	2	4	6	8	10	12	14	16	18
3の段	3	6	9	12	15	18	21	24	27
4の段	4	8	12	16	20	24	28	32	36
5の段	5	10	15	20	25	30	35	40	45
6の段	6	12	18	24	30	36	42	48	54
7の段	7	14	21	28	35	42	49	56	63
8の段	8	16	24	32	40	48	56	64	72
9の段	9	18	27	36	45	54	63	72	81

それでは，かけ算の筆算のやり方を確認していきましょう。

積

かけ算の答えのことは「**積**」といいます。

問

次の計算をしなさい。

627 × 39

スペースを空けて

繰り上がった数字などのメモが見やすくなるように，筆算をするときはスペースを空けてゆったりと書きましょう。

かけ算の筆算は，下図のように一の位（一番右）から位ごとに上下の数をかけていきます。

```
  6 2 [7]        6 [2] 7        [6] 2 7
×   3 [9]  →  ×    3 [9]  →  ×     3 [9]
```

一の位×一の位　→　十の位×一の位　→　百の位×一の位

具体的に計算していきましょう。まずは一の位からです。

かけ算の結果をそれぞれの位の下に書いていきますが，繰り上がりに注意してくださいね。

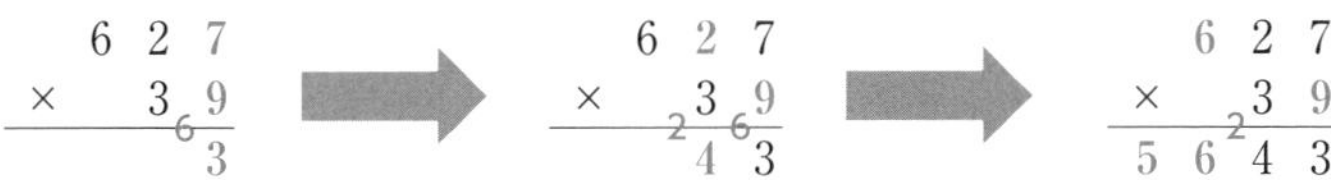

一の位×一の位を計算します。
7×9＝63
「6」が繰り上がります。

十の位×一の位を計算します。
2×9＝18
繰り上がりの6を足して
18＋6＝24
「2」が繰り上がります。

百の位×一の位を計算します。
6×9＝54
繰り上がりの2を足して
54＋2＝56

次に十の位です。

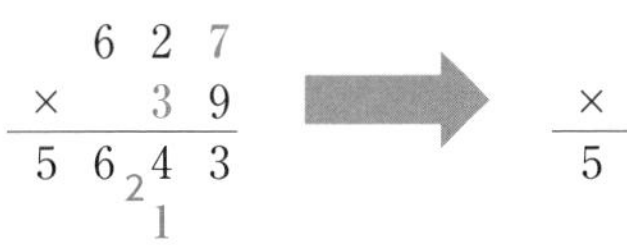

一の位×十の位を計算します。
7×3＝21
「2」が繰り上がります。

十の位×十の位を計算します。
2×3＝6
繰り上がりの2を足して
6＋2＝8

百の位×十の位を計算します。
6×3＝18

最後に計算結果を位ごとに足します。一の位の数字はそのまま下ろします。

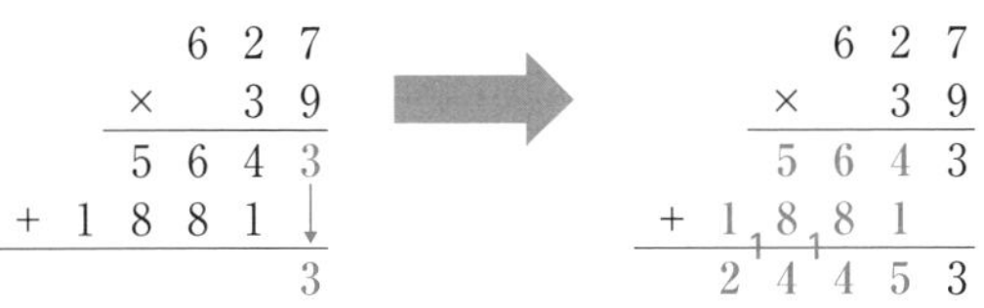

答：24453

ケタ数が増えたら？

筆算にしたときに下にくる数字の一の位のかけ算→十の位のかけ算→百の位のかけ算……という順番に計算して，最後に計算結果を足します。

割り算の筆算のやり方

問

次の計算をして，商と余りを求めなさい。
240÷11

割り算の筆算はどうですか？

おそらく忘れてしまったという人も多いと思うので，詳しく確認していきます。

割り算は，分数を帯分数にする際にも（後に分数のところで確認します）活用しますので，しっかり復習しておきましょう。

帯分数

後ほど確認しますが，下のような分数の形です。

$$27\frac{3}{11}$$

商と余り

割り算の答えのことを「**商**」といい，割り切れずに残った数を「**余り**」といいます。

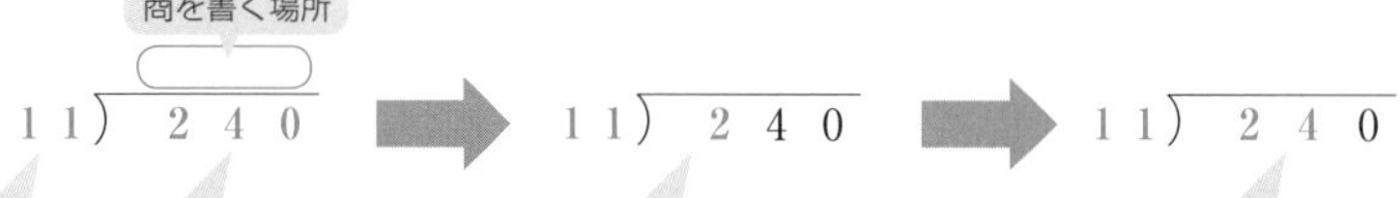

一番左にある百の位の2が11で割れるか調べます。→割れない

割れない場合は，隣の十の位も一緒に考え，24が11で割れるか調べます。→割れる

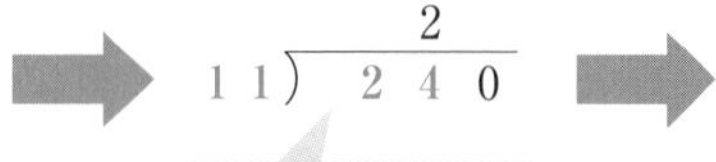

24の中に11が何個分あるのか考えると
$11\times2=22$
より，2を24の上の商の位置に書きます。

先ほど計算した
$11\times2=22$
を24の下に書きます。

24から22を引き
$24-22=2$
答えを線の下に書きます。

一の位の0を下ろして，20の中に11が何個分あるのか考えます。（1個分ですね。）

$11\times1=11$ なので同様に，商の位置に1を，20の下に11を書きます。

同様に $20-11=9$ です。この21を商，9を余りといいます。

```
       2 1
11）2 4 0
    2 2
      2 0
      1 1
        9
```

答：商 21　余り 9

小数の筆算のやり方

0.1や0.2や0.01のように「.（ピリオド）」が入った数を**小数**といいます。

小数がどういうものかについてはあえて説明するまでもないかもしれませんが，0.1は1を10個に分けたうちの1つ分，0.2は1を10個に分けたうちの2つ分です。0.01は0.1を10個に分けたうちの1つ分，もしくは1を100個に分けたうちの1つ分です。

それでは小数が出てくる筆算の説明に移ります。まずは，足し算・引き算から復習していきましょう。

資料解釈でもよく使う

小数の計算は，「資料解釈」という表やグラフを読み解く力を測る科目でもよく使います。

小数の書き方，読み方

小数は**小数点**を用いて表します。読み方は，

87.75

↖小数点

の場合，「はちじゅうななてんななご」です。海外では小数点をピリオドではなくコンマを使って表すこともあります。日本でも0.1秒の差を「コンマ1秒の差」と言うことがありますね。

問

次の計算をしなさい。

（1）　87.75＋20.25　　　（2）　217.5－135

小数の足し算・引き算は，小数点の位置をそろえてタテに並べて書きます。あとは，整数の足し算・引き算と同じです。

(1)

整数部　小数部

```
   8 7.7 5
 + 2 0.2 5
 ---------
 1 0 8.0 0
```

小数点以下の0は消します。

答：108

(2)

整数部　小数部

```
   2 1 7.5
 - 1 3 5.0
 ---------
     8 2.5
```

135は135.0として計算します。

答：82.5

では，小数のかけ算・割り算です。

問

次の計算をしなさい。

（1）　40×0.8　　　（2）0.2×0.19

（3）　72÷0.0002　（4）0.711÷0.03

(1) **小数のかけ算・割り算**は，小数の足し算・引き算と違い**小数点の位置を合わせません**。小数点の位置を整数の位置になるまでずらして，計算が終わったらずらした分を戻します。

小数点の位置に注意

小数点の位取りはミスしやすいので注意しましょう。誤りの選択肢として，位が間違っている数字が入っていることもあります。

(1) の問題でいえば，0.8を１ケタ右へずらして８として計算して，ずらした分だけ，答えのケタを戻します。

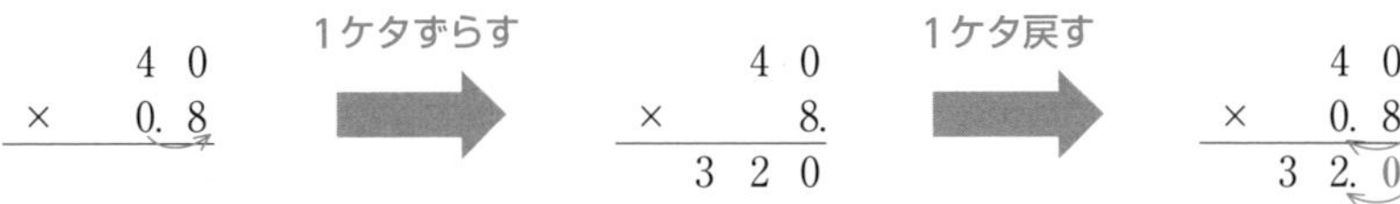

答：32

(2) 0.2を１ケタ右へずらし，0.19を２ケタ右へずらします。計３ケタ右にずらしたので，答えは３ケタ左に戻します。

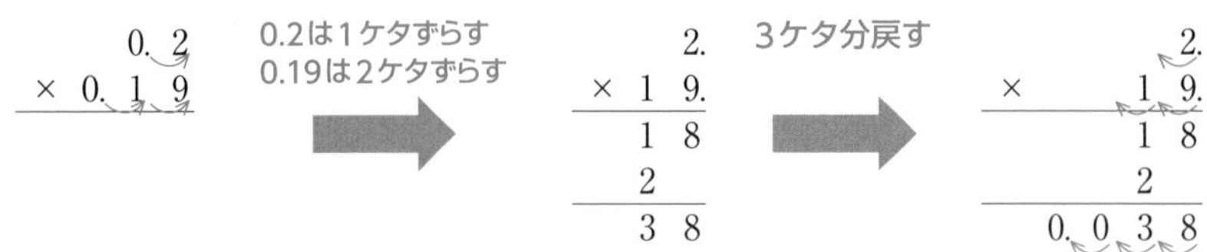

答：0.038

(3) 割る数が小数の場合は，割る数が整数になるまで，割る数も割られる数もケタをずらします。つまり「72÷0.0002」を「720000÷2」として計算します。

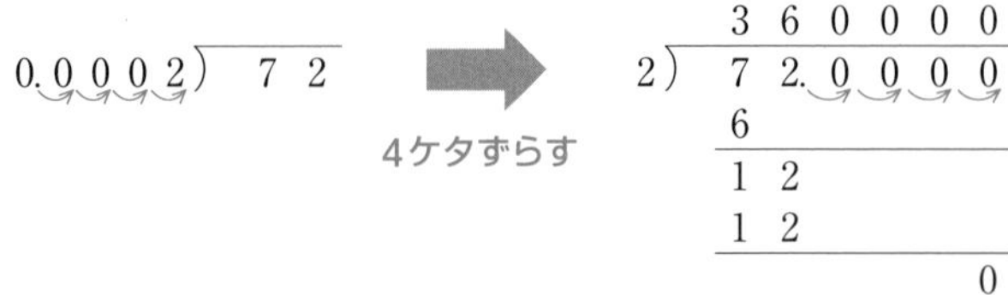

答：360000

(4) 割る数が小数なので，割る数が整数になるまで，割る数も割られる数も同じケタ数をずらしましょう。「0.711÷0.03」を「71.1÷3」として計算します。

商の小数点の位置は割られる数の小数点の位置に合わせます。

0.03）0.711 → 3）71.1 → 3）71.1 = 23.7

2ケタずらす　2ケタずらす

答：23.7

分数の基本と計算のやり方

分数および分数の計算は，公務員試験でよく出る「確率」をはじめ，さまざまな問題で必要となります。しっかりと復習していきましょう。

たとえば，1個のカステラを6個に分割する場合「1÷6」となりますが，割り切ることができません。そこで登場するのが**分数**です。

「1÷6」を分数で表すと $\frac{1}{6}$（←割られる数）（←割る数）となり「ろくぶんのいち」と読みます。

$\frac{1}{6}$ とは，1を6個に分けたうちの1個分です。また，$\frac{3}{6}$ とは，1を6個に分けたうちの3個分です。

右図の通り $\frac{3}{6}=\frac{1}{2}$ となります。

次に分数の性質です。分数には，分母と分子に同じ数をかけたり，割ったりしても大きさが変わらないという性質があります。確認しましょう。

$\frac{3}{6}$ から $\frac{1}{2}$ にするには，分母と分子を3で割ります。

$$\frac{3}{6}=\frac{3\div3}{6\div3}=\frac{1}{2}$$

$\frac{3}{6}=\frac{3\div3}{6\div3}=\frac{1}{2}$ のように分母と分子を共通の数で割り，分母と分子を小さくすることを**約分**（やくぶん）といいます。しかし，$\frac{3}{6}=\frac{3\div3}{6\div3}=\frac{1}{2}$ のように丁寧に書くと時間がなくなるので，$\frac{3}{6}=\frac{\cancel{3}^{1}}{\cancel{6}_{2}}=\frac{1}{2}$ のように簡易的に書くことが多いです。

それでは，約分を確認していきましょう。

問

次の数を約分しなさい。

(1) $\frac{5}{15}$　(2) $\frac{8}{36}$　(3) $\frac{39}{3^4}$

1÷6

普通に計算すると，答えは「0.166666…」となります。

$\frac{1}{6}$

$1\div6=\frac{1}{6}$ ←分子 ←分母

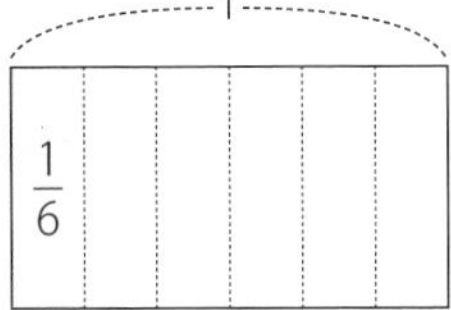

$\frac{3}{6}=\frac{1}{2}$

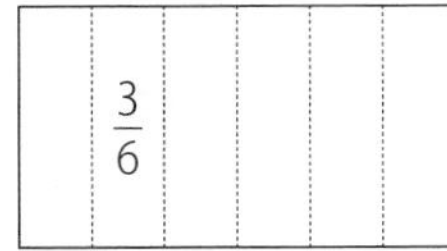

$\frac{1}{2}$ から $\frac{3}{6}$ へ

$\frac{1}{2}$ から $\frac{3}{6}$ にするには $\frac{1}{2}$ の分母と分子に3をかけます。

$\frac{1}{2}=\frac{1\times3}{2\times3}=\frac{3}{6}$

このような式変形はp.24で確認する**通分**で利用します。

(1) 分母と分子がともに5の倍数なので，5で割ります。

$$\frac{5}{15}=\frac{\cancel{5}^{1}}{\cancel{15}_{3}}=\frac{1}{3}$$

(2) 分母と分子がともに4の倍数なので，4で割ります。
もちろん2で2回割ってもよいです。

$$\frac{8}{36}=\frac{\cancel{8}^{2}}{\cancel{36}_{9}}=\frac{2}{9} \qquad \frac{8}{36}=\frac{\cancel{8}^{4}}{\cancel{36}_{18}}=\frac{4}{18}=\frac{\cancel{4}^{2}}{\cancel{18}_{9}}=\frac{2}{9}$$

(3) $3^4=3\times3\times3\times3=81$ と計算してから約分してもかまいませんが，3^4のまま約分をしていきます。

$$\frac{39}{3^4}=\frac{\cancel{39}^{13}}{\cancel{3^4}_{3^3}}=\frac{13}{3^3}=\frac{13}{3\times3\times3}=\frac{13}{27}$$

3^3は「3」を「3」個かけます。

答：**(1)** $\frac{1}{3}$　**(2)** $\frac{2}{9}$　**(3)** $\frac{13}{27}$

次は分数の足し算・引き算です。

問

次の計算をしなさい。

(1) $\frac{1}{3}+\frac{2}{3}$　(2) $\frac{5}{6}-\frac{1}{6}$　(3) $\frac{1}{4}+\frac{1}{8}$

(4) $1-\frac{5}{9}$

分母が同じ数の足し算，引き算は分母をそのままにして，分子を足し算・引き算していきます。

分母が違う数の場合は，分母の数をそろえなければいけません。分母と分子に同じ数をかけたり割ったりしてもOKという分数の性質を利用して，分母を同じ数にすることを**通分**（つうぶん）といいます。**(3)** は$\frac{1}{4}$と$\frac{1}{8}$なので$\frac{1}{4}$の分母と分子の両方に2をかけて$\frac{2}{8}$に直してから計算します。

(1) $\frac{1}{3}+\frac{2}{3}=\frac{1+2}{3}=\frac{3}{3}=1$

約分

(1) は

$\frac{5}{15}=\frac{5\div5}{15\div5}=\frac{1}{3}$

をしています。

(2) は

$\frac{8}{36}=\frac{8\div4}{36\div4}=\frac{2}{9}$

をしています。

指数

3^1，3^2，3^4の「3」の右上にある「1」，「2」，「4」を**指数**といいます。3^2は3を2個かけた数で

$3^2=\underbrace{3\times3}_{2個かける}$

3^4は3を4個かけた数で

$3^4=\underbrace{3\times3\times3\times3}_{4個かける}$

です。$3^1=3$です。

なお，3^0は，1と決められています。

分母はそのまま！

分数の足し算・引き算は，分母を同じにして，分子だけを計算します。

分母はそのままですよ！

足したり引いたりしないでくださいね！

(2) $\frac{5}{6}-\frac{1}{6}=\frac{5-1}{6}=\frac{\cancel{4}^{2}}{\cancel{6}_{3}}=\frac{2}{3}$

約分します。分母と分子を2で割ります。

(3) $\frac{1}{4}+\frac{1}{8}=\frac{2}{8}+\frac{1}{8}=\frac{2+1}{8}=\frac{3}{8}$

(4) $1-\frac{5}{9}=\frac{9}{9}-\frac{5}{9}=\frac{9-5}{9}=\frac{4}{9}$

1を分母が9の分数にすると$\frac{9}{9}$です。

答：**(1)** 1　**(2)** $\frac{2}{3}$　**(3)** $\frac{3}{8}$　**(4)** $\frac{4}{9}$

次は分数のかけ算・割り算です。

問

次の計算をしなさい。

(1) $\frac{5}{6}\times\frac{7}{9}$　(2) $\frac{8}{13}\times\frac{5}{12}$　(3) $1\div\frac{3}{20}$

(4) $\frac{5}{24}\div\frac{3}{8}$

(1) 分数のかけ算は $\frac{◎}{○}\times\frac{□}{△}=\frac{◎\times□}{○\times△}$ のように分子×分子，分母×分母を計算します。

$\frac{5}{6}\times\frac{7}{9}=\frac{5\times7}{6\times9}=\frac{35}{54}$

(2) **(1)** と同様ですが

$\frac{8}{13}\times\frac{5}{12}=\frac{8\times5}{13\times12}=\frac{40}{156}=\frac{\cancel{40}^{10}}{\cancel{156}_{39}}=\frac{10}{39}$

と，すべて計算した後に約分するより，初めから分子の8と分母の12を約分したほうが簡単です。

$\frac{8}{13}\times\frac{5}{12}=\frac{\cancel{8}^{2}}{13}\times\frac{5}{\cancel{12}_{3}}=\frac{2\times5}{13\times3}=\frac{10}{39}$

「13×12＝156」と計算するより「13×3＝39」と計算するほうが簡単で確実ですね。

(3) **分数の割り算は** $\frac{◎}{○}\div\frac{□}{△}=\frac{◎}{○}\times\frac{△}{□}=\frac{◎\times△}{○\times□}$ のように**割る数の分子と分母をひっくり返してかけ算**をしま

整数を分数に直す

整数は，分母が1と考えてください。1は$\frac{1}{1}$，3は$\frac{3}{1}$です。(4) は$\frac{1}{1}$の分子と分母に9をかけて$\frac{9}{9}$としたわけです。

いつ約分すればいい？

約分は早い段階でやったほうがよいです。ただし確率の問題などでは，あえて約分しないほうがいい問題もありますので，そのような場合は問題を通して説明します。

ひっくり返してかけ算？

なお，分数の割り算はなぜ「割る数の分子と分母をひっくり返してかけ算」なの

す。なお，この分子と分母をひっくり返した数を**逆数**（ぎゃくすう）といいます。

$$1 \div \frac{3}{20} = \frac{1}{1} \div \frac{3}{20} = \frac{1}{1} \times \frac{20}{3} = \frac{1 \times 20}{1 \times 3} = \frac{20}{3}$$

(4) **(3)** と同様に計算していきましょう。約分も忘れずに。

$$\frac{5}{24} \div \frac{3}{8} = \frac{5}{24} \times \frac{8}{3} = \frac{5}{\cancel{24}_{3}} \times \frac{\cancel{8}^{1}}{3} = \frac{5 \times 1}{3 \times 3} = \frac{5}{9}$$

答：**(1)** $\frac{35}{54}$　**(2)** $\frac{10}{39}$　**(3)** $\frac{20}{3}$　**(4)** $\frac{5}{9}$

仮分数から帯分数への変換

問

$\frac{300}{11}$ を帯分数に直しなさい。

時計算の問題などでは，$\frac{20}{11}$ のように分数の分子の数が分母の数より大きい**仮分数**（かぶんすう）を，$1\frac{9}{11}$ のように，整数と分数の分子の数が分母の数より小さい**帯分数**（たいぶんすう）の形にすることがあります。そこでここでは仮分数を帯分数に直す練習をします。

問題の $\frac{300}{11}$ は「300÷11」ですから，まず，割り算をします。

300÷11=27 余り 3 なので，商の27を帯分数の「整数部分」に，余りの3を，分数の分子に持ってきます。

300÷11=27　余り3

$$\frac{300}{11} = 27\frac{3}{11}$$

答：$27\frac{3}{11}$

か少しだけ触れます。割り算は，割られる数と割る数に同じ数をかけても変わらないという性質があります。たとえば「8÷2=4」ですが，割られる数「8」と割る数「2」をそれぞれ3倍した数「24÷6」も答えは「4」で等しくなります。この問題の場合は割られる数と割る数に「×20」します。

$$1 \div \frac{3}{20}$$
$$= (1 \times 20) \div \left(\frac{3}{20} \times 20\right)$$
$$= 1 \times 20 \div 3 = 1 \times \frac{20}{3}$$

$20 \div 3 = \frac{20}{3}$

「$\div \frac{3}{20}$」が「$\times \frac{20}{3}$」になりましたね。分数の割り算にはこのような計算過程が隠れていたのです。

帯分数・仮分数

仮分数　$\frac{20}{11}$ ←大きい / ←小さい

帯分数　$1\frac{9}{11}$ ←小さい / ←大きい

↑整数

なお，帯分数の形ではなく，

$$1 + \frac{9}{11}$$

のような形で示されることもあります。

300÷11

```
商 ────→  2 7
    11）3 0 0
        2 2
        ─────
          8 0
          7 7
        ─────
余り ────→  3
```

単位の変換

問

次の単位の変換をしなさい。

(1) 90km＝______m　　(2) 108000m＝______km

(3) $\frac{11}{18}$時間 ＝ ______分______秒

速さの問題や割合の問題では，単位の変換が必要になる場合も多くあります。ここで確認していきましょう。

(1)「km」から「m」にする場合は「×1000」
「m」から「km」にする場合は「÷1000」
をします。

$90\text{km} = 90 \times 1000\text{m} = 90000\text{m}$

答：90000m

kmとmの変換

×1000

1 km ＝ 1000 m

÷1000

(2) 今度は割り算です。

$$108000\text{m} = 108000 \div 1000 = \frac{\overset{108}{\cancel{108000}}}{\underset{1}{\cancel{1000}}}\text{km} = 108\text{km}$$

答：108km

時間と分の変換

1（時間）＝60（分）

↓両辺×$\frac{11}{18}$

$\frac{11}{18}$（時間）＝$\frac{11}{18}$×60（分）

(3) 1時間は60分，1分は60秒ですよね。これを使って1つずつ計算していきましょう。
まず「時間」を「分」に直すため「×60」します。

$$\frac{11}{18}(\text{時間}) = \frac{11}{18} \times 60(\text{分}) = \frac{11}{\underset{3}{\cancel{18}}} \times \overset{10}{\cancel{60}}(\text{分}) = \frac{110}{3}(\text{分})$$

ここで，仮分数を帯分数に直します。

$$\frac{110}{3}(\text{分}) = 36\frac{2}{3}(\text{分})$$

$\frac{2}{3}$（分）は「1」分に満たないので，「×60」して秒に直します。

110÷3

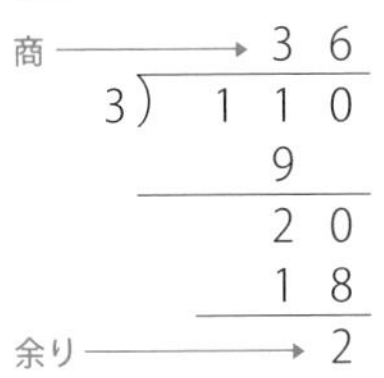

$$\frac{2}{3}(分)=\frac{2}{3}\times60(秒)=\frac{2}{\cancel{3}_1}\times\cancel{60}^{20}(秒)=40(秒)$$

よって，$\frac{11}{18}$(時間)$=36\frac{2}{3}$(分)$=36$(分)40(秒)

答：36分40秒

問

次の単位の変換をしなさい。

(1) 時速90km＝分速 ＿＿＿ m ＝秒速 ＿＿＿ m

(2) 秒速30m ＝分速 ＿＿＿ km＝時速 ＿＿＿ km

(1)「時速」から「分速」に変換する際は「1時間＝60分」を利用し，「分速」から「秒速」に変換する際は「1分＝60秒」を利用します。「km」を「m」に変換する際は「1km＝1000m」を利用します。

「時速90km」は「１時間に90km進む」という意味なので，１つ１つ単位を変換していきましょう。

時速90km＝1時間に90km進む＝60分に90000m進む

÷60

1分間に1500m進む＝60秒間に1500m進む

分速1500m

÷60

1秒間に25m進む＝秒速25m

答：分速1500m，秒速25m

(2) 秒速30m＝1秒間に30m進む

×60

60秒間に1800m進む＝1分間に1.8km進む

＝分速1.8km

分速1.8km

×60 ↓

1時間に108km進む＝時速108km

答：分速1.8km，時速108km

分と秒の変換

1(分)＝60(秒)

↓両辺×$\frac{2}{3}$

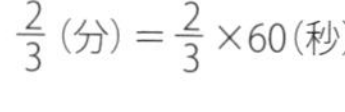

$\frac{2}{3}$(分)＝$\frac{2}{3}$×60(秒)

時速・分速・秒速の表し方

時速90kmは，90km/時や90km/hという表し方もあります。

分速100mは，100m/分

秒速30mは，30m/秒，30m/sと表します。

90000÷60

```
        1 5 0 0
  6 0)9 0 0 0 0
      6 0
      -----------
      3 0 0
      3 0 0
      -----------
              0
```

1500÷60

```
          2 5
  6 0)1 5 0 0
      1 2 0
      ---------
        3 0 0
        3 0 0
      ---------
            0
```

簡略すると

秒速　30m

↓×60

分速　1800m＝1.8km

↓×60

時速　108km

第1章

足し算・引き算で解ける問題もある

まずは数的推理に必要な，基礎的な計算力を養おう

算数や数学が苦手という方の中には，解き方は理解しているのに，単純な計算ミスが原因で正答を導けないケースが多くあります。これは悲観することではありません。計算力を身につけてケアレスミスさえ少なくなれば，解ける問題がどんどん増えていくからです。

しかし，計算力を身につけようといっても，今から小学生用の計算ドリルなどをこなしていくのは現実的ではありませんよね。そこで，本章では，過去に数的推理で出題された問題の中から，足し算・引き算で解けるような問題をピックアップして，問題を解きながら計算力の養成を図っていきます。

1-1　国総 －　国般 ★　地上 ★　市役所 －　初級 ★

最短経路
～足して足して求める～

最短経路の問題とは？

点Ａから点Ｂまで最短で行く経路の数を求めるのが最短経路問題です。「**最短経路**」というのは，「遠回りをしない」ということです。つまり右に進んでから左に戻らない，下に進んでから上に戻らないというルールがあります。

この最短経路問題，実は**具体的に足して求めていくのが一番**なのです。実際に体感していきましょう。

テーマの重要度

最短経路の問題は，全体としてはそれほど頻出ではありませんが，解法を覚えたらすぐに問題が解けるようになるので，落とすことのできないテーマです。近年では，東京都でよく出題されています。

最短経路問題の解き方

例題に入る前に，まずは簡単な例で最短経路問題の解き方を見ていきましょう。右の図のＡ地点からＸ地点に行く最短の経路を考えます。説明のため，ａ～ｇの中間地点を設定します。

Ａ地点からａ地点に行く最短経路は右に行く１通りだけですよね？　なので図中のａ地点の近くに「１」と記入します。同じようにａ地点からｂ地点に行くのも１通りだけなので，ｂ地点の近くにも「１」と記入します。Ａ地点からｃ地点，ｄ地点に行く方法も下に行く１通りだけなので，同様に「１」と記入しましょう。

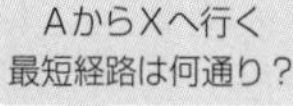

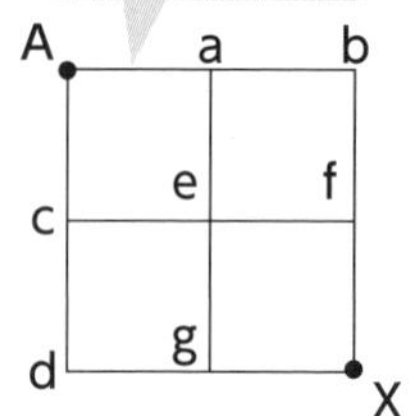

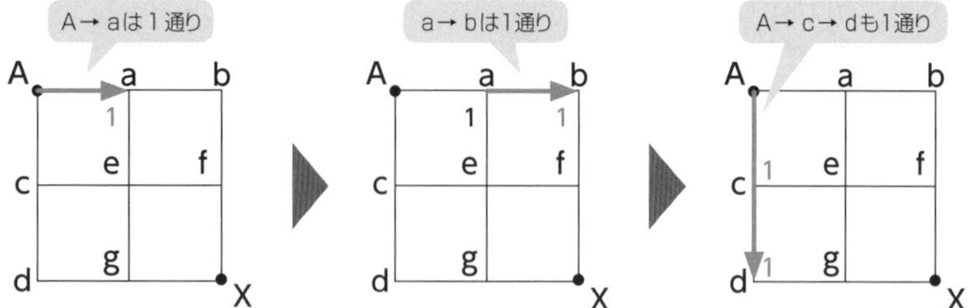

次にｅ地点に着目していきます。

Ａ地点からｅ地点に行くのは「Ａ→ａ→ｅ」と行くか「Ａ→ｃ→ｅ」と行くかの２通りです。この「２通り」はａ地点の１通りとｃ地点の１通りを足した数となっています。つまり，**ｅ地点のような交差点は「上の地点（ａ）」と「左の地点（ｃ）」の数を足せばよいのです。**

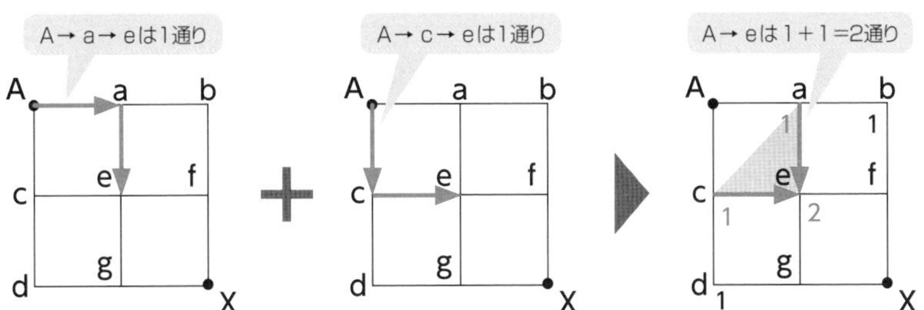

同じように考えるとｆ地点は，「ｆの上側（b）の数字１」と「ｆの左側（e）の数字２」を足して「1+2＝３」。ｇ地点は，「ｇの上側（e）の数字２」と「ｇの左側（d）の数字１」を足して「2+1＝３」となります。

最後にＸ地点です。先ほどと同様に「Ｘ上側（ｆ）の数字３」と「Ｘの左側（ｇ）の数字３」を足します。すると「３＋３＝６」となるので，Ａ地点からＸ地点に行く最短経路は「６通り」と答えが求まります。

最短経路の問題は，すべてこの繰り返しです。つまり，**足し算のみで答えが求まります。**

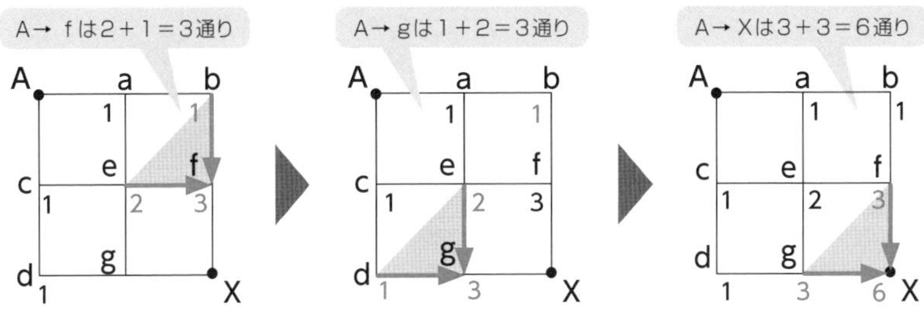

では，例題を通して，実際に取り組んでみましょう。

例題 1

次の図でAからBに行く最短経路は何通りか。　（裁判所一般職［高卒］）

1　120通り
2　140通り
3　150通り
4　180通り
5　210通り

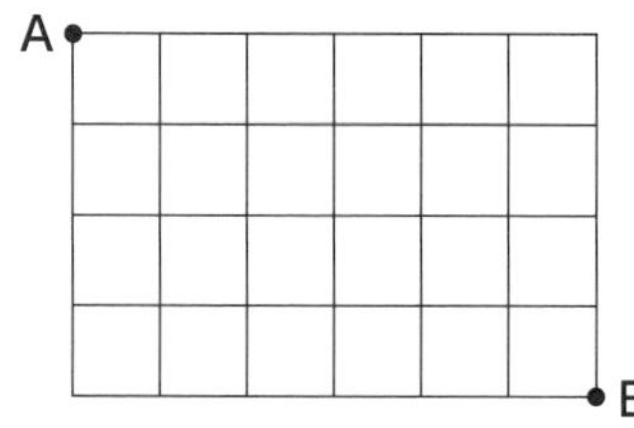

解法のステップ

それでは，実際に過去問を解いていきましょう。先ほどと同じように考えていけば，大丈夫ですよ。

●Step 1　最短経路が1通りの部分を記入する

まず下図のようにC，Dを設定します。Aから右側のCまで進む1通りと，Aから下側のDまで進む1通りを埋めます。

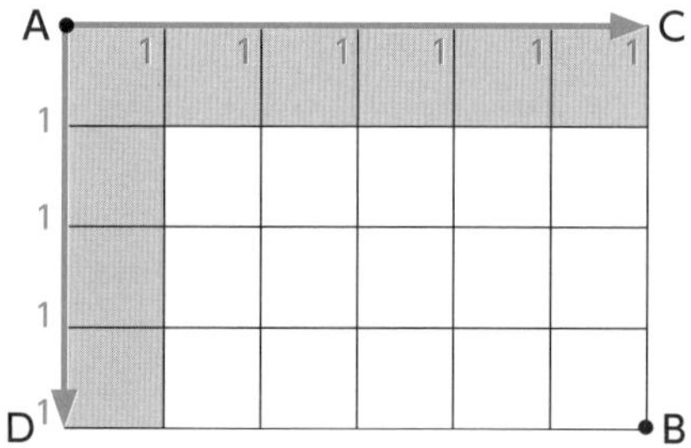

どのルートを選べばいい？

最短経路の問題は，書ける部分からすべてのルートについてドンドン足してドンドン書いていきます。
Aの右側とAの下側に行くのは1通りとわかるので，まずはここを書き込むところから始めます。

●Step 2　上図の残りの部分を求めていく

続いて，上図の網掛けがない部分を順次求めていきます。

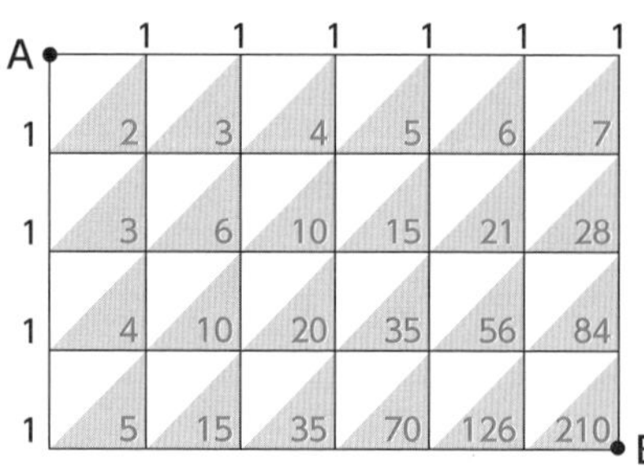

交差点部分はどうする？

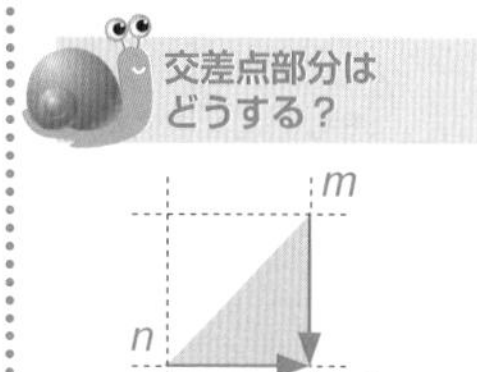

交差する前の段階のmとnを足して求めます。左図で足す部分を三角形の網掛けで表しています。

よって，210通りなので，本問の正答は**5**です。

この問題は「場合の数の公式」を使って求めることもできますが，公務員試験で一番重要な計算力を養うために，足し算で求めました。実際の過去問も，「場合の数の公式」を使うより，足し算で求めたほうが速いことが多いです。

場合の数の公式？

第３章の3-1，3-2で出てきますので，ここではスルーしてOKです。

例題２

次の図のような，Ａ駅からＢ駅に至る複数の経路がある。最短のルートで，Ａ駅からXを通ってＢ駅に行く経路は何通りか。 （特別区Ⅰ類）

1 ６通り
2 ８通り
3 10通り
4 12通り
5 14通り

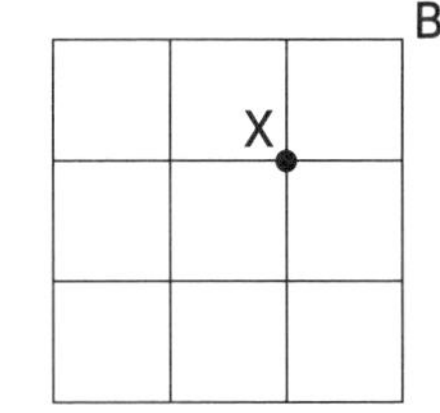

解法のステップ

解き方は基本的に今までと同じです。違うのは，経由地点のXがあるところです。

まずは「Ａ駅→X」の最短経路を求めていきましょう。その際，通らない部分があるので，少しだけ注意事項があります。

●Step 1 A→Xの最短経路を求める

問題文で「Xを通る部分」とあるので，まずＡ駅からXへ向かう左下図の網掛け部分に注目して最短経路を求めます。

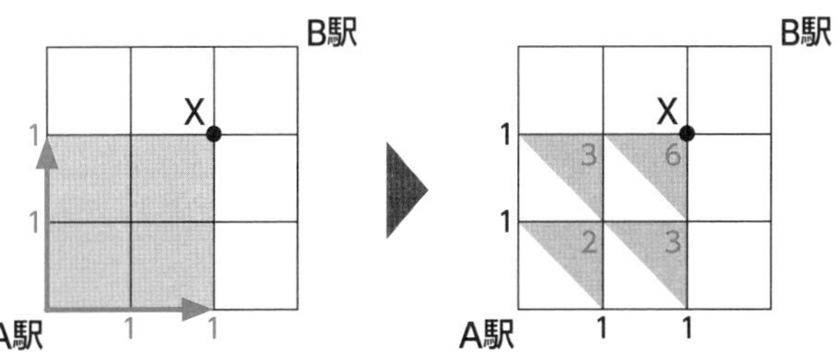

Ａ駅からXまでは，６通りです。

全部に書かないの？

下の網掛け部分は通ることがないので「1」を記入しません（間違いを防ぎ，時間を節約するためでもあります）。

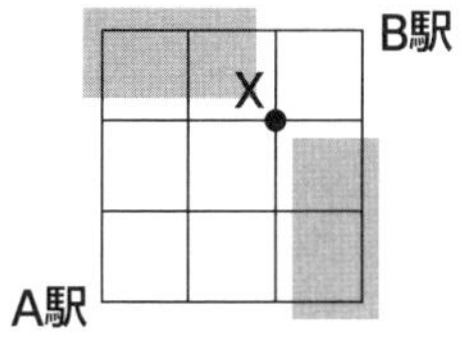

●Step 2　X→Bの最短経路を求める

次にXからB駅に向かう部分に注目して経路を見てみましょう。X地点が6通りなので，そのままスライドさせて上側と右側の数字（最短経路）は「6」となります。

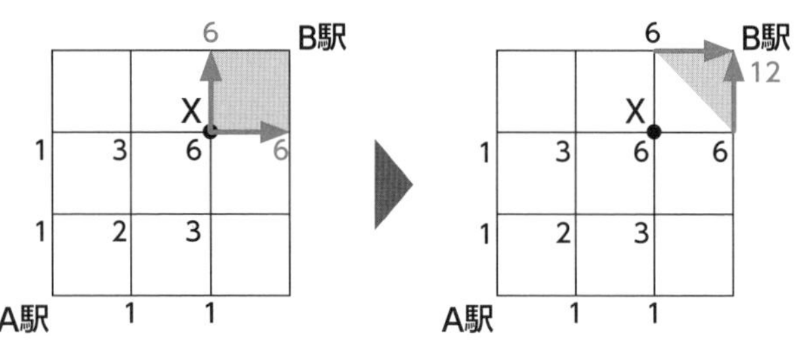

よって，A駅からXを通ってB駅に行く経路は12通りなので，本問の正答は**4**です。

積の法則を利用

A駅→Xは，6通り
X→B駅は，2通りです。
A駅→X→B駅は続けて行うので積の法則を利用して「6×2＝12」と求めることもできます。
積の法則については第3章の3-1でやるので，参考までにとどめておいてください。

例題3

図に示した経路を，AからBまで最短で行く方法は何通りあるか。

（自衛隊幹部候補生）

1　8通り
2　16通り
3　24通り
4　32通り
5　48通り

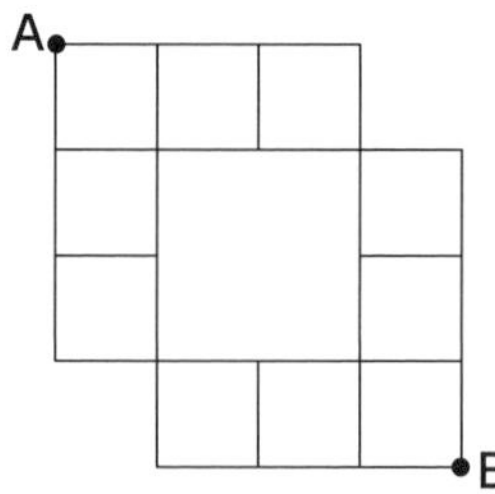

解法のステップ

今度は，経路の一部がない問題です。まずは欠けていない部分に数字を書いていきましょう。

●Step 1　経路が欠けていない部分を求める

まず，次ページ上の左図のように経路が欠けていない網掛けの部分を求めます。

点の設定

下図のように点C～点Iを設定します。

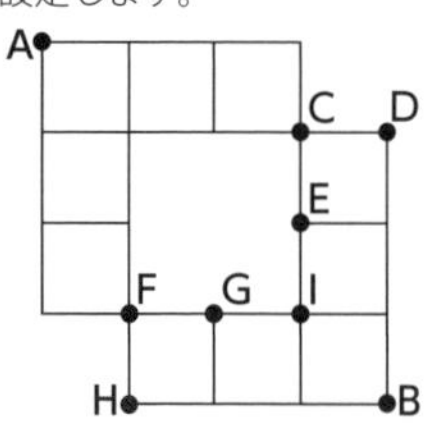

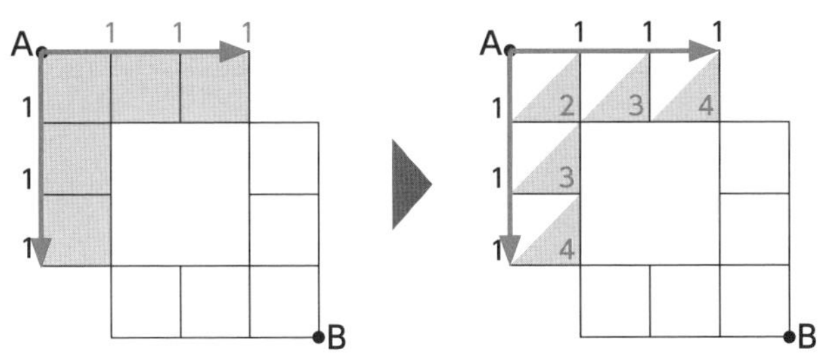

●Step 2　残りの部分を求める

下図を見てください。点Cから点D，点Cから点E，点Fから点G，点Fから点Hへの最短経路はそれぞれ1通りしかないので，点Cと点Fの4をそのまま記入します。点Iは点Eと点Gの経路を足します。

点Iから点Bは，普通に求めるだけです。

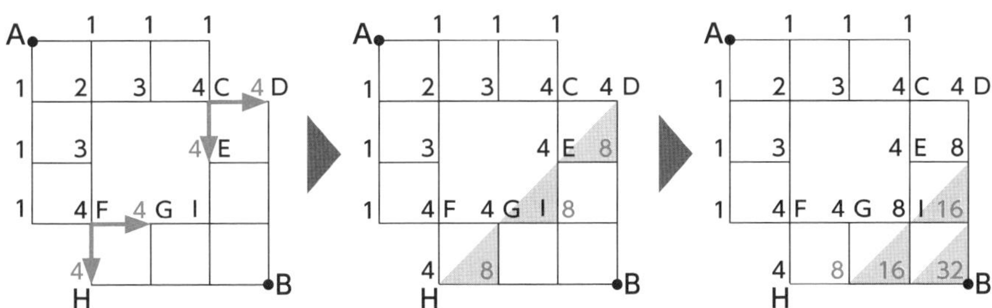

よって，32通りなので，本問の正答は**4**です。

例題 4

図のような経路で，点Aを出発して点Pを通り点Bへ行く最短経路は何通りあるか。

（国家一般職［大卒］）

1　40通り
2　48通り
3　54通り
4　60通り
5　72通り

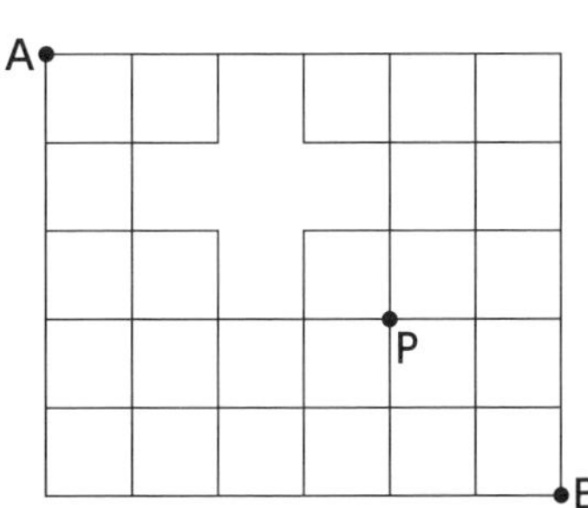

解法のステップ

前問に続き経路の一部がない問題です。一見難しそうですが，先ほどの問題とまったく同じ解き方です。

まずは，点Aから右へ進む1通りと，下に進む1通りを書き込みます。

●Step 1　経路が欠けていない部分を求める

問題文に「点Ｐを通り」とあるので，点Ａから点Ｐへ向かう部分に注目しましょう。まずは，経路が欠けていない部分を求めます。

なお，経路が欠けている部分を点Ｃ，点Ｄとします。

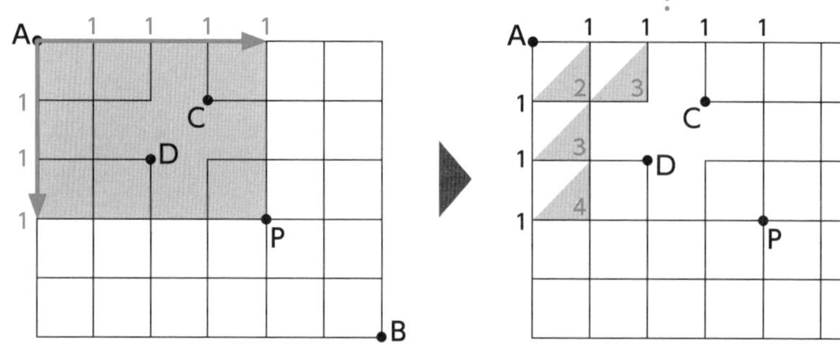

●Step2　経路が欠けている部分を求める

点Cは上側の1通りをスライドしてC=1，点Dは左側の3通りをスライドして，D=3となります。

経路が欠けているＣとＤに注目します。

Ｃは左側が欠けているため上側の１が来て，Ｄは上側が欠けているため，左側の３が来ます。

Ｃ＝１，Ｄ＝３となったので，ＥとＦを求めます。

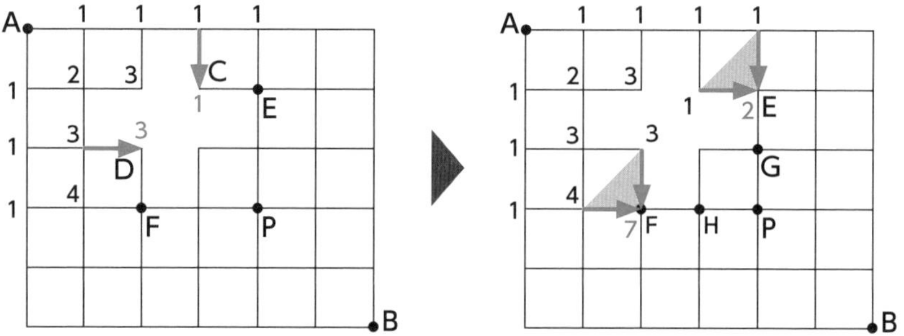

●Step 3　続けて経路が欠けていない部分を求める

Ｇは上側にあるEの数字２が来て（G=2）

Ｈは左側にあるFの数字７が来ます（H=7）。

GとHが求まると，PはGとHの数を足して，2＋7＝9と求まります。

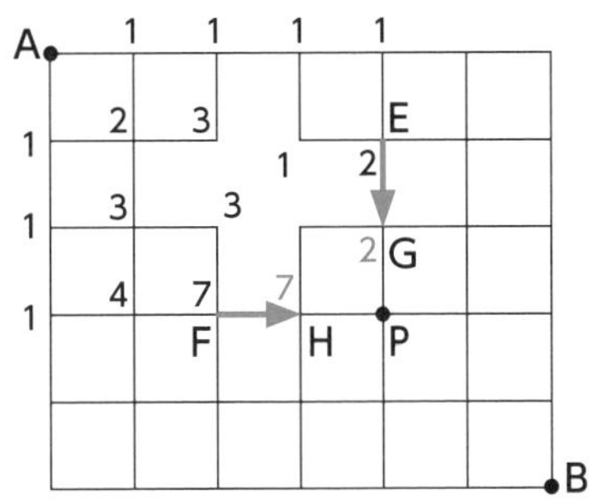

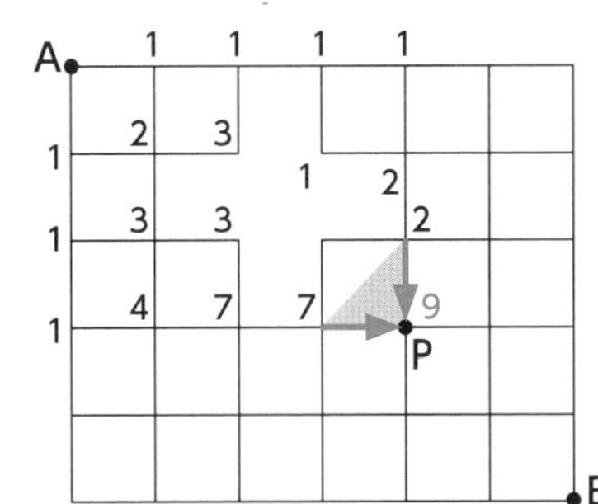

●Step 4　経路が欠けていないP→Bを求める

PからBは，今までどおりの手順で，求めていきます。

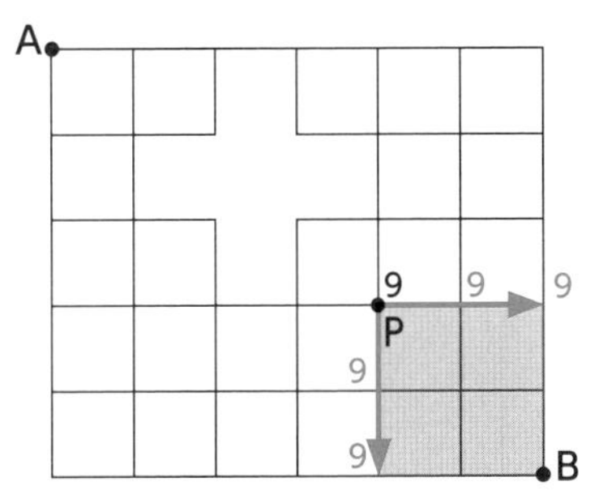

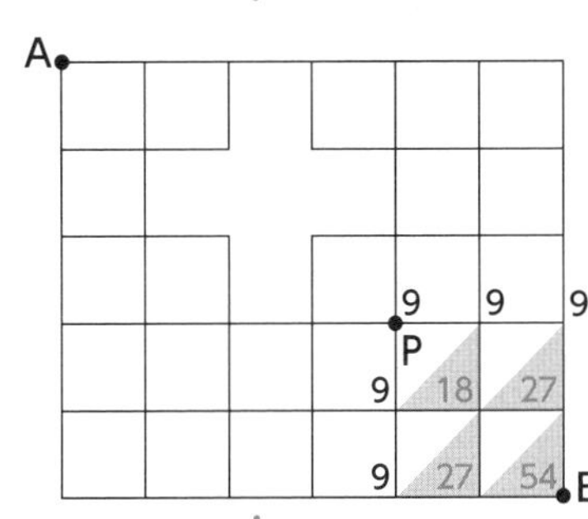

よって，54通りなので本問の正答は**3**です。

例題5

図のように道が碁盤目状になっている街で，甲はA地点にある自宅を出て，B地点にあるスーパーで買い物をし，C地点にある病院へお見舞いに行った。その後，D地点にあるレストランで昼食をとり，A地点にある自宅に戻った。このとき，最短の経路は全部で何通りあるか。　（国家一般職［高卒・社会人］）

1　900通り
2　1,600通り
3　1,800通り
4　3,200通り
5　3,800通り

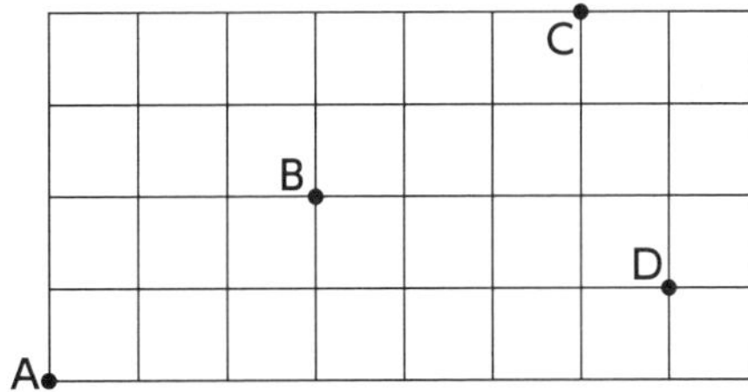

解法のステップ

問題文より「A→B→C」と進み，その後「C→D」「D→A」と進むので，順に求めていきます。

●Step 1　A→B→Cの最短経路を求める

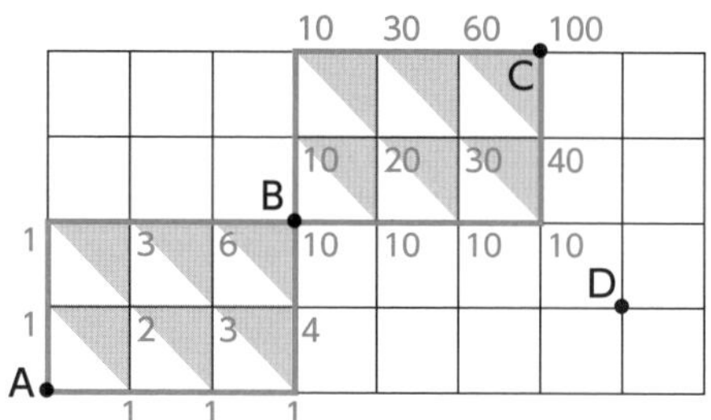

よって，A→B→Cの最短経路は100通りです。

●Step2　C→Dの最短経路を求める

Cまでが100通りなので，100から始めます。

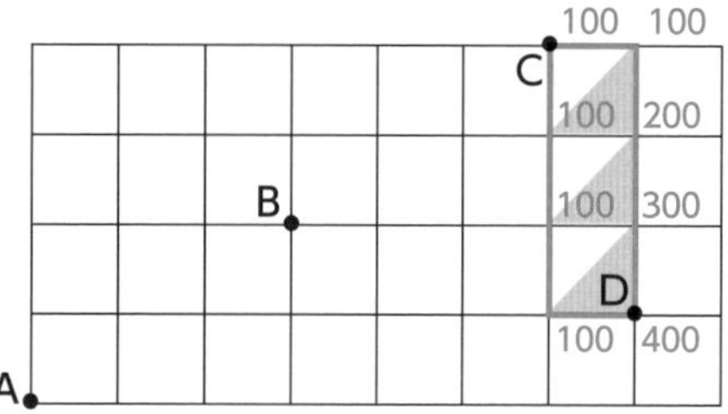

よって，A→B→C→Dの最短経路は400通りです。

●Step3　D→Aの最短経路を求める

Dまでが400通りなので，400から始めます。

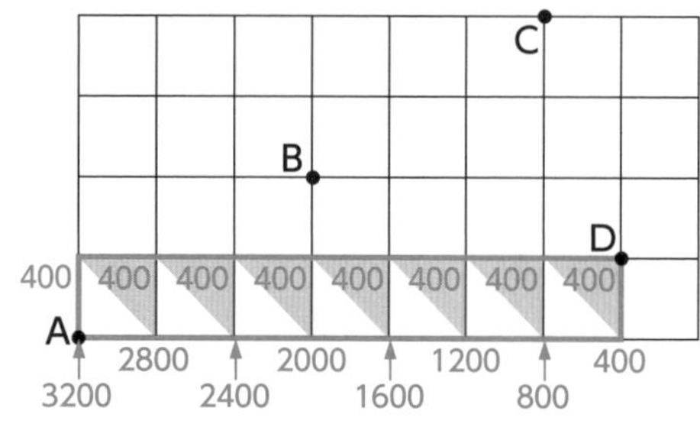

よって，3200通りなので，本問の正答は**4**です。

A→Bの経路

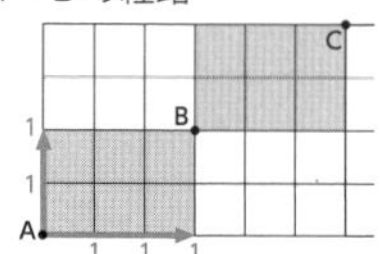

（A→）B→Cの経路

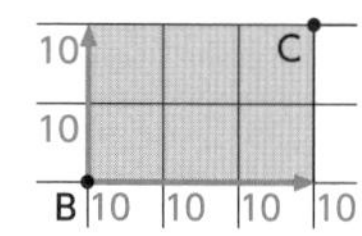

A→Bのみの最短経路

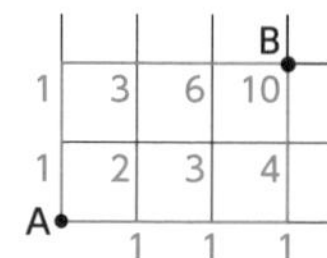

10通り

B→Cのみの最短経路

1 3 6 C 10
1 2 3 4
B 1 1 1

10通り

C→Dのみの最短経路

C 1 1
1 2
1
3
1 D
4

4通り

D→Aのみの最短経路

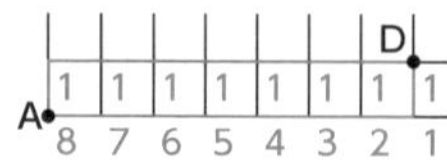

8通り

各地点間の最短経路を求め，それらをかけ算して求めることもできます。

（A→B）×（B→C）×（C→D）×（D→A）

10 × 10 × 4 × 8 = 3200

よって，3200通りなので，本問の正答は**4**ということになります。

かけ算の計算は，左からするのではなく，簡単なものから行うと効率的です。

10×10×4×8
＝10×10×32
＝3200

例題6

次の図のような，縦，横，等間隔で交差する道路がある。今，自宅から図書館に行くとき，最短経路は何通りか。ただし，×部分の道路は通行できない。

（特別区Ⅲ類）

1　110通り
2　112通り
3　114通り
4　116通り
5　118通り

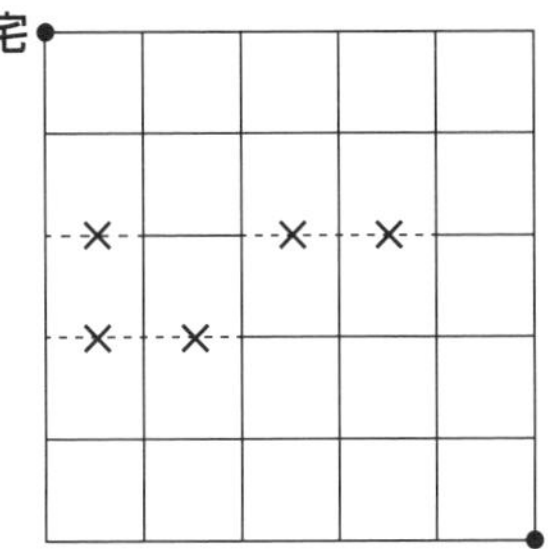

解法のステップ

通行止めの道路がある問題ですが，これまでと同様に考えていけばOKです。

●Step 1　道路が欠けていない部分の経路を求める

まずは道路が欠けていない部分から求めましょう。

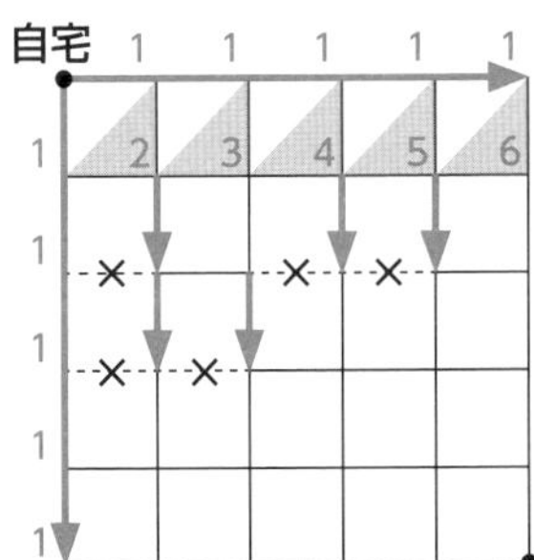

Step 2に移る前に，左図の↓の部分は一方通行なので上下で数字が変わらないことに注意しましょう。

問題文の経路は下の経路図と同じということです。

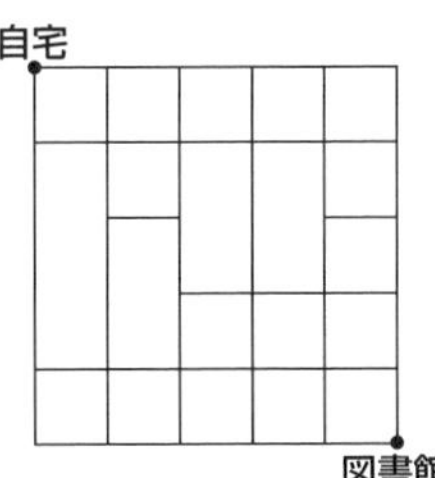

●Step2　道路が欠けている部分の経路を求める

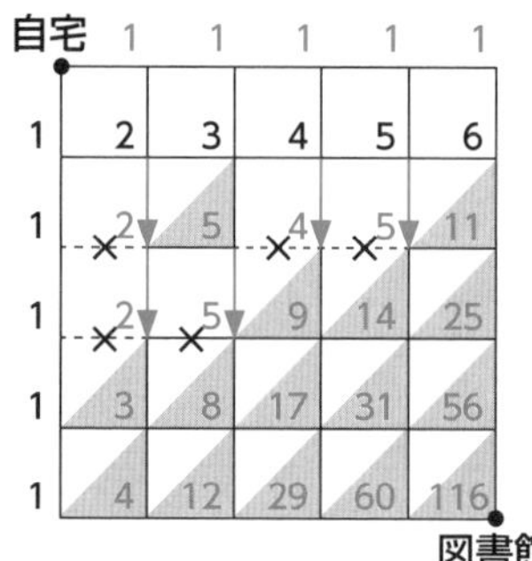

116通りなので，本問の正答は**4**です。

経路が欠けているときは

手前の数字をそのままスライドさせます。

例題7

下の図のように，土地が道路により正方形に区画されているとき，道路を通って地点Aから地点Bまでを最短で結ぶ経路の数として，正しいものはどれか。

（東京都Ⅰ類A）

1　623
2　1,103
3　1,743
4　1,883
5　3,003

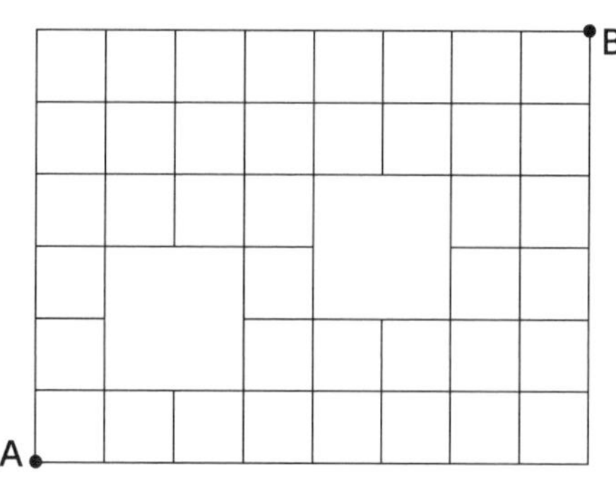

解法のステップ

最短経路の最後を飾るにふさわしい計算量の問題です。めざせノーミス！

●Step 1　経路が欠けていない部分を求める

次ページの上図のようにC，D，E，F，G，H，I，Jを設定し，道路が欠けているDとEは，CとFの4をそのままスライドさせます。

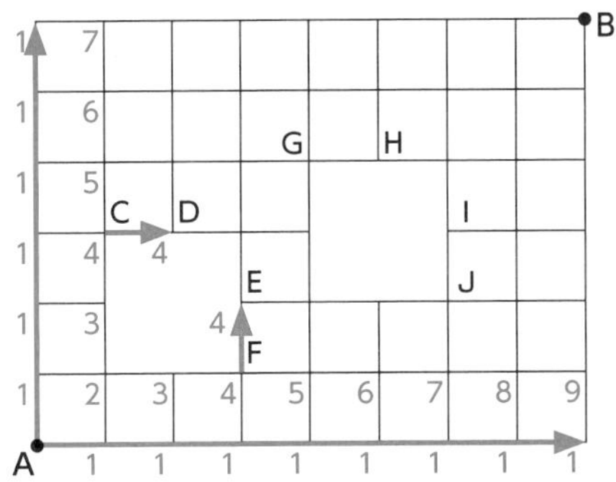

●Step2　さらに経路が欠けていない部分を求める

Step 1と同様に求めていきます。道路が欠けているHはGの34を，IはJの22をそのままスライドさせます。

1	7	22	54	120				B
1	6	15	32	66	G→	H		
1	5	9	17	34	34		22 I	
1	4	4	8	17		↑ J		
1	3		4	9	15	22	30	39
1	2	3	4	5	6	7	8	9
A	1	1	1	1	1	1	1	1

●Step 3　最短経路を求める

1	7	22	54	120	220	376	640	1103 B
1	6	15	32	66	100	156	264	463
1	5	9	17	34	34	56	108	199
1	4	4	8	17		22	52	91
1	3		4	9	15	22	30	39
1	2	3	4	5	6	7	8	9
A	1	1	1	1	1	1	1	1

1103通りなので，本問の正答は**2**です。

どこから書けばいい？

まずは点Aから右に進む1通りと上に進む1通りを書きます。
次に，経路が欠けていない部分を足し算していきます。

経路が欠けているときは

手前の数字をそのままスライドさせます。
DはCの4通り
EはFの4通り
HはGの34通り
IはJの22通り
をスライドさせます。

誤りの選択肢

選択肢**1**，**3**，**4**，**5**は，第3章で学ぶ場合の数の公式を使ったミスを想定して構成されています。

1-2　国総 −　国般★　地上★★　市役所 −　初級★

魔方陣
～引き算で解く「魔法」のテクニック～

魔方陣の問題とは

魔方陣（まほうじん）とは，下図にあるような3マス×3マスや4マス×4マスなどの枠の中で，縦，横，斜めの数の和がどれも同じになるもののことです。

魔方陣の中でも４×４の問題が一番出題されるので，このタイプを中心に演習していきます。空所を文字で置いて，連立方程式で解くこともできますが，時間がかかりますから，ここではテクニックを学習しましょう。

テーマの重要度

魔方陣も最短経路と同様にそれほど頻出ではありません。しかし解法を覚えたらすぐに解けるようになるので，落とすことはできません。確実にマスターしましょう。

和？

足した答えのことです。

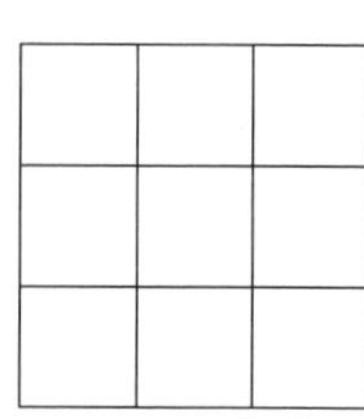

3×3の方陣

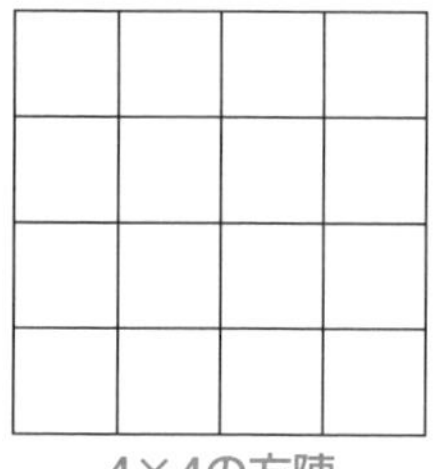

4×4の方陣

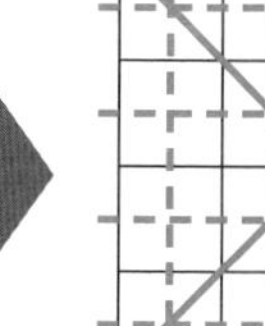

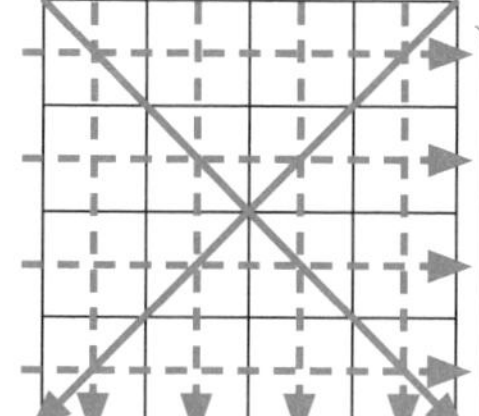

魔方陣

魔方陣の性質

では，魔方陣の性質を紹介していきます。

●数字が1 ～ 9の3×3魔方陣

3×3の魔方陣は下の1パターンだけです。ですから，性質がどうこうというより，下図の魔方陣を丸暗記してしまったほうが速いです。

2	7	6
9	5	1
4	3	8

魔法なの？

「まほうじん」というと「魔法？」と思ってしまうかもしれませんが，「魔」「方陣（四角形の陣形）」ですので間違わないでください。なお，３×３のものを「三方陣」，４×４のものを「四方陣」と呼んだりもします。

真ん中が5

１～９の３×３の魔方陣は真ん中の数が必ず５です。

ほかはこのパターンを「裏返したもの（対称にずらしたもの）」もしくは「回転させたもの」だけなので，この1パターンを覚えれば対応できます。

その線を基準にしてひっくり返すイメージです。

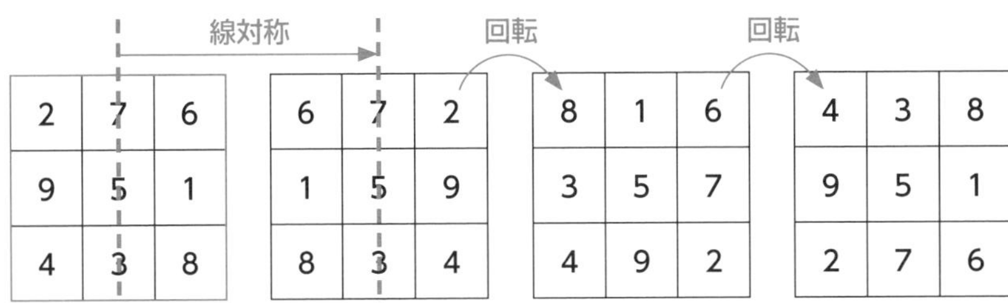

●数字が1～16の4×4魔方陣の「性質①」

魔方陣の定義でもあるのですが，魔方陣では，縦，横，斜めの数の和がどれも同じになります。下図にあるように，1～16の場合は縦，横，斜めの和が，どれも34となります。

1～16までの和は136です。縦もしくは横の数が4つあるので136を4で割ると「136÷4=34」となります。

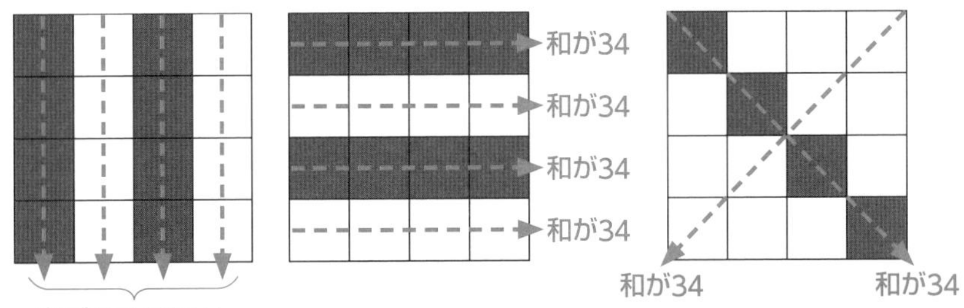

●数字が1～16の4×4魔方陣の「性質②」

下図の黒い部分の和も必ず同じ数になります。なお，性質②は，1～16の魔方陣に限らず，4×4の魔方陣なら必ず成り立つので，けっこう使えます。ぜひ覚えておいてください。

ちなみに1～16の魔方陣の場合，黒い部分の和は，性質①と同様にすべて34になります。

この性質②を使って解説している問題集をあまり見かけませんが，活用できる問題が数多くあります。本書では積極的に利用していきます。「魔方陣の性質②」は，必ず成り立ちます。

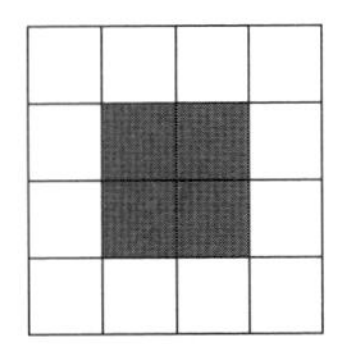
黒い部分の和が34

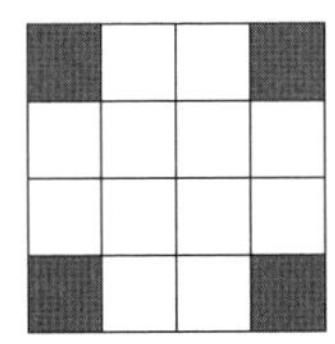
黒い部分の和が34

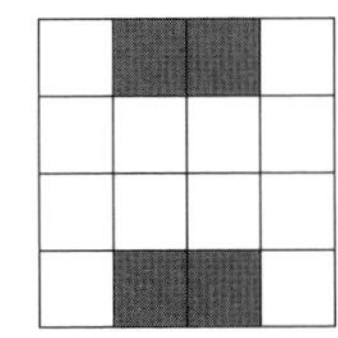
黒い部分の和が34

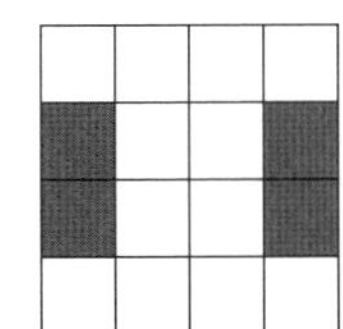
黒い部分の和が34

●数字が1～16の4×4魔方陣の「性質③」

中心（下図の●）と点対称の関係にある黒い部分の2数の和は17となる場合が多いです。

この性質③が一番強力で，過去問を見る限り多くの問題で使えますが，絶対に成り立つわけではないので注意が必要です。この性質が成り立たない問題については，前述の性質①と②を駆使して解いていくことになります。

点対称

その点を基準にして反対側にあるもののイメージです。

性質③が使えない問題

近年では後ほど例題3で演習する平成30年度の東京都Ｉ類Bの問題があります。

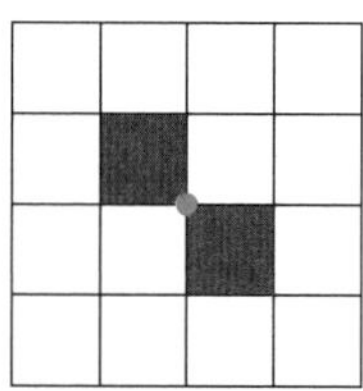
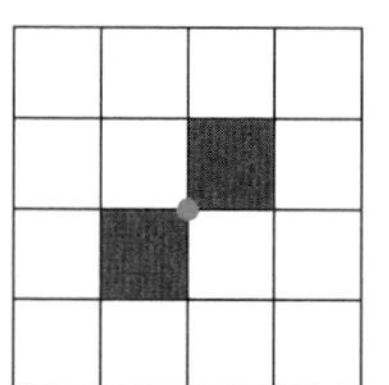
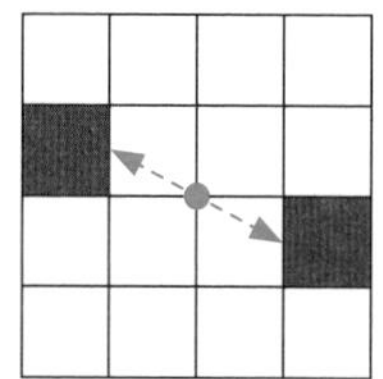
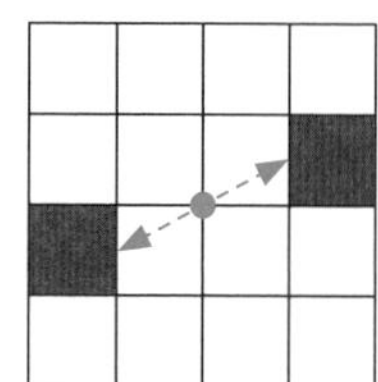

中心と点対称の関係にある2数の和は17

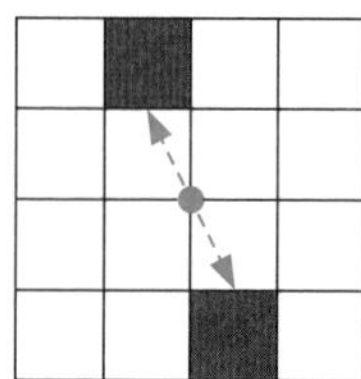
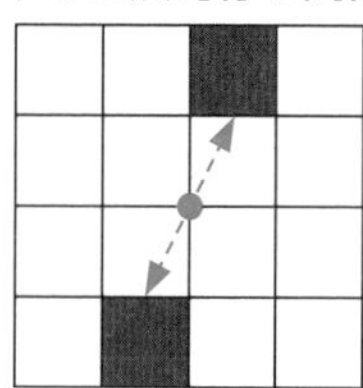
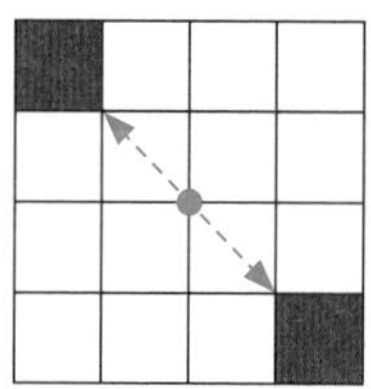
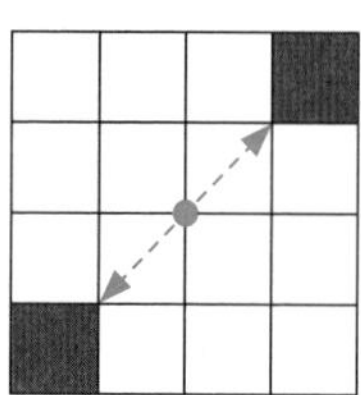

●数字が1～16の4×4魔方陣の「性質④」

性質③が成り立つときには，下図のブロックの和がそれぞれ34となります。

性質③④

性質③が使えるときは，性質④も必ず使えます。

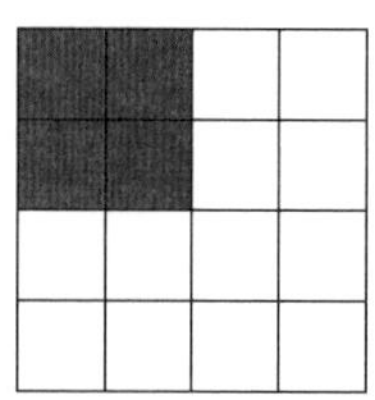
黒い部分の和が34

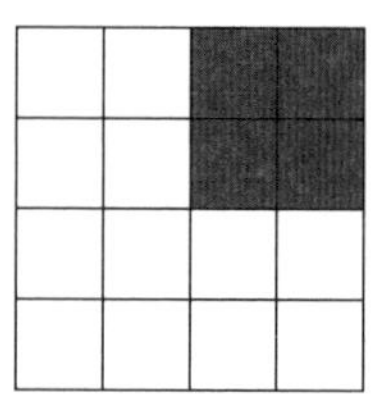
黒い部分の和が34

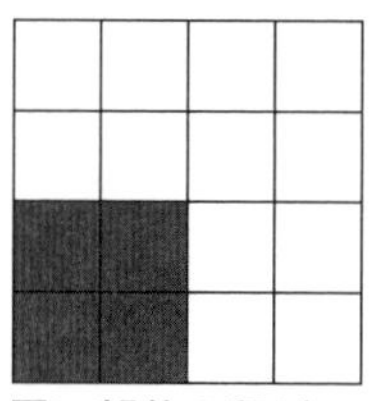
黒い部分の和が34

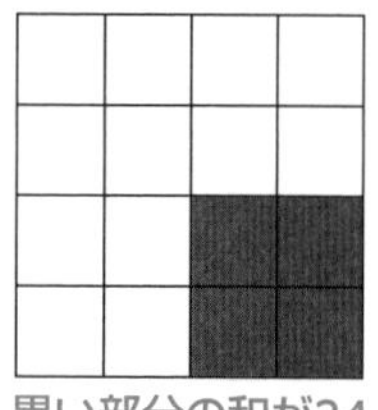
黒い部分の和が34

まとめると，4×4の魔方陣では「性質①②＝必ず使える」「性質③④＝使えない場合もあるが強力」という感じです。

では，実際の問題を見ていきましょう。

性質③は強力

性質③は特に強力で，この性質を使うと瞬時に答えが求まる問題が数多くあります。

例題1

次の図のような1～16までの数字を使った魔方陣があり，縦，横，対角線に並ぶ数字それぞれの合計は等しいが，A，B，●の部分は数字が隠されていて見えない。このとき，AとBに入る数字の和として，正しいものはどれか。

（警視庁Ⅲ類）

1 12
2 14
3 17
4 20
5 23

●	A	3	13
5	●	●	●
●	7	6	●
●	14	B	1

解法のステップ

魔方陣の性質①を使ってももちろん解けますが，性質②を使ったほうが速く解けます。

●Step 1 性質②を利用する

●	A	3	13
5	●	●	●
●	7	6	●
●	14	B	1

左図の太枠の部分「A，3，14，B」の和が34になるので，AとBの数字の和は34から3と14を引けばよいので，

34－3－14＝17

よって，本問の正答は**3**です。

別解 性質③を利用した場合

点対称の位置にある「3と14」に注目すると，この問題は性質③の「和が17」が使えそうです。

●	A	3	13
5	●	●	●
●	7	6	●
●	14	B	1

左図より，AとBは点対称の位置にあるので，

A＋B＝17

なんとAの数もBの数もわからないまま，正答が求まってしまいました。

このようなことは公務員試験ではよくありますので，慣れていきましょう。

魔方陣の性質②

黒い部分の和が34になります。
（数字が1～16の場合）

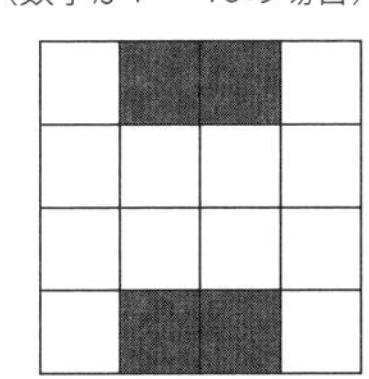

方程式を使って…

A＋3＋14＋B＝34
3と14を移項して
A＋B＝34－3－14
A＋B＝17でもOK

魔方陣の性質③

中心と点対称の位置にある「3と14の和」は3＋14＝17です。

●	A	3	13
5	●	●	●
●	7	6	●
●	14	B	1

最後に，この魔方陣を完成させると次のとおりになります。

●	A	3	13
5	●	●	●
●	7	6	●
●	14	B	1

▶

16	A	3	13
5	11	10	●
●	7	6	12
4	14	B	1

性質③（和が17）を利用

▶

16	2	3	13
5	11	10	8
9	7	6	12
4	14	15	1

性質①を利用

例題 2

1～16までの整数すべてを用いて表を作成した。この表の各行および列の数字の和がすべて等しいとき，表中のア～エに当てはまる数字の組合せとして正しいのはどれか。

（国家一般職［高卒・社会人］）

	ア	イ	ウ	エ
1	11	13	4	6
2	13	11	6	4
3	13	16	4	1
4	16	13	1	4
5	16	13	4	1

ア	2	3	イ
5	オ	10	8
9	7	カ	12
ウ	14	15	エ

解法のステップ

行（横）と列（縦）の和が等しいとあるだけで「斜め」が等しいとは書いてありませんが，点対称の位置にある２数に着目すると，「２と15」の和が17「３と14」の和が17と性質③が成り立っています。そのため斜めの和も等しい魔方陣であると仮定して問題を解いていきます。

用語の確認

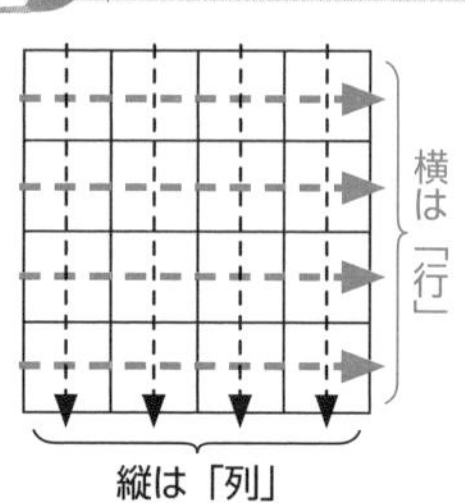

●Step 1　性質①を利用する

ア	2	3	イ
5	オ	10	8
9	7	カ	12
ウ	14	15	エ

和が34

２列目，３列目の和に注目して，まずはオ，カを求めます。

２列目の和が34より

オ＝34－２－７－14＝11

３列目の和が34より

カ＝34－３－10－15＝６

魔方陣の性質①

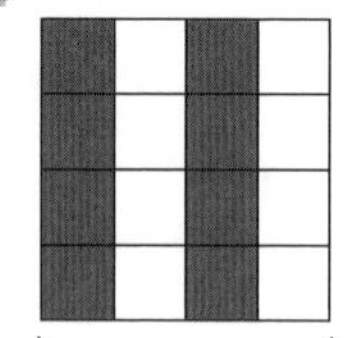

和がそれぞれ34になります。

●Step 2 性質④を利用する

ア，イ，ウ，エ以外の部分に着目すると，中心（下図の丸●）と点対称の関係にある2数の和がすべて17になっているので，魔方陣の性質③が使えそうです。性質③が使えるときは，性質④が使えるので，これを利用していきましょう。

性質④は「各ブロックの和が34」なので，

ア	2	3	イ
5	11 オ	10	8
9	7	6 カ	12
ウ	14	15	エ

ア＝34－2－5－11＝16

イ＝34－3－8－10＝13

ウ＝34－9－7－14＝4

エ＝34－6－12－15＝1

ア＝16，イ＝13，ウ＝4，エ＝1となります。

よって，本問の正答は**5**です。

右図のように表を埋めると，斜めの和も34となり，この表が魔方陣だとわかります。

魔方陣の性質④

4ブロックの和はどれも34

ア	2	3	イ
5	オ	10	8
9	7	カ	12
ウ	14	15	エ

16	2	3	13
5	11	10	8
9	7	6	12
4	14	15	1

例題3

下の図のように，縦，横，斜めのいずれの４つの数字の和も同じになるようにした方陣がある。Xに入る数字として，正しいのはどれか。（東京都Ⅰ類B）

1 1
2 2
3 3
4 4
5 5

	15	18	
22	A	B	13
21	C	D	X
	17	10	

解法のステップ

方陣に21や22という数があるので，1～16の魔方陣ではないことがわかります。また点対称の位置にある「15と10」の和25と「18と17」の和35と「21と13」の和34が一致しないため，性質③が使えないこともわかります。

ここは４×４の魔方陣なら必ず成り立つ性質②を使って解いていきましょう。

性質③④は使えない！

	15	18	
			13
21			
	17	10	

点対称の関係にある2数の和が等しくないので，性質③と④は使えません。

●Step 1　必ず成り立つ性質②を利用する

魔方陣の性質②を使うために，色で囲んだ部分の数字を足してみます。

	15	18	
22	A	B	13
21	C	D	X
	17	10	

$15 + 18 + 17 + 10 = 60$

よって，この魔方陣の1つのブロックの和が60だとわかります。

●Step 2　引き続き性質②を利用する

	15	18	
22	A	B	13
21	C	D	X
	17	10	

1つのブロックの和が60なので，60から上の図で囲まれた部分の22，21，13を引いて

$X = 60 - 22 - 21 - 13 = 4$

よって，本問の正答は**4**です。

なお，後に紹介する方程式を利用する場合は性質①を利用して解くこともできます。ただし，一般的に方程式を使って魔方陣の問題を解くのは複雑になるため省略します。

下の黒部分の和は同じになります。（今回の場合は60）

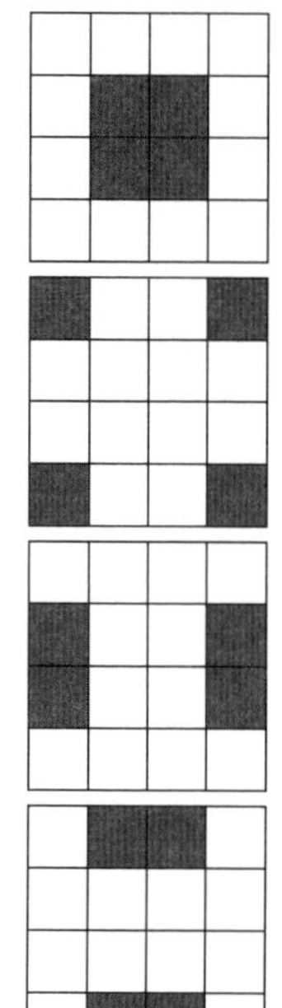

例題4

次の図のように，1～16までのそれぞれ異なる整数をマス目に入れて，縦，横，対角線の数の和がいずれも等しくなるように配置したとき，AとBのマス目の数の積はどれか。　（特別区Ⅰ類）

1　10
2　20
3　30
4　60
5　90

1	8	A	
			3
	11	7	
4	B	9	

点対称の位置にある「8」と「9」に着目すると，2数の和が17になっているので，性質③を使ってみましょう。

●Step 1　性質③を利用する

中心と点対称の位置にある数をもとに，「あ，い，う，え，お」をそれぞれ計算して求めます。

1	8	A	あ
	い	う	3
え	11	7	
4	B	9	お

点対称の和は17

あ＝17－4＝13
い＝17－7＝10
う＝17－11＝6
え＝17－3＝14
お＝17－1＝16

点対称の位置にある数

4の点対称の位置が「あ」，7の点対称の位置が「い」，11の点対称の位置が「う」，3の点対称の位置が「え」，1の点対称の位置が「お」です。

●Step 2　性質①を利用する

ここまで来たら，性質①を使ってAとBを求めていきましょう。

1	8	A	13
	10	6	3
14	11	7	16
4	B	9	16

和が34

A，6，7，9の和が34となるので，

A＝34－6－7－9＝12

1	8	12 A	13
	10	6	3
14	11	7	
4	B	9	16

和が34

8，10，11，Bの和が34となるので

B＝34－8－10－11＝5

魔方陣の性質①

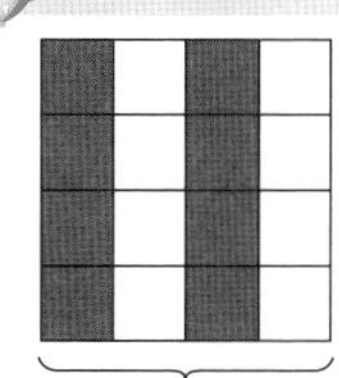

和がそれぞれ34になります。

魔方陣の完成

1	8	12 A	13
C	10	6	3
14	11	7	
4	5 B	9	16

▼

1	8	12 A	13
15	10	6	3
14	11	7	D
4	5 B	9	16

▼

よって，A＝12，B＝5　より

$A \times B = 12 \times 5 = 60$

となるので，本問の正答は**4**です。

1	8	12 A	13
15	10	6	3
14	11	7	2
4	5 B	9	16

例題 5

下図は，1～16までのそれぞれ異なる整数を，縦，横，対角線の和がいずれも等しくなるように入れたマス目の一部を示したものである。A，Bにそれぞれ当てはまる整数の和として，正しいのはどれか。（東京都Ⅰ類）

1 17
2 18
3 19
4 20
5 21

4		15	
A			8
	7		
	2	3	B

解法のステップ

点対称の位置にある「15」と「2」に着目すると，2数の和が17になっているので，性質③を使ってみましょう。

●Step 1　性質③を利用する

点対象の位置にある数の和が17になるように，下図のあ，い，う，B，をそれぞれ計算して，

4	あ	15	
A		い	8
う	7		
	2	3	B

点対称の和は17

あ＝17－3＝14

い＝17－7＝10

う＝17－8＝9

B＝17－4＝13

3の点対称の位置が「あ」，7の点対称の位置が「い」，8の点対称の位置が「う」，4の点対称の位置が「B」です。

●Step 2　性質①を利用する

Aの点対称の位置は空欄になっているので，性質③では求められません。そこで，性質①を使います。次図の「え」がわかれば，Aが求まるので，

実は「う」を求めなくても「A」と「B」を求めることができます。しかし，試験当日はスマートな解法ができるとは限りません。埋められるものは，ドンドン埋めていきましょう。

4	14	15	
A	え	10	8
9	7		
	2	3	13 B

和が34

$$え = 34 - 14 - 7 - 2 = 11$$

4	14	15	
A	11	10	8
9	7		
	2	3	13 B

和が34

$$A = 34 - 11 - 10 - 8 = 5$$

よって，$A = 5$，$B = 13$　より

$$A + B = 5 + 13 = 18$$

となるので，本問の正答は**2**です。

右図より縦，横，対角線の和がいずれも34となっています。また点対称の位置にある２数の和はすべて17になっていますから，性質③が成り立つ魔方陣になっていることが確認できます。

魔方陣の性質①

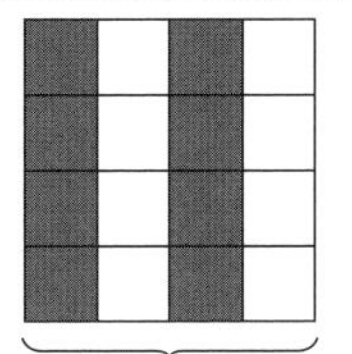

和がそれぞれ34になります。

魔方陣を完成させると

4	14	15	1
5 A	11	10	8
9	7	6	12
16	2	3	13 B

例題6

1～16までの数を図のようなマス目に入れ，縦，横，斜めのどの4個の数の和も等しくなるようにしたとき，A+Bは次のうちどれか。　（地方初級）

1　12
2　13
3　14
4　15
5　16

14			
	8	12	
4		A	
		B	

解法のステップ

魔方陣の性質③が使えるかどうかわかりませんが，まずは性質③を使って，点対称の２数の和が17になるものとして解いてみましょう。

2数の和が17？

確認できない場合は，成り立つものと仮定して進めていきます。

●Step 1　性質③を利用する

数がわかっているところの点対称の位置にあるA，あ，い，うを求めます。

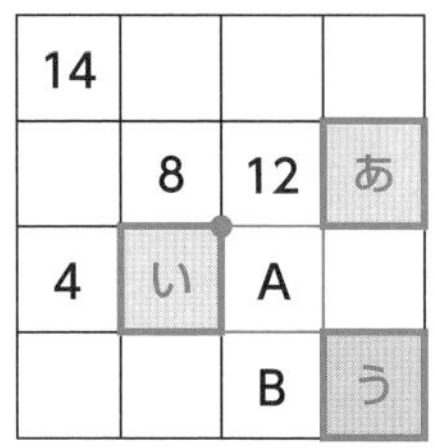

14			
	8	12	あ
4	い	A	
		B	う

点対称の和は17

A＝17－8＝9

あ＝17－4＝13

い＝17－12＝5

う＝17－14＝3

●Step 2　性質①と④を利用する

Step 1で求めた数字を魔方陣に記入します。Bを求めるために，下図の「え」がわかれば性質④が使えそうです。

まず性質①を使って，「え」を求めていきましょう。

14			
	8	12	13
4	5	9 A	え
		B	3

和が34

14			
	8	12	13
4	5	9 A	16
		B	3

和が34

え＝34－4－5－9＝16

B＝34－9－16－3＝6

A＝9，B＝6なので

A＋B＝9＋6＝15

よって，本問の正答は**4**です。

右図より，縦，横，斜めのどの4個の和も等しく34になっています。また点対称の位置にある2数の和はすべて17になっていますから，性質③が成り立つ魔方陣になっていることを確認することもできます。

点対称の位置にある数

8の点対称の位置が「A」，4の点対称の位置が「あ」，12の点対称の位置が「い」，14の点対称の位置が「う」です。

魔方陣の性質④

青枠で囲った4ブロックの和はどれも34になります。

14			
	8	12	13
4	5	9	16
		B	3

魔方陣を完成させると

14	11	7	2
1	8	12	13
4	5	9	16
15	10	6	3

第2章 かけ算・割り算で解ける問題

計算力と解き方のテクニックを身につけよう

かけ算・割り算を含む問題では，さまざまなテクニックが必要となります。テクニックの中には忘れてしまったものや，今まで見たことがないようなものもあるかもしれませんが，それぞれが必要不可欠なテクニックなので，１つ１つ確実に身につけていきましょう。

2-1　国総★　国般★　地上★★　市役所★　初級★★

時計算その１
～公式で秒殺～

時計算の問題とは？

時計の短針（時針）と長針（分針）が重なる時刻や，時計の短針と長針が反対方向に一直線になる時刻などを求めるような，アナログ時計の動きに関する問題を**時計算**（とけいざん）と呼んでいます。

時計算はパターンが決まっているため，簡易的な公式があります。簡易的な公式を使うとすぐに答えが求まるので，解答時間の短縮になります。また，時計算では分数の計算が必要になるので，分数の計算に慣れる訓練としても有効なテーマです。

テーマの重要度

解法を覚えたらすぐに問題が解けるようになるので落とすことのできないテーマです。近年では，東京都でよく出題されています。
なお，「時計算その２」は第４章の4-6にあります。

長針・短針

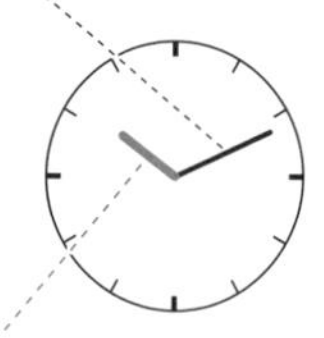

長針は時計の長い針で，分針ともいいます。

短針は時計の短い針で，時針ともいいます。

「°」？

角度を表す記号です「度（ど）」と読みます。

時計算の解き方

まず，アナログ時計の性質として，以下のことは理解しておいてくださいね。

時計の性質

- **長針が1分間に進む角度は6°**

  360（長針が１周する角度） ÷ 60（１周に要する分数） ＝ 6

- **短針が1分間に進む角度は0.5°**

  360（短針が1周する角度） ÷ 12（1周に要する時間数） ÷ 60（分数） ＝ 0.5

- **長針と短針は1分間に5.5°近づく（遠ざかる）**

  6（長針の進む角度） － 0.5（短針の進む角度） ＝ 5.5

●短針と長針が重なるタイミング

時計の短針と長針がぴったり重なる時刻を具体的に調べてみると，０時から12時の間だと，１時５分頃，２時11分頃，

3時16分頃，4時22分頃，5時27分頃，6時33分頃，7時38分頃，8時44分頃，9時49分頃，10時55分頃，12時の合計11回あります。

短針と長針が進む速度は一定ですから，同じタイミングで重なっているはずです。つまり12時間の間に11回重なっているので，

$12 \div 11 = \dfrac{12}{11}$ 時間ごとに短針と長針が重なる

ということがわかります。

また，これは$\dfrac{12}{11}$時間ごとに，長針が短針の周りを360°回転したともいえます。

つまり，長針が短針の周りを90°回転する時刻であれば，$\dfrac{12}{11} \div 4 = \dfrac{3}{11}$ 時間後となり，長針が短針の周りを180°回転，つまり長針と短針が反対向きに一直線となる時刻であれば，$\dfrac{12}{11} \div 2 = \dfrac{6}{11}$ 時間後とわかります。まとめると，下図の関係となります。

時計算の公式①

短針と長針とが正確に重なってから，次に重なるまでは，$\dfrac{12}{11}$時間かかります。

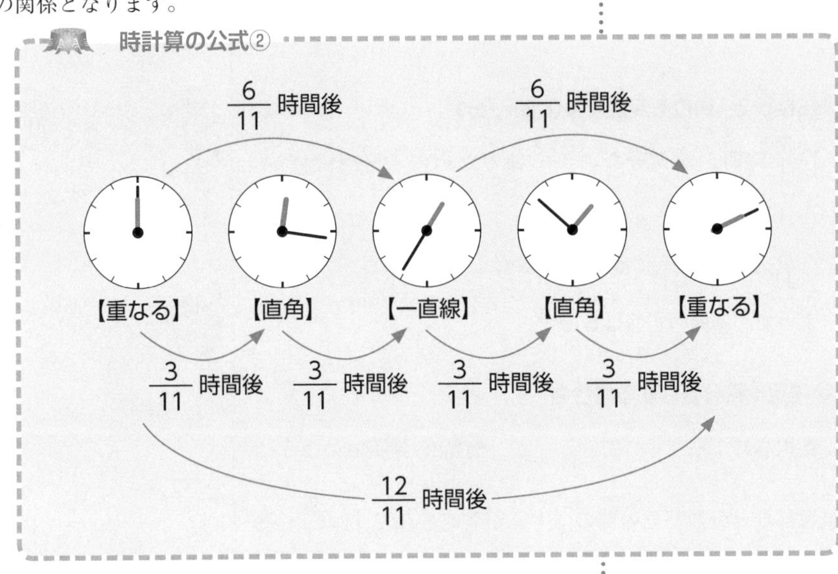

それでは，実際に問題を解いていきましょう。

例題 1

午前０時と正午に短針と長針とが正確に重なり，かつ短針がなめらかに回転し，誤差なく動いている時計がある。この時計が５時ちょうどをさした後，最初に短針と長針が重なるのは何分後か。

（東京都Ⅰ類）

1　$26+\frac{10}{11}$分後

2　27分後

3　$27+\frac{1}{11}$分後

4　$27+\frac{2}{11}$分後

5　$27+\frac{3}{11}$分後

解法のステップ

５時から６時の間で短針と長針が重なる時間は，０時からスタートして５回目に短針と長針が重なるタイミングです。

●Step 1　時計算の公式①を５倍する

５回目ということなので，時計算の公式①を５倍します。

$$\frac{12}{11}\times 5=\frac{60}{11}=5+\frac{5}{11}\text{時間後}$$

●Step 2　単位を変換する(時間→分)

「$\frac{5}{11}$時間」が何分なのかを知るために「$\frac{5}{11}$時間」を「分」に直します。

$$\frac{5}{11}\text{時間}=\frac{5}{11}\times 60\text{分}=\frac{300}{11}\text{分}=27+\frac{3}{11}\text{分}$$

よって，本問の正答は**5**です。

●補足：帯分数にする場合も

選択肢によっては「$27+\frac{3}{11}$」が，例題2の選択肢のように整数部分と分数部分の間の「＋」が省略されて「$27\frac{3}{11}$」となっていることがあります。この「$27\frac{3}{11}$」を帯分数といい

何回目に重なる？

１時をさした後で，短針と長針が重なる（１回目）

↓

２時をさした後，短針と長針が重なる（２回目）

↓

５時をさした後，短針と長針が重なる（５回目）

時間→分に変換

1時間＝60分なので「時間」を「分」にするために60倍します。

300÷11

```
      27
11 ) 300
     22
      80
      77
       3
```

ます。

例題2

3時から4時までの間で，時計の長針と短針の角度が180°になるのは3時何分か。

（海上保安学校）

1　3時48$\frac{2}{11}$分

2　3時48$\frac{7}{11}$分

3　3時48$\frac{10}{11}$分

4　3時49$\frac{1}{11}$分

5　3時49$\frac{9}{11}$分

解法のステップ

まずは3時から4時の間で短針と長針が重なる時刻を求めて，その後180°となる時刻を求めましょう。

●Step 1　短針と長針の重なる時刻は

3時から4時の間に，0時から数えて3回目に短針と長針が重なるので，公式①を3倍します。

$$\frac{12}{11} \times 3 = \frac{36}{11} = 3\frac{3}{11}\text{時}$$

●Step 2　長針と短針の角度が180°となる時刻を求める

公式②より先ほどの時刻の$\frac{6}{11}$時間後なので

$$3\frac{3}{11} + \frac{6}{11} = 3\frac{9}{11}\text{時}$$

●Step 3　単位を変換する（時間→分）

$$\frac{9}{11}\text{時間} = \frac{9}{11} \times 60\text{分} = \frac{540}{11}\text{分} = 49\frac{1}{11}\text{分}$$

よって，本問の正答は**4**です。

時計算の公式①

短針と長針が重なるのは

$\frac{12}{11}$時間ごと

3時から4時の間は，0時から数えて3回目に短針と長針が重なるタイミングなので

$\frac{12}{11} \times 3 = \frac{36}{11}$時

時計算の公式②

短針長針の角度が180°

↓

短針と長針が重なる時刻の

$\frac{6}{11}$時間後

540÷11

$$\begin{array}{r} 49 \\ 11\,\overline{)\,540} \\ 44 \\ \hline 100 \\ 99 \\ \hline 1 \end{array}$$

n進法（記数法）
～10進法に直すだけ～

n進法（記数法）の問題とは？

私たちが普段使っている０から９の数字を使った数字の表し方は**10進法**（しんほう）といいます。ですが，すべての数字が10進法で表されているとは限りません。身近な例を探してみると，コンピュータの回路では２進法が使われていて，分や秒などの時間は60進法など，10進法以外も実はよく使われています。これらを総称して**n進法**（エヌしんほう）（**記数法**（きすうほう））といいます。

２進法では，０と１の２つの数字しか使えません。２～９の数字が使えないので，０，１の次は繰り上がって10，11となり，その次も繰り上がって100，101となります。表にすると次のとおりです。

テーマの重要度

最短経路の問題や魔方陣と同様に，それほど頻出ではありませんが，解法を覚えたらすぐに問題が解けるようになるので，落とすことはできません。確実にマスターしましょう。東京都はこのテーマが好きなようです。

なんて読むの？

n進法は「えぬしんほう」と読みます。
なお「記数法」と呼ばれたりもします。

【２進法，３進法，４進法の対応表】

10進法	1	2	3	4	5	6	7	8	9	10
2進法	1	10	11	100	101	110	111	1000	1001	1010
3進法	1	2	10	11	12	20	21	22	100	101
4進法	1	2	3	10	11	12	13	20	21	22

10進法の「６」は，２進法では「110」となりますが，そのまま「６＝110」とすると意味不明となります。そのため，10進法以外は「$110_{(2)}$」と何進法かわかるように，数字の右下にカッコ書きで添え字をつけることがあります。

公務員試験では，10進法以外の足し算，引き算，かけ算，割り算が問われます。私たちに一番なじみのあるのが10進法ですから，n進法の問題はすべて10進法に直してから考えます。よくあるn進法の問題の解き方は，次の３段階です。

10進法とn進法の表示方法

何進法かがわかるように，数字の右下にカッコ書きで添字を記します

$6=110_{(2)}$

n進法の問題の解き方

①n進法の数をすべて10進法に直す。
②10進法に直した数を計算する。
③計算した数をn進法に直す。

ここで，***n*****進法を10進法に直す方法**を紹介します。まず，10進法の数字は，「10□」を使って表すことができます。たとえば，「5432」は「ご**せん**，よん**ひゃく**，さん**じゅう**，に」と読みますが，数字では「せん，ひゃく，じゅう」の部分が省略されていますね。これを10□を使って補って書くと，5432は以下のように表すことができます。

$$
\begin{aligned}
&5432\\
&=5000+400+30+2\\
&=5\times1000+4\times100+3\times10+2\\
&=5\times10^3+4\times10^2+3\times10^1+2\times10^0
\end{aligned}
$$

n**進法**の問題はこの発想を利用します。

同様に考えて，６進法の1234の場合は，6□を使って次のように表すことができます。

$$
\begin{aligned}
&1234_{(6)}\\
&=1\times6^3+2\times6^2+3\times6^1+4\times6^0
\end{aligned}
$$

この式をそのまま計算すると，

$$
\begin{aligned}
&1\times216+2\times36+3\times6+4\times1\\
&=216+72+18+4\\
&=310
\end{aligned}
$$

これが６進法の1234を10進法の数字に直したものなのです。つまり，

$$1234_{(6)}=310$$

ということになります。

では，問題を見ながら，解き方を確認していきましょう。

10□の表し方

10□の□の部分を**指数**といいます。

1000は0が３つあるので10^3，100は０が２つあるので10^2，10は０が１つなので10^1，と表すことができます。

ゼロ乗

もとの数字が何であっても，ゼロ乗はすべて「1」です。10のゼロ乗も，6のゼロ乗も１です。

$10^0=1$，$6^0=1$

小さい位から

６進法は，６を位取りとして小さいほうから６の０乗，６の１乗，６の２乗，６の３乗…の位となります。これを10進法に直すには，各位の数字をかけ算して足していきます。

1	2	3	$4_{(6)}$
↑	↑	↑	↑
×6の3乗	×6の2乗	×6の1乗	×6の0乗
6^3	6^2	6^1	6^0

例題１

６進法で5432と表される数を４進法に直したものはどれか。　（警視庁Ｉ類）

1　102132　**2**　103113　**3**　103130

4　103132　**5**　103233

解法のステップ

この問題は解き方の２段階目がないので①→③の順で解いていきます。つまり，まず６進法の5432を10進法に変換し，変換した数字を４進法に変換します。

●Step 1　6進法を10進法に直す

6進法の5432を10進法に直しましょう。各ケタの数字ごとに「aケタ目の数字×n^{a-1}」を計算して，それらを足していきます。

4ケタ目　3ケタ目　2ケタ目　1ケタ目

$$5\times6^3+4\times6^2+3\times6^1+2\times6^0$$
$$=5\times216+4\times36+3\times6+2\times1$$
$$=1244$$

●Step 2　10進法を4進法に直す

1244を4進法に直さなければいけません。ここで，10進法からn進法への直し方を覚えましょう。

10進法の数字を4進法に直す場合は，その数字を4で割った商と余りを順に書き，商が4より小さくなったら割り算を終えます。そして，余りを逆から順に並べていけば，それでOKです。

指数

6^1，6^2，6^3の「6」の右上にある「1」，「2」，「3」を指数といいます。6^3は6を3個かけた数です。

$$6^3=\underbrace{6\times6\times6}_{3個かける}$$

10進法 → n進法

10進法の数字をn（今回の場合は4）で割り続けて，その余りを逆から並べていきます。

商？

割り算の結果を**「商」**といいます。

$$\begin{array}{r|rl}
4 & 1244 & \\
4 & 311 & \cdots 0 \\
4 & 77 & \cdots 3 \\
4 & 19 & \cdots 1 \\
4 & 4 & \cdots 3 \\
 & 1 & \cdots 0
\end{array}$$

4はまだ4で割れるので割ります。

最後に，矢印の方向に，余りの数字を並べていきます。

この「103130」というのが「1244」を4進法に直した数字です。

$$1244 = 103130_{(4)}$$

よって，本問の正答は**3**です。

それではn進法の問題の解き方の2段階目がある問題に移りましょう。

$103130_{(4)}$って？

$103130_{(4)}$は，4進法の103130という意味です。この(4)を書かないと

1244＝103130

となり，おかしな数式になってしまいます。

例題2

2進法で1010110と表す数と，3進法で2110と表す数がある。これらの和を5進法で表した数として，正しいのはどれか。（東京都Ⅰ類B）

1　102　**2**　152　**3**　201　**4**　1021　**5**　1102

解法のステップ

2進法の1010110と3進法の2110を10進法に変換して足し算し，それを5進法に直していきましょう。

n進法の解き方

①n進法→10進法
②10進法で計算
③10進法→n進法

●Step 1　n進法を10進法に直す

2進法の1010110を10進法に直すと

$$1 \times 2^6 + 0 \times 2^5 + 1 \times 2^4 + 0 \times 2^3 + 1 \times 2^2 + 1 \times 2^1 + 0 \times 2^0 = 86$$

3進法の2110を10進法に直すと

$$2 \times 3^3 + 1 \times 3^2 + 1 \times 3^1 + 0 \times 3^0 = 66$$

ゼロ乗？

もとの数字が何であっても，ゼロ乗はすべて1です。

$2^0=1$，$3^0=1$

0をかける？

0に何をかけても答えは0になります。

●Step 2　10進法で計算する

2進法の1010110と，3進法の2110の和は，10進法では86と66の足し算となります。

和？

足し算した結果を「和」といいます。

第2章　かけ算・割り算で解ける問題

$$86+66=152$$

●Step 3　10進法を５進法に直す

152を５進法に直します。

$$152=1102_{(5)}$$

よって，本問の正答は**5**です。

152を５進法に

```
5) 152
5)  30 … 2
5)   6 … 0
     1 … 1
```

例題３

７進法で表された数556と３進法で表された数2022との差を５進法で表した数はどれか。　（特別区経験者）

1　222　**2**　234　**3**　1344　**4**　1404　**5**　2121

解法のステップ

例題２と同じですが，今度は引き算です。

●Step 1　n進法を10進法に直す

まずは，７進法の556を10進法に直すと

$$5\times7^2+5\times7^1+6\times7^0=286$$

３進法の2022を10進法に直すと

$$2\times3^3+0\times3^2+2\times3^1+2\times3^0=62$$

計算お助け

$5\times7^2+5\times7^1+6\times7^0$
$=5\times49+5\times7+6$
$=245+35+6=286$

計算お助け

$2\times3^2+0\times3^2+2\times3^1+2\times3^0$
$=2\times27+2\times3+2$
$=54+6+2=62$

●Step 2　10進法で計算する

７進法の556と，３進法の2022の差は，10進法では286と62の引き算となります。

$$286-62=224$$

差？

引き算の結果を「差」といいます。

●Step 3　10進法を５進法に直す

224を５進法に直します。

$$224=1344_{(5)}$$

よって，本問の正答は**3**です。

224を５進法に

```
5) 224
5)  44 … 4
5)   8 … 4
     1 … 3
```

例題4

1，2，3，24をそれぞれ図のように表すとき，xはいくつか。（東京消防庁Ⅲ類）

1　19
2　20
3　21
4　22
5　23

○○○○●	1
○○○●○	2
○○○●●	3
●●○○○	24
⋮	
●○●○○	x

解法のステップ

問題文を見て一瞬ビックリした人も多いと思いますが，こういう問題は1つでも多く経験しておくことに尽きます。どう解いていけばいいのか迷うかもしれませんが，数を表すのに○と●の2種類しか使っていません。2種類で数を表すのは……と考えると2進法ですね。○と●に0と1を当てはめてみましょう。

記号で数を表す

記号で数を表しているときは，n進法の問題と予想して考えましょう。
2種類の記号→2進法
3種類の記号→3進法
4種類の記号→4進法

●Step 1　○と●の実験（2進法→10進法）

○を0，●を1としてみると，

○○○○● は2進法の00001で10進法の1
○○○●○ は2進法の00010で10進法の2
○○○●● は2進法の00011で10進法の3
●●○○○ は2進法の11000で10進法の24

となりそうです。実際に確かめてみると，

$$00001_{(2)} = 1_{(2)} = 1 \times 2^0 = 1$$
$$00010_{(2)} = 10_{(2)} = 1 \times 2^1 = 2$$
$$00011_{(2)} = 11_{(2)} = 1 \times 2^1 + 1 \times 2^0 = 3$$
$$11000_{(2)} = 1 \times 2^4 + 1 \times 2^3 = 24$$

となります。

逆にしたら？

「○を1」，「●を0」としてみると○○○○●は2進法の11110で，10進法で30となり問題文の条件に合わなくなります。そのため○を0と●と1にして考え直します。

●Step 2　xを10進法に直す

「x」は，●○●○○より2進法の10100なので，これを10進法に直すと

$$10100_{(2)} = 1 \times 2^4 + 1 \times 2^2 = 20$$

よって，本問の正答は**2**です。

計算お助け

$1 \times 2^4 + 1 \times 2^2$
$= 16 + 4$
$= 20$

約数・倍数
～ベン図を使いこなそう～

約数の問題と素因数分解

「2000の約数の個数」などを求めるのが約数の問題，「４の倍数であり３の倍数ではないものはどれか」などを求めるのが倍数の問題です。どちらも割り算に関係する問題で，やり方を押さえればそれほど難しくはありません。まず用語を確認して，約数の問題から見ていきましょう。

約数（やくすう）は「ある整数に対して，割り切れる整数」です。

たとえば10を２で割ると「10÷2=5」と割り切れるので，２は10の約数ということになります。同様に実際に割り算をして探していくと，右欄のとおり10の約数は，１，２，５，10の４つあるとわかります。

確かに，このように具体的に約数を求めることもできるのですが，冒頭の2000のように数が大きいとそうもいきません。

そこで**素因数分解**（そいんすうぶんかい）というツールを使っていきます。

１，２，３……と続く自然数を，素数のかけ算で表すことが素因数分解です。たとえば，６であれば「2×3」と素因数分解ができますし，４であれば「2×2」，まとめて「2^2」と素因数分解ができます。

それでは，問題を使って，解き方を身につけましょう。

テーマの重要度

約数・倍数の問題は，地方公務員でよく出題されています。ほかの受験生も解ける基本のテーマなので落とせません。必ずものにしましょう。

10の約数

10÷1＝10
→１は10の約数
10÷2＝5
→２は10の約数
10÷5＝2
→５は10の約数
10÷10＝1
→10は10の約数
10÷3＝3余り1
→３は10の約数ではない。
10÷4＝2余り2
→４は10の約数ではない。

素数

素数とは，１と自分自身の約数が２つある数です。
２は１と２で割れるので素数です。
４は１と２と４で割れるので素数ではありません。

例題１

2000の約数の個数として，正しいのはどれか。　（東京都Ｉ類Ｂ）

1　16個　**2**　17個　**3**　18個　**4**　19個　**5**　20個

解法のステップ

まずは2000を素因数分解していき，素因数分解の結果を利用して約数の個数を数えていきます。

●Step 1　2000を素因数分解する

素因数分解の手順は次のとおりです。

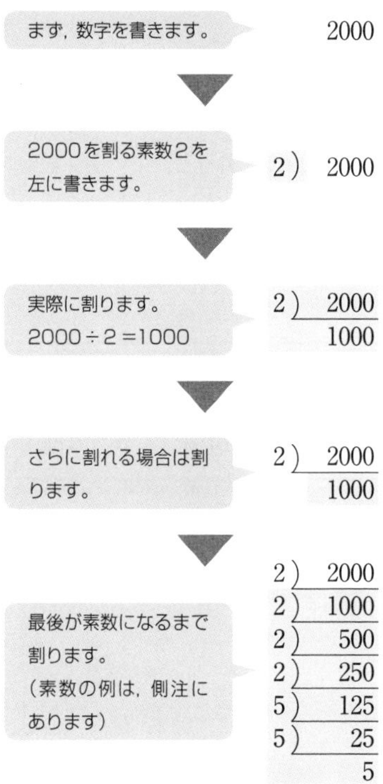

最後が素数になったらL字型にかけ算して

$$2000 = 2^4 \times 5^3$$

となります。この形より2000の約数は2と5をいくつかかけ算した組合せとわかります。

2を3回，5を1回かけ算した$2^3 \times 5^1 = 8 \times 5 = 40$は，2000の約数ということです。もちろん2を0回，5を2回かけ算した，$2^0 \times 5^2 = 1 \times 25 = 25$も2000の約数です。これより2000の約数となる2のかけ方は2^0，2^1，2^2，2^3，2^4の5通り，5のかけ方は5^0，5^1，5^2，5^3の4通りの組合せなので，2000の約数の個数は

$$5 \times 4 = 20$$

です。よって，本問の正答は**5**です。

指数

$\underbrace{2\times2\times2\times2}_{4}$

は，2を4回かけるので「2^4」とまとめられます。4の部分を**指数**といいます。

素数の例

2，3，5，7，11，13，17，19，23，…

素数以外の例

4，6，8，9，10，12，14，15，16，18，…
なお，1は約数が1のみで1つしかないので，素数ではありません。

L字型にかけ算

2）2000
2）1000
2）500
2）250
5）125
5）25
5

L字型にある2，2，2，2，5，5，5をかけ算すると$2^4 \times 5^3$です。

ゼロ乗

もとの数字が何であっても，ゼロ乗はすべて「1」です。2のゼロ乗も，5のゼロ乗も1です。

組合せ

組合せについては第3章で詳しく説明します。

約数の個数の公式

x，yを素数とするとき，$x^a y^b$の約数の個数は

$(a+1)(b+1)$

約数の個数の公式

（3文字の場合）
x, y, zを素数とするとき，$x^a y^b z^c$の約数の個数は
$(a+1)(b+1)(c+1)$
です。
例題2で3文字の場合を学習します。

約数の個数は上記のように，公式にまとめることができます。そのため，「$2000=2^4\times5^3$」の「2の指数の4がa」「5の指数の3がb」となるので，公式を$a=4$，$b=3$とすると，

$$(4+1)\times(3+1)=5\times4=20$$

これなら早く問題が解けます。

例題2

792の正の約数の個数として，正しいのはどれか。（警視庁Ⅰ類）

1　15個　**2**　16個　**3**　20個　**4**　24個　**5**　30個

解法のステップ

792を素因数分解して，約数の個数を数えていきます。

792の素因数分解

```
2) 792
2) 396
2) 198
3)  99
3)  33
    11
```

●Step 1　792を素因数分解する

$$792=2^3\times3^2\times11^1$$

となります。

指数に注目

約数の個数は
2^3の指数「3」
3^2の指数「2」
11^1の指数「1」
にそれぞれ＋1をしたものをかけあわせて求められます。

●Step 2　約数の個数を数える

約数の個数の公式に$a=3$，$b=2$，$c=1$を代入して

$$(3+1)\times(2+1)\times(1+1)=4\times3\times2=24$$

よって，本問の正答は**4**です。

倍数の問題とベン図

引き続き「1から50の数の中から5の倍数となる数，3の倍数となる数」などを求める倍数の問題を紹介します。

倍数（ばいすう）は「ある整数を何倍かした数」のことをいいます。

5の倍数や3の倍数を求めることは難しくありませんよね。1から50の数の中で5の倍数を書き出すと

｛5, 10, 15, 20, 25, 30, 35, 40, 45, 50｝

です。なお，この｛ ｝のような，数の集まりが**集合**です。

倍数を把握すること自体は簡単でも「5の倍数でも3の倍数でもない数」や「5の倍数であり，3の倍数でない数」などを求めるとなると，数を把握することが難しくなります。

そこでこれらの集合を把握するために，コンパクトに図で表したものが右にある**ベン図**です。

まずベン図に慣れるために，先ほどの例を考えましょう。

「1から50の数の中から，5の倍数となる数，3の倍数となる数」を考えてみます。

右図を見てください。Ⅰの部分は「5の倍数であり，3の倍数でない数」です。

Ⅱの部分は「3の倍数であり，5の倍数でない数」です。

Ⅲの部分は「3の倍数であり，5の倍数である数」で，Ⅳの部分は「5の倍数でも3の倍数でもない数」です。

Ⅳの部分は直接求めることができない場合が多いので，Ⅰ＋Ⅱ＋Ⅲを求めて，全体から引きます。

5の倍数は「Ⅰ＋Ⅲ」の部分です。5の倍数は｛5, 10, 15, 20, 25, 30, 35, 40, 45, 50｝で10個ありますが，これは「50÷5＝10」で求めることができます。3の倍数は「Ⅱ＋Ⅲ」で｛3, 6, 9, 12, 15, 18, 21, 24, 27, 30, 33, 36, 39, 42, 45, 48｝の16個ありますが，これは「50÷3＝16.333…」の整数部分の16を取り出すと求まります。

Ⅲの5の倍数であり，3の倍数である数は｛15, 30, 45｝の3個で，どれも15の倍数です。これは「50÷15=3.333…」の整数部分の3を取り出すと求めることができます。なお，Ⅲの｛15, 30, 45｝のように，共通する倍数を**公倍数**といい，公倍数の中で一番小さい数15を**最小公倍数**といいます。ここからⅢは最小公倍数である15の倍数と言い換えることができるので，共通部分は最小公倍数で割ることで個数を求めることができます。

Ⅰは5の倍数10個から，Ⅲの5の倍数であり3の倍数つまり15の倍数である3個を除けばよいので「10−3＝7」個です。

Ⅱは3の倍数16個から，Ⅲの5の倍数であり3の倍数つまり15の倍数である3個を除けばよいので「16−3＝13」個です。

次ページの左図のように書いてもいいのですが，数が多いと難しいので，次ページの右図のように個数を書きます。

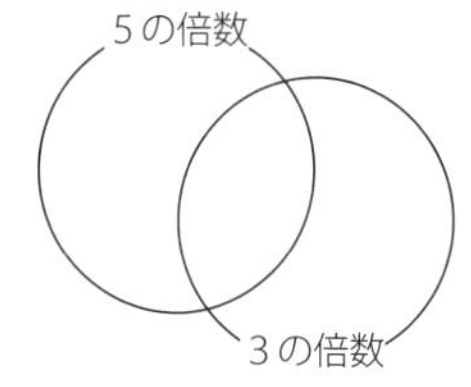

ベン図は，イギリスの数学者ジョン・ベン（John Venn）によって考案されたことから，その名がついています。

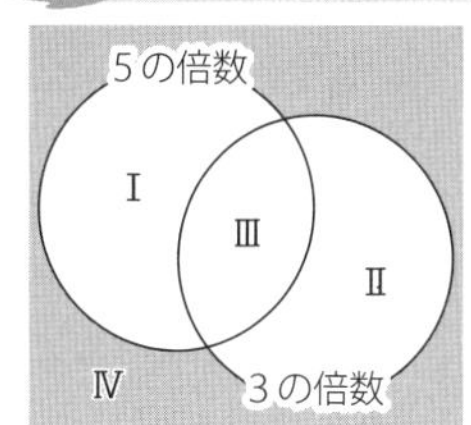

5の倍数

5, 10, 15,
20, 25, 30,
35, 40, 45,
50

3の倍数

3, 6, 9, 12,
15, 18, 21, 24,
27, 30, 33, 36,
39, 42, 45, 48

5と3の公倍数
{15, 30, 45} は，
最小公倍数15の倍数

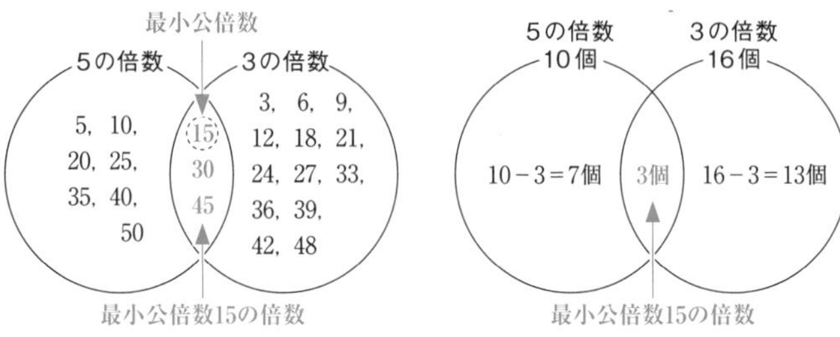

「5または3の倍数」は，5の倍数の個数と3の倍数の個数を加えますが，上のベン図のとおり，最小公倍数15の倍数（15，30，45）を重複してカウントすることになるので，これを引きます。つまり，「10＋16－3＝23」です。

「5の倍数でも3の倍数でもない数」は，全体から，「5または3倍数」を取り除けばよいので，「50－23＝27」となります。

この考え方については，後ほど詳しく説明します。

それでは，問題を解いていきましょう。

ベン図で表すと

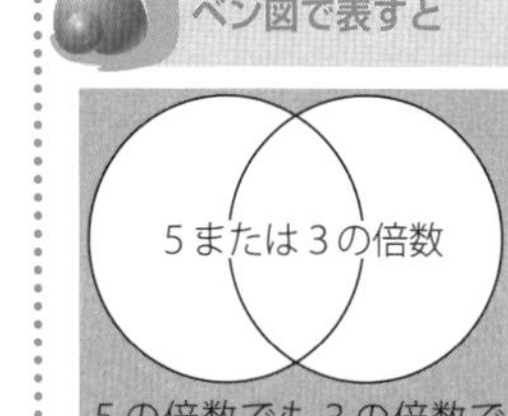

例題3

1から2000までの整数のうち，4の倍数であり3の倍数でないものはいくつあるか。（市役所経験者採用）

1　334通り　**2**　367通り　**3**　401通り
4　434通り　**5**　467通り

解法のステップ

倍数の問題は，1つ1つの条件に合わせてベン図を埋めて解いていくのが基本です。

●Step 1　ベン図を書く

「4の倍数」と「3の倍数」でベン図を書きます。

右図を見てください。求めるのはベン図のⅠの部分「4の倍数であり3の倍数でないもの」なので「4の倍数の個数」を求め，「4の倍数と3の倍数の最小公倍数12の倍数の個数（Ⅱの部分）」を求めて引きます。

ベン図

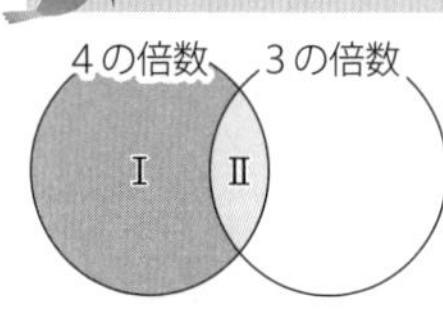

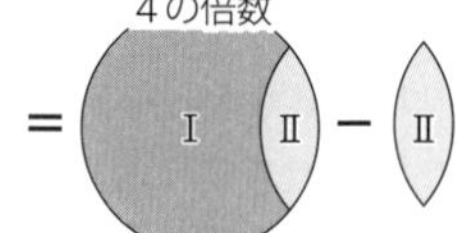

●Step 2　4の倍数の個数，12の倍数の個数を求める

4の倍数の個数（ⅠとⅡを合わせた部分）は

$$2000 \div 4 = 500$$

4の倍数と3の倍数の共通部分（図のⅡの部分）は，最小公倍数12の倍数となるので求める個数は

$$2000 \div 12 = 166.666\cdots \text{より} 166$$

よって求める個数（Ⅰの部分）は

$$500 - 166 = 334$$

本問の正答は**1**です。

ベン図

4と3の最小公倍数12の倍数

4の倍数

Ⅰ

Ⅱ

3の倍数

4の倍数で3の倍数ではない

求めるものの反対を求める…余事象

「1～20で5の倍数ではないものの個数」を直接求めるのは大変です。こういうときは**余事象**（よじしょう）と呼ばれる「求めるものの反対」を数えて全体から引くという解き方を使います。

数が少なければ直接｛1，2，3，4，6，7，8，9，11，12，13，14，16，17，18，19｝と書いて16個と数えてもいいのですが，余事象である5の倍数の数を求め，全体の20から引いたほうが速くて確実です。

余事象の5の倍数は「20÷5＝4」個なので，全体の20から引くと，「1～20で5の倍数ではないものの個数」は「20－4＝16」と求まります。

それでは，余事象を用いる問題を解いていきましょう。

ベン図

求めたいもの

余事象：5の倍数「20÷5＝4個」

余事象

余事象については，3-3や3-9でも学習します。

例題4

1～1000までの整数のうち，15でも18でも割り切れない数の個数として正しいのはどれか。（地方上級）

1 870　**2** 880　**3** 890　**4** 900　**5** 910

解法のステップ

「15または18で割り切れる数」を求めて全体の1000から引きましょう。

「15で割り切れる数」は15の倍数，「18で割り切れる数」は，18の倍数です。

●Step 1　ベン図を書こう

「15の倍数」と「18の倍数」をベン図に書きます。

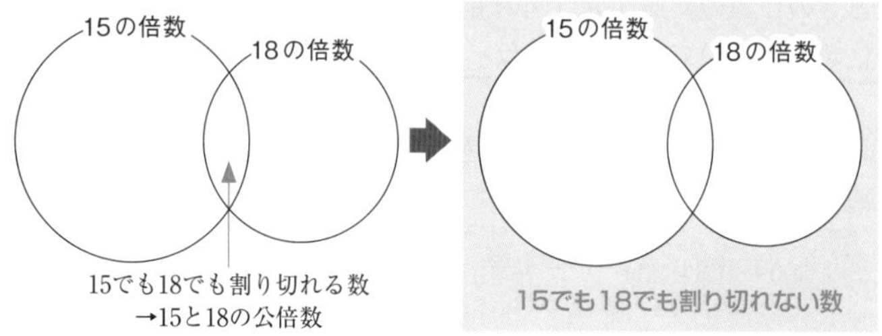

●Step 2　それぞれの倍数を求める

15，18で割り切れる数の個数は

15の倍数：1000÷15＝66.666…→ 66個
18の倍数：1000÷18＝55.555…→ 55個

ただし，15と18の倍数の個数を足すと「15でも18でも割り切れる数」を二重に数えてしまうので，共通する15と18の公倍数を引く必要があります。15と18の公倍数は，側注のとおり最小公倍数90の倍数となるので，個数は

90の倍数：1000÷90＝11.111…→ 11個

より，「15でも18でも割り切れる数」は15の倍数66個と18の倍数55個を加え，二重に数えてしまう90（15と18の最小公倍数）の倍数11個を引いて

66＋55－11＝110（個）

●Step 3　求める数の個数を求める

よって，1～1000までの整数のうち，15でも18でも割り切れない数の個数は，全体の1000個から余事象の110個を引いて

1000－110＝890（個）

となるので，本問の正答は**3**です。

なお，最小公倍数を簡単に求める方法があるので，補足します。

15の倍数

{15，30，45，60，75，90，105，120，135，150，165，180，195，210，225，240，255，270，285…}

18の倍数

{18，36，54，72，90，108，126，144，162，180，198，216，234，252，270…}

15と18の公倍数

{90，180，270，…} は，最小公倍数90の倍数になる。機械的な求め方は，補足で説明します。

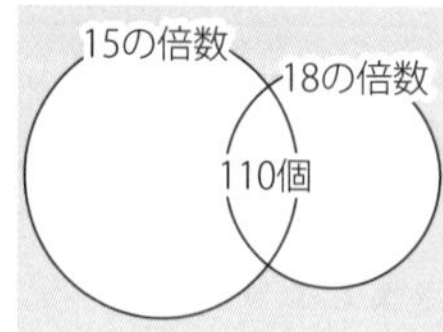

●補足：15と18の最小公倍数を機械的に求める方法

まず，数字を横に並べます。

15 18

15と18を共通に割る数字3を左に書きます。

3) 15 18

実際に割ります。

[左] 15÷3＝5 [右] 18÷3＝6

$$\begin{array}{r|rr} 3 & 15 & 18 \\ \hline & 5 & 6 \end{array}$$

共通に割れる数がなくなったら，L字型にかけ算します。

$$\begin{array}{r|rr} 3 & 15 & 18 \\ \hline & 5 & 6 \end{array}$$

15と18の最小公倍数は

$$3\times5\times6=90$$

例題5

1から100までの番号がついた100枚のカードが箱の中に入っている。次のア～ウの順番でカードを箱から取り出したとき，箱の中に残ったカードの枚数はどれか。

（特別区Ⅰ類）

ア　5の倍数の番号がついたカード
イ　3の倍数の番号がついたカード
ウ　2の倍数の番号がついたカード

1　20枚　**2**　23枚　**3**　26枚　**4**　29枚　**5**　32枚

解法のステップ

「5の倍数」「3の倍数」「2の倍数」と3つあるので，右の図にあるように丸い囲みが3つあるベン図になります。計算の方法は，2つの場合と変わりませんが，計算量が一気に増えます。

ベン図

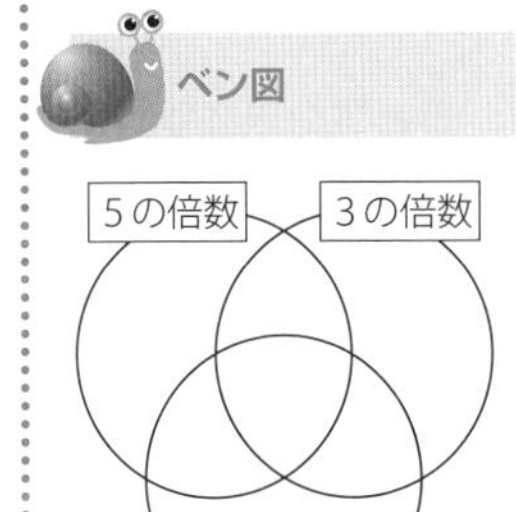

●Step 1　ベン図を書こう

「5の倍数」「3の倍数」「2の倍数」と，3つの条件でベン図を書きます。

●Step 2　倍数の個数をそれぞれ求める

「5の倍数」「3の倍数」「2の倍数」以外に「5と3の最小公倍数15の倍数」「3と2の最小公倍数6の倍数」「2と5の最小公倍数10の倍数」「2と3と5の最小公倍数30の倍数」の個数も求めます。

5の倍数：100÷5＝20
3の倍数：100÷3＝33.33…より33
2の倍数：100÷2＝50
5と3の最小公倍数15の倍数：100÷15＝6.66…より6
3と2の最小公倍数6の倍数：100÷6＝16.66…より16
2と5の最小公倍数10の倍数：100÷10＝10
5と3と2の最小公倍数30の倍数：
100÷30＝3.33…より3

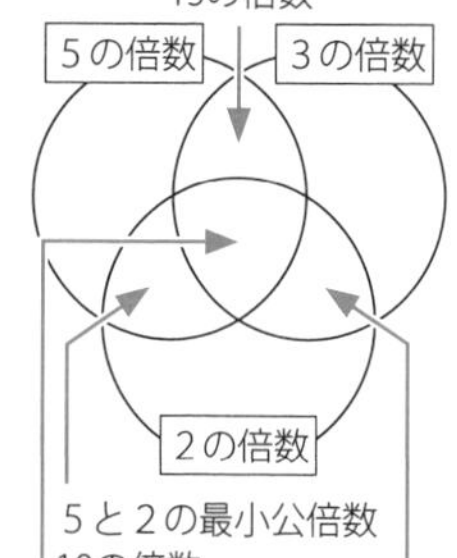

●Step 3　それぞれの状況をベン図に書く

Step 2の状況をベン図に書くと，次のようになります。求まっていない部分を「あ，い，う」とします（図1）。

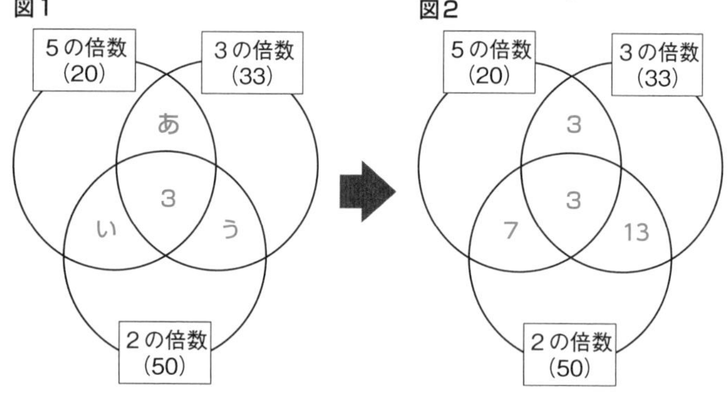

5と3の倍数が書いてある6枚に着目すると

あ：6－3＝3

2と5の倍数が書いてある10枚に着目すると

い：10－3＝7

3と2の倍数が書いてある16枚に着目すると

う：16－3＝13

これらを図に書き込むと図２となります。さらに，求まっていない部分を「Ⅰ，Ⅱ，Ⅲ」とすると，図３になります。

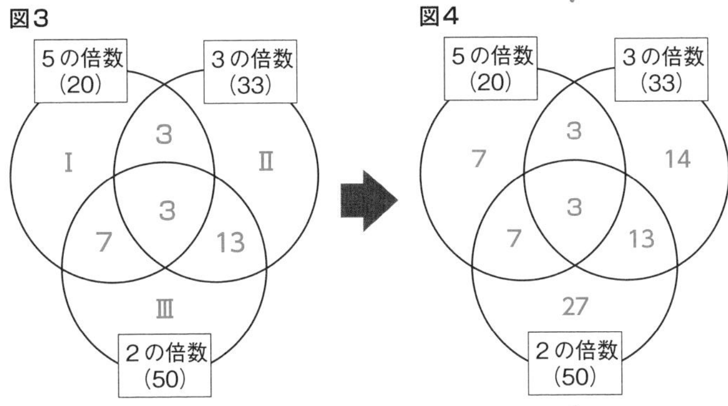

５の倍数が書いてある20枚に着目すると

Ⅰ：20－7－3－3＝7

３の倍数が書いてある33枚に着目すると

Ⅱ：33－3－3－13＝14

２の倍数が書いてある50枚に着目すると

Ⅲ：50－7－3－13＝27

これらを図に書き込むと図４になります。
これらを全体の100から除くと

100－7－3－7－3－14－13－27＝26

よって，本問の正答は**3**です。

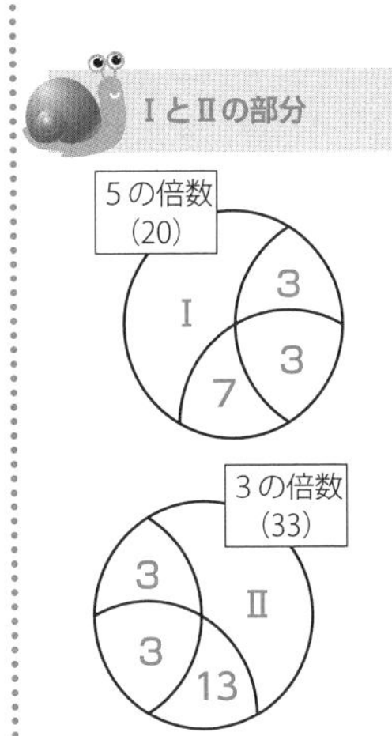

2-4　国総★　国般★　地上★★　市役所－　初級★★

仕事算
～最小公倍数で解く～

仕事算とは？

「水槽を満水にするのに，ポンプAだけで注水すると20時間かかります」とか「ある仕事を完成させるのに，Aだけで行うと８日かかります」などがある問題は「**仕事算**(しごとざん)の問題」と呼ばれています。例題を通して慣れていきましょう。

テーマの重要度

仕事算の問題は，それほど頻出度は高くありませんが，どの試験でも数年に一度は出題されます。解き方・パターンが決まっていて比較的解きやすい問題が多いので，解けないとほかの受験生に差をつけられてしまいますから必ずものにしましょう。

例題1

ある水槽を満水にするのに，ポンプＡだけで注水すると20時間かかり，ポンプＢだけで注水すると30時間かかる。ポンプＡとポンプＢを同時に使用してこの水槽に注水するとき，満水となるまでにかかる時間は何時間か。

（市役所初級）

1　11時間　**2**　12時間　**3**　13時間　**4**　14時間　**5**　15時間

解法のステップ

仕事算の問題では，全体の仕事量が設定されていないことが多いです。たとえばこの水槽の問題には「水槽の容量は100L」といった情報は書かれていませんよね。

全体の仕事量がないと計算できませんから，全体の仕事量を設定することから始めます。

この全体の仕事量は適当に設定して大丈夫です。

そのため「全体の仕事量を１」としても「100」としてもいいのですが，本書では計算が楽になるように仕事量を最小公倍数に設定します。

それでは，問題を解きながら，仕事算に慣れましょう。

仕事量を最小公倍数に？

「全体の仕事量を1」とすると，分数の計算が必要になります。分数の計算をしないために「全体の仕事量を最小公倍数」にします。

●Step 1　全体の仕事量(水槽を満水)を最小公倍数で求める

まずは全体の仕事量を設定します。この問題での「全体の仕事量」は「水槽を満水にする」のに必要な水の量です。

「ポンプAだけで注水すると20時間かかり，ポンプBだけで注水すると30時間かかる」とあるので，この「20」と「30」の**最小公倍数**を全体の仕事量として考えていくわけです。「20」と「30」の最小公倍数は「60」なので，

全体の仕事量＝20と30の最小公倍数＝60

とします。水槽を満水にする問題なので単位を「L」にすると問題文は次のように書き換えられます。

> 60Lの水槽を満水にするのに，ポンプAだけで注水すると20時間かかり，ポンプBだけで注水すると30時間かかる。ポンプAとポンプBを同時に使用してこの水槽に注水するとき，満水となるまでにかかる時間は何時間か。

全体の仕事量を「60L」に設定することで，仕事算の問題が解きやすくなります。

●Step 2　ポンプA，ポンプBの1時間当たりの仕事量（注水量：L）を求める

次に，ポンプA・Bの1時間当たりの仕事量（注水量：L）を求めます。

ポンプAの1時間当たりの注水量は，20時間注水すると60Lの水槽を満水にできるので

A＝60÷20＝3（L）

となります。よって，ポンプAの1時間当たりの仕事量は3Lです。同様に，ポンプBの1時間当たりの注水量は，30時間注水すると60Lの水槽を満水にできるので，

B＝60÷30＝2（L）

となります。よって，ポンプBの1時間当たりの仕事量は2Lです。

ポンプAとポンプBそれぞれ1時間当たりの仕事量を求めたので，次の手順にいきましょう。

●Step 3　ポンプAとBを合わせた1時間当たりの仕事量（注水量：L）を求める

問題文に「ポンプAとポンプBを同時に使用してこの水槽に注水するとき」とあるので，ポンプA，ポンプBそれぞれ

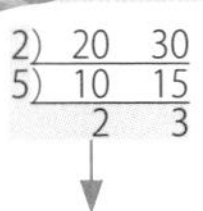

2×5×2×3＝60

単位

単位は，実感がわかるように自由に決めてOKです。

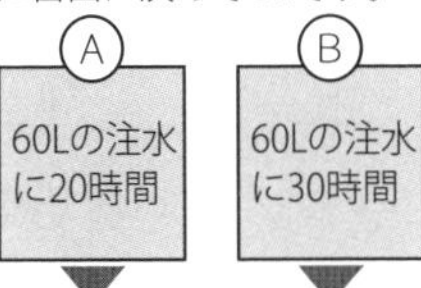

「単位時間当たりの仕事量」と書かれている参考書もあります。

今回の仕事は注水なので，「1時間当たりの仕事量」は「1時間当たりの注水量」になります。

ポンプAの注水

1時間に3L注水でき，20時間で3×20＝60L満水

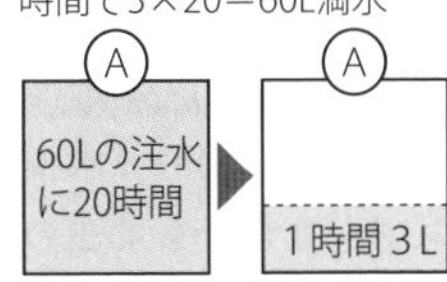

ポンプBの注水

1時間に2L注水でき，30時間で2×30＝60L満水

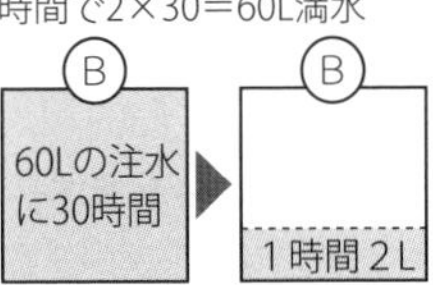

の1時間当たりの仕事量の合計を計算します。

ポンプAは1時間で3L，ポンプBは1時間で2L注水するので，ポンプAとポンプBで同時に注水すると，1時間の仕事量（注水量）は，

$$A+B=3+2=5\,(L)$$

となります。ここまでで準備はすべて終了です。

ポンプAとBの同時注水

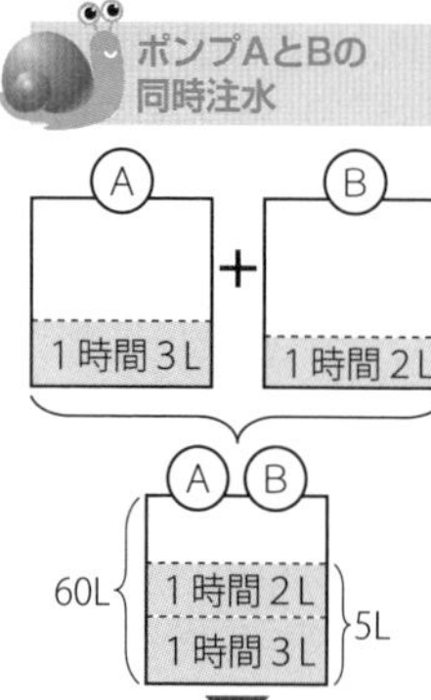

1時間に5L注水でき，x時間で「$5\times x=60$L」を満水にする。この方程式のxを求めるイメージです。

●Step 4　満水までにかかる時間を求める

ポンプAとポンプBを同時に使用すれば1時間に5L注水できるので，60L注水するのに必要な時間は，割り算することで求めることができます。

$$60\div5=12$$

よって，12時間で満水となるので本問の正答は**2**です。

例題2

ある水槽が満水になるまで，ポンプAで水を入れると20分かかり，ポンプBで入れると30分かかり，ポンプCで入れると15分かかる。ポンプA，ポンプBおよびポンプCの3台のポンプで，同時に水槽に水を入れた場合に，満水になるまでの時間として，正しいものはどれか。ただし，ポンプA，ポンプBおよびポンプCの毎分の流量はそれぞれ一定である。（東京都Ⅲ類）

1　6分20秒　　**2**　6分40秒　　**3**　7分
4　7分20秒　　**5**　7分40秒

解法のステップ

先ほどと同じ「水槽をポンプで満水にする」問題です。ポンプが3つでも解法の手順は同じです。まずは，全体の仕事量の設定をしていきましょう。

●Step 1　全体の仕事量（水槽を満水）を最小公倍数で求める

「ポンプAで水を入れると20分かかり，ポンプBで入れると30分かかり，ポンプCで入れると15分かかる」とあるので，「20」と「30」と「15」の最小公倍数を全体の仕事量として考えていきます。

ただ，3つの数の最小公倍数を求める際には，2つの数の

最小公倍数と違い，注意するポイントがあります。

数字を横に並べ，20，30，15を共通に割る数字5を左に書きます。

```
5) 20 30 15
```

実際に割ります。
[左]20÷5＝4 [右]15÷5＝3
[真ん中] 30÷5＝6

```
5) 20 30 15
    4  6  3
```

これ以上3つの数4，6，3を共通に割り切る数はありませんが，最小公倍数を求める場合は，共通に割り切れる数が2つでもかまいません。割り切れない数はそのままスライドして計算します。

共通に割り切れる2つの数4と6だけを割り算します。

```
5) 20 30 15
2)  4  6  3
    2  3
```

```
5) 20 30 15
2)  4  6  3
    2  3  3
```

割り切れない数3はそのままスライドします。

割り切れない数2はそのままスライドします。

```
5) 20 30 15
2)  4  6  3
3)  2  3  3
    2  1  1
```

さらに割れる場合は割ります。

共通に割れる数がなくなったら，L字型にかけ算します。

```
5) 20 30 15
2)  4  6  3
3)  2  3  3
    2  1  1
```

20，30，15の最小公倍数は

5×2×3×2×1×1＝60

全体の仕事量
＝20，30，15の最小公倍数＝60

第2章 かけ算・割り算で解ける問題

●Step 2　A，B，Cが1分間に注水する仕事量を求める

全体の仕事量が60Lなので，ポンプA，B，Cの仕事量は

ポンプAの仕事量：$A=60\div 20=3L$
ポンプBの仕事量：$B=60\div 30=2L$
ポンプCの仕事量：$C=60\div 15=4L$

ポンプAの注水

1分間に3L注水でき，20分で3×20=60L満水

ポンプBの注水

1分間に2L注水でき，30分で2×30=60L満水

●Step 3　A，B，Cの合計の仕事量を求める

Step 2より，ポンプA，B，Cを合わせた仕事量は

$$A+B+C=3+2+4=9L$$

ポンプCの注水

1分間に4L注水でき，15分で4×15=60L満水

●Step 4　満水までにかかる時間を求める

満水60LをポンプA，B，C全体の仕事量9Lで割ると，

$$60\div 9=\frac{60}{9}=\frac{20}{3}=6\frac{2}{3}$$

計算お助け

$$\begin{array}{r} 6 \\ 3\,\big)\,20 \\ 18 \\ \hline 2 \end{array}$$

です。なお，時間を求めるため「帯分数」にしています。

ここで，

$$\frac{2}{3}\text{分}=\frac{2}{3}\times 60\text{秒}=40\text{秒}$$

より6分40秒と求まるので，本問の正答は**2**です。

例題3

あるりんご園でりんごの収穫を終えるのに，A～Dの4人が共同で行うと3日間要し，Aだけで行うと12日間要し，Bだけで行うと9日間要し，Cだけで行うと18日間要する。この収穫を，Dだけで終えるのに要する日数はどれか。ただし，A～Dのそれぞれが行う1日当たりの仕事量は，一定であるものとする。

（特別区Ⅲ類）

1　4日　　**2**　8日　　**3**　12日　　**4**　16日　　**5**　20日

解法のステップ

A～Dの4人が共同で収穫を行った場合の日数が3日と与えられている問題で戸惑いますが，やり方は変わりません。全体の仕事量を求めるところから始めましょう。

仕事算の公式

①全体の仕事量
②それぞれの仕事量
③（全体の仕事量）
　÷（それぞれの仕事量の合計）
　＝全員での作業日数

●Step 1　全体の仕事量(りんごの収穫量)を最小公倍数で求める

全体の仕事量は収穫するりんごの量として最小公倍数を求めましょう。単位は「個」とします。

問題文にある数字は，４人で行った場合の３，Ａだけだと12，Ｂだけだと９，Ｃだけだと18ということなので，３，12，９，18の最小公倍数を考えます。

４つ数字がありますが，最小公倍数の求め方は同じです。

3，12，9，18の最小公倍数は36なので，りんごの収穫量を36個にします。

3，12，9，18の最小公倍数

```
3) 3  12  9  18
2) 1   4  3   6
3) 1   2  3   3
   1   2  1   1
```

↓

3×2×3×1×2×1×1
＝36

●Step 2　それぞれの１日の仕事量(１日でりんごを収穫する数)を求める

全体の仕事量が36個なので，Ａ，Ｂ，Ｃの仕事量は

Ａ～Ｄ全員合わせた１日の仕事量：
Ａ＋Ｂ＋Ｃ＋Ｄ＝36÷３＝12個
Ａの１日の仕事量：Ａ＝36÷12＝3個
Ｂの１日の仕事量：Ｂ＝36÷ 9＝4個
Ｃの１日の仕事量：Ｃ＝36÷18＝2個

現実的でない？

36個のりんごを収穫するのに４人で３日かかるなんていうのは非現実的ですが，イメージをつかむことと，計算しやすいことが大事なので，気にしないで！

Ａ～Ｄ合計の収穫量

（Ａ＋Ｂ＋Ｃ＋Ｄ）
１日に12個のりんごを収穫できる，３日で
3×12＝36個収穫

●Step 3　Ｄ１人の仕事量(Ｄが１日でりんごを収穫する数)を求める

これまでにわかったことをまとめると，

Ａ＋Ｂ＋Ｃ＋Ｄ＝12，Ａ＝3，Ｂ＝4，Ｃ＝2

となるので，Ｄの１日の仕事量は

Ｄの1日の仕事量：Ｄ＝12－3－4－2＝3個

Ａの収穫量

１日に３個のりんごを収穫できる，12日で
12×3＝36個収穫
Ｂ，Ｃも同様です。

Ｄの仕事量

Ａ＋Ｂ＋Ｃ＋Ｄ＝12
Ａ＝3，Ｂ＝4，Ｃ＝2より，
3＋4＋2＋Ｄ＝12
9＋Ｄ＝12
Ｄ＝3

●Step 4　Ｄ１人で行った時の収穫日数を求める

１日３個のりんごを収穫するＤが36個を収穫する日数は

Ｄの収穫日数：36÷3=12

よって，本問の正答は**3**です。

Ｄの仕事量の３は，Ａの仕事量の３と同じなので収穫日数がＡと同じ12となることは，計算しなくともわかります。

Ｄの収穫量

１日に３個のりんごを収穫できる。x日で
「$3\times x=36$」個のりんごを収穫する。この方程式のxを求めるイメージです。

例題4

A～Cの3人が，ある仕事を完成させるのに，Aだけで行うと8日，AとBが共同で行うと6日，BとCが共同で行うと8日を要する。この仕事をAとCが共同で行うと，最低でも必要となる日数はどれか。ただし，A～Cがそれぞれ行う1日当たりの仕事量は，一定であるものとする。　　（特別区経験者採用）

1　4日　　**2**　5日
3　6日　　**4**　7日
5　8日

解法のステップ

問題文の多くが共同作業で示されていますが，解き方は変わりません。変わるのは，連立方程式の計算だけです。いつもどおり全体の仕事量を求めるところから始めましょう。今回も単位は「個」とします。

6と8の最小公倍数

2) 6　8
　 3　4

2×3×4=24

●Step 1　全体の仕事量を最小公倍数で設定する

問題文にある数字が8日と6日なので，8と6の最小公倍数で仕事量を設定します。

全体の仕事量＝6，8の最小公倍数＝24個

Aの仕事量

1日に3個の仕事を終える→8日で3×8=24個の仕事。

●Step 2　A，B，Cそれぞれの仕事量等を求める

全体の仕事量が24個なので，8日で仕事が完成するAの1日の仕事量は

Aの仕事量：A＝24÷8＝3個

A＋Bの仕事量は，A＋B＝24÷6＝4個となり「A＋B＝4」にA＝3を代入して

Bの仕事量：B＝1個

A+B共同の仕事量

1日に4個の仕事を終える→6日で4×6=24個の仕事。ほかも同様です。

B＋Cの仕事量は，B＋C＝24÷8＝3個となり，「B＋C＝3」にB＝1を代入して

Cの仕事量：C＝2個

A+C共同の仕事量

1日に5個の仕事を終える→x日で「5×x＝24」個の仕事をする。この方程式のxを求めるイメージです。

以上よりAとCを合わせた仕事量は

A＋Cの仕事量：A＋C＝3＋2＝5個

●Step 3 AとCが共同で行ったときにかかる日数を求める

割り算した後，日数を求めるため「帯分数」にします。

$$24 \div 5 = \frac{24}{5} = 4\frac{4}{5}$$

よって，最低でも必要となる日数は５日なので，本問の正答は**2**です。

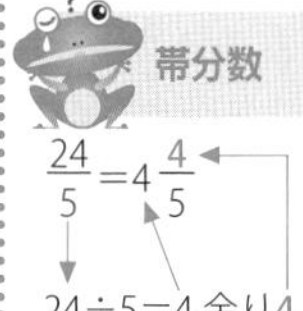

例題5

ある作業をA，B，Cの３名で行う。１日に行う仕事の割合がA：B：C＝3：3：2であり，３名が休まず仕事をすると30日で終了することがわかっている。今，作業の終了までAが５日，Bが３日，Cが４日休むとき，この作業に要する日数はどれか。 （特別区Ⅰ類）

1 33日　　**2** 34日
3 35日　　**4** 36日
5 37日

解法のステップ

仕事の割合（仕事量）が比で与えられている珍しいタイプの問題です。比の問題は難しく感じますが，そのまま仕事量として計算できます。あとは，いつもどおり全体の仕事量を求めるところから始めるだけです。今回も単位を「個」として考えていきます。

比とは？

２つ（以上）の数の割合を表したものを比といい「：」で表します。

①男性：女性＝10：20（2倍）

②男性：女性＝1：2（2倍）

①も②も男性を２倍すると女性になり割合が同じになるので，比は同じとなります。つまり10：20＝1：2です。

●Step 1 A，B，Cそれぞれの仕事量を設定する

「A，B，Cが○日で仕事を完成する」のような文章がないので，それぞれの１日の仕事量を設定します。

A：B：C＝3：3：2 なので「A＝3個，B＝3個，C＝2個」と決めるのが一番簡単です。そのため，A，B，Cの１日の仕事量を次のように決めます。

Aの１日の仕事量：A＝3個
Bの１日の仕事量：B＝3個
Cの１日の仕事量：C＝2個

よって，A，B，C 3人合わせた１日の仕事量は

A,B,C合わせた仕事量：A＋B＋C＝3＋3＋2＝8個

A＋B＋C共同の仕事量

１日に８個の仕事を終える。

Aの残仕事量

１日に３個の仕事を終えるAの５日分の仕事量。

●Step 2　休暇により残った仕事量を求める

Aが５日，Bが３日，Cが４日休むので残った仕事量は

Aの５日分の残仕事量：3×5＝15個
Bの３日分の残仕事量：3×3＝9個
Cの４日分の残仕事量：2×4＝8個

A，B，Cの３人が休むことによる残仕事量は

A，B，Cの残仕事量：15＋9＋8＝32個

●Step 3　作業に要する日数を求める

A，B，C３人の１日の仕事量が８個，休暇で残る仕事量が32個なので，要する日数は

32÷8＝4（日）

求める日数は，休まず作業したときに必要な30日を加えて

30＋4＝34（日）

よって，本問の正答は**2**です。

Bの残仕事量

１日に３個の仕事を終えるBの３日分の仕事量。

Cの残仕事量

１日に２個の仕事を終えるCの４日分の仕事量。

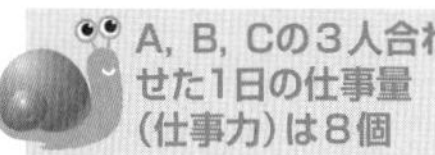
A，B，Cの３人合わせた1日の仕事量（仕事力）は８個

休暇によって発生した残りの仕事量は32個です。

A，B，Cの残仕事量

A，B，Cは１日に８個の仕事をする→x日で「8×x＝32」個の仕事をする。この方程式のxを求めるイメージです。

例題6

空の貯水槽がある。ホースA，B，Cを用いて，この貯水槽に水をためることができる。ホース２つを同時に用いる場合，AとBでは36分，BとCでは45分，AとCでは60分で貯水槽がいっぱいになる。

ホースA，B，Cの３つを同時に用いる場合に，この貯水槽をいっぱいにするのにかかる時間はいくらか。（国家一般職［大卒］）

1　18分　**2**　21分　**3**　24分
4　27分　**5**　30分

解法のステップ

問題の考え方自体は今までと同様です。ただし，連立方程式の計算でちょっとした工夫があるので問題を解きながら紹介していきます。単位は「L」とします。

●Step 1　全体の仕事量を最小公倍数で設定する

問題文にある数字が36分，45分，60分なので，36と45と60の最小公倍数で全体の仕事量を設定します。

全体の仕事量
＝36，45，60の最小公倍数＝180L

36，45，60の最小公倍数

```
3）36  45  60
2）12  15  20
2） 6  15  10
5） 3  15   5
3） 3   3   1
    1   1   1
```

↓

3×2×2×5×3
×1×1×1＝180

●Step 2　それぞれの1分当たりの仕事量を求める

全体の仕事量が180Lなので，それぞれの仕事量は

A＋Bの仕事量：A＋B＝180÷36＝5L…①
B＋Cの仕事量：B＋C＝180÷45＝4L…②
A＋Cの仕事量：A＋C＝180÷60＝3L…③

●Step 3　「A＋B＝5L」と「B＋C＝4L」と「A＋C＝3L」からA＋B＋Cの仕事量を求める

A＋B＝5L，B＋C＝4L，A＋C＝3Lのように，1つ1つの仕事量がわからないタイプの問題は，全部の式を足す方法が一番楽なので紹介します。計算しやすいように，A，B，Cの位置を合わせて計算すると次のとおりです。

$$
\begin{array}{rrrrl}
 & A + & B & = 5L & \cdots① \\
 & & B + & C = 4L & \cdots② \\
+) & A & + & C = 3L & \cdots③ \\
\hline
 & 2A & + 2B & + 2C = 12L & \cdots④
\end{array}
$$

連立方程式

$$\begin{cases} A+B=5 \\ B+C=4 \\ A+C=3 \end{cases}$$

の計算をやりやすいように整えます。連立方程式は，後ほど詳しく演習します。

AとBとCを合わせた仕事量「A＋B＋C」を求めるために④を2で割って

A＋B＋C＝6L

●Step 4　満水までにかかる時間を求める

180÷6＝30（分）

よって，本問の正答は**5**です。

A，B，Cで満水にする条件

A，B，Cは1分間に「6L」給水でき，x分で「6×x＝180L」を満水にできる。この方程式のxを求めるイメージです。

2-5　国総★★　国般★　地上★★　市役所★　初級★★

数　列
～公式よりも規則性が大切～

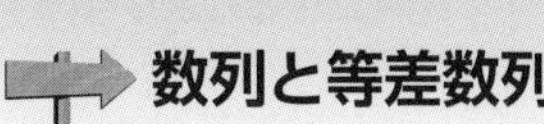

数列と等差数列

6　10　14　18　22　26　30　34　38　42

のように，一定の規則で並ぶ数字の列を**数列**(すうれつ)といいます。

6，10，14，…と続くそれぞれの数字を**項**(こう)といい，最初の項6を**初項**(しょこう)，最後の項42を**末項**(まっこう)，n番目の項を**第n項**(だいえぬこう)といいます。そして，6～42までの項の個数10を**項数**(こうすう)といいます。

上記の数列のように，同じ数が増えていく（もしくは減っていく）数列を**等差数列**(とうさすうれつ)といいます。また，この数列は4ずつ増えていますが，この4を**公差**(こうさ)といいます。

等差数列は，公差とすき間の個数がわかれば，何番目の項でも簡単に求めることができます。1つずつ考えていくと

初項は，6です。

第2項は，$6+4=10$（すき間1個）

第3項は，$6+4\times2=14$（すき間2個）

第4項は，$6+4\times3=18$（すき間3個）

第5項は，$6+4\times4=22$（すき間4個）

第10項は，初項の6に，公差4を9回（すき間の個数）加えて

第10項$=6+4\times9=42$

ここから，

等差数列の第n項

第n項＝（初項）＋（公差）×（$n-1$）

（すき間の数）

という公式ができます。

次に，先ほどの数列の和

$$6+10+14+18+22+26+30+34+38+42$$

を求めます。

この数列を逆にしてみると

$$42+38+34+30+26+22+18+14+10+6$$

です。先ほどの和に，逆にした和を合わせると

テーマの重要度

数列はどの試験でも出題されます。時間を要する問題もありますが，規則性を見つけるとあっさりと解ける問題も多くあります。

数列（等差数列）

項

6　10　14…38　42

初項　末項

6　10　14　…　38　42

+4　+4　+4　+4　+4

公差

数列のすき間の個数

初項　第2項

6 ● 10

すき間1個

第4項

6 ● 10 ● 14 ● 18

すき間3個

すき間の数は，第○項の○より1つだけ小さくなります。

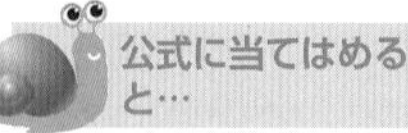

公式に当てはめると…

6　10　14　18　22　26

の等差数列を用いて，公式の確認をすると…

$$
\begin{array}{r}
6+10+14+18+22+26+30+34+38+42 \\
+)\ 42+38+34+30+26+22+18+14+10+6 \\
\hline
48+48+48+48+48+48+48+48+48+48
\end{array}
$$

「48」が（項数の）10個並ぶ

初項の６と末項の42を合わせた48が並びます。

48が項数の10個分あるので，求める和は

「48×10＝480」を半分にして「240」

です。ここから，等差数列の初項から末項までの和は

等差数列の和

等差数列の和＝（初項＋末項）×項数÷２

という公式ができます。

数列の勉強となると，公式のイメージが強くなりがちですが，大切なのは規則性です。規則性をまとめたものが公式ですから，数列の問題はまずは規則性を探ることから始めましょう。

初項は6，公差は4より
第２項＝6＋4×（2−1）
＝6＋4×1＝10
第３項＝6＋4×（3−1）
＝6＋4×2＝14
第４項＝6＋4×（4−1）
＝6＋4×3＝18
第５項＝6＋4×（5−1）
＝6＋4×4＝22
第６項＝6＋4×（6−1）
＝6＋4×5＝26

公式に当てはめると…

6　10　14　18　22　26
30　34　38　42
の和は，初項が6，末項が42，項数が10より

（6＋42）×10÷2
＝48×10÷2
＝480÷2＝240

例題１

次の図のように，小さな正三角形をすき間なく並べて大きな正三角形を作る。小さな正三角形を256個使用したとき，大きな正三角形の１辺には正三角形がいくつ並んでいるか。 （高卒警察官）

1　12
2　13
3　14
4　15
5　16

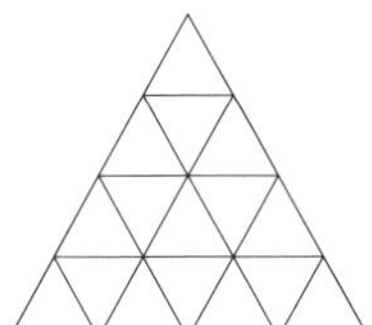

解法のステップ

数列の問題は，まず規則性を探ることが大事です。公式を利用するより速く解ける場合も多くあります。

数列の問題は

数列の問題は，まず規則性がないかチェックしましょう。

●Step 1　規則性を探る

まずは図の三角形を上から１列目，２列目，３列目と見て，何枚使ったら何列までの正三角形ができるのかを探っていきましょう。

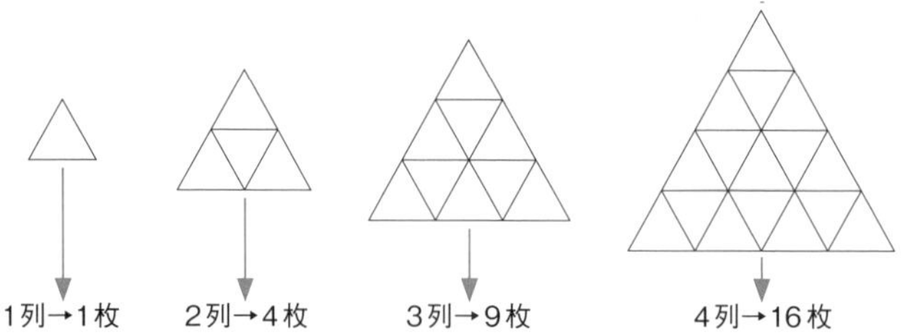

ここで，１枚，４枚，９枚，16枚という数字に着目すると「１列は$1=1^2$」，「２列は$4=2^2$」，「３列は$9=3^2$」，「４列は$16=4^2$」のように，すべて２乗の形になっています。具体的に，数列として書き出すと，

1	4	9	16	…	256
↓	↓	↓	↓		↓
1^2	2^2	3^2	4^2	…	$□^2$

です。ここから「256が何の２乗」なのかを探ればいいことがわかります。

●Step 2　答えを求める

256を$□^2$の形，つまりに□×□の形にするために素因数分解します。

$$256=2^2\times2^2\times2^2\times2^2$$

右辺はすべて**指数が２**なので，指数法則により次のようにまとめることができます。

$$2^2\times2^2\times2^2\times2^2=(2\times2\times2\times2)^2$$

2×2×2×2＝16より，これらをつなげると

$$256=2^2\times2^2\times2^2\times2^2=(2\times2\times2\times2)^2=16^2$$

と求まるので，小さな正三角形を256個使用した場合は16列の大きな三角形ができ，１辺には16個並んでいることがわかります。

よって，本問の正答は**5**です。

256＝$□^2$＝□×□

□を求めるために，256から割り算しますが，何で割ればよいのかわかりません。そのときは，素数で割っていき素因数分解するのが簡単です。

素因数分解

2) 256
2) 128
2) 64
2) 32
2) 16
2) 8
2) 4
　　2

指数法則

$(ab)^n$は指数法則により，a^nb^nとできます。
逆に指数部分nが同じ場合は，
$a^nb^n=(ab)^n$とまとめることができます。

当たりをつける

時間が勝負の公務員試験では当たりをつけるのも大事です。
$10^2=100$，$15^2=225$
となるので，16^2を計算して256のように具体的にざっくり求めることにも慣れていきましょう。

例題2

下図のように，ある規則に従って，同じ大きさの二等辺三角形のタイルを1列目から101列目まですき間なく並べて大きな二等辺三角形を作るとき，タイルの枚数の合計として，正しいものはどれか。　（東京都キャリア活用）

1　9,889枚
2　9,988枚
3　10,201枚
4　10,302枚
5　10,404枚

1列目
2列目
3列目
4列目

解法のステップ

いきなり101列目までの和を求めようとするのではなく，1列目，2列目までの和，3列目までの和，4列目までの和，……というように具体的に求めていきましょう。

●Step 1　規則性を探る

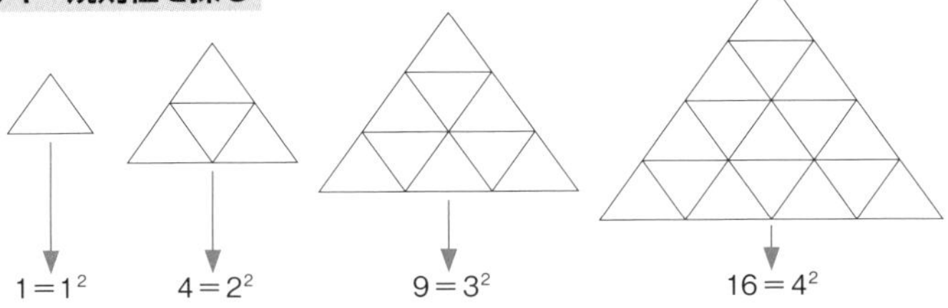

上記のように1列目＝1枚，2列目までの枚数$=4=2^2$枚，3列目までの枚数$=9=3^2$枚，4列目までの枚数$=16=4^2$枚となるので，101列目までの枚数は

$$101^2=10201$$

と求まるので，本問の正答は**3**です。

今回は，簡単に問題を解くことができましたが，全部が全部このように簡単に求まるわけではありません。そこで，数列の知識を活用して地道に解く方法を，別解として紹介していきます。

列の規則性

1列　2列　3列 …　101列
↓　↓　↓　　↓
1^2　2^2　3^2 …　101^2
↓　↓　↓　　↓
1　4　9 …　10201

初項　　末項

タイルの規則性

1列増えると，
タイルが2枚増えます。

別解

数列の公式を利用してタイルの総数を数える場合でも「規則性」に注意していきます。

●Step 1　規則性を探る

1列目のタイルの枚数は1枚，2列目のタイルの枚数は3枚，4列目のタイルの枚数は5枚，4列目のタイルの枚数は7枚です。列が1つ増えるごとにタイルが2枚ずつ増えていっています。これを数列として具体的に書くと

1 → 3 → 5 → 7 → 9 → 11 → …
（+2　+2　+2　+2　+2　+2）

等差数列の第n項の公式

等差数列の第n項
＝(初項)＋(公差)×(n－1)

●Step 2　末項(第101項)を求める

101列目つまり第101項のタイルの枚数は，初項(1列目)のタイルの枚数が1，公差が2の等差数列で，$n=101$より

$$第101項=1+2\times(101-1)=201$$

等差数列の和の公式

等差数列の和＝
（初項＋末項）×項数÷2

●Step 3　タイルの総数を求める

求めるタイルの総数は次の数列の和と同じになります。

よって，初項1，末項201，項数101の等差数列の和を求めればよいので，

$$(1+201)\times101\div2=10201$$

となるので，本問の正答は**3**です。

等差数列の和

$$\begin{array}{r} 1+\ 3\ +\cdots+201 \\ +)\ 201+\ \cdots\ +3\ +\ 1 \\ \hline 202+\ 202+\cdots+202 \end{array}$$

より 202×101＝20402
これを2で割り
20402÷2＝10201
と求めてもOKです。

例題3

図のように，ある規則に従って，タイルを1列目から111列目まで並べてピラミッド形を作るとき，タイルの枚数の合計として正しいのはどれか。

（東京都Ⅲ類）

1　11,881枚
2　12,009枚
3　12,321枚
4　12,543枚
5　12,769枚

1列目
2列目
3列目
4列目

解法のステップ

いきなり111列目までの和を求めようとするのではなく，

1列目，2列目までの和，3列目までの和，4列目までの和……というように具体的に求めていきましょう。

●Step 1　規則性を探る

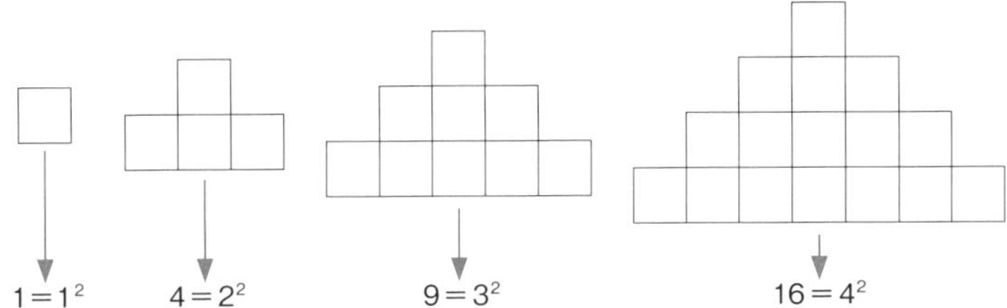

上記のように1列目＝1枚，2列目までの枚数＝$4=2^2$枚，3列目までの枚数＝$9=3^2$枚，4列目までの枚数＝$16=4^2$枚となるので，111列目までの枚数は

$$111^2=12321$$

となるので，本問の正答は**3**です。

等差数列の第n項
＝(初項)＋(公差)×(n－1)

別解

先ほどと同じように，等差数列の公式を利用して求めると

●Step 1　末項(第111項)を求める

111列目つまり第111項のタイルの枚数は，初項（1列目）のタイルの枚数が1，公差が2の等差数列で，$n=111$より

$$\text{第111項}=1+2\times(111-1)=221$$

$$\begin{array}{r} 1+\ 3\ +\cdots+221 \\ +)\ 221+\ \cdots\ +\ 3\ +\ 1 \\ \hline 222+\ 222+\cdots+222 \end{array}$$

より 222×111＝24642
これを2で割り
24642÷2＝12321
と求めてもOKです。

●Step 2　タイルの総数を求める

求めるタイルの総数は次の数列の和と同じになります。

よって，初項1，末項221，項数111の等差数列の和を求めればよいので，

$$(1+221)\times 111\div 2=12321$$

となるので，本問の正答は**3**です。

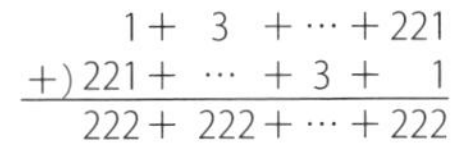

等差数列の和＝
（初項＋末項）×項数÷2

例題 4

100より小さい正の整数のうちで，3でも4でも割り切れる数の総和はいくらか。

（刑務官）

1 378　**2** 432　**3** 486　**4** 540　**5** 864

解法のステップ

倍数の問題と数列の問題の融合問題です。倍数は，等差数列となるので，総和を求めるためには，初項，末項，項数が必要になります。

●Step 1　条件の数を求める

3でも4でも割り切れる数は，3の倍数であり4の倍数でもあるので，3と4の最小公倍数である12の倍数の個数を求めればよいので，12の倍数の個数は

$$100 \div 12 = 8 余り 4 \rightarrow 8 個$$

よって，求める数列の項数は8となります。あとは，末項がわかれば，答えを求めることができます。

求める数列の初項は12なので，末項は

$$12 \times 8 = 96$$

です。この数列を具体的に書くと

(12)　24　36　48　60　72　84　(96)

初項　末項

とわかります。

●Step 2　総和を求める

初項が12，末項が96，項数が8の等差数列の和なので

$$(12+96) \times 8 \div 2 = 432$$

となるので，本問の正答は**2**です。

もちろん

$$\begin{array}{rl} & 12 + 24 + 36 + 48 + 60 + 72 + 84 + 96 \\ +) & 96 + 84 + 72 + 60 + 48 + 36 + 24 + 12 \\ \hline & 108 + 108 + 108 + 108 + 108 + 108 + 108 + 108 \end{array}$$

3の倍数なら

(3)　6　9　12　15　18

と3ずつ増える等差数列となります。初項は(3)

初項は？

12の倍数なので

(12)　24　36　…

となるので，初項は(12)です。公差も12です。

等差数列の第 n 項の公式を使う場合

等差数列の第 n 項の公式
＝（初項）＋（公差）×（$n-1$）
を使う場合，初項が12，公差が12，項数 $n=8$ より
$12+12\times(8-1)=96$

等差数列の和の公式

等差数列の和＝
（初項＋末項）×項数÷2

計算お助け

（12＋96）×8÷2
＝108×4
＝432

として，具体的に計算できます。

108×8＝864で，２で割ると432と求めることができます。

例題５

下の図のように，P_0からP_{49}までの50個の点を平面上に順次，示していったとき，P_0～P_1，P_1～P_2，P_2～P_3，……までのそれぞれの距離の和として，正しいのはどれか。 （東京都Ⅲ類）

1 610

2 615

3 620

4 625

5 630

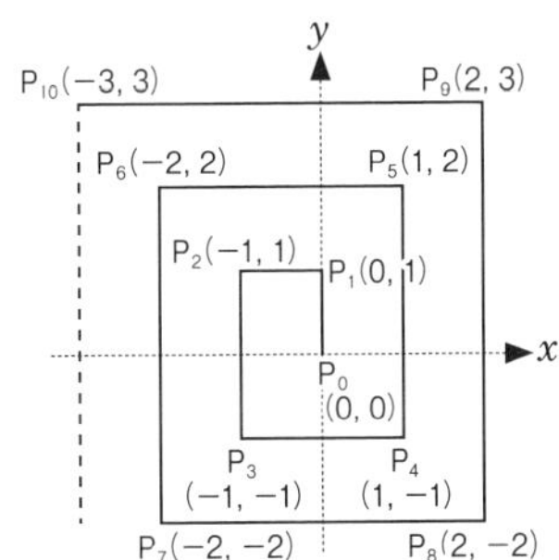

解法のステップ

このような特殊な問題は，実験をして規則性を調べていくしかありません。距離を具体的に１つ１つ求めて規則性を見つけていきましょう。

●Step 1　規則性を求めていく

P_0～P_1，P_1～P_2，P_2～P_3，……の距離を右図のように具体的に調べていきます。

P_0～P_1，P_1～P_2の距離は１です。

P_2～P_3，P_3～P_4の距離は２です。

P_4～P_5，P_5～P_6の距離は３です。

P_6～P_7，P_7～P_8の距離は４です。

P_8～P_9，P_9～P_{10}の距離は５です。

なので「P_0～P_{10}」までの距離の和であれば，

$$1+1+2+2+3+3+4+4+5+5$$

と計算できます。

そして，同じ数字が２度現れるので

$$2(1+2+3+4+5)$$

各点間の距離

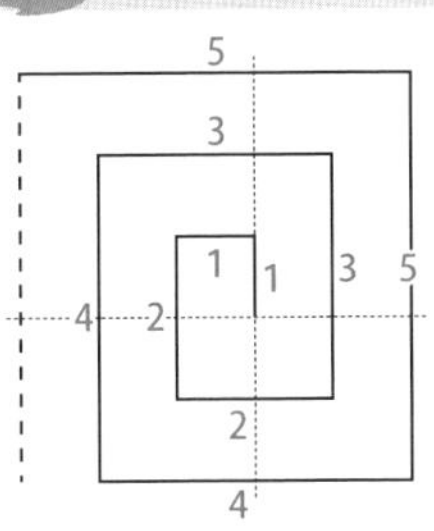

とまとめることができます。

ここから対応している部分を探しましょう。たとえば，「P_{10}」に着目すると，その手前「P_9」との距離P_9～P_{10}が5となっているので，Pの右下に書いてある数字の半分の関係になっていることがわかります。

つまり，P_{20}に着目した場合は，その手前「P_{19}」との距離P_{19}～P_{20}が10となります。

●Step 2　求める距離の和の式を立てる

今回の求めるものはP_0からP_{49}までの距離の和なので，規則性に従って求めますが一工夫必要です。側注の規則性を見るとPの右下の数字が偶数の場合は簡単に求められますが，Pの右下が奇数の場合は注意が必要です。そのためまずPの右下の数字が偶数の「P_{48}」に着目してみるとP_{47}～P_{48}の距離は24とわかります。P_{48}～P_{49}は側注の規則性より次のP_{49}～P_{50}と同じ数字なので25になります。

ということはP_0～P_{48}までの距離の和を求めて，P_{48}～P_{49}の距離25を加えればよいので

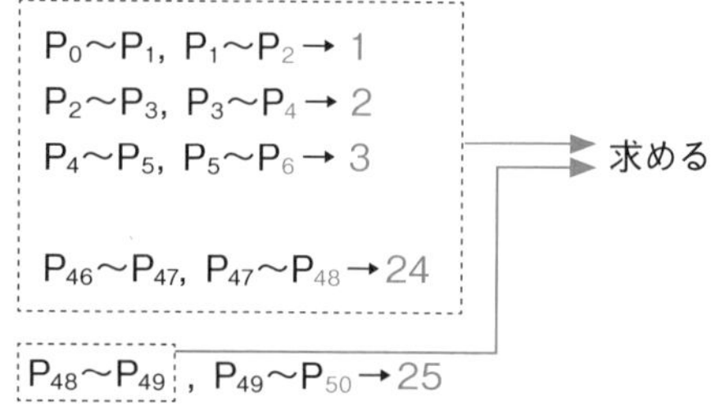

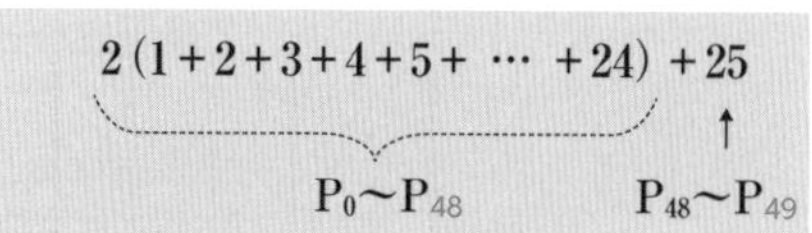

$$2(1+2+3+4+5+\cdots+24)+25$$

P_0～P_{48}　　P_{48}～P_{49}

です。

●Step 3　数列の和の計算をする

「$1+2+3+4+5+\cdots+24$」は，初項が1，末項が24，項数が24の等差数列の和より

$$(1+24)\times 24\div 2=25\times 12=300$$

よって，

P_9～P_{10}=5
半分

P_{19}～P_{20}=10
半分

P_{47}～P_{48}=24
半分

P_0～P_1，P_1～P_2→1
P_2～P_3，P_3～P_4→2
P_4～P_5，P_5～P_6→3
P_6～P_7，P_7～P_8→4
P_8～P_9，P_9～P_{10}→5
P_{10}～P_{11}，P_{11}～P_{12}→6
…
P_{44}～P_{45}，P_{45}～P_{46}→23
P_{46}～P_{47}，P_{47}～P_{48}→24
P_{48}～P_{49}，P_{49}～P_{50}→25

項数（24）
$1+2+3+\cdots+24$
初項　末項

等差数列の和＝（初項＋末項）×項数÷2

$$2(1+2+3+4+5+\cdots+24)+25$$
$$=2\times300+25=625$$

となるので，本問の正答は**4**です。

例題 6

次の数列の上から20段目の左から４番目の数として，正しいのはどれか。

（東京都キャリア活用）

1　387

2　389

3　401

4　425

5　427

1段目	1
2段目	3　5
3段目	7　9　11
4段目	13　15　17　19
5段目	21　23　25　27　29
6段目	31　33　35　37　39　41
：	43　45　47　・　・　・　・
：	・　・　・　・　・　・　・

解法のステップ

数が並んでいるので数列の問題です。規則性を探ります。

数列は「1，3，5，7，9，11，13，…」と２ずつ増える等差数列なので，20段目の左端にある数がわかれば，問題の「20段目の左から４番目の数」は求まります。まずは20段目の左の数を求めていきましょう。

●Step 1　各段の左端の規則性を探る

格段の左端の数列を取り出すと

1　　3　　7　　13　　21　　31　　43　…

となります。これだけだと，規則性がわかりませんので，数列のすき間の数字に着目してみると

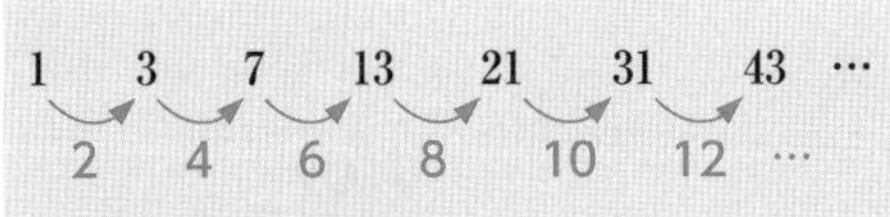

すき間の数列「2，4，6，8，10，12…」を**階差数列**（かいさすうれつ）といいます。この階差数列をうまく利用すれば，もとの数列も求めることができます。階差数列を考慮して規則性を探ってみると

階差数列

数列
1　3　7　13
に対して，
1と3の差2，3と7の差4，7と13の差6を階差といいます。

階差を並べた数列
2　4　6　8　…
を階差数列といいます。

第２項：３＝１＋２
→ 第１項＋階差数列の第１項

第３項：７＝１＋２＋４
→ 第１項＋階差数列の第１項～第２項の和

第４項：13＝１＋２＋４＋６
→ 第１項＋階差数列の第１項～第３項の和

第５項：21＝１＋２＋４＋６＋８
→ 第１項＋階差数列の第１項～第４項の和

第６項：31＝１＋２＋４＋６＋８＋10
→ 第１項＋階差数列の第１項～第５項の和

第７項：43＝１＋２＋４＋６＋８＋10＋12
→ 第１項＋階差数列の第１項～第６項の和

と規則性が見つかります。

第20段目の左端の数は，第20項目なので，第１項目の「１」に，階差数列の第19項目までの和の合計を求めればよいことがわかります。

●Step 2　階差数列の末項を求める

階差数列の和を求めるために，末項（第19項）を求めます。階差数列は2，4，6，8，10，12……と２の倍数なので19項目の数は

$$2\times19=38$$

●Step 3　階差数列の末項までの和を求める

階差数列「2，4，6，8，10，12，……，38」の和は，初項２，末項38で，項数19の等差数列の和より

$$(2+38)\times19\div2=380$$

●Step 4　第20段の左端の数字を求める

初項の１に階差数列の和380を合計することで20段目の左端の数は381とわかります。

各段左端から，右に行くたびに２ずつ増えていくので，第20段目を具体的に書き出すと

381，383，385，387，……

となるので，本問の正答は**1**です。

階差数列の利用

1　3　7　13　21

の第５項を求める場合

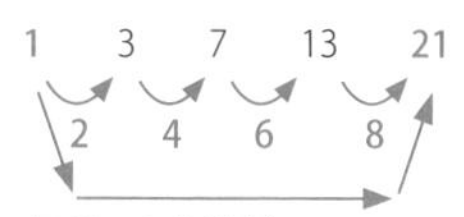

初項の１と階差，２，４，６，８の和を求めればよいので，

1+2+4+6+8=21
と求めることができます。

等差数列の第n項の公式を使う場合

等差数列の第n項の公式
＝（初項）＋（公差）×（n－1）
を使う場合，初項が2，公差が2，項数n＝19より
2＋2×（19－1）＝38

等差数列の和の公式

等差数列の和＝
（初項＋末項）×項数÷２
です。今回は，

項数（19）
2+4+ …… +38
初項　末項

左端の数字？

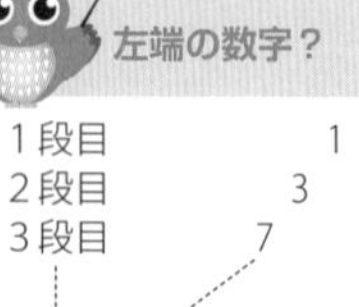

第3章

場合の数（順列・組合せ）と確率の問題

公式と数え上げで確実に押さえていこう

数的推理で出題される場合の数と確率の問題は，出題される問題の種類がそれほど多くありません。基本の公式に当てはめるだけといった問題も数多く出題されているので，公式を使いこなせるようになることが大事です。ただし，問題によっては公式を使うよりも地道に数えたほうが早い場合もあるので，過去問を通してカンを養っていきましょう。

3-1

順列・組合せ・階乗の公式

～第３章のウォーミングアップ～

順列，組合せ，階乗の公式は「場合の数」と「確率」の問題では必須です。どちらも数的推理では頻出ですから，確実に押さえなくてはいけません。用語などがややこしくてミスを犯しやすいところなので，まずは基本をしっかり覚えましょう。

場合の数

起こりうる場合の総数を，場合の数といいます。サイコロの目であれば，1，2，3，4，5，6の6通りコイン（硬貨）であれば，表，裏の2通りです。

順列とは？

では，下の問題を考えていきましょう。具体的に数えながら公式の雰囲気をつかんでいきましょう。

問

（1）a，b，c，dの４文字から２文字を選んで，それらを横１列に並べるとき，２文字の並べ方は何通りあるか。

（2）A，B，C，D，Eという５文字から任意の３文字を選んで，それらを横１列に並べるとき，３文字の並べ方は何通りあるか。

（3）$_{10}P_2$の値を求めよ。

（1）のように，いくつかのものを，順番を考慮して並べた場合の数を**順列**（じゅんれつ）といいます。

a，b，c，dの４文字から選ぶ場合，１番目の文字は

「a，b，c，d」の「４通り」

になります。

引き続き２番目の文字の選び方ですが，４文字のうち

１番目の文字を除いた「３通り」

ということになりますよね。

よって，１番目の文字の選び方が４通りに対して，２番目の文字の選び方はそれぞれ３通りあることになります。これを図で表すと次ページの右欄の図（**樹形図**（じゅけいず）といいます）のよ

順列の具体例

1，2，3の3つの数の順列を具体的に示すと123，132，213，231，312，321の6通りです。この場合，123と132は違うものとして扱います。

うになります。

計算すると，4通りの選び方それぞれに3通りずつの並べ方があるので，全部で

4×3=12（通り）

です。

順列（並べ方）の問題などのように，1ずつ引いてかけることが多くあるので，記号が用意されています。**(1)** の問題のように4文字から2文字を選んで並べる場合は「$_4P_2$」と表し，次のように計算します。

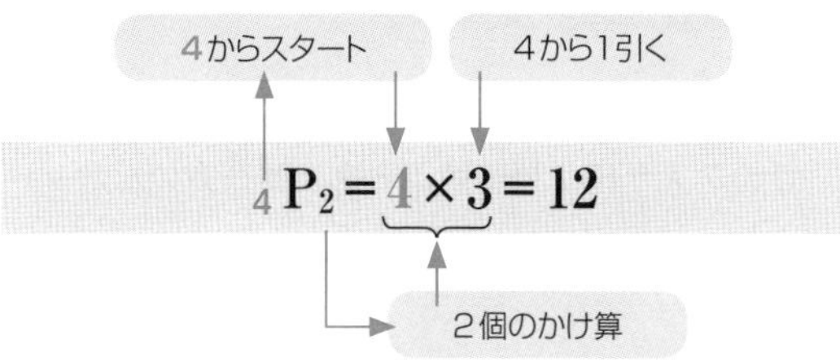

$_4P_3$の場合は，4スタートで，1ずつ引いた数字を3個かけ算すればよいので

$$_4P_3 = 4 \times 3 \times 2 = 24$$

3個のかけ算

ここから，異なる（区別のできる）n個のものからr個を選んで並べた場合の数$_nP_r$の公式は

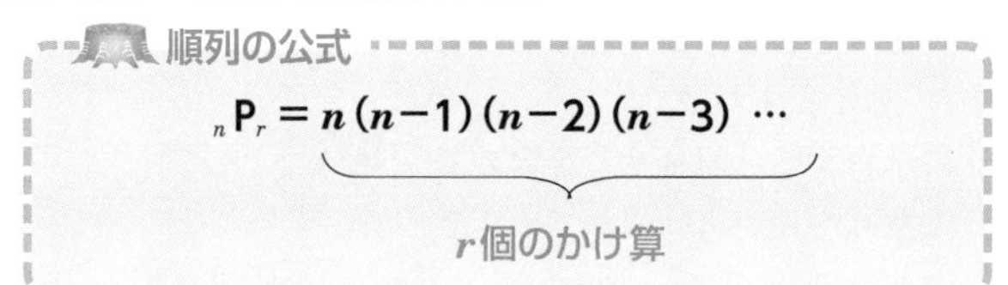

となります。

では，**(2)(3)** の問題を見てみましょう。

(2) は，5個の中から3個取って並べる場合の数（順列）を求めたいわけです。これを記号で示すと「$_5P_3$」となり，5スタートで，1ずつ引いた数字を3個かけ算すればよいので

樹形図で表すと

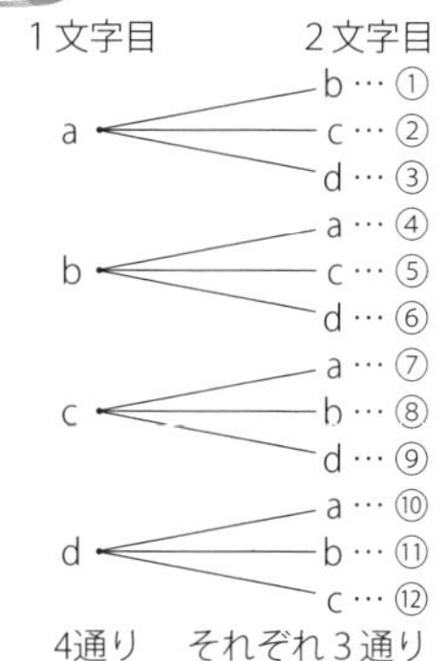

Pって何？

「$_4P_2$」の「P」は順列を表す「Permutation」の頭文字です。

$_nP_r$の公式に当てはめると…

$_4P_2$の場合は
$4\times(4-1)$
2個のかけ算
$=4\times3=12$

$_4P_3$の場合は
$4\times(4-1)\times(4-2)$
3個のかけ算
$=4\times3\times2=24$

公式に当てはめると…

$_5P_3$の場合は
$5\times(5-1)\times(5-2)$
3個のかけ算
$=5\times4\times3=60$

$_{10}P_2$の場合は
$10\times(10-1)$
2個のかけ算
$=10\times9=90$

第3章 場合の数（順列・組合せ）と確率の問題

$$_5P_3=5\times4\times3=60$$

これで **(3)** の解き方もわかりましたよね。同様に，10スタートで，1ずつ引いた数字を2個かけ算すればよいので，

$$_{10}P_2=10\times9=90$$

となります。

階乗とは？

問

(1)　A，B，C，D，E，F，Gの7人が横1列に並ぶとき，並び方の総数はいくつか。

(2)　2！，3！，6！の値を求めよ。

(3)　$\dfrac{6!}{3!}$ の値を求めよ。

(1) 同様に順列の公式を使ってみましょう。

7人全員を横1列に並べるということは，7個のものから7個を選ぶということなので，順列の公式を使うと

$$_7P_7=7\times6\times5\times4\times3\times2\times1=5040$$

です。

「$_7P_7$」のように，左下の数字と右下の数字が一致しているときは**階乗**（かいじょう）と呼ばれる「！」記号を使って簡略化することができます。つまり，「$_7P_7=7!$」と表すわけです。

この階乗記号「！」は，次に学習する「組合せ」を含めてけっこう使いますので，記号の意味や使い方に慣れていきましょう。

(2) ということは，2！は「$_2P_2$」，3！は「$_3P_3$」，6！は「$_6P_6$」と同じです。よって，それぞれ計算すると

$$2!={}_2P_2=2\times1=2$$
$$3!={}_3P_3=3\times2\times1=6$$
$$6!={}_6P_6=6\times5\times4\times3\times2\times1=720$$

順列の公式

異なる（区別のできる）n個のものからr個を取り出して並べた場合の数

$_nP_r=\underbrace{n(n-1)(n-2)\cdots}_{r\text{個のかけ算}}$

階乗の公式

$n!={}_nP_n$なので

$n!=\underbrace{n(n-1)\cdots\times1}_{n\text{個のかけ算}}$

nから1ずつ引いて1になるまでかけます。

となります。

(3) は **(2)** の結果から

$$\frac{6!}{3!}=\frac{720}{6}=120$$

と解いてもいいのですが，「6！」や「3！」などを１つ１つ計算していく方法は，大きな数字になると計算が面倒になってきます。そこで，約分を活用していきます。

$$\frac{6!}{3!}=\frac{6\times5\times4\times3\times2\times1}{3\times2\times1}=120$$

分子・分母をそれぞれ計算していくよりは，このように約分して計算するほうが確実で速く解くことができます。どんどん約分していきましょう。

次に学ぶ「組合せ」では，この約分をフル活用していきます。

計算お助け

$$\frac{6\times5\times4\times\cancel{3}\times\cancel{2}\times1}{\cancel{3}\times\cancel{2}\times1}$$
$=6\times5\times4$
$=120$

慣れたら

$6!=6\times5\times4\times\underbrace{3\times2\times1}_{3!}$
を
$6!=6\times5\times4\times3!$
とすると，約分が楽です。

組合せとは？

問

(1) a, b, c, dの４人から２人を選ぶとき，選び方は何通りあるか。

(2) ${}_2C_1$，${}_4C_2$，${}_7C_3$，${}_7C_4$ の値を求めよ。

(3) $\dfrac{{}_4C_2\times{}_2C_1}{{}_{13}C_6}$ の値を求めよ。

(1) の問題のように，いくつかのものを順番を考えずに取り出して組を作るとき，その1つ1つの組を**組合せ**といいます。

順番を考えないので「aとb」と「bとa」は同じものとみなします。「ラーメンが好きなのはaさんとbさんです」というのと「ラーメンが好きなのはbさんとaさんです」というのは意味としては同じですね。このように順序を考慮しないのが組合せです。

組合せの問題は順列の考え方を応用して解きます。順列の場合，４つの中から２つを選んで並べる場合の数は，

abcd４文字から２文字を選ぶ組合せ

aとb…①
aとc…②
aとd…③
bとc…⑤
bとd…⑥
cとd…⑨

$$_4P_2 = 4 \times 3 = 12$$

と求めました。順列の場合，具体的な12パターンは，以下の表の左側のようになっています（○の中の番号は，p.97の樹形図に対応しています）。

【順列】 ａｂｃｄ４文字から ２文字を選んで並べる			【組合せ】 ａｂｃｄ４文字から ２文字を選ぶ
ab…①	ba…④	→	aとb…①
ac…②	ca…⑦	→	aとc…②
ad…③	da…⑩	→	aとd…③
bc…⑤	cb…⑧	→	bとc…⑤
bd…⑥	db…⑪	→	bとd…⑥
cd…⑨	dc…⑫	→	cとd…⑨

順列だと「ab」「ba」の２つだったものが，組合せでは「aとb」の１つになっています。同様に，順列だと「ac」「ca」の２つだったものが，組合せでは「aとc」の１つになります。つまり，組合せでは１つだったものを，順列では並べた数だけ別のものとして数えているのです。そのため，順列の公式では，並べた数だけの重複（ダブり）があるので，全体をその重複分で割れば，組合せの場合の数が求められるのです。

ですから，４つの中から２つを選ぶ場合の数は

$$\frac{_4P_2}{2} = \frac{4 \times 3}{2} = \frac{12}{2} = 6$$

重複分で割る

です。

このように組合せは，順列の公式を応用して導き出すことができます。まずは並べて，重複した分で割ればよいので，「n個の中からr個を選ぶ場合の数」を求める公式（組合せの公式）は，以下のようになります。

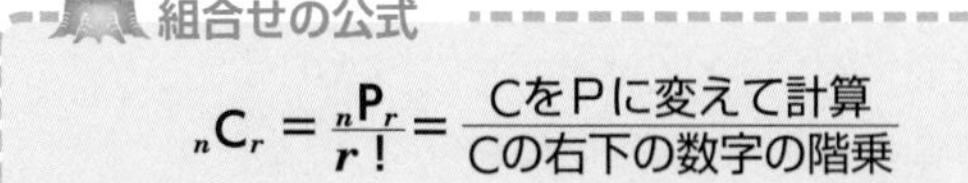

組合せの公式

$$_nC_r = \frac{_nP_r}{r!} = \frac{\text{CをPに変えて計算}}{\text{Cの右下の数字の階乗}}$$

順列と組合せの違いは，n個のものからr個を選んだ後，「並べる（順列）」か「並べない（組合せ）」か，です。

重複分の数え方

今回のように２人を選ぶときは、２人を並べた数だけ重複するので
２！＝2×1＝2
３人選ぶときは、３人を並べた数だけ重複するので
３！＝3×2×1＝6

組合せの公式

組合せの公式の「分子」はＰと同様の計算で，「分母」は階乗の計算と同じになります。

Ｃって何？

「$_nC_r$」の「C」は組合せを表す「Combination」の頭文字です。

順列と組合せの違い

順　列…$_nP_r$：n個のものからr個を選んで並べる
組合せ…$_nC_r$：n個のものからr個を選ぶだけ

(2) は公式に当てはめて解いていきましょう。

$$_2C_1=\frac{_2P_1}{1!}=\frac{2}{1}=2$$

$$_4C_2=\frac{_4P_2}{2!}=\frac{4\times3}{2\times1}=\frac{12}{2}=6$$

$$_7C_3=\frac{_7P_3}{3!}=\frac{7\times6\times5}{3\times2\times1}=35$$

$$_7C_4=\frac{_7P_4}{4!}=\frac{7\times6\times5\times4}{4\times3\times2\times1}=35$$

(3) Cのところを１つ１つ求めて

$$\frac{_4C_2\times{}_2C_1}{_{13}C_6}=\frac{6\times2}{1716}=\frac{12}{1716}=\frac{1}{143}$$

と計算して求めることもできますが，時間がかかります。ここは約分できるように工夫していきましょう。

$$_{13}C_6=\frac{13\times12\times11\times10\times9\times8}{6\times5\times4\times3\times2\times1}$$

$$=\frac{13\times12\times11\times\overset{3}{\cancel{9}}\times\overset{4}{\cancel{8}}}{{}_3\cancel{6}\times4\times\cancel{3}\times1}$$

$$=\frac{13\times12\times11\times3\times4}{3\times4}$$

$$=13\times12\times11$$

とかけ算の形にしておくと

$$\frac{_4C_2\times{}_2C_1}{_{13}C_6}=\frac{6\times2}{13\times12\times11}=\frac{1}{13\times11}=\frac{1}{143}$$

と計算を少なくできます。

$$\frac{7\times6\times5}{3\times2\times1}=\frac{7\times\overset{2}{\cancel{6}}\times5}{\cancel{3}\times2\times1}$$

$$=\frac{7\times\cancel{2}\times5}{\cancel{2}}$$

$$=35$$

$$\frac{7\times6\times5\times4}{4\times3\times2\times1}=\frac{7\times6\times5\times\cancel{4}}{\cancel{4}\times3\times2\times1}$$

$$=\frac{7\times\cancel{6}\times5}{\cancel{3}\times\cancel{2}\times1}$$

$$=35$$

ここで「$_7C_3$」と「$_7C_4$」の値に注目してください。いずれも「35」ですが，これは偶然一致したわけではありません。
「$_7C_3$」は「７人から３人選ぶこと」ですが，３人選ぶことで４人が残ります。つまり，３人選ぶことは７人から残る４人を選出することと「$_7C_4$」と同じになるのです。ここから「n人からr人選ぶこと」は「$n-r$人残すこと」と同じなので，

$$_nC_r={}_nC_{n-r}$$

が成り立ちます。
上の式より

$$_7C_3={}_7C_{7-3}={}_7C_4$$

と一致することが確認できます。

和の法則・積の法則

順列，組合せ，確率の問題では，２つの事柄ＡとＢを求めた後に「足す場合」と「かける場合」があります。足す場合を「**和の法則**」，かける場合を「**積の法則**」といいます。ここでそれぞれの特徴をとらえていきましょう。

和の法則と積の法則

和の法則

２つの事柄ＡとＢがあり，ＡとＢは同時に起こらないとする。Ａがa通り起こるか，もしくは，Ｂがb通り起こるときの場合の数は

$$a+b \text{（通り）}$$

積の法則

２つの事柄ＡとＢがあり，Ａがa通り起こり，かつＢがb通り起こるときの場合の数は（Ａがa通り起こり，続けてＢがb通り起こるときの場合の数は）

$$a\times b \text{（通り）}$$

問

(1)　大・小２個のサイコロを投げて，目の和が５の倍数となる場合の数は何通りあるか。

(2)　P市からQ市を通ってR市にたどり着く場合の数は何通りあるか。ただしP市からQ市は，aとbの２つの道，Q市からR市はcとdとeの３つの道がある。

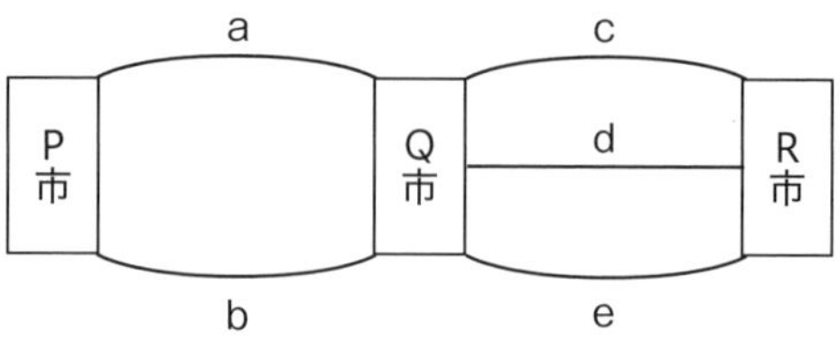

(1) ２つのサイコロの目の和は２から12となるので，５の倍数は５，もしくは10ですね。

目の和が５となるのは，次の４通りです。

・大のサイコロが４で，小のサイコロが１

・大のサイコロが3で，小のサイコロが2
・大のサイコロが2で，小のサイコロが3
・大のサイコロが1で，小のサイコロが4

目の和が10となるのは，次の3通りです。

・大のサイコロが6で，小のサイコロが4
・大のサイコロが5で，小のサイコロが5
・大のサイコロが4で，小のサイコロが6

目の和が5になることと，目の和が10になることは同時には起こらないので，和の法則を用います。

よって答えは，

4+3=7（通り）

となります。

(2) P市からQ市への行き方は，aとbの2通りで，Q市からR市への行き方はcとdとeの3通りあります。P市からQ市へ行き，かつQ市からR市へ行くことで，最終的にP市からR市にたどり着くので，事柄が続けて起こっていますよね。よって，積の法則から

2×3=6（通り）

と求めることができます。

さて，これで場合の数と確率を求めるための準備はできました。それでは，ここで学んだ公式を活用しながら，実際の過去問に取り組んでいきましょう。

和が10のペア

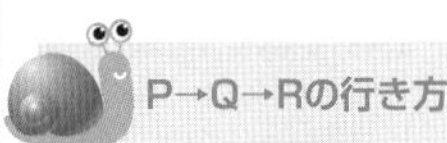

	P→Q	Q→R
1.	a	c
2.	a	d
3.	a	e
4.	b	c
5.	b	d
6.	b	e

3-2　国総 －　国般 －　地上★　市役所★　初級★★

同じものを含む順列
～公式を使えばラクチン！～

同じものを含む順列

「１２３４」のように異なる４つの数字を並べる場合は順列の問題となって「4！＝24」通りと求めることができます。

しかし，「１１２２」を並べる場合は，１が２つ，２が２つあるので，普通に順列の公式を使うだけでは答えを求めることができません。数が少なければ，右の側注のように１つずつ数えていく方法も使えるでしょうが，数え漏らしをしたり重複して数えてしまう可能性があります。また数が大きい場合は数えるにも限界があります。そのため順列の公式を工夫する必要があります。

それでは，問題を通して見ていきましょう。

テーマの重要度

同じものを含む順列の問題は，それほど多くは出題されませんが，基本的な問題なので落とせません。また組合せの問題など，後に学ぶテーマの基礎にもなるので重要です。

1122の順列

1122　1221　1212
2121　2112　2211
の6通りです。

例題１

赤玉が３個，青玉が２個，白玉が１個ある。これらの６個の玉を図のようなＡ～Ｆの箱に１個ずつ入れていくとき，入れ方は全部で何通りあるか.

（国家一般職［高卒］）

1　36通り　**2**　48通り
3　60通り　**4**　72通り
5　120通り

A	B	C	D	E	F

解法のステップ

この問題は順列の知識を使っても，組合せの知識を使っても解くことができる問題です。２つの解き方を通して，順列・組合せの公式の活用方法を学んでいきましょう。

この問題は「Ａ～Ｆ」という順序（順番）のついた箱に赤玉，青玉，白玉を入れていくので，順列の問題として解く方法があります。

ただし，順列の公式を用いる場合は，箱に入れる「赤玉，青玉，白玉」がすべて区別できるものでなくてはいけませ

区別がつく・つかない

順列の公式を用いる場合は，すべて区別がつく必要があります。問題文の赤玉3個のままでは，区別ができません。

そこで，いったん赤玉に番号をつけて区別がつくようにします。区別ができれば

ん。そこで赤玉，青玉に番号をつけて「赤玉が３個，青玉が２個，白玉が１個」の区別がつくようにします。具体的には，赤玉１，赤玉２，赤玉３，青玉１，青玉２，白玉とします。その後，重複してカウントしている分で割ります。

●Step 1 まずは6個すべての玉を並べる

６個の玉すべてに区別があるものとして並べると

$$6!\ (=6\times5\times4\times3\times2\times1)$$

●Step 2 重複分を数える

わざわざ区別をつけて赤玉を３個並べた分と，青玉を２個並べた分が重複するので，式にすると次のとおりです。

赤玉の並べ方：$3!\ (=3\times2\times1)$
青玉の並べ方：$2!\ (=2\times1)$

●Step 3 全体を重複分で割って，場合の数を求める

Step 1，Step 2 より求める場合の数は

$$\frac{6!}{3!\times2!}=\frac{6\times5\times4\times3\times2\times1}{3\times2\times1\times2\times1}=60$$

よって，本問の正答は**3**です。

別解

赤玉３個を，A・B・Cの箱に１個ずつ入れる場合，A・B・Cと入れてもA・C・Bと入れても，B・A・C，B・C・A，C・A・B，C・B・Aと入れても同じですよね。つまり，入れ方の順序を考慮しないので，組合せの問題と考えることもできます。ここでは別解として「組合せ」の公式を利用する方法を紹介していきます。

●Step 1 赤玉を入れる場所を数える

まずA～Fの６箱から，赤玉を入れる３つの箱を選ぶので，

$${}_6C_3=\frac{6\times5\times4}{3\times2\times1}=20$$

順列の公式Pや階乗の公式が使えます。

階乗？順列の公式？

Step 1は順列の公式 ${}_6P_6$ を用いてもOKです。

区別をつけると

となり，6個の異なる玉になります。

重複する分

赤2 赤3 赤1
赤3 赤1 赤2
赤3 赤2 赤1

赤玉３個の並べ方は１通りですが，番号をつけて区別すると，1，2，3の順列になるので 3!＝６通りとなります。

Step 1

A	B	C	D	E	F

赤 赤 赤
6つから3つ選ぶ
$\rightarrow {}_6C_3$

●Step 2　青玉を入れる場所を数える

残りの３箱から，青玉を入れる２つの箱を選ぶと

$${}_3C_2=\frac{3\times 2}{2\times 1}=3$$

Step 2

３つから２つ選ぶ
→ ${}_3C_2$

●Step 3　白玉の1通りを考慮して計算

残りは１箱しかないので，白玉の入れ方は１通りです。Step １，Step ２をまとめると積の法則より

$${}_6C_3\times{}_3C_2\times 1=20\times 3\times 1=60$$

よって，本問の正答は**3**です。

積の法則

Ａがa通り起こり，かつＢがb通り起こるときの場合の数は
　$a\times b$（通り）

例題２

TOKYOという５文字から任意の３文字を選んで，それらを横１列に並べるとき，３文字の並べ方は何通りあるか。　（東京都Ⅲ類）

1　29通り　**2**　33通り　**3**　37通り　**4**　41通り　**5**　45通り

解法のステップ

同じ文字「O」を含む順列の問題です。５文字から３文字を選んで並べるので，「O」が２文字入っている場合とそうではない場合に分けて考えていきます。

KOOの順列

順列の公式を使う場合，３文字並べると，Oを並べた分だけ重複してカウントするので

$$\frac{3!}{2!}=\frac{3\times 2\times 1}{2\times 1}=3$$

●Step 1　「O」が2文字入る場合

Oを２文字使うので，残り１文字はT，K，Yのどれかですから，３通りです。

たとえば，ここで「K」を選んだとして，K・O・Oの並べ方は「KOO」「OKO」「OOK」の３通りあることになります。

これらが連続して起こるので積の法則を使うと，Oを２文字使うときの並べ方は

T, K, Yから１文字選ぶ

$$3\times 3=9$$

選んだ文字，O，Oの並べ方

Step1は

TOO，OTO，OOT
KOO，OKO，OOK
YOO，OYO，OOY
の9通り（３×３）です。

●Step 2　「O」が1文字もしくはない場合

T，O，K，Yの4文字から３文字選んで並べればよいので，

Step2は

TOK，TKO，OTK，OKT，KTO，KOT，TOY，TYO，OTY，OYT，YTO，YOT，TKY，TYK，KTY，KYT，YTK，YKT，OKY，OYK，KOY，KYO，YOK，YKO，の24通りです。

順列の公式を使います。

$$_4P_3=4\times3\times2=24$$

和の法則

2つの事柄AとBがあり
　Aがa通り
　Bがb通り
起こり，AとBが同時に起こらないとき，Aが起こるもしくはBが起こる場合の数は$a+b$通りです。

●Step 3　Step 1，2の場合をまとめる

Step 1やStep 2のように同時に起こらず，重複がない場合分けのときは，和の法則を使います。和の法則より

$$9+24=33$$

よって，本問の正答は**2**です。

例題3

下図のような6段の階段を下から6段目まで上る。階段を1段または2段一度に上る方法によるとき，その上り方の数として，正しいのはどれか。

（警視庁Ⅰ類）

1　11通り
2　12通り
3　13通り
4　14通り
5　15通り

解法のステップ

具体的に1段ずつ上る場合から数えていきましょう。右欄のように1段上る場合を「①」2段上る場合を「②」とします。

1段上る，2段上る

●Step 1　全部1段ずつ上る場合

1段ずつ上る方法は当然ですが1通りです。

①①①①①①の1通り

●Step 2　1回だけ2段上る場合

1回だけ2段上る場合，4回は1段上るので，6段の上り方は「②①①①①」の並べ方と同じです。②①①①①の並べ方は，同じ文字を含む順列なので

$$\frac{5!}{4!}=\frac{5\times\cancel{4}\times\cancel{3}\times\cancel{2}\times\cancel{1}}{\cancel{4}\times\cancel{3}\times\cancel{2}\times\cancel{1}}=5$$

Step 2を数えると

この場合は，具体的に数えてしまったほうが早いですね。
②①①①①
①②①①①
①①②①①
①①①②①
①①①①②

●Step 3　2回2段上る場合

2回2段上る場合，2回1段上るので，6段の上り方は，「②②①①」の並べ方と同じです。②②①①の並べ方は，同じ文字を含む順列なので

$$\frac{4!}{2!\times 2!}=\frac{4\times 3\times 2\times 1}{2\times 1\times 2\times 1}=3\times 2=6$$

Step 3を数えると

具体的には次の6通りです。

②②①①
②①②①
②①①②
①②②①
①②①②
①①②②

●Step 4　3回2段上る場合

3回とも2段上るしかないので

②　②　②の1通り

和の法則

4つの事柄A，B，C，Dがあって，
Aがa通り，Bがb通り
Cがc通り，Dがd通り
起こり，A，B，C，Dが同時に起こらないとき，A，B，C，Dが起こる場合の数は$a+b+c+d$通りです。

●Step 5　Step 1～4をまとめる

Step 1～Step 4は同時に起こらず重複がないので，和の法則より足し算すると

$$1+5+6+1=13$$

よって，本問の正答は**3**です。

例題4

K，O，K，K，A，K，O，U，M，Uの10文字を横1列に並べるとき，4つのKが左から5番目までにすべて含まれる場合は何通りか。

（国家専門職［大卒］）

1　300通り　**2**　450通り　**3**　600通り
4　900通り　**5**　1200通り

解法のステップ

同じものを含む順列の問題なので，文字を整理します。「KOKKAKOUMU」を重複している数が多い順にすると

K，K，K，K，U，U，O，O，A，M

です。

次に「4つのKが5番目までに含まれる場合」ですが，K以外の文字はU，O，A，Mなので，4つの場合があることがわかります。それぞれ考えていきましょう。

10文字の順列は？

もし「10文字の順列」を問われた場合は
・Kが4つ
・OとUが2つずつ
重複するので

$$\frac{10!}{4!2!2!}=37800$$

です。

●Step 1　左から5番目までが「K，K，K，K，U」の場合

左５つ「K，K，K，K，U」の順列は「５通り」，右５つは「U，O，O，A，M」の順列で，同じものを含む順列より

$$\frac{5!}{2!}=\frac{5\times4\times3\times\cancel{2}\times\cancel{1}}{\cancel{2}\times\cancel{1}}=60$$

K，K，K，K，Uの順列を求めかつU，O，O，A，Mの順列を求めているので，積の法則より

$$5\times60=300$$

●Step 2　左から５番目までが「K，K，K，K，O」の場合

左５つ「K，K，K，K，O」の順列は「５通り」，右５つは「U, U, O, A, M」の順列となりStep １と同じ条件です。よって300通りです。

●Step 3　左から５番目までが「K，K，K，K，A」の場合

左５つ「K，K，K，K，A」の順列は「５通り」，右５つは「U，U，O，O，M」の順列で同じものを２つ含む順列なので

$$\frac{5!}{2!\times2!}=\frac{5\times4\times3\times2\times1}{2\times1\times2\times1}=30$$

よって，積の法則より

$$5\times30=150$$

●Step 4　左から５番目までが「K，K，K，K，M」の場合

左５つ「K，K，K，K，M」の並べ方は「５通り」，右５つは「U，U，O，O，A」の順列となりStep ３と同じ条件なので150通りです。

●Step 5　Step １～４をまとめる

和の法則より，Step １～Step ４を足し算して

$$300+300+150+150=900$$

よって，本問の正答は**4**です。

KKKKUの並べ方

K，K，K，K，U
K，K，K，U，K
K，K，U，K，K
K，U，K，K，K
U，K，K，K，K
の５通りです。

Step １の順列

（左５つ）	（右５つ）
KKKKUの順列	UOOAMの順列
５通り	60通り

Step ２の順列

（左５つ）	（右５つ）
KKKKOの順列	UUOAMの順列
５通り	60通り

Step ３の順列

（左５つ）	（右５つ）
KKKKAの順列	UUOOMの順列
５通り	30通り

Step ４の順列

（左５つ）	（右５つ）
KKKKMの順列	UUOOAの順列
５通り	30通り

和の法則

Step １～Step ４は，同時に起こらず，重複がないので，和の法則で足し算します。

組合せ

～$_nC_r$の公式に慣れる～

組合せの公式 $_nC_r$

「組合せの公式 $_nC_r$」は，場合の数のみならず確率でも利用します。ここで組合せの公式をおさらいしましょう。

組合せの公式

$$_nC_r = \frac{_nP_r}{r!} = \frac{\text{CをPに変えて計算}}{\text{Cの右下の数字の階乗}}$$

テーマの重要度

組合せのみの出題はそれほど多くありませんが，組合せの考え方は確率の問題でも必要になります。必ず押さえておきましょう。

例題 1

次の図のように，平面上で３本の平行線と５本の平行線が交わっているとき，図中にある平行四辺形の数として，最も妥当なものはどれか。

（東京消防庁Ⅱ類）

1　28個
2　30個
3　36個
4　42個
5　48個

解法のステップ

右の図１のように１個ずつ数えていく方法もありますが，数え漏らしがありそうです。

8個じゃないの？

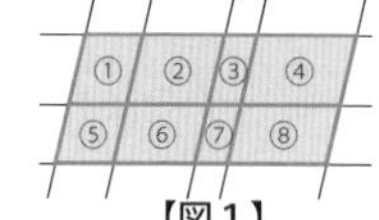

【図１】

図１だけを見ると８個ですが，図２や図３のようなものもあるので忘れずに！

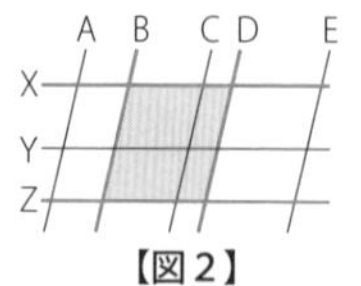

【図２】

●Step 1　線に番号を振って考える

そこで，図２のように線に番号A，B，C，D，EとX，Y，Zを振っていきます。具体的に，次のようなケースを考えてみましょう。

【図２のアミ部分】　X，Y，Zの３つの線からXとZ，A～Eの線からBとDを選んで平行四辺形を作っていると考えることができます。

【図３のアミ部分】X，Y，Zの３つの線からXとY，A～Eの線からAとEを選んで平行四辺形を作っています。

つまり，X～Zの３つの線から２つ選び，A～Eの５つの線から２つ選ぶ場合の数になるので，組合せの公式を利用するとよさそうですね。

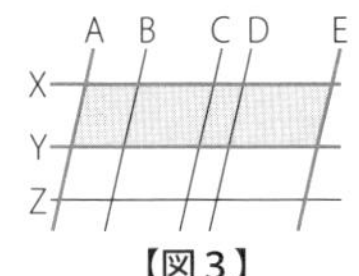

【図３】

$_3C_2 = 3$
→ XとY，XとZ，YとZ　の3通り

●Step 2　公式を用いて解いていく

X～Zの３つの直線から２つの直線を選ぶ方法は $_3C_2$ で，A～Eの５つの直線から２つの直線を選ぶ方法は $_5C_2$ となります。X～Yから選び，かつA～Eから選ぶことで平行四辺形ができるので，積の法則から

$$_3C_2 \times {}_5C_2 = \frac{3\times2}{2\times1} \times \frac{5\times4}{2\times1} = 3\times10 = 30$$

よって，本問の正答は**2**です。

A～Eから2つ選ぶ

$_5C_2 = 10$
→ AとB，AとC，AとD
AとE，BとC，BとD
BとE，CとD，CとE
DとEの10通り

例題２

下図のように，５本の平行な線a～eが，他の５本の平行な線f～jと交差しており，これらの線のうちa，c，e，f，iは細線，b，d，g，h，jは太線である。これらの平行な線を組み合わせてできる平行四辺形のうち，少なくとも１辺が細線である平行四辺形の総数として，正しいのはどれか。

（東京都Ⅰ類A）

1　97
2　98
3　99
4　100
5　101

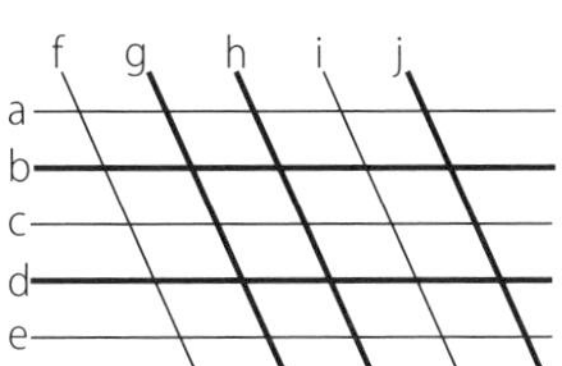

解法のステップ

解き方は今までと同じですが「少なくとも１辺が細線である平行四辺形の総数」という条件がついているので，そこを考慮する必要があります。でも「少なくとも１辺が細線」という条件を場合分けして考えるのは大変ですよね……。

こんなときは発想を転換して「求めたいもの以外の部分」を考えます。条件に適さないのは「４辺とも太線」の場合ですよね。つまり全体の数から「４辺とも太線」の場合を除け

少なくとも１辺が細線

1．細線1本，太線3本
2．細線2本，太線2本
3．細線3本，太線1本
4．細線4本，太線0本
の４つを考えないといけないので大変……。

ば，「少なくとも１辺が細線」の場合が求まります。この「求めたいもの以外の部分」は，**余事象**（よじしょう）といいましたね。

それでは全体（平行四辺形の総数）を求めて，余事象（４辺とも太線の平行四辺形の総数）を引きましょう。

余事象

全体のうち求めたいもの以外の部分が余事象です。全体から余事象を除くと，求めたい部分になります。

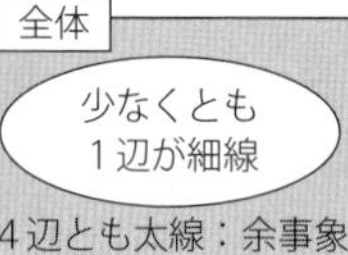

外枠の部分を「余事象」といいます。

余事象については2-3約数・倍数でもやりましたが，3-9余事象の確率でも詳しく学習します。

●Step 1　平行四辺形の総数を求める

a～eの５本から２本選ぶ方法は${}_5C_2$，f～jの５本から２本選ぶ方法は${}_5C_2$なので，総数は

$${}_5C_2 \times {}_5C_2 = \frac{5 \times 4}{2 \times 1} \times \frac{5 \times 4}{2 \times 1} = 100$$

●Step 2　余事象（太線の平行四辺形の総数）を求める

b，dの２本から２本選ぶ方法は１通り（${}_2C_2$）です。g，h，jの３本から２本選ぶ方法は${}_3C_2 = 3$通りなので，太線の平行四辺形の総数は

$${}_2C_2 \times {}_3C_2 = 1 \times 3 = 3$$

●Step 3　題意の平行四辺形の総数を求める

「少なくとも１辺が細線である平行四辺形の総数」は，

$$100 - 3 = 97$$

よって，本問の正答は**1**です。

例題３

Ａ，Ｂ，Ｃの３人がそれぞれいくつかの球を持っている。各人が持っている球の数をa，b，cで表すと，$7 \geqq a > b > c \geqq 1$ が成り立つ。このとき，３人が持っている球の数の組合せは全部で何通りあるか。　（地方上級）

1　30　　**2**　35　　**3**　40　　**4**　45　　**5**　50

解法のステップ

問題文に「組合せは全部で何通りあるか」とあるので「組合せ」の問題と考えてアプローチしていきましょう。

この問題のように，一見すると組合せの問題には見えないような問題を出題して，受験生の理解度を問うのが近年の傾向です。

組合せ？

このように一見すると組合せの公式を利用するように見えない問題に当たったら，まず具体的に実験してみましょう。

●Step 1 実験してみる

この問題のa，b，cを具体的に1つ1つ数えていくと
$(a, b, c) = (7, 6, 5), (7, 6, 4), (7, 6, 3), (7, 6, 2), \cdots\cdots$
と続きますが上記の結果を眺めてみると，1～7の数字から3個の数字を取り出しているだけだとわかります。つまり，「7個の数字から，3個の数字を取り出す」ことで「$7 \geqq a > b > c \geqq 1$」となる$a$，$b$，$c$の組合せを求めることができます。7個の数字から，3個の数字を取り出すのは，組合せの公式「${}_7C_3$」で求めることができますね。

問題文の設定

$a=5$，$b=4$，$c=2$ のとき，$(a, b, c)=(5, 4, 2)$ とします。

樹形図

樹形図にしてもよいです。

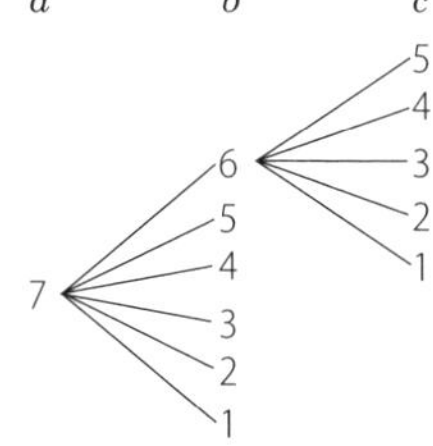

●Step 2 組合せの公式を利用する

Step 1より，求める組合せは

$$ {}_7C_3 = \frac{7\times6\times5}{3\times2\times1} = 7\times5 = 35 $$

よって，本問の正答は**2**です。

なお，この問題のa，b，cを具体的に書くと次のとおりです。試験中に全部書くのは難しいですが，演習中に具体的に書いてみると，組合せの公式の理解が深まります。

$(a, b, c) = (7, 6, 5), (7, 6, 4), (7, 6, 3), (7, 6, 2), (7, 6, 1)$
$(7, 5, 4), (7, 5, 3), (7, 5, 2), (7, 5, 1),$
$(7, 4, 3), (7, 4, 2), (7, 4, 1),$
$(7, 3, 2), (7, 3, 1),$
$(7, 2, 1),$
$(6, 5, 4), (6, 5, 3), (6, 5, 2), (6, 5, 1),$
$(6, 4, 3), (6, 4, 2), (6, 4, 1),$
$(6, 3, 2), (6, 3, 1),$
$(6, 2, 1),$
$(5, 4, 3), (5, 4, 2), (5, 4, 1)$
$(5, 3, 2), (5, 3, 1),$
$(5, 2, 1),$
$(4, 3, 2), (4, 3, 1),$
$(4, 2, 1)$
$(3, 2, 1)$

こうして見ると，a，b，cが1～7の中から3個選ぶ組合せになっていることが実感できると思います。

7個の数字から，3個の数字を取り出す

たとえば，5と2と4を取り出した場合は，
$a=5$，$b=4$，$c=2$
3と7と1を取り出した場合は，
$a=7$，$b=3$，$c=1$
↓
取り出した数を大きい順に，a，b，cと割り当てていけばよいのです。

求める組合せ

「$7 \geqq a > b > c \geqq 1$」となる$a, b, c$の組合せは，「7個の数字から，3個の数字を取り出す」ことと同じです。

3-4　国総 −　国般★　地上★　市役所 −　初級★★

同じものの分配（重複組合せ）
～公式を作る～

重複組合せとは？

テーマの重要度

それほど多く出題されませんが，知っていれば簡単，知らなければ難しいため差がつきやすいテーマです。マスターしてライバルに差をつけましょう。

重複とは，ざっくりいうと「ダブる」ことです。りんご，キャラメル，鉛筆，ボールなど1つ1つ区別のつかないものを分配するタイプの問題が**重複組合せの問題**です。

このタイプの問題は，解法パターンが決まっているので確実に押さえましょう。近年は，問い方に工夫を凝らした出題がされていますので，類題にひととおり触れることで問題を見極める目を養っていきましょう。

例題1

同じ鉛筆が全部で６本ある。これをA，B，Cの３人に残らず配る場合の配り方は全部で何通りか。ただし，鉛筆を１本ももらえない人がいてもよいとする。

（国家専門職［大卒］）

1　22通り
2　24通り
3　26通り
4　28通り
5　30通り

解法のステップ

具体的にどのような場合があるのか考えます。

６本の鉛筆をA，B，Cの３人に分けるので，２つの仕切りで区切れば分けることができます。たとえば，下のように区切ると問題文の条件に合った配り方ができます。

重複組合せの問題例

・鉛筆をA～Cに配る
・ボールをA～Cに配る
・りんごをA～Cに配る
・りんご，キウイ，みかんの３種類の果物を14個買う（果物を分配する）

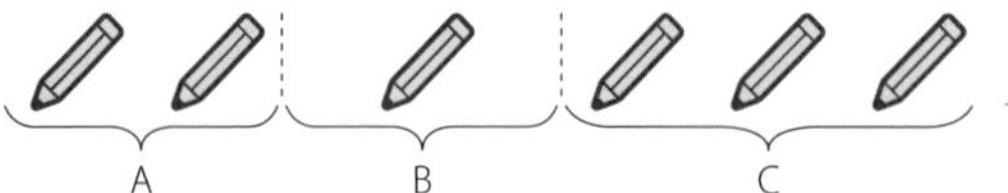

→ A：2本，B：1本，C：3本

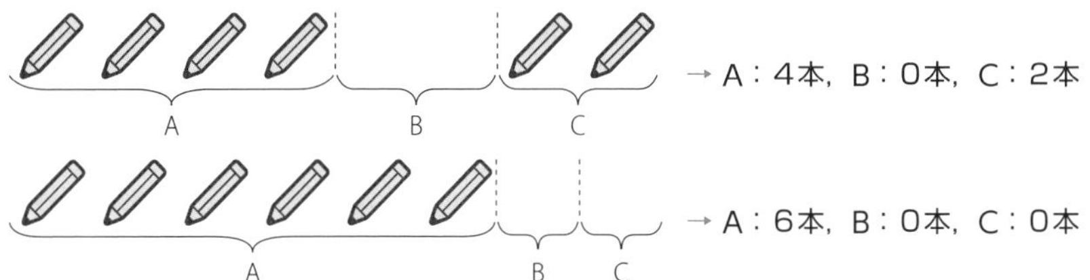

この状況はよく見ると，鉛筆６本と仕切り線２本の計８本のものを並べているだけですよね。つまり「同じものを含む順列」と同じなのです。それでは，計算していきましょう。

●Step 1　同じものを含む順列の計算

６本の同じ鉛筆を３人に配るためには，６本の同じ鉛筆を２本の仕切り線で区切ればいいわけです。よって配り方は，同じものを含む順列を考えればいいので

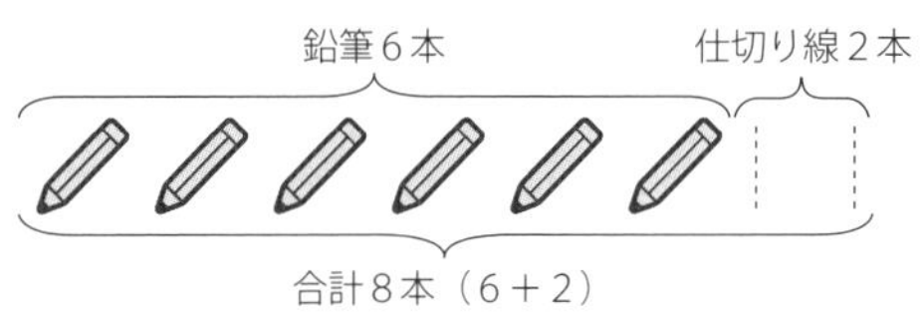

$$\frac{8!}{6!\times 2!}\times\frac{8\times 7\times 6!}{6!\times 2\times 1}=4\times 7=28$$

よって，本問の正答は**4**です。

別解

組合せの公式を利用する解き方もあるので紹介します。

同じ鉛筆６本と仕切り線２本の合計８本のものを並べますが，仕切り線２本が下の①～⑧のどこに来るのかがわかれば，鉛筆を並べる位置が１通りと自然と決まります。

①	②	③	④	⑤	⑥	⑦	⑧

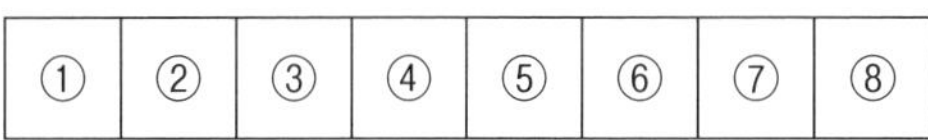

そのため仕切り線２本の位置を８か所から２か所選んで鉛筆の分配のしかたを求めればよいので

$${}_8C_2=\frac{8\times 7}{2\times 1}=4\times 7=28$$

同じものを含む順列

６本の鉛筆と２本の仕切り線，合計８本のものを並べるので，

$$\frac{8!}{6!\times 2!}$$

鉛筆を「え」，仕切り線を「し」とすると「ええええええしし」の順列になります。

8×7×6!

$6!=6\times5\times4\times3\times2\times1$

$8!=8\times7\times6\times5\times4\times3\times2\times1=8\times7\times6!$

仕切り線を入れる場所

①	②	③	④	⑤	⑥	⑦	⑧

８か所から２か所選ぶ
$\rightarrow {}_8C_2$

たとえば，③と⑦が選ばれた場合，残りの①②，④⑤⑥，⑧に鉛筆を分配すればよいのです。
この分配のしかたは１通りです。

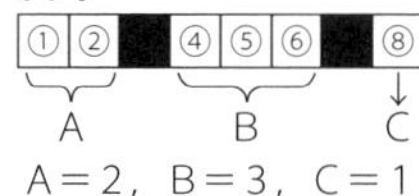

です。この考え方は，後に学習する「反復試行の確率」の問題でも利用できるので，ぜひ押さえておきましょう。

例題2

同じボールが９つある。今，Ａ～Ｃの３つのバッグにボールを分けて入れるとき，分け方は何通りか。ただし，ボールを入れないバッグはないものとする。

（特別区経験者採用）

1　28通り
2　29通り
3　30通り
4　31通り
5　32通り

解法のステップ

先ほどの問題と同じですが，今回は「ボールを入れないバッグはないものとする」という条件があります。

先ほどの問題は「鉛筆を１本ももらえない人がいてもよいものとする」という条件がついていたので，ここに違いがありそうです。せっかく先ほどの解き方を覚えたのですから，利用したいですよね。ではどうすればいいでしょう？

ボールを入れないバッグはないのですから，最初から１つずつボールをバッグに入れておき，残りのボール６つを分配すると考えればよいのです。

考え方

⚾→Ａへ
⚾→Ｂへ
⚾→Ｃへ
最初に１つずつ分配（それぞれ１通り）

⚾⚾
⚾⚾
⚾⚾
残り６つをA，B，Cで分配

●Step 1　A・B・Cに1つずつボールを入れる

Ａ，Ｂ，Ｃに１つずつボールを入れるので，残りの６つをＡ，Ｂ，Ｃに分配していきます。たとえば，

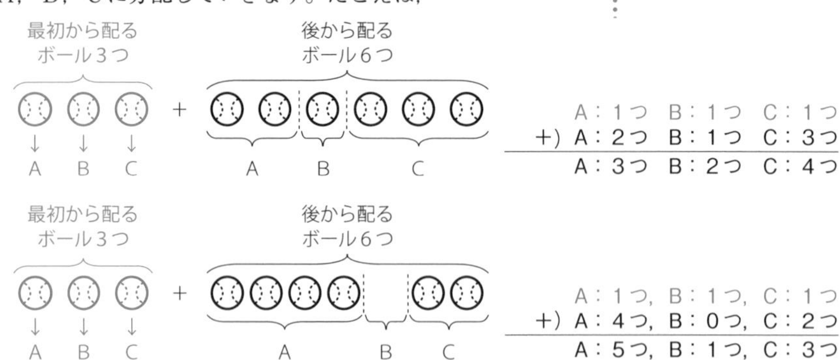

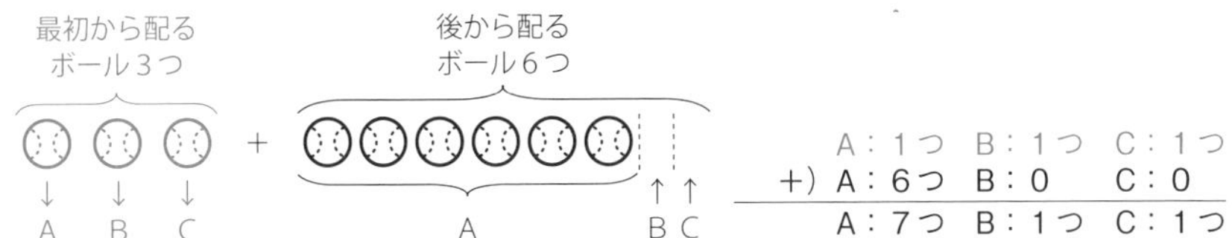

この状況はよく見ると，ボール６つと仕切り線２本の計８つのものを並べているだけです。つまり「同じものを含む順列」と同じです。それでは，計算していきましょう。

●Step 2　同じものを含む順列の計算

最初から配るボールと後から配るボールで分けて考えます。

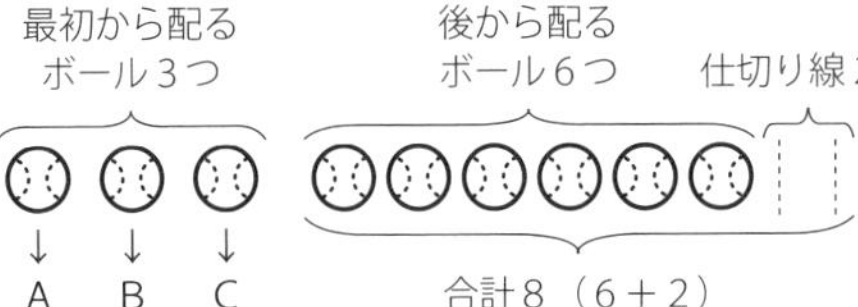

最初から配るボール３つの配り方は１通りです。後から分配するボール６つと仕切り線２本の配り方は，同じものを含む順列を考えて

$$\frac{8!}{6!2!}\times\frac{8\times7\times6!}{6!\times2\times1}=4\times7=28$$

よって，本問の正答は**1**です。

最初から配るボール

同じボールなので，
Aに配るボールは１通り
Bに配るボールは１通り
Cに配るボールは１通り
→A，B，Cに最初からボールを１つずつ配るのは１通り

同じものを含む順列

６つのボールと２本の仕切り線，合計８つの順列です。ボールを「ボ」仕切り線を「し」とすると「ボボボボボボしし」の順列です。

例題３

A＋B＋C＝15を満たす整数（A，B，C）の値の組合せは何通りあるか。ただし，負の数は考えない。
（東京消防庁Ⅲ類）

1　126通り
2　136通り
3　153通り
4　171通り
5　190通り

解法のステップ

この問題のように，一見すると重複組合せの問題には見えないものもあります。数式に言葉を加えて問題文を書き換え，重複組合せの問題と同じスタイルにしていきます。

●Step 1　分ける方法を考える

問題文の15を15本の鉛筆，A，B，Cを３人の人物とすると，問題文は次のようになります。

> 同じ鉛筆が全部で15本ある。これをA，B，Cの３人に残らず配る場合の配り方は全部で何通りか。ただし，鉛筆を１本ももらえない人がいてもよいものとする。

このように書き換えると例題１とほぼ同じ問題になります。では，問題を解いていきましょう。

負の数は考えない

整数で負の数を考えないので，０以上の整数となります。なお，問題文が自然数の場合は１以上の整数と読み替えて考えましょう。

●Step 2　同じものを含む順列の計算

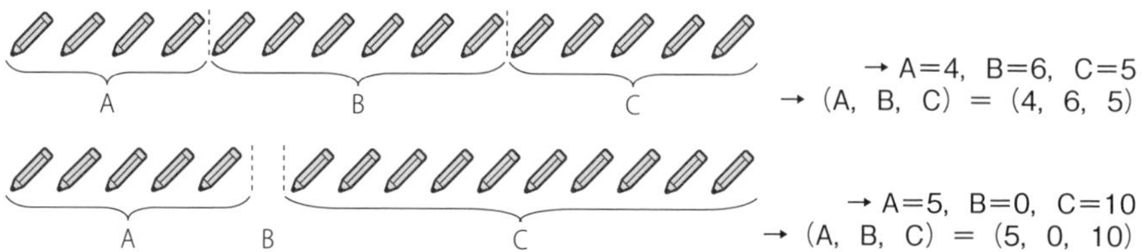

A＋B＋C＝15を満たす整数（A，B，C）の値の組合せは，15本の鉛筆をA，B，Cの３人に分けるのと同じになります。よって，15本の鉛筆と２本の仕切り線の合計17本のものを並べることと同じなので

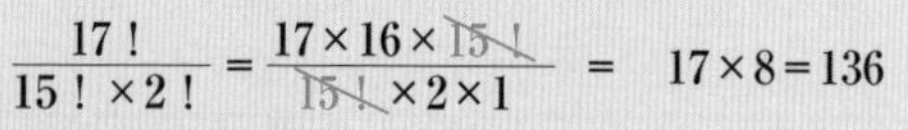

$$\frac{17!}{15!\times 2!}=\frac{17\times 16\times \cancel{15!}}{\cancel{15!}\times 2\times 1}=17\times 8=136$$

よって，本問の正答は**2**です。

15本の鉛筆をA，B，Cの３人に分配
→15本の鉛筆と２つの仕切り線の合計17本のものを並べる…と同じ問題といえます。

例題４

ある青果店には，りんご，キウイフルーツ，みかんの３種類の果物が店頭にたくさん並べられている。この中から14個の果物を買うとき，何通りの買い方ができるか。ただし，りんごとキウイフルーツはそれぞれ２個以上，みかんは３個以上買うものとする。

（国家一般職［大卒］）

1　30通り
2　32通り
3　34通り
4　36通り
5　38通り

解法のステップ

「重複組合せ」の問題とすぐわかりますが，ポイントは最後の条件「ただし，りんごとキウイフルーツはそれぞれ２個以上，みかんは３個以上買うものとする」というところです。

それぞれの条件を考えながら数えるのは難しいです。そこで発想を転換して，あらかじめ果物を配ることで例題１～３と同じような問題に直すことができます。

●Step 1　分ける方法は？

「りんごとキウイフルーツはそれぞれ２個以上，みかんは３個以上買うものとする」ので，りんご２個，キウイフルーツ２個，みかん３個をあらかじめ割り当てると，残りの果物の数は，

$$14-2-2-3=7\text{(個)}$$

です。これを，りんご，キウイフルーツ，みかんの３つに分ければよいというわけです。

●Step 2　同じものを含む順列の計算

７個の果物を，３種類の果物に分けるので，７個の果物を２本の仕切り線で分ければよいので

$$\frac{9!}{7!\times 2!}=\frac{9\times 8\times \cancel{7!}}{\cancel{7!}\times 2\times 1}=9\times 4=36$$

よって，本問の正答は**4**です。

分け方の考え方

７個の果物をりんご，キウイフルーツ，みかんの３種類に分ける。
→　７個の果物と２本の仕切り線の合計９個のものを並べるということです。

果物７個　仕切り２本
○○○○○○○ ¦ ¦
合計９個

3-5　国総★　国般★★　地上★★　市役所 −　初級★★

サイコロの出目の確率
～パターンを押さえて～

確率の定義

サイコロの確率問題は，東京都が特に大好きなテーマです。確率の基本的な考え方をサイコロ問題で押さえていきましょう。まずは確率の定義から確認します。

確率の定義

あることが起こる「全部の場合の数」をN，「求める部分の場合の数」をaとするとき，求める確率は$\dfrac{a}{N}$

それでは，実際の問題を見てみましょう。

テーマの重要度

サイコロを使った確率の問題は，コンスタントに出題されますし，確率の理解を深めるうえでも重要です。ここで　基礎固めをしましょう。

確率の定義

$$\frac{\text{求める部分の場合の数}}{\text{全部の場合の数}}$$

$$=\frac{a}{N}$$

例題 1

立方体のサイコロを２回投げたとき，出た目の数の和が素数となる確率として，正しいのはどれか。ただし，サイコロの１～６の各目の出る確率はそれぞれ等しい。

（東京都任期付職員）

1　$\frac{5}{24}$　　**2**　$\frac{7}{24}$

3　$\frac{5}{12}$　　**4**　$\frac{11}{18}$

5　$\frac{11}{12}$

解法のステップ

確率の問題は「全部の場合の数」を求める必要があります。その後で「求める部分の場合の数」を求めます。

今回の場合「全部の場合の数」は，「サイコロを２回投げたときの場合の数」です。「求める部分の場合の数」は「サイコロの出た目の数の和が素数」です。

サイコロの問題は，地道に数える方法もありますが，表を書いて解くのが正確で速いです。この問題を通して，表の書

和，差，積，商

足し算の答えを「和」といいます。同じように引き算の答えなら「差」かけ算の答えなら「積」割り算の答えなら「商」といいます。

き方を学んでいきましょう。「出た目の数の和」の場合，表の書き方が２種類ありますが，どちらも押さえておきましょう。

●Step 1　全部の場合の数を求める

サイコロを１回投げた場合の数は１～６で６通りなので，サイコロを２回投げた場合の数は

$$6\times6=36$$

これが「全部の場合の数」です。

●Step 2　サイコロの出た目の和の表を書く

表を書いて，素数２，３，５，７，11をチェックします。表中の青字が素数です。

和	1	2	3	4	5	6
1	2	3	4	5	6	7
2	3	4	5	6	7	8
3	4	5	6	7	8	9
4	5	6	7	8	9	10
5	6	7	8	9	10	11
6	7	8	9	10	11	12

●Step 3　表から該当数を数える

上表より求める場合の数「素数（２，３，５，７，11）となるのは15通り」あるので，確率は

$$\frac{15}{6\times6}=\frac{\overset{5}{\cancel{15}}}{{}_{2}\cancel{6}\times6}=\frac{5}{12}$$

よって，本問の正答は**3**です。

別解

２つのサイコロの出た目の数の和が何通りになるのかは，下表のとおり規則性があるので暗記しておくのも手です。

和	2	3	4	5	6	7	8	9	10	11	12
場合の数	1	2	3	4	5	6	5	4	3	2	1

サイコロの和の表

サイコロの表の書き方の１つは次のように１回目の出目を縦，２回目の出目を横にとって，和を入れていくものです。

	1	2	3	4	5	6
1						
2						
3		結果をここに書きます				
4						
5						
6						

積の法則

２つの事柄ＡとＢがあり，Ａがa通り起こり，かつＢがb通り起こるときの場合の数は

$a\times b$（通り）

「素数」の確認

１より大きい整数で，約数が２つしかないものを素数といいます。具体的には，２，３，５，７，11，13…と続きます。

１は素数ではないので注意が必要です。

確率の定義

$$\frac{求める部分の場合の数\ (a)}{全部の場合の数\ (N)}$$

全部の場合の数は

$N=6\times6=36$

求める場合の数は

$a=15$より

$$\frac{a}{N}=\frac{15}{6\times6}$$

上記の表より素数（2，3，5，7，11）となるのは1＋2＋4＋6＋2＝15通りなので，求める確率は

$$\frac{15}{6\times6}=\frac{5}{12}$$

よって，本問の正答は**3**です。

この問題は東京都Ⅰ類でも同じ問題が出題されています。

例題２

２つのサイコロを同時に投げたとき，出た目の和が９以上になる確率は次のうちどれか。

（大阪府警察官［高卒］）

1 $\frac{1}{6}$　**2** $\frac{7}{18}$

3 $\frac{1}{4}$　**4** $\frac{5}{18}$

5 $\frac{1}{3}$

解法のステップ

サイコロの問題は表を書いていきましょう。

●Step 1　全部の場合の数を求める

例題1でもやりましたが，サイコロを1回投げた場合の数は6通りなので，サイコロを2回投げた場合の数は

$$6\times6=36$$

●Step 2　サイコロの出た目の和の表を書く

表を書いて，出た目の数の和が9以上のもの（9，10，11，12）をチェックします。

和	1	2	3	4	5	6
1	2	3	4	5	6	7
2	3	4	5	6	7	8
3	4	5	6	7	8	9
4	5	6	7	8	9	10
5	6	7	8	9	10	11
6	7	8	9	10	11	12

もしくは，和の表を使います。

和	2	3	4	5	6	7	8	9	10	11	12
場合の数	1	2	3	4	5	6	5	4	3	2	1

上記の表より，10通りです。

出た目の和が9以上

9以上（9，10，11，12）になる10通りは，和の表の場合

$$4+3+2+1=10$$

と計算します。

●Step 3　表から該当数を数える

9以上（9，10，11，12）になる場合の数はStep 2より10通りあるので，求める確率は

$$\frac{10}{6\times6}=\frac{\cancel{10}^{\,5}}{{}_{3}\cancel{6}\times6}=\frac{5}{18}$$

よって，本問の正答は**4**です。

確率の定義

$$\frac{\text{求める部分の場合の数}}{\text{全部の場合の数}}=\frac{a}{N}$$

例題3

２つのサイコロを同時に振ったとき，出た目の和が７以上の奇数が出る確率はどれか。

（東京消防庁Ⅲ類）

1　$\frac{1}{2}$

2　$\frac{1}{3}$

3　$\frac{1}{4}$

4　$\frac{1}{5}$

5　$\frac{1}{6}$

解法のステップ

同様にやっていきましょう。Step 1の全部の場合の数は前々問，前問と同じなので求め方は省略しますが，36通りです。

全部の場合の数は

１つ目のサイコロの目の出方は６通り，
２つ目のサイコロの目の出方は６通りなので，

$$6\times6=36$$

●Step 2　サイコロの出た目の和の表を書く

表を書いて出た目の数の和が７以上の奇数（7，9，11）をチェックします。

和	1	2	3	4	5	6
1	2	3	4	5	6	7
2	3	4	5	6	7	8
3	4	5	6	7	8	9
4	5	6	7	8	9	10
5	6	7	8	9	10	11
6	7	8	9	10	11	12

もしくは，和の表を使います。

和	2	3	4	5	6	7	8	9	10	11	12
場合の数	1	2	3	4	5	6	5	4	3	2	1

上記の表より12通りです

●Step 3　表から該当数を数える

7以上の奇数になるのは12通りあるので，求める確率は

$$\frac{12}{6\times6}=\frac{1}{3}$$

よって，本問の正答は**2**です。

$$\frac{12}{6\times6}=\frac{2}{6}=\frac{1}{3}$$

例題 4

2個の立方体のサイコロAおよびBを同時に振ったとき，Aの出た目の数から，Bの出た目の数を引いた差が素数になる確率として，正しいのはどれか。

（東京都Ⅰ類）

1 $\frac{1}{9}$　**2** $\frac{2}{9}$

3 $\frac{5}{18}$　**4** $\frac{13}{36}$

5 $\frac{4}{9}$

解法のステップ

「サイコロの出た目の差」となっても解き方は「サイコロの目の和」と同じで，表を書いていきます。Step 1の全部

の場合の数の求め方は同じなので，今回も省略します。

●Step 2　サイコロの出た目の差の表を書く

出た目の差が素数2，3，5となるものを探します。

サイコロA（横）／サイコロB（縦）

差	1	2	3	4	5	6
1	0	1	2	3	4	5
2	－	0	1	2	3	4
3	－	－	0	1	2	3
4	－	－	－	0	1	2
5	－	－	－	－	0	1
6	－	－	－	－	－	0

上記の表より8通りです。

●Step 3　表から該当数を数える

表より素数（2，3，5）となるのは8通りとなるので，求める確率は

$$\frac{8}{6\times6}=\frac{2}{9}$$

よって，本問の正答は**2**です。

全部の場合の数は

1つ目のサイコロの目の出方は6通り，
2つ目のサイコロの目の出方は6通りなので，
6×6＝36

「－」？

1より大きい整数で，約数が2つしかないものが素数なので，左図では差が負になる場合は省略して「－」としています。

「素数」の確認

1より大きい整数で，約数が2つしかないものを素数といいます。具体的には，2，3，5，7，11，13…と続きます。
1は素数ではないので注意が必要です。

計算お助け

$$\frac{8}{6\times6}=\frac{4}{3\times6}=\frac{2}{9}$$

例題5

各面に1～12の異なる数字が1つずつ書かれた正十二面体のサイコロがある。このサイコロを2回振った場合に，出た目の和が素数となる確率はいくらか。

（国家一般職［大卒］）

1 $\frac{25}{144}$　　**2** $\frac{25}{72}$

3 $\frac{17}{48}$　　**4** $\frac{13}{36}$

5 $\frac{5}{12}$

解法のステップ

まず，表を作成します。正十二面体のサイコロなので各面が1～6ではなく1～12ですが，表の範囲が1～12になる

だけで，考え方は1～6の普通のサイコロ（正六面体）と同じです。

●Step 1　全部の場合の数を求める

正十二面体のサイコロを1回投げた場合の数は1～12で12通りなので，サイコロを2回投げた場合の数は

$$12 \times 12 = 144$$

となります。

●Step 2　サイコロの表の出た目の和を書く

1～12までの和の表を書いていきます。

和	1	2	3	4	5	6	7	8	9	10	11	12
1	2	3	4	5	6	7	8	9	10	11	12	13
2	3	4	5	6	7	8	9	10	11	12	13	14
3	4	5	6	7	8	9	10	11	12	13	14	15
4	5	6	7	8	9	10	11	12	13	14	15	16
5	6	7	8	9	10	11	12	13	14	15	16	17
6	7	8	9	10	11	12	13	14	15	16	17	18
7	8	9	10	11	12	13	14	15	16	17	18	19
8	9	10	11	12	13	14	15	16	17	18	19	20
9	10	11	12	13	14	15	16	17	18	19	20	21
10	11	12	13	14	15	16	17	18	19	20	21	22
11	12	13	14	15	16	17	18	19	20	21	22	23
12	13	14	15	16	17	18	19	20	21	22	23	24

素数は，2，3，5，7，11，13，17，19，23なので，上記の表から数えると，51通りです。

●Step 3　確率を求める

Step 1より，全部の場合の数は144通り

Step 2より，求める場合の数は51通りなので，求める確率は

$$\frac{51}{144} = \frac{\cancel{51}^{17}}{\cancel{144}_{48}} = \frac{17}{48}$$

よって，本問の正答は**3**です。

図のようなサイコロです。

ちなみに，普通のサイコロに「正六面体」とか「立方体」という言葉が使われることもあります。

素数を簡単に求める方法は残念ながらありません。そのため，ある程度までは覚えておきましょう。50までの素数は
2，3，5，7，11，13，17，19，23，29，31，37，41，43，47です。

表を書くのはなかなか大変ですが，ここで経験をしておくと，試験当日は機械的に問題を解くことができるようになります。

別解

1～12のサイコロの場合も，標準的な1～6のサイコロの出た目の和の求め方と同じように求めることができるのでここで紹介します。和が2と24になる場合の数が1通りで，あとは和が1増えるごとに，場合の数が1通りずつ増えていきます。

和が2～13

和	2	3	4	5	6	7	8	9	10	11	12	13
場合の数	1	2	3	4	5	6	7	8	9	10	11	12

和が14～24

和	14	15	16	17	18	19	20	21	22	23	24	−
場合の数	11	10	9	8	7	6	5	4	3	2	1	−

●Step 3　表から該当数を数える

この表から，素数（2，3，5，7，11，13，17，19，23）となるのは，

$$1+2+4+6+10+12+8+6+2=51$$

通りあるので，求める確率は

$$\frac{51}{144}=\frac{17}{48}$$

よって，本問の正答は**3**です。

144÷3

$$\begin{array}{r} 48 \\ 3\,\overline{)\,144} \\ \underline{12} \\ 24 \\ \underline{24} \\ 0 \end{array}$$

具体的には

・1通りの場合
和が2→1と1
和が24→12と12
・2通りの場合
和が3→1と2
　　　　2と1
和が23→11と12
　　　　12と11
・3通りの場合
和が4→1と3
　　　　2と2
　　　　3と1
和が22→10と12
　　　　11と11
　　　　12と10
　　　　⋮
のようになります。

第3章　場合の数（順列・組合せ）と確率の問題

3-6　国総★　国般★　地上★　市役所 －　初級★★

硬貨とじゃんけんの確率
～頻出テーマをマスター～

硬貨とじゃんけん

確率の問題で基本的な硬貨とじゃんけんの問題を扱います。サイコロの問題と同様に，こちらも落とすことのできない問題ですので，ここで身につけていきましょう。

テーマの重要度

硬貨とじゃんけんはサイコロの問題ほどではありませんが，時折出題されます。必ずものにしましょう。

例題 1

1枚の硬貨を8回投げるとき，表が1回だけ出る確率として，正しいのはどれか。ただし，いずれの回も，表と裏が出る確率はどちらも$\frac{1}{2}$である。

（市役所上級）

1 $\frac{1}{8}$　**2** $\frac{1}{16}$　**3** $\frac{1}{32}$　**4** $\frac{1}{64}$　**5** $\frac{1}{128}$

解法のステップ

1枚の硬貨を投げるときの出方は「表」と「裏」の2通りです。

積の法則

2つの事柄AとBがあり，Aがa通り起こり，かつBがb通り起こるときの場合の数は

$a \times b$（通り）

●Step 1　全部の場合の数を求める

「硬貨を8回投げる」ので，出方の総数は，

$$2\times2\times2\times2\times2\times2\times2\times2=2^8$$

●Step 2　問われている場合の数を求める

8回投げるうち表が1回だけ出るので，表の出方（求める場合の数）は第1回目～第8回目までの8通りです。

●Step 3　確率を求める

全体の場合の数が2^8通り，求める場合の数が8通りなので，求める確率は

1回だけ表が出る

（1回目を①と表記）

　①②③④⑤⑥⑦⑧
1．表裏裏裏裏裏裏裏
2．裏表裏裏裏裏裏裏
3．裏裏表裏裏裏裏裏
4．裏裏裏表裏裏裏裏
5．裏裏裏裏表裏裏裏
6．裏裏裏裏裏表裏裏
7．裏裏裏裏裏裏表裏
8．裏裏裏裏裏裏裏表

$$\frac{8}{2^8}=\frac{\cancel{8}^{1}}{\cancel{2}\times\cancel{2}\times\cancel{2}\times2\times2\times2\times2\times2}=\frac{1}{32}$$

よって，本問の正答は**3**です。

表が出る１回は１回目～８回目から選べばよいので

$_8C_1=8$

と求めることもできます。

例題２

４人が，グー，チョキ，パーのうち１つを出してじゃんけんをするとき，１回で１人の勝者が決まる確率として，正しいのはどれか。ただし４人とも，グー，チョキ，パーをそれぞれ同じ確率で出すものとする。　（東京都キャリア活用）

1　$\frac{1}{9}$　**2**　$\frac{9}{64}$　**3**　$\frac{4}{27}$　**4**　$\frac{1}{6}$　**5**　$\frac{5}{27}$

解法のステップ

「じゃんけんの問題」は東京都がよく出題するテーマです。考えるポイントは「誰が勝つか？」「何で勝つか？」だけですので，問題を通して慣れていきましょう。

●Step 1　全部の場合の数を求める

１人のじゃんけんの出し方は「グー，チョキ，パー」で３通りです。４人いるので，全部の場合の数は

$$3\times3\times3\times3$$

●Step 2　問われている場合の数を求める

１回で１人の勝者が決まるのは「誰が勝つか」でＡ・Ｂ・Ｃ・Ｄの４通りあって，さらにグー，チョキ，パーの「何で勝つか」で３通りとなるので

$$4\times3$$

で，具体的には右欄の12通りです。

●Step 3　確率を求める

求める確率は

$$\frac{4\times3}{3\times3\times3\times3}=\frac{4\times\cancel{3}}{3\times3\times3\times\cancel{3}}=\frac{4}{27}$$

よって，本問の正答は**3**です。

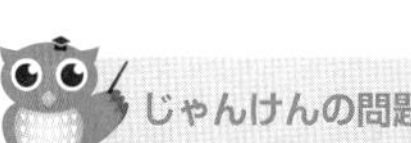

考えるポイントは２つ
①誰が勝つか？（人数）
②何で勝つか？（勝つ手）
②はグー，チョキ，パーの３通りです。

じゃんけんの勝ち方

４人をＡＢＣＤとします。
1．Ａがグーで勝つ
2．Ａがチョキで勝つ
3．Ａがパーで勝つ
4．Ｂがグーで勝つ
5．Ｂがチョキで勝つ
6．Ｂがパーで勝つ
7．Ｃがグーで勝つ
8．Ｃがチョキで勝つ
9．Ｃがパーで勝つ
10．Ｄがグーで勝つ
11．Ｄがチョキで勝つ
12．Ｄがパーで勝つ

第３章　場合の数（順列・組合せ）と確率の問題

3-7　国総★　国般★　地上★　市役所 －　初級★

順列・組合せの公式を用いる確率

～確率の計算は約分がポイント～

順列・組合せと確率

順列，組合せの公式を利用する確率の問題もたまに出題されています。公式を使う際に，数が大きくなる場合もあるので，複雑な計算を回避することがポイントです。例題を通して，そのコツを身につけていきましょう。

テーマの重要度

順列・組合せの公式を用いる確率の出題はそれほど多くありませんが，公式の理解度を確認し，確率の理解を深めるうえで大切です。

例題 1

袋の中に９枚のカードが入っており，それぞれのカードには１から９の異なる１つの数字が書かれている。この袋の中から，無作為にカードを取り出し，机の上に取り出した順に１列に並べるとき，奇数のカードと偶数のカードが交互に９枚並ぶ確率として，正しいのはどれか。　（東京都Ⅲ類）

1　$\frac{1}{126}$

2　$\frac{1}{63}$

3　$\frac{1}{42}$

4　$\frac{2}{63}$

5　$\frac{5}{126}$

解法のステップ

数字が書かれた９枚のカード（奇数の５枚のカード，偶数の４枚のカード）を順に並べていきます。「並べる」ので階乗の公式や順列の公式を利用します。

階乗 n！の公式

$n! = {}_nP_n$なので
$n! = n(n-1)\cdots\times 1$
（n 個のかけ算）

●Step 1　全部の場合の数を求める

机の上に取り出したカードを並べる場所を次のように設定します。

順列の公式でもOK

１～９という異なる９個の数を①～⑨の場所に並べるので${}_9P_9$でもOKです。

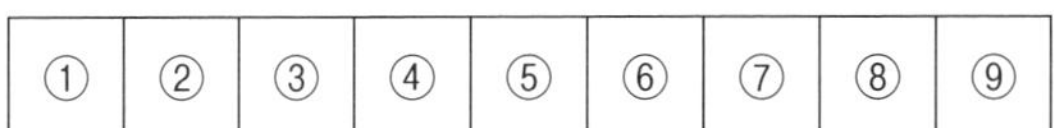

①から⑨の場所に，1から9のカードを1列に並べるので，全部の場合の数は

9！（=362880）通り

●Step 2　問われている場合の数を求める

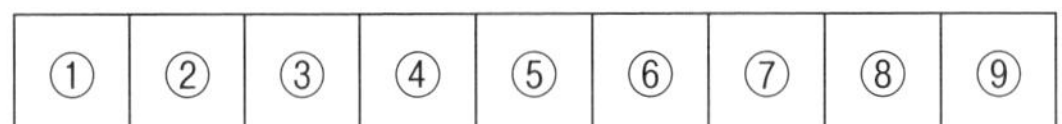

奇数のカードと偶数のカードが交互に9枚並ぶためには，奇数番目の①，③，⑤，⑦，⑨ の場所に奇数1，3，5，7，9の5枚を並べる必要があるので，この並べ方は 5！通りです。また偶数番目②，④，⑥，⑧の場所に偶数2，4，6，8の4枚を並べる必要があるので，この並べ方は 4！通りです。

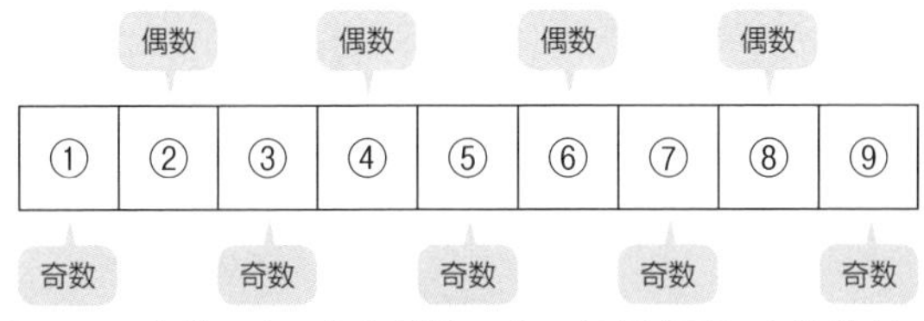

よって，奇数のカードと偶数のカードが交互に9枚並ぶのは

5！×4！（=120×24=2880）

●Step 3　確率を求める

Step 1より求める確率は

$$\frac{5!\times4!}{9!}=\frac{\cancel{5!}\times4\times3\times2\times1}{9\times8\times7\times6\times\cancel{5!}}=\frac{1}{126}$$

よって，本問の正答は**1**です。

別解

この問題は1つずつ確率を求めて計算することもできます。連続して起こる事柄なので，積の法則を用います。

1つずつ計算

カードを取り出し，取り出した順に①〜⑨に並べていきます。

①には奇数がくるので

$\frac{5}{9}$

②には偶数がくるので

$\frac{4}{8}$

③には奇数がくるので

$\frac{4}{7}$

④には偶数がくるので

$\frac{3}{6}$

⑤には奇数がくるので

$\frac{3}{5}$

⑥には偶数がくるので

$\frac{2}{4}$

⑦には奇数がくるので

$\frac{2}{3}$

⑧には偶数がくるので

$\frac{1}{2}$

⑨には最後に残った1枚がくるので

1

$$\frac{5}{9}\times\frac{4}{8}\times\frac{4}{7}\times\frac{3}{6}\times\frac{3}{5}\times\frac{2}{4}\times\frac{2}{3}\times\frac{1}{2}\times 1=\frac{1}{126}$$

例題２

袋の中に，赤玉７個，青玉４個，白玉２個の計13個の玉が入っている。この袋の中から無作為に６個の玉を同時に取り出すとき，取り出した６個が，赤玉３個，青玉２個，白玉１個になる確率として，正しいのはどれか。

（東京都Ⅰ類Ａ）

1 $\frac{20}{143}$

2 $\frac{21}{143}$

3 $\frac{28}{143}$

4 $\frac{30}{143}$

5 $\frac{35}{143}$

解法のステップ

取り出す問題なので，「組合せ」です。組合せの公式をうまく利用していきましょう。

●Step 1　全部の場合の数を求める

総数の13個から６個取り出すので，組合せの公式より

$$_{13}C_6=\frac{13\times12\times11\times10\times9\times8}{6\times5\times4\times3\times2\times1}$$

$$=\frac{13\times12\times11\times\overset{3}{\cancel{9}}\times\overset{2}{\cancel{8}}}{6\times\cancel{4}\times\cancel{3}}$$

$$=\frac{13\times12\times11\times\cancel{3}\times\cancel{2}}{\cancel{6}}$$

$$=13\times12\times11$$

●Step 2　問われている場合の数を求める

赤玉３個かつ青玉２個かつ白玉１個を選ぶ場合の数は，赤玉７個から３個取り出し（$_7C_3$）かつ青玉４個から２個取り出し（$_4C_2$）かつ白玉２個から１個取り出す（$_2C_1$）と求ま

組合せの公式

ものを取り出す（並べない）のは組合せでした。

組合せの公式は，

$$_nC_r=\frac{_nP_r}{r\,!}=\frac{\overbrace{n\,(n-1)\cdots\cdots}^{r\text{個のかけ算}}}{r\,(r-1)\times\cdots\times1}$$

でした。

13×12×11

＝1716と計算してもいいですが，選択肢の分母に1716がないので約分できると考えられます。そこであえて，計算せずかけ算の形にします。

ります。よって，積の法則より

$$_{7}C_{3}\times{}_{4}C_{2}\times{}_{2}C_{1}=35\times6\times2$$

計算お助け

$_{7}C_{3}=\dfrac{7\times6\times5}{3\times2\times1}=35$

$_{4}C_{2}=\dfrac{4\times3}{2\times1}=6$

$_{2}C_{1}=\dfrac{2}{1}=2$

●Step 3　確率を求める

求める確率は

$$\frac{_{7}C_{3}\times{}_{4}C_{2}\times{}_{2}C_{1}}{_{13}C_{6}}=\frac{35\times\cancel{6}\times\cancel{2}}{13\times\cancel{12}\times11}=\frac{35}{143}$$

よって，本問の正答は**5**です。

積の法則

Aがa通り起こり，かつBがb通り起こるときの場合の数は

$a\times b$（通り）

赤玉3個かつ青玉2個かつ白玉1個を選ぶので，積の法則です。

例題3

ある箱の中に，同じ大きさの赤色の球6個，白色の球6個，黄色の球4個が入っている。今，この箱の中から任意に3個の球を取り出すとき，すべて同じ色になる確率はどれか。　（特別区Ⅲ類）

1　$\dfrac{11}{140}$

2　$\dfrac{3}{35}$

3　$\dfrac{13}{140}$

4　$\dfrac{1}{10}$

5　$\dfrac{3}{28}$

解法のステップ

本問も取り出す問題なので組合せの公式をうまく利用する点は同じですが，先ほどの問題と「求める場合の数」が違うので，対比して押さえましょう。特に「和の法則」「積の法則」の違いをこの問題で身につけていきましょう。

●Step 1　全部の場合の数を求める

赤色の球6個，白色の球6個，黄色の球4個の計16個から任意に3個の球を取り出すので

$_{16}C_{3}$

「$_{16}C_{3}=560$」と計算してもいいですが，選択肢の分母に560がないので約分できると考えられます。そこであえて計算せず，かけ算の形のままにします。

$$ {}_{16}C_3 = \frac{16 \times 15 \times 14}{3 \times 2 \times 1} = 16 \times 5 \times 7 $$

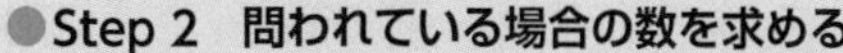

●Step 2　問われている場合の数を求める

すべて同じ色になる場合は，「赤色の球6個から3個取り出す：${}_6C_3$」「白色の球6個から3個取り出す：${}_6C_3$」「黄色の球4個から3個取り出す：${}_4C_3$」なので，それぞれの場合の数を求めます。この3つの場合は同時に起こらないので，和の法則より

$$ {}_6C_3 + {}_6C_3 + {}_4C_3 = 20 + 20 + 4 = 44 $$

●Step 3　確率を求める

$$ \frac{{}_6C_3 + {}_6C_3 + {}_4C_3}{{}_{16}C_3} = \frac{44}{16 \times 5 \times 7} = \frac{11}{140} $$

よって，本問の正答は**1**です。

和の法則

「赤玉3個取る，白玉3個とる，黄玉3個取る」は同時に起こらないので，和の法則です。つまり，それぞれを足します。

$$ {}_6C_3 + {}_6C_3 + {}_4C_3 $$

↑赤玉　↑白玉　↑黄玉

計算お助け

$$ {}_6C_3 = \frac{6 \times 5 \times 4}{3 \times 2 \times 1} = 20 $$

$$ {}_4C_3 = \frac{4 \times 3 \times 2}{3 \times 2 \times 1} = 4 $$

$$ \frac{\cancel{44}^{11}}{\cancel{16}_{4} \times 5 \times 7} = \frac{11}{20 \times 7} = \frac{11}{140} $$

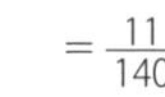

例題4

袋の中に，ホワイトチョコレート4個，ビターチョコレート8個の計12個のチョコレートが入っている。この袋の中から無作為に3個のチョコレートを同時に取り出すとき，取り出した3個の中にホワイトチョコレートが2個以上含まれる確率として正しいのはどれか。

（東京都任期付職員・特別区Ⅰ類）

1　$\frac{1}{5}$

2　$\frac{2}{11}$

3　$\frac{9}{55}$

4　$\frac{12}{55}$

5　$\frac{13}{55}$

解法のステップ

これも取り出す問題なので「組合せ」です。

公式に当てはめるだけでなく，計算の工夫もしましょう。

●Step 1　全部の場合の数を求める

12個のチョコレートから3個を取り出すので

$$_{12}C_3 = \frac{12 \times 11 \times 10}{3 \times 2 \times 1} = 2 \times 11 \times 10$$

2×11×10

＝220と計算してもいいですが，選択肢の分母に220がないので約分できると考えられます。そこであえて計算せず，かけ算の形のままにします。

●Step 2　問われている場合の数を求める

ホワイトチョコレートが2個以上は

> ホワイトチョコ2個，ビターチョコ1個
> ホワイトチョコ3個

の2つの場合があるのでそれぞれ求めます。この2つの場合は同時に起こらないので和の法則です。

「ホワイトチョコ2個，ビターチョコ1個」の場合は「4個のホワイトチョコから2個（$_4C_2$），かつ8個のビターチョコから1個（$_8C_1$）」を取り出すので，

$$_4C_2 \times {_8C_1} = \frac{4 \times 3}{2 \times 1} \times 8 = 48$$

「ホワイトチョコ3個」の場合「4個のホワイトチョコから3個取り出す」は

$$_4C_3 = \frac{4 \times 3 \times 2}{3 \times 2 \times 1} = 4$$

組合せの公式

$_4C_3 = {_4C_{4-3}} = {_4C_1} = 4$

よって，ホワイトチョコレートを2個以上取り出す場合の数は，和の法則より2つの場合を足し算して

$$_4C_2 \times {_8C_1} + {_4C_3} = 48 + 4 = 52$$

和の法則

「ホワイトチョコ2個かつビターチョコ1個」取り出す場合と「ホワイトチョコ3個」取り出す場合は同時に起こらないので足します（和の法則）。

●Step 3　確率を求める

$$\frac{_4C_2 \times {_8C_1} + {_4C_3}}{_{12}C_3} = \frac{52}{2 \times 11 \times 10} = \frac{13}{55}$$

よって，本問の正答は**5**です。

計算お助け

$$\frac{\cancel{52}^{26}}{\cancel{2} \times 11 \times 10} = \frac{\cancel{26}^{13}}{11 \times \cancel{10}_5} = \frac{13}{55}$$

3-8　国総★★★　国般★★★　地上全国 －　地上東京都★★　市役所★　初級★★

反復試行の確率
～同じものを含む順列の知識を生かす～

反復試行

何度行っても確率が変わらないものがあります。たとえば，サイコロを投げて１の目が出る確率や，硬貨を投げて表が出る確率，トランプのカードを引いて数字とマークを見てからもとに戻す場合などです。このように何度行っても条件や確率が変わらないものを**反復試行**（はんぷくしこう）といいます。

では，実際に問題に当たってみましょう。

テーマの重要度

反復試行の確率の問題は，主に国家公務員で問われます。考え方を身につければ，解き方は決まっているので，得点源にできます。

例題１

赤玉３個，白玉２個の計５個の玉が入った袋から，無作為に１個の玉を取り出し，色を見てから袋に戻す。これを４回繰り返したとき，白玉が３回以上出る確率として，正しいのはどれか。（東京都キャリア活用）

1 $\frac{16}{625}$　**2** $\frac{96}{625}$　**3** $\frac{112}{625}$　**4** $\frac{216}{625}$　**5** $\frac{328}{625}$

解法のステップ

今回も取り出す問題ですが「取り出した玉を袋に戻す」という条件がついています。そのため白玉を取り出す確率も赤玉を取り出す確率も毎回変わらないので，反復試行の確率の問題です。

４回の試行中に白玉が３回以上出るのは「白玉３回，赤玉１回」と「白玉４回」の２つの場合があるので，それぞれ求めていきましょう。

●Step 1　赤玉，白玉それぞれの確率を求める

赤玉は５個のうち３個なので，赤玉を取り出す確率は $\frac{3}{5}$，

白玉は５個のうち２個なので，白玉を取り出す確率は $\frac{2}{5}$。

反復試行と反復試行ではない例

反復試行の例：トランプのカードを引き，数字とマークを見てからもとに戻す。
反復試行ではない例：トランプのカードを引く（もとに戻さない）。

試行

同じ条件で繰り返すことができる実験や観測を試行といいます。
例：硬貨を投げる，
サイコロを投げる，
トランプのカードを引く

「白玉３回，赤玉１回」を取り出すのは，何回目に赤球が出るかで４通りで，「白玉４回」を取り出すのは１通りです。

●Step 2　白玉を4回取り出す確率を求める

白玉を４回「白白白白」を取り出す確率は

$$\frac{2}{5}\times\frac{2}{5}\times\frac{2}{5}\times\frac{2}{5}=\frac{16}{625}$$

●Step 3　白玉を3回，赤玉を1回取り出す確率を求める

白玉を３回，赤玉を１回取り出す確率は，赤玉が何回目に出るのかを考えればよいので，

$$1回目に赤玉：\frac{3}{5}\times\frac{2}{5}\times\frac{2}{5}\times\frac{2}{5}=\left(\frac{3}{5}\right)^1\left(\frac{2}{5}\right)^3=\frac{24}{625}\cdots①$$

$$2回目に赤玉：\frac{2}{5}\times\frac{3}{5}\times\frac{2}{5}\times\frac{2}{5}=\left(\frac{3}{5}\right)^1\left(\frac{2}{5}\right)^3=\frac{24}{625}\cdots②$$

$$3回目に赤玉：\frac{2}{5}\times\frac{2}{5}\times\frac{3}{5}\times\frac{2}{5}=\left(\frac{3}{5}\right)^1\left(\frac{2}{5}\right)^3=\frac{24}{625}\cdots③$$

$$4回目に赤玉：\frac{2}{5}\times\frac{2}{5}\times\frac{2}{5}\times\frac{3}{5}=\left(\frac{3}{5}\right)^1\left(\frac{2}{5}\right)^3=\frac{24}{625}\cdots④$$

①～④はすべて$\left(\frac{3}{5}\right)^1\left(\frac{2}{5}\right)^3$なので，①を４倍すればよいので

$$4\times\left(\frac{3}{5}\right)^1\left(\frac{2}{5}\right)^3=\frac{96}{625}\cdots⑤$$

●Step 4　求める確率は

まとめると

$$\frac{16}{625}+\frac{96}{625}=\frac{112}{625}$$

よって，本問の正答は**3**です。

白白白白の確率

「白白白白」となるのは
$\frac{2}{5}\times\frac{2}{5}\times\frac{2}{5}\times\frac{2}{5}$
で，次のようにまとめられます。
$\left(\frac{2}{5}\right)^4$

計算の工夫

白3回，赤１回となるのは①～④の場合で，どれも$\frac{3}{5}$を１回，$\frac{2}{5}$を３回かけた式となるので，確率は同じです。同じ確率を足すよりも，４倍して計算したほうが正確で速いので⑤のように，まとめて計算します。

⑤の４？

⑤の４は，組合せの公式を用いても求められます。

1回	2回	3回	4回

赤玉が来る場合を１回目～４回目から１つ選ぶので，
$_4C_1=4$

第3章 場合の数（順列・組合せ）と確率の問題

例題2

ある大学の将棋部でＡとＢが対局する。今，ＡがＢに勝つ確率が$\frac{1}{3}$のとき，先にＡが3勝する確率はどれか。ただし，引き分けはないものとする。（特別区Ⅰ類）

1 $\frac{5}{27}$　**2** $\frac{17}{81}$　**3** $\frac{19}{81}$　**4** $\frac{7}{27}$　**5** $\frac{23}{81}$

解法のステップ

AがBに勝つ確率が$\frac{1}{3}$と，確率が一定になっているので，「反復試行の確率」の問題と考えます。

●Step 1　BがAに勝つ確率を求める

AがBに勝つ確率が$\frac{1}{3}$で「引き分けはないもの」と問題文にあるので，BがAに勝つ確率は常に$1-\frac{1}{3}=\frac{2}{3}$となります。

Aが3勝するのは，次の3つの場合があります。

Aが3勝，Bが0勝　→ Step 2
Aが3勝，Bが1勝　→ Step 3
Aが3勝，Bが2勝　→ Step 4

●Step 2　Aが3勝，Bが0勝の場合

AがBに勝つだけなので

$$\left(\frac{1}{3}\right)^3=\frac{1}{27}$$

●Step 3　Aが3勝，Bが1勝の場合

Aが3勝，Bが1勝となるには，3局目までにAが2勝，Bが1勝して4局目にAが勝てばいいわけです。

1局目	2局目	3局目	4局目	
Aが2勝，Bが1勝			A勝利	
B	A	A	A	①
A	B	A	A	②
A	A	B	A	③

（なお，表の①，②，③はＡＡＢを並べた3通りと同じになるので，順列や組合せの公式で求めることができます。）

$$3\times\left(\frac{1}{3}\right)^2\times\left(\frac{2}{3}\right)^1\times\frac{1}{3}=\frac{2}{27}\cdots④$$

3局目までにAが2勝1敗する確率

4局目にAが勝つ確率

反復試行の確率

硬貨を投げる，サイコロを投げる，のように同じ条件で繰り返すことができるもので，確率が常に一定のものを反復試行の確率といいます。

余事象の確率

「AがBに勝つ確率」に対して「BがAに勝つ確率」は，余事象の確率なので1から引き算して

$$1-\frac{1}{3}$$

とします。余事象の確率については次の3-9で詳しく学習します。

Aが3勝，Bが0勝

1局→2局→3局
A　A　A
↓　↓　↓

$$\frac{1}{3}\times\frac{1}{3}\times\frac{1}{3}=\left(\frac{1}{3}\right)^3$$

Aが2勝，Bが1勝

①：$\frac{2}{3}\times\frac{1}{3}\times\frac{1}{3}=\frac{2}{27}$

②：$\frac{1}{3}\times\frac{2}{3}\times\frac{1}{3}=\frac{2}{27}$

③：$\frac{1}{3}\times\frac{1}{3}\times\frac{2}{3}=\frac{2}{27}$

①～③はどれも，

$\frac{2}{3}$を1回，$\frac{1}{3}$を2回かけた式となるので，確率は同じです。同じ確率を足すよりも，3倍して計算したほうが正確で速いので④のように，まとめて計算します。

④の3は，組合せの公式を用いても求められます。Bが勝つ1回を1回目～3回目から1つ選ぶので，

$${}_3C_1=3$$

●Step 4　Aが3勝，Bが2勝の場合

Aが３勝，Bが２勝となるには，４局目までに，Aが２勝，Bが２勝して５局目にAが勝てばいいわけです。具体的に書き出すと次の表のようになります。

1局目	2局目	3局目	4局目	5局目	
Aが２勝，Bが２勝				A勝利	
B	B	A	A	A	⑤
B	A	B	A	A	⑥
B	A	A	B	A	⑦
A	B	B	A	A	⑧
A	B	A	B	A	⑨
A	A	B	B	A	⑩

ただし，上表のように１つ１つ書き出すのも限界があるので，数式で正確に早く行う必要があります。そのため数式で考えていきましょう。この場合，４局目までに，Aが２勝，Bが２勝する場合の数は，AABBの並べ方と同じなので，

$$\frac{4!}{2!\times 2!}=6$$

と６通りになります。よってAが３勝，Bが２勝となる確率は，

$$6\times\left(\frac{1}{3}\right)^2\times\left(\frac{2}{3}\right)^2\times\frac{1}{3}=\frac{8}{81}$$

４局目までにAが２勝２敗する確率　５局目にAが勝つ確率

●Step 5　今までを全部まとめると求める確率は

Step ２～Step ４をまとめると，和の法則より

$$\frac{1}{27}+\frac{2}{27}+\frac{8}{81}=\frac{3+6+8}{81}=\frac{17}{81}$$

よって，本問の正答は**2**です。

Aが2勝，Bが2勝

⑤：$\frac{2}{3}\times\frac{2}{3}\times\frac{1}{3}\times\frac{1}{3}=\frac{4}{81}$

他の⑥～⑩場合も

$\frac{2}{3}$を２回，$\frac{1}{3}$を２回かけた式となります。

AABBの並べ方

組合せを使ってもいいです。

1局	2局	3局	4局

４局の中からAが入る２局を選ぶので

$${}_4C_2=\frac{4\times 3}{2\times 1}=6$$

1局	2局	3局	4局
	A	A	

残った２つにBを入れればOK。入れ方は１通りです。

1局	2局	3局	4局
B	A	A	B

和の法則

Step 2（３局目にAが３勝），Step 3（４局目にAが３勝），Step 4（５局目にAが３勝）は同時に起こらないので足します。

3-9　国総★★★　国般★★★　地上★★★　市役所★★★　初級★★★

余事象の確率
～全体から引いたほうがお得～

余事象の確率

集合の問題などでもたびたび登場していた**余事象**（よじしょう）ですが，余事象の概念を一番使用するのが確率の問題です。

余事象は右図のとおり，求めたいもの以外の部分をさします。「求めたいもの」とその「余事象」を合わせると「全体」になるので，

（求めたいもの）＋（余事象）＝（全体）

です。確率では全体が1となるので式変形すると，求めたいものの確率は

（求めたいものの確率）＝1－（余事象の確率）

となります。確率で余事象を使うのは「少なくとも」というフレーズがあるときに多いので，このフレーズがあるときは注意して問題を見ましょう。

余事象の確認

求めたいもの以外の部分を余事象といいます。

テーマの重要度

コンスタントに出題されます。確率の問題では余事象を考えずに解ける問題も多いですが，時間短縮には必須となります。また，余事象の考え方は，確率のみならず集合算の問題でも大切です。

例題 1

ある製品15個のうち，3個が不良品である。この中から2個を同時に取り出すとき，少なくとも1個が不良品である確率として，最も妥当なのはどれか。

（東京消防庁Ⅲ類）

1　$\frac{9}{35}$

2　$\frac{2}{7}$

3　$\frac{4}{7}$

4　$\frac{13}{35}$

5　$\frac{22}{35}$

解法のステップ

「少なくとも１個」ときたら「余事象」を使うことを考えましょう。

「少なくとも１個が不良品」の余事象は「２個とも不良品以外の普通の製品」です。余事象を考えず直接求める場合は，不良品が１個である場合と，不良品が２個である場合の２つの計算が必要になります。

●Step 1　全部の場合の数を求める

まずは確率の分母にくる全部の場合の数を求めます。15個の製品から２個を取り出すので

$$_{15}C_2=\frac{15\times14}{2\times1}=15\times7$$

●Step 2　余事象の場合の数を求める

15個のうち，不良品が３個あるので，不良品以外の製品は15－3＝12個です。不良品以外の製品12個から２個を取り出すのは

$$_{12}C_2=\frac{12\times11}{2\times1}=6\times11$$

●Step 3　求める確率は

Step 1およびStep 2より余事象の確率は

$$\frac{_{12}C_2}{_{15}C_2}=\frac{6\times11}{15\times7}=\frac{\overset{2}{\cancel{6}}\times11}{\underset{5}{\cancel{15}}\times7}=\frac{22}{35}$$

となるので，求める確率は，全体「1」から余事象の確率を引いて

$$1-\frac{_{12}C_2}{_{15}C_2}=1-\frac{22}{35}=\frac{13}{35}$$

よって，本問の正答は**4**です。

求めたいもの
普通０個，不良品２個
普通１個，不良品１個

普通２個，不良品０個
→余事象

15×7=105
と計算してもいいのですが，選択肢を見ると，分母に105がないので約分できると考えられます。そこであえて計算せず，かけ算の形にします。

ものを取り出す（並べない）のは組合せでした。
組合せの公式は，

$$_nC_r=\frac{_nP_r}{r!}=\frac{\overbrace{n(n-1)\cdots\cdots}^{r個のかけ算}}{r(r-1)\times\cdots\times1}$$

求めるもの以外の部分が余事象なので，求める確率は
1－（余事象の確率）

例題 2

3個のサイコロを同時に1回投げるとき，2個以上のサイコロが同じ目を出す確率として，正しいのはどれか。（東京都Ⅲ類）

1 $\frac{5}{12}$

2 $\frac{4}{9}$

3 $\frac{5}{9}$

4 $\frac{7}{12}$

5 $\frac{7}{9}$

解法のステップ

「３個中２個以上のサイコロが同じ目を出す確率」なので「２個のサイコロが同じ目になる」場合と「３個のサイコロが同じ目になる」場合の２つを分けて求めなくてはいけません。この方法でも求めることはできますが，数え漏らしをしそうです。ここは問題文の条件以外（余事象）を考えましょう。

サイコロの目の一致

求めたいもの
３個とも同じ目が出る
２個同じ目が出る

３個とも違う目が出る
→余事象

●Step 1　サイコロの目の出方の総数は

サイコロ３個を投げたときの目の出方は

$$6\times6\times6$$

確率の問題の工夫

$6\times6\times6=216$
と計算してもいいのですが，選択肢を見ると，分母に216がないので約分できると考えられます。そこであえて，計算せずかけ算の形にします。

●Step 2　余事象の場合の数を求める

「同じ目が２個以上出る」の余事象は「３個のサイコロすべてで違う目が出る」です。

３個のサイコロを，サイコロＡ，Ｂ，Ｃとするとサイコロ Ａの目の出方は６通り，サイコロＢの目の出方はサイコロＡの目以外なので５通り，サイコロＣの目の出方はサイコロＡ，Ｂの目以外なので４通りです。よって「３個のサイコロすべて違う目が出る」場合の数は

$$6\times5\times4$$

計算お助け

$$\frac{\cancel{6}\times5\times4}{\cancel{6}\times6\times6}=\frac{5\times\cancel{4}^{2}}{6\times\cancel{6}_{3}}=\frac{5\times\cancel{2}^{1}}{\cancel{6}_{3}\times3}=\frac{5}{3\times3}=\frac{5}{9}$$

です。よって「３個のサイコロすべてで違う目が出る」確率は

$$\frac{6\times5\times4}{6\times6\times6}=\frac{5}{9}$$

余事象

「3個のサイコロすべてで違う目が出る」確率$\frac{5}{9}$が余事象です。これを全体の1から引くと，求める確率となります。

●Step 3　確率を求める

求める確率は，全体から余事象の確率を引いて

$$1-\frac{5}{9}=\frac{4}{9}$$

よって，本問の正答は**2**です。

例題3

4人が，グー，チョキ，パーのうち1つを出してじゃんけんを1回するとき，あいこになる確率として，正しいのはどれか。ただし4人とも，グー，チョキ，パーをそれぞれ同じ確率で出すものとする。（東京都Ⅲ類）

1 $\frac{7}{27}$

2 $\frac{7}{24}$

3 $\frac{11}{27}$

4 $\frac{13}{27}$

5 $\frac{13}{24}$

解法のステップ

「じゃんけんの問題」ですが「あいこ」の場合はいくつかあるので直接考えるのは難しいです。そのため，「あいこ」以外（余事象）を考えます。

「あいこ」の余事象は勝者が出る場合，つまり「1人勝つ場合」，「2人勝つ場合」，「3人勝つ場合」なので，それぞれ求めてきましょう。

余事象の確認

全体

あいこになる確率

余事象：勝者が出る確率

●Step 1　全体の場合の数を求める

じゃんけんの出方はグー，チョキ，パーの3通りなので，4人でやる場合の総数は，

$$3\times3\times3\times3$$

説明上の設定

問題文の4人をA，B，C，Dとします。グー，チョキ，パーをグ，チ，パとします。Aがグーで勝つを（Ⓐグ）とします。

●Step 2　じゃんけんで1人が勝つ場合の数

4人の誰が勝つかで4通り，グー，チョキ，パーの何で勝つかで3通りあるので求める場合の数は

$$4\times3=12$$

(Aグ)，(Aパ)，(Aチ)
(Bグ)，(Bパ)，(Bチ)
(Cグ)，(Cパ)，(Cチ)
(Dグ)，(Dパ)，(Dチ)
の12通り

●Step 3　じゃんけんで2人が勝つ場合の数

4人のうち勝つ2人の選び方は$_4C_2$通り，その2人がグー，チョキ，パーの何で勝つかで3通りあるので，求める場合の数は

$$_4C_2\times3=\frac{4\times3}{2\times1}\times3=18$$

A，B，C，Dから勝つ2人を選ぶと

AB，AC，AD
BC，BD，CD

の6通りなので，Step 3の場合を挙げると

(ABグ),(ABパ),(ABチ),
(ACグ),(ACパ),(ACチ),
(ADグ),(ADパ),(ADチ),
(BCグ),(BCパ),(BCチ),
(BDグ),(BDパ),(BDチ),
(CDグ),(CDパ),(CDチ),
の18通り

（注）(ABグ)は，AとBがグーで勝つという意味です。（つまり，CとDがパーで負けている場合です）

●Step 4　じゃんけんで3人が勝つ場合の数

4人のうち勝つ3人の選び方は$_4C_3$通り，その3人がグー，チョキ，パーの何で勝つかで3通りあるので，求める場合の数は

$$_4C_3\times3=\frac{4\times\cancel{3}\times\cancel{2}}{\cancel{3}\times\cancel{2}\times1}\times3=12$$

●Step 5　余事象の確率を求める

Step 2からStep 4より，余事象の場合の数は

$$\underbrace{4\times3}_{\text{Step 2}}+\underbrace{_4C_2\times3}_{\text{Step 3}}+\underbrace{_4C_3\times3}_{\text{Step 4}}=42$$

となるので，余事象の確率は

$$\frac{42}{3\times3\times3\times3}=\frac{\cancel{42}^{14}}{3\times3\times3\times\cancel{3}}=\frac{14}{27}$$

●Step 6　確率を求める

求める確率は全体の1からStep 5で求めた余事象の確率を引いて

$$1-\frac{14}{27}=\frac{13}{27}$$

よって，本問の正答は**4**です。

例題 4

下図のようにマス目が描かれた盤の左下隅に駒を置く。２枚の硬貨を投げ，２枚とも表が出たら上へ１マス進み，１枚でも裏が出たら右へ１マス進むというルールで駒を動かす。硬貨を４回投げたとき，駒が下の図の「＊」の位置に来る確率として適当なものはどれか。

なお，表または裏が出る確率は，いずれの硬貨も$\frac{1}{2}$である。

（裁判所一般職［大卒］）

1　$\frac{27}{128}$

2　$\frac{3}{16}$

3　$\frac{9}{64}$

4　$\frac{27}{256}$

5　$\frac{9}{256}$

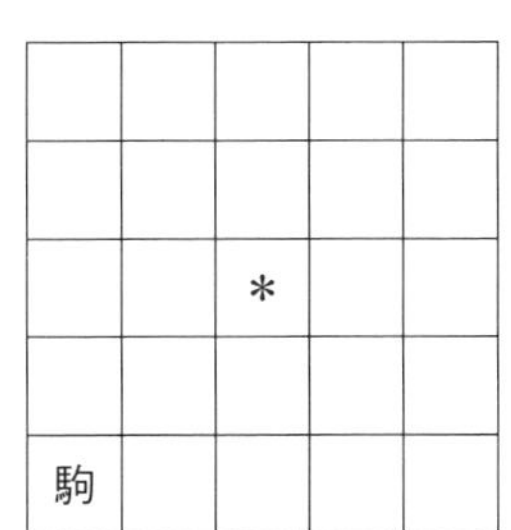

解法のステップ

この問題も「硬貨を投げ」に関する確率の問題のため「反復試行の確率」です。問題文の条件を満たすためには，上に２回，右に２回行けばよいとわかります。これは「上上右右」の順列です。

●Step 1　全体の場合の数を求める

上に進む確率，右に進む確率を求めます。

上に進む条件は，硬貨２枚とも表が出る確率より，

$$\frac{1}{2}\times\frac{1}{2}=\frac{1}{4}\cdots\text{A}$$

右に進む条件はAの余事象，つまり表が出なかった場合なので，その確率は

$$1-\frac{1}{4}=\frac{3}{4}$$

です。

問題文の設定

「上上右右」の場合，
１回目「上」，２回目「上」
３回目「右」，４回目「右」
とします。
「上右上右」の場合，
１回目「上」，２回目「右」
３回目「上」，４回目「右」
とします。

余事象の確認

この問題は「上」に進むか「右」に進むかしかありません。
そのため，「上」に進む確率と「右」に進む確率を合わせると全体の１になります。右に進む確率は，全体の１から上に進む確率$\frac{1}{4}$を引けば求まります。

●Step 2　確率を求める

「＊」への進め方は上に２回，右に２回行けばいいので，具体的に列挙すると

①：上上右右　②：上右上右　③：上右右上
④：右上右上　⑤：右上上右　⑥：右右上上

の６つです。①～⑥の確率をそれぞれ求めると右欄の結果になります。①～⑥はどれも，$\frac{1}{4}$と$\frac{3}{4}$を２回かけた式となるので，確率は同じです。同じ確率を６回計算するよりも，１つ求めて６倍したほうが正確で速いです。

そして，この場合の数である「6」も公式を利用して機械的に求めたほうが確実です。①～⑥は「上上右右」の並べ方の違いしかありません。つまり「上上右右」という同じものを含む順列を求めればよいので，

$$\frac{4!}{2!\times 2!}=\frac{4\times 3\times 2\times 1}{2\times 1\times 2\times 1}=6$$

です。①～⑥の確率をまとめると

$$\frac{1}{4}\times\frac{1}{4}\times\frac{3}{4}\times\frac{3}{4}=\left(\frac{1}{4}\right)^2\times\left(\frac{3}{4}\right)^2$$

です。

●Step 3　確率を求める

Step 2 で求めた結果より，求める確率は

$$6\times\left(\frac{1}{4}\right)^2\times\left(\frac{3}{4}\right)^2=\overset{3}{\cancel{6}}\times\frac{1}{\underset{8}{\cancel{16}}}\times\frac{9}{16}=\frac{27}{128}$$

よって，本問の正答は **1** です。

「＊」に進む確率

①上上右右 $\frac{1}{4}\times\frac{1}{4}\times\frac{3}{4}\times\frac{3}{4}$

②上右上右 $\frac{1}{4}\times\frac{3}{4}\times\frac{1}{4}\times\frac{3}{4}$

③上右右上 $\frac{1}{4}\times\frac{3}{4}\times\frac{3}{4}\times\frac{1}{4}$

④右上右上 $\frac{3}{4}\times\frac{1}{4}\times\frac{3}{4}\times\frac{1}{4}$

⑤右上上右 $\frac{3}{4}\times\frac{1}{4}\times\frac{1}{4}\times\frac{3}{4}$

⑥右右上上 $\frac{3}{4}\times\frac{3}{4}\times\frac{1}{4}\times\frac{1}{4}$

①～⑥の形をまとめると

$$\left(\frac{1}{4}\right)^2\times\left(\frac{3}{4}\right)^2$$

組合せの公式でもOK

1	2	3	4

４つから「上」が入る２つを選ぶ→$_4C_2$

２と３が選ばれた場合

1	上	上	4

となり，１と４に自動的に「右」が入るので，「右」の入り方は１通りなので

$$_4C_2=\frac{4\times 3}{2\times 1}=6$$

としてもOKです。

第4章 方程式を使って解く問題

方程式を制する者は，数的推理を制する

数的推理の問題では，文章題が数多く出題されます。問題文から方程式を立てるのが苦手な方も多いと思いますが，方程式の立て方には決まりがあるので，コツさえつかめればだんだん解けるようになってきます。ぜひ本章で，方程式を使った解き方に慣れてください。そして数的推理を得点源にしていきましょう。

4-1

方程式・連立方程式のエッセンス
〜第４章のウォーミングアップ〜

方程式とは？

方程式を苦手にしている方もいると思いますが，慣れたら解き方の手順はパターンが決まっていますから，徐々にマスターしていきましょう。まずは，方程式に関する用語から確認していきましょう。

「＝」が入った式を**等式**(とうしき)といいます。「＝」の左にある式を**左辺**(さへん)，「＝」の右にある式を**右辺**(うへん)といい，左辺と右辺を合わせて**両辺**(りょうへん)といいます。

そして「x」や「y」などの文字で表されたわからない数を含む等式を**方程式**(ほうていしき)といいます。方程式の答えを**解**(かい)といい，方程式の解を求めることを「**方程式を解く**」といいます。

左辺・右辺・両辺

「左辺」＝「右辺」
「両辺」

方程式の解

x＝数字
↑
これが「解」

方程式で使う文字

xだけではなく，yなどほかの文字を使っても大丈夫！
方程式では

x, y, z, w, t, h

などの文字を使うことが多いです。

方程式の解き方

それでは，具体的に方程式の問題で解き方を確認していきましょう。

問

$x+85=111$ を解け。

解法のステップ

この問題文の「$x+85=111$」や「$2x=4$」，「$12x-8x=60$」のように「x」がある式を**１次方程式**といいます。１次とは，xの右上にある数字（次数といいます）が最大で１であるということを示します。そのため，「$x^2+x=6$」の場合は，「x^2」があるので**２次方程式**，「$x^3+x=6$」の場合は，「x^3」があるので３次方程式です。

１次方程式の解き方の手順は次のとおりです。

用語の確認

この問題は

$x+85=111$
左辺　右辺

です。
なお，「x」「85」「111」を**項**（こう）といいます。
次の式のようにのxの手前にある数のことを**係数**といいます。

1次方程式の解き方の手順

1. 「x」はすべて左辺に，
   数字はすべて右辺に移項する。
2. 両辺を計算（足し算・引き算）する。
3. 「x＝数字」の形になるように，「x」の手前にある数（係数）で両辺を割り算する。

では実際にStepに分けて見ていきましょう。

●Step 1　xを左辺に，数字を右辺に移項

「x＝数字」の形にするため，左辺の数字「85」を右辺へ移します（これを**移項**(いこう)といいます）。移項すると符号が変わります。左辺の「85」を，右辺に移項すると「−85」となります。

$$x+\underline{85}=111 \quad \cdots ①$$

移 項

$$x=111\underline{-85} \quad \cdots ②$$

●Step 2　②の右辺を計算する

移項したので右辺を計算すると，

$$x=26$$

です。「x＝数字」の形なので，これが方程式の解です。

次に「x」の手前に数（**係数**(けいすう)）があるタイプの問題を学習していきましょう。

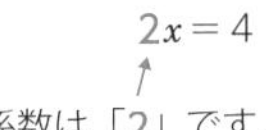

係数は「2」です。

文字式

$x+85$，$2x$，x^2+x
のように文字が入った式を文字式といいます。

移項とは（①から②）

左辺の項を，符号を変えて右辺に移動すること，もしくは右辺の項を，符号を変えて左辺に移動することです。①から②のように，左辺の「＋85」を右辺に「−85」として移動させることが「移項」です。

符号とは

「＋85」や「−85」のように「85」の前にある「＋」「−」を「符合（ふごう）」といいます。

問

$-32x=-64$ を解け。

●Step 3　xの係数で両辺を割り算する

Step 1とStep 2は必要ないのでStep 3からです。

「x＝数字」の形にするために左辺にある「$-32x$」の係数「-32」で両辺を割り算します。

$$\frac{{}^{1}\cancel{-32}x}{{}_{1}\cancel{-32}} = \frac{\cancel{-64}^{2}}{\cancel{-32}_{1}}$$

$$x=2$$

段階を踏んだ計算

右辺の約分は段階を踏んで計算してもOKです。

$$\frac{{}^{1}\cancel{-32}x}{{}_{1}\cancel{-32}} = \frac{\cancel{-64}^{32}}{\cancel{-32}_{16}}$$

$$x=\frac{\cancel{32}^{16}}{\cancel{16}_{8}}=\frac{\cancel{16}^{2}}{\cancel{8}_{1}}=2$$

第4章　方程式を使って解く問題

問

$12x=8x+60$ を解け。

●Step 1・2　移項して両辺の計算をする

右辺の「$8x$」を左辺に移項します。文字式の足し算・引き算は，同じ文字の係数を足し算・引き算します。

$$12x-8x=60$$
$$(12-8)x=60$$

係数の引き算　$4x=60$

●Step 3　xの係数で両辺を割り算する

左辺の「$4x$」の係数「4」で両辺を割り算します。

$$x=15$$

係数は？

$4x=60$
↑係数

文字式の足し算・引き算

→係数を足し算，引き算

例）$2x+3x$
$=(2+3)x=5x$

例）$x-3x=1x-3x$
$=(1-3)x=-2x$

両辺を４で割る

「÷4」は「分母が４」

$\frac{{}^{1}\cancel{4}x}{{}_{1}\cancel{4}}=\frac{\cancel{60}^{15}}{\cancel{4}_{1}}$

問

$7x+6=8x-5$ を解け。

●Step 1・2　移項して両辺の計算をする

「$8x$」を左辺，数字「６」を右辺へ移項します。

$$7x-8x=-5-6$$
$$-x=-11$$

●Step 3　xの係数で両辺を割り算する

両辺を係数「-1」で割り算します。

$$x=11$$

xの係数

$-x$の場合，係数は「-1」です。係数が「-1」のときは，両辺を「-1」倍してもOKです。

問

$2\left(\frac{7}{3}x-4\right)=3(x+4)$ を解け。

かっこがある場合は，まずかっこを外します。かっこを外す場合は，**分配法則**を利用します。

$$2\left(\frac{7}{3}x-4\right)=3(x+4)$$

右欄の説明のように，矢印のペアをかけ算します。

$$2\times\frac{7}{3}x-2\times4=3\times x+3\times4$$
$$\frac{14}{3}x-8=3x+12$$

右辺の「$3x$」を左辺へ，左辺の「-8」を右辺へ移項します。

$$\frac{14}{3}x-3x=12+8 \cdots ①$$

左辺を通分，右辺を計算します。

$$\frac{14}{3}x-\frac{9}{3}x=20$$
$$\frac{5}{3}x=20$$

「x＝数字」の形に（xの係数を1に）するため両辺を「$\frac{5}{3}$」で割り算します。

$$\frac{5}{3}x\div\frac{5}{3}=20\div\frac{5}{3}$$

分数の割り算は，分子と分母をひっくり返してかけ算するので

$$\frac{5}{3}x\times\frac{3}{5}=20\times\frac{3}{5}$$
$$x=12$$

連立方程式の解き方

2つの未知数「x」と「y」を含む方程式が2つ組み合わさったものを**連立方程式**（れんりつほうていしき）といいます。第4章の4-9で学習するニュートン算などでは連立方程式の計算が必須となります。

連立方程式を解く方法には**加減法**（かげんほう）と**代入法**（だいにゅうほう）の2つがありますが，本書は加減法を中心に解説していきます。それでは始めていきましょう。

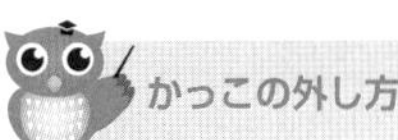

かっこの外し方

$a(b+c)=ab+ac$
と「矢印を活用して」覚えましょう。

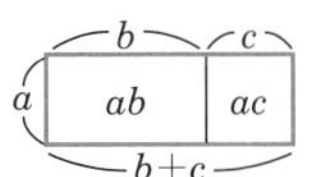

図の色枠の長方形の面積は$a(b+c)$です。
色枠の左側の面積はab，右側の面積はacなので
$a(b+c)=ab+ac$
　　　　左側　右側
となります。この関係を分配法則といいます。

①の両辺を3倍してもOK

①の右辺を計算した後，両辺を3倍してもOKです。
$14x-9x=60$
$5x=60$

段階を踏んだ計算

$\frac{5}{3}x=20$
　両辺×3
$5x=60$
　両辺÷5
$\frac{\overset{1}{\cancel{5}}x}{\underset{1}{\cancel{5}}}=\frac{\overset{12}{\cancel{60}}}{\underset{1}{\cancel{5}}}$
$x=12$

未知数が3つ以上も…

未知数が3つ，式が3つあるものも連立方程式です。公務員試験でも問われることがあります。

問

$\begin{cases} 3x+y=20 \cdots ① \\ x+3y=28 \cdots ② \end{cases}$ を解け。

解法のステップ：連立方程式（加減法）

加減法による連立方程式の解き方の手順は，次のとおりです。

連立方程式（加減法）の解き方の手順

1. 2式の「x」もしくは「y」の係数を合わせるために，数倍する。
2. 2式を計算（足し算・引き算）する。
3. 「x=数字」や「y=数字」の形になるように，「x」「y」の係数で両辺を割り算する。
4. 3で求めた値を2式のどちらかに代入し，他方の値を求める。

●Step 1　xかyの係数を合わせる

2つの式の両辺をそれぞれ数倍して，2つの式の「x」または「y」の係数を合わせます。「y」の係数を合わせるために①を3倍します。（②はそのままです。）

$$
\begin{array}{ll}
①\times 3: & 9x+3y=60 \cdots ①' \\
② \quad : & x+3y=28 \cdots ②
\end{array}
$$

●Step 2　Step 1の式を引き算する

「y」の係数が同じになったので，①′の式から②の式を引き算します。

$$
\begin{array}{rl}
 & 9x+3y=60 \cdots ①' \\
-) & x+3y=28 \cdots ② \\
\hline
 & 8x \quad\quad =32 \cdots ③
\end{array}
$$

●Step 3　xの係数で両辺を割り算

③ $8x=32$の両辺を8で割って

$$x=4 \cdots ④$$

加減法

「x」や「y」の係数を合わせて，足し算や引き算（加減）をする計算方法を加減法といいます。

係数を見ると…

$\begin{cases} 3x+y=20 \cdots ① \\ x+3y=28 \cdots ② \end{cases}$

$3x$や$3y$の係数は3

xやyの係数は1なので

①，②を書き直すと

$\begin{cases} 3x+1y=20 \cdots ①'' \\ 1x+3y=28 \cdots ②'' \end{cases}$

xの係数もyの係数も一致していないので，①″もしくは②″を数倍して係数を合わせます。

③の計算お助け

$$\frac{{}^{1}\cancel{8}x}{{}_{1}\cancel{8}}=\frac{\cancel{32}^{4}}{\cancel{8}_{1}}$$

$x=4$

●Step 4　Step 3の値を代入

④$x=4$を①$3x+y=20$に代入して

$$3x+y=20 \cdots ①$$
$$\downarrow$$
$$3\times 4+y=20 \cdots ⑤$$
$$y=8$$

よって，

$$x=4,\ y=8$$

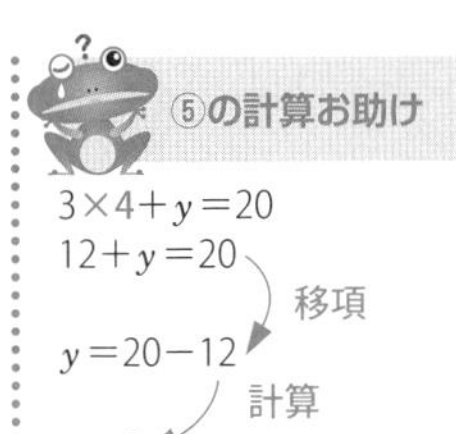

⑤の計算お助け

$3\times 4+y=20$
$12+y=20$ 移項
$y=20-12$ 計算
$y=8$

解法のステップ：連立方程式（代入法）

代入法のやり方にも触れます。代入法はその名のとおり，値を代入して解を求める方法です。

連立方程式（代入法）の解き方の手順

1. 2式の片方を「$x=\cdots$」もしくは「$y=\cdots$」の形に移項する。
2. 1で移項した式を，他方の式に代入する。
3. 方程式を解く。

「$x=\cdots$」「$y=\cdots$」

$\begin{cases} 3x+y=20 \cdots ① \\ x+3y=28 \cdots ② \end{cases}$

①の場合：
$y=20-3x$
②の場合：
$x=28-3y$

●Step 1　xかyの係数を合わせる

①$3x+y=20$の左辺にある$3x$を右辺に移項して，

$$y=20-3x \cdots ⑥$$

代入法

③の左辺の「y」と右辺の「$20-3x$」は＝で結ばれているので，同じです。そのため②のyを$20-3x$に書き換えてもいいわけです。この書き換えることを，代入するといいます。

●Step 2　Step 1で移項した式⑥を②に代入

$$x+3y=28 \cdots ②$$
$$\downarrow$$
$$x+3(20-3x)=28 \cdots ⑦$$

●Step 3　方程式を解く

⑦を解くと

$$x=4$$

「$x=4$」を⑥$y=20-3x$に代入して

⑦の計算お助け

$x+3(20-3x)=28$
$x+60-9x=28$
$x-9x=28-60$
$-8x=-32$
$x=4$

第4章　方程式を使って解く問題

$$y = 20 - 3x$$
$$= 20 - 3 \times 4 = 8$$

問

$\begin{cases} 15(x-y)=5 & \cdots① \\ 3(x+y)=5 & \cdots② \end{cases}$ を解け。

まずはかっこを外します。

$$\begin{cases} 15x - 15y = 5 & \cdots① \\ 3x + 3y = 5 & \cdots② \end{cases}$$

かっこを外す

$15(x-y)=5$
$15x-15y=5 \cdots①$

$3(x+y)=5$
$3x+3y=5 \cdots②$

●Step 1・2　係数を合わせて足し算

②を５倍して「y」の係数を合わせます。

$$\begin{array}{rl} 15x - 15y = 5 & \\ +)\ 15x + 15y = 25 & ②\times 5 \\ \hline 30x \quad\quad = 30 & \cdots③ \end{array}$$

①を割ってもOK

①の両辺を５で割り算して
$3x-3y=1 \cdots①'$
として計算してもOKです。

●Step 3・4　両辺を係数で割り算し，代入

③の両辺を30で割り算して

$$x = 1$$

これを②$3x + 3y = 5$へ代入して

$$3x + 3y = 5 \cdots②$$
$$\downarrow$$
$$3 \times 1 + 3y = 5 \cdots④$$
$$y = \frac{2}{3}$$

④の計算お助け

$3+3y=5$
移項
$3y=5-3$
計算
$3y=2$
$\div 3$
$\frac{3y}{3}=\frac{2}{3}$
$y=\frac{2}{3}$

よって

$$x = 1,\ \ y = \frac{2}{3}$$

係数が極端な連立方程式

公務員試験の連立方程式は，係数が極端な場合もあるので，そういった問題の練習も必要です。

問

$$\begin{cases} 10000x+6000y=500000 & \cdots① \\ 4x+2y=180 & \cdots② \end{cases}$$ を解け。

①の係数が大きいので，簡単にします。

①の両辺を1000で割り算すると（0を3つ除くと）

$$10000x+6000y=500000$$
$$10x+6y=500 \cdots③$$

係数を簡単に

②の両辺を3000倍する方法もありますが大変です…。

●Step 1・2　係数を合わせて引き算

②と③の係数を比較して，yの係数を合わせるために②を3倍します。

$$\begin{array}{rr} & 12x+6y=540 \\ -) & 10x+6y=500 \\ \hline & 2x \quad =40 \end{array}$$

何倍するか

$\begin{cases} 10x+6y=500 \cdots③ \\ 4x+2y=180 \cdots② \end{cases}$

「y」の係数を合わせるために②を3倍します。

②×3

$4x+2y=180 \cdots②$

両辺3倍すると

$12x+6y=540$

●Step 3・4　両辺を係数で割り算し，代入

$2x=40$の両辺を2で割り算して

$$x=20$$

これを②に代入して

$$4x+2y=180 \cdots②$$
$$\downarrow$$
$$4\times20+2y=180 \cdots②'$$
$$y=50$$

よって，

$$x=20,\ y=50$$

②′の計算お助け

$4\times20+2y=180$

$80+2y=180$

$2y=180-80$

$2y=100$

$\frac{2y}{2}=\frac{100}{2}$

$y=50$

特殊な連立方程式

4-9で学習するニュートン算では「特殊な連立方程式」を解く必要があるので，ここで解き方を確認していきましょう。

ニュートン算

水槽の水のくみ上げと排水など，増加するものと減少するものがセットになっている問題をニュートン算といいます。

問

$$\begin{cases} x+21y=63\mathrm{W} \cdots ① \\ x+15y=60\mathrm{W} \cdots ② \\ x+7y=7\mathrm{W}z \cdots ③ \end{cases}$$ のとき，zの値を求めよ。

ニュートン算特有の連立方程式です。①，②は文字がx，y，Wで3つ，③は文字がx，y，z，Wで4つあります。まず，文字が少ない①と②の連立方程式を計算します。

特殊な連立方程式

特殊な問題ですが，まずは①と②から「$x=\cdots$」，「$y=\cdots$」をWを用いて表しましょう。

●Step 1～3　係数を合わせて引き算，割り算

①−②を計算し，yの係数で割り算します。

$$\begin{array}{rr} & x+21y=63\mathrm{W} \\ -) & x+15y=60\mathrm{W} \\ \hline & 6y=3\mathrm{W} \\ & y=\dfrac{\mathrm{W}}{2} \cdots ④ \end{array}$$

④のように，連立方程式の解に，Wなどの文字が入るのが，ニュートン算の問題の特色です。

計算お助け

$6y=3\mathrm{W}$

÷6

$\dfrac{6y}{6}=\dfrac{3\mathrm{W}}{6}$

計算

$y=\dfrac{\mathrm{W}}{2}$

●Step 4　代入して計算する

④を①に代入して

$$x+21y=63\mathrm{W} \cdots ①$$

$$x+21\times\frac{1}{2}\mathrm{W}=63\mathrm{W}$$

$$x=\frac{105\mathrm{W}}{2} \cdots ⑤$$

④と⑤を③に代入して

$$x+7y=7\mathrm{W}z \cdots ③$$

$$\frac{105\mathrm{W}}{2}+7\times\frac{\mathrm{W}}{2}=7\mathrm{W}z$$

$$z=8$$

計算お助け

$x+\dfrac{21}{2}\mathrm{W}=63\mathrm{W}$

移項

$x=\dfrac{126\mathrm{W}}{2}-\dfrac{21\mathrm{W}}{2}$

計算

$x=\dfrac{105\mathrm{W}}{2}$

なお，このタイプの連立方程式は，「x」「y」「W」の値を具体的に求めることができません。求められるのは「z」のみなので特殊ですが，慣れていきましょう。

計算お助け

$$\frac{105W}{2}+\frac{7W}{2}=7Wz$$

÷W

$$\frac{105}{2}+\frac{7}{2}=7z$$

計算

$$56=7z$$

÷7

$$z=8$$

魔方陣

魔方陣については，1-2を参照してください。

未知数が3つある連立方程式

最後に3つの未知数と3つの式があるタイプを学習します。

このタイプは，4×4の魔方陣などで活用することがあります。

問

$$\begin{cases} x+y=9 & \cdots ① \\ y+z=12 & \cdots ② \\ z+x=15 & \cdots ③ \end{cases}$$ を解け。

このように，$x+y$，$y+z$，$z+x$の3式がある連立方程式の解き方には，特殊な方法があります。まず①＋②＋③を計算し，その後両辺を2で割り算すると

$$\begin{array}{rl} x+y=9 & \cdots ① \\ y+z=12 & \cdots ② \\ +)\ x+z=15 & \cdots ③ \\ \hline 2x+2y+2z=36 & \\ x+y+z=18 & \cdots ④ \end{array}$$

④－①をすることにより

$$z=9$$

④－②をすることにより

$$x=6$$

④－③をすることにより

$$y=3$$

よって，

$$x=6,\ y=3,\ z=9$$

計算お助け（④－①）

$$\begin{array}{rl} x+y+z=18 & \cdots ④ \\ -)\ x+y=9 & \cdots ① \\ \hline z=9 & \end{array}$$

計算お助け（④－②）

$$\begin{array}{rl} x+y+z=18 & \cdots ④ \\ -)\ y+z=12 & \cdots ② \\ \hline x=6 & \end{array}$$

計算お助け（④－③）

$$\begin{array}{rl} x+y+z=18 & \cdots ④ \\ -)\ x+z=15 & \cdots ③ \\ \hline y=3 & \end{array}$$

4-2　国総 ★　国般 ★★　地上 ★　市役所 ★　初級 ★★

文章題で学ぶ方程式の立て方・解き方
～求めたいものを「x」とする～

数的推理では，方程式を利用する問題が少なくありません。方程式を利用する問題は，問題文に「何人か」「何個か」や「○○の数（人数，個数…）を求めよ」などのように，わからない未知の数が書かれています。方程式を利用する問題に気づく方法と方程式の立て方と解き方を徐々にマスターしていきましょう。

テーマの重要度

方程式を立てて解くことがメインの問題はそれほど多くありませんが，方程式を使いこなせるとさまざまな問題が解けるようになります。必ずものにしましょう。

例題1

何人かの子どもたちにアメを配るのに，1人7個ずつ配ると6個余り，8個ずつ配るためには，5個足りないという。このとき，子どもたちの人数として，最も妥当なものはどれか。

（東京消防庁Ⅰ類）

1　7人
2　8人
3　9人
4　10人
5　11人

解法のステップ

問題文の冒頭に「何人かの子どもたち」とあり，最後に「子どもたちの人数として，最も妥当なものはどれか」とあるので，方程式を活用して解く問題だと判断します。

方程式の文章題は，次のステップで解答していきます。

方程式の文章題の解き方の手順

1. 問題文の最後に着目して，求めたいものを「x」や「y」とする。
2. 1の文字を用いて，方程式を立てる。
3. 方程式を解く。

では，問題を見ていきましょう。

方程式を利用する問題

問題文に「何人?，何問?，何個?，何時?」のように「何○?」があるときや「○○の数（人数，個数…）は?」があるときは，方程式の利用を意識しましょう。

方程式の原則

方程式の問題は，問題文の最後に求めたいものが書かれていることが多いです。

●Step 1　求めるものを「x」とおく

問題文で「子どもたちの人数として，最も妥当なものはどれか」と問われているので，子どもたちの人数を「x」として方程式を立てて，解いていきます。

●Step 2　方程式を立てる

今回はアメを配る問題なので，「x」を使ってアメの個数を表すことを考えます。

アメを「１人７個ずつ配ると６個余る」ので，「x」を使ってアメの個数を表すと

$$7x+6 \cdots ①$$

問題文を「x」で表す

子どもは「x」人
１人７個ずつ配る場合
$x \times 7 = 7x$
１人７個ずつ配ると６個余る場合
$x \times 7 + 6 = 7x + 6$

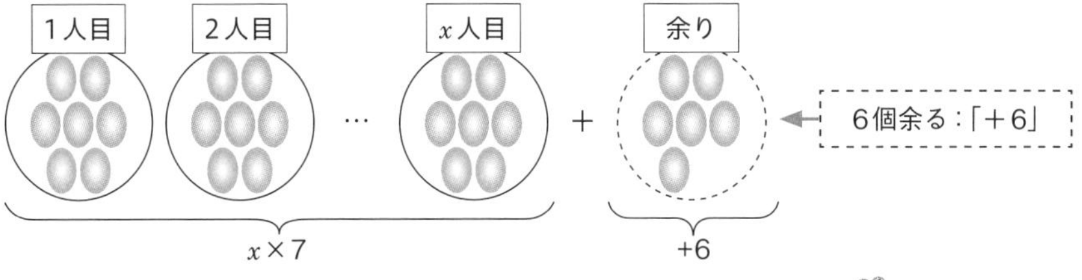

またアメを「１人８個ずつ配るためには，５個足りない」ので「x」を使ってアメの個数を表してみると

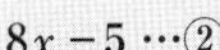

$$8x-5 \cdots ②$$

問題文を「x」で表す

１人８個ずつ配る場合
$x \times 8 = 8x$
１人８個ずつ配ると５個足りない場合
$x \times 8 - 5 = 8x - 5$

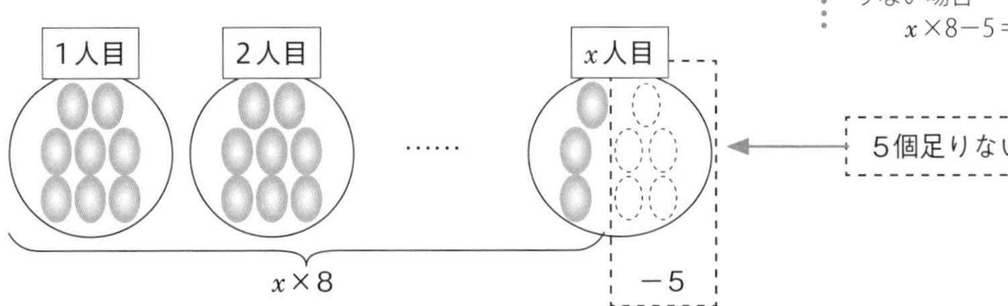

①も②も「アメの個数」を表しているので同じ数です。つまり「①＝②」となるので，

$$\underbrace{7x+6}_{①}=\underbrace{8x-5}_{②} \cdots ③$$

これで方程式を立てることができました。

③の計算お助け

$7x+6=8x-5$
左辺 → x（文字）の式
右辺 → xがない数字
$7x-8x=-6-5$
$-x=-11$
$x=11$

●Step 3　方程式を解く

③を解くと

$$x=11$$

子どもたちの人数は11人なので，本問の正答は**5**です。

「x＝11」を①に代入して
　7×11＋6＝83（個）
です。
②「8x－5」に代入してもOKです。

例題２

新商品を売り込むため，７人１組で複数か所の特売所を設けた。しかし，それぞれの場所で人が滞留し，交通上の危険が認められたため，特売所を４か所増設することにした。人員の増員ができないので，増設後の特売所の３分の２について１組の人数を５人にして運用していたところ，事故もなく対応することができた。このとき，増設後の特売所の数として，最も妥当なものはどれか。

（警視庁Ⅰ類）

1　21か所
2　22か所
3　23か所
4　24か所
5　25か所

解法のステップ

「増設後の特売所の数」を問われています。つまり「○○の数」が問われているので，方程式を活用して解く問題と判断します。

●Step 1　求めるものを「x」とおく

問題文で「増設後の特売所の数として，最も妥当なものはどれか」と問われているので，**増設後の特売所の数を「x」**として方程式を立て，解いていきます。

特売所の増設前後

増設後の特売所：x
↑ ４か所増設
増設前の特売所
⬇
増設後の特売所：x
↓ ４か所少ない
増設前の特売所

●Step 2　方程式を立てる

増設後の特売所の数を「x」，増設したのは４か所なので，増設前の特売所の数は

$$x-4$$

７人１組で特売所を設けたので人員は，

$$(x-4)\times 7=7x-28 \cdots ①$$

増設後は，特売所の３分の２について１組の人数を５人にして運用していたので，３分の１は，７人のまま運用していることから人員の数は

$$x \times \frac{2}{3} \times 5 + x \times \frac{1}{3} \times 7 = \frac{17x}{3} \cdots ②$$

特売所の３分の２
１組の人数は５人

特売所の３分の１
１組の人数は７人

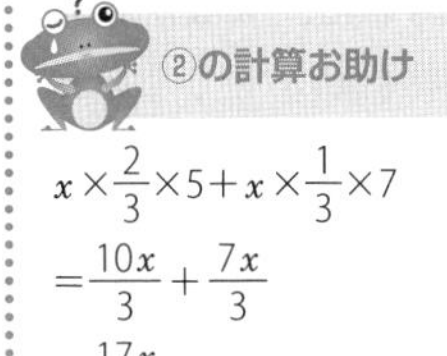

$$x \times \frac{2}{3} \times 5 + x \times \frac{1}{3} \times 7$$
$$= \frac{10x}{3} + \frac{7x}{3}$$
$$= \frac{17x}{3}$$

特売所を４か所増設したものの，人員の増加はないので①の人員と②の人員の数は同じとなるため，

$$7x - 28 = \frac{17}{3}x \cdots ③$$

$$7x - 28 = \frac{17}{3}x$$
両辺を３倍すると
$$21x - 84 = 17x$$

左辺→x（文字）の式
右辺→xがない数字

$$21x - 17x = 84$$
$$4x = 84$$
両辺を÷4をすると
$$x = 21$$

●Step 3　方程式を解く

③を解くと

$$x = 21$$

よって，増設後の特売所の数「x」は21か所なので，本問の正答は**1**です。

例題3

ある国の老齢年金は，年金の受給開始時期について60歳または65歳のいずれかを選ぶことができる。60歳からの受給を選んだ場合には60歳になった月の翌月から45,000円を毎月受け取ることができ，65歳からの受給を選んだ場合には65歳になった月の翌月から65,000円を毎月受け取ることができる。65歳からの受給を選んだ場合の年金の受給総額が，60歳から受給した場合の年金の受給総額と等しくなるのは，65歳になった月の翌月を1か月目として数えると何年何か月目か。

（国家一般職［高卒・社会人］）

1　8年6か月
2　9年3か月
3　10年6か月
4　10年9か月
5　11年3か月

解法のステップ

問題文の最後に「何年何か月目か」と問われているので，方程式を活用する問題と判断して，解いていきましょう。

●Step 1　求めるものを「x」とおく

問題文で「等しくなるのは…何年何か月目か」と問われているので，65歳から受給した場合と60歳から受給した場合の受給総額が等しくなるのは65歳になった月の「x」か月目とします。

「x」か月後の受給額

65歳から受給した人の受給額は

1か月後：65000×1
2か月後：65000×2
3か月後：65000×3
xか月後
↓
65000×x＝65000x

●Step 2　方程式を立てる

65歳からの年金受給を選んだ人は，毎月65000円を受け取ることができるので，「x」か月分の受給総額は

$$65000x \quad \cdots ①$$

です。60歳からの年金受給を選んだ人については，60歳から65歳になるまでの受給額と65歳以降の受給額に分けて考えます。まず，60歳から65歳になるまでの5年間は，5×12＝60か月分の45000円を受け取ることができるので，年金の受給額は

$$45000 \times 60 = 2700000 \text{（円分）}$$

です。65歳以降は「x」か月分の年金を受給するので

$$45000x$$

よって，受給総額は，

$$45000x + 2700000 \quad \cdots ②$$

①と②は等しいので，①＝②とすると

$$65000x = 45000x + 2700000 \quad \cdots ③$$

60歳からの年金受給を選んだ人

60歳から65歳になるまでと65歳になってからに分けます。

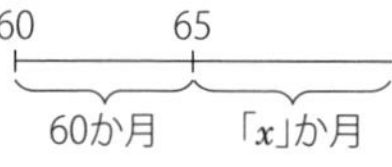

●Step 3　方程式を解く

③の両辺を1000で割って（0を3つ取って）

$$65000x = 45000x + 2700000$$
$$65x = 45x + 2700$$

これを解くと

$$x = 135 \text{（か月）}$$

次に，135か月が何年何か月になるのかを求めます。「135÷12＝11余り3」となるので，

計算お助け

$65x=45x+2700$
$65x-45x=2700$
$20x=2700$
$2x=270$
$x=135$

計算お助け

```
        1 1
 1 2) 1 3 5
      1 2
      -----
        1 5
        1 2
        ---
          3
```

11(年) 3(か月)

となるので，本問の正答は**5**です。

例題4

ある人が本を読み始め，1日目は全ページ数の$\frac{1}{3}$より40ページ多く読み，2日目は1日目に読んでいないページ数の$\frac{1}{2}$より35ページ多く読んだところ，読んでいないページ数は全ページ数のちょうど$\frac{1}{4}$となった。この本の全ページ数として，正しいものはどれか。　(東京都Ⅲ類)

1　540ページ　**2**　570ページ　**3**　600ページ
4　630ページ　**5**　660ページ

解法のステップ

問題文で，「この本の全ページ数として，正しいものはどれか」と問われているので，方程式を活用して解く問題と判断して，解いていきましょう。

問題文を「x」で表す

全ページ数は「x」

全ページ数の$\frac{1}{3}$は

$x\times\frac{1}{3}=\frac{1}{3}x$

全ページ数の$\frac{1}{3}$より40ページ多く読む場合は

$x\times\frac{1}{3}+40=\frac{1}{3}x+40$

●Step 1　求めるものを「x」とおく

本の全ページ数を「x」とします。

●Step 2　方程式を立てる

まず，1日目は全ページ数の$\frac{1}{3}$より40ページ多く読むので

$$\frac{1}{3}x+40 \cdots ①$$

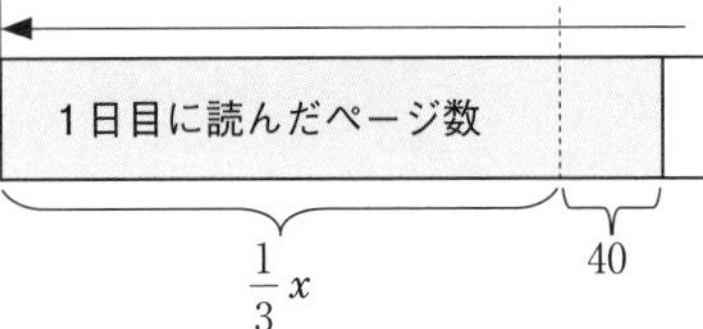

2日目は「1日目に読んでいないページ数の$\frac{1}{2}$より35ページ多く読む」ので，まず1日目に読んでいないページ数を求めます。xから①を引いて

1日目未読のページ

全ページ数「x」から1日目に読んだページ数

$\left(\frac{1}{3}x+40\right)$

を引いて

$x-\left(\frac{1}{3}x+40\right)$

$$x-\left(\frac{1}{3}x+40\right)$$
$$=\frac{2}{3}x-40$$

1日目に読んだページ数

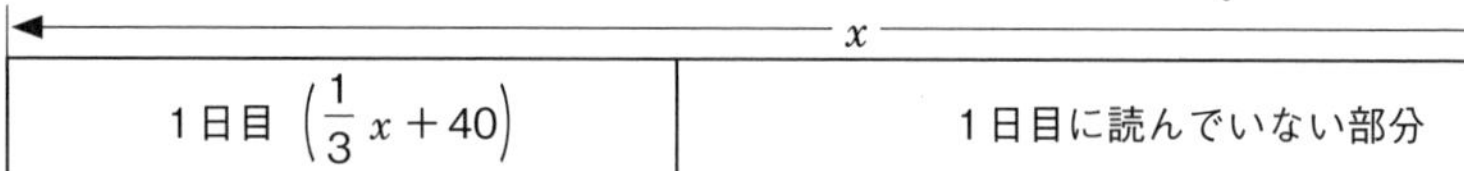

よって，２日目に読んだページ数は

$$\left(\frac{2}{3}x-40\right)\times\frac{1}{2}+35$$
$$=\frac{1}{3}x+15\ \cdots②$$

１日目に読んでいないページ数

読んでいないページ数は「全ページ数のちょうど$\frac{1}{4}$となった」とあるので，残りのページ数は

$$x\times\frac{1}{4}=\frac{1}{4}x\ \cdots③$$

「①＋②＋③＝全ページ数（x）」なので

$$\underset{①}{\left(\frac{1}{3}x+40\right)}+\underset{②}{\left(\frac{1}{3}x+15\right)}+\underset{③}{\frac{1}{4}x}=\underset{全ページ}{x}$$

これで方程式が立てられました。

2日目のページ数

２日目は１日目に読んでいないページ数の$\frac{1}{2}$より35ページ多く読むので，

（１日目に読んでいないページ数）×$\frac{1}{2}$+35

$\left(\frac{2}{3}x-40\right)\times\frac{1}{2}+35$

$=\frac{1}{3}x-20+35$

$=\frac{1}{3}x+15$

x

1日目 $\left(\frac{1}{3}x+40\right)$	2日目 $\left(\frac{1}{3}x+15\right)$	3日目 $\left(\frac{1}{4}x\right)$

●Step 3　方程式を解く

$$\left(\frac{1}{3}x+40\right)+\left(\frac{1}{3}x+15\right)+\frac{1}{4}x=x$$

左辺に「x」，右辺に「数字」となるように移項すると

$$\frac{1}{3}x+\frac{1}{3}x+\frac{1}{4}x-x=-40-15\ \cdots④$$

左辺，右辺をそれぞれ計算すると

方程式の原則

左辺に「x」
右辺に「数字」
が原則です。

④左辺の計算お助け

$\frac{1}{3}x+\frac{1}{3}x+\frac{1}{4}x-x$

$=\frac{4x+4x+3x-12x}{12}$

$$-\frac{1}{12}x=-55$$
$$x=55\times12$$
$$=660$$

よって，本問の正答は**5**です。

$$=-\frac{1}{12}x$$

④は両辺を12倍してもOK

④の両辺を12倍して計算してもOKです。

例題5

下の図のように，一定の規則により並んだ数列において，任意に選んだ数を中央にして，その数と上下左右の位置にある数とを十字形の図形で囲み，中央の数を挟んで上下に位置する２つの数と左右に位置する２つの数との４つの数の和が4040になるとき，中央の数のすぐ下に位置している数として，正しいのはどれか。

（東京都キャリア活用）

1　1010
2　1017
3　1024
4　1031
5　1038

1段目	1	2	3	4	5	6	7
2段目	8	9	10	11	12	13	14
3段目	15	16	17	18	19	20	21
4段目	22	23	24	25	26	27	28
5段目	29	30	31	32	33	34	35
6段目	36	37	38	39	40	41	42
7段目	43	44	45	46	47	48	49
8段目	50	・	・	・	・	・	・
⋮	⋮	⋮	⋮	⋮	⋮	⋮	⋮

解法のステップ

原則に従うと，中央の数のすぐ下に位置している数をxとして問題を解くことになります。しかし，中央の数のすぐ下に位置している数をxとすると，右欄の①，②，③，④を文字で表すことや，計算することがやや面倒になります。そこで，中央の数をxとします。中央の数のすぐ下に位置している数⑤は，中央の数xがわかれば＋7すれば求めることができます。

中央の数字31に注目すると，右に位置している32は「＋1」，左に位置している30は「－1」，上に位置している24は「－7」，下に位置している38は「＋7」です。この性質を使っていきましょう。

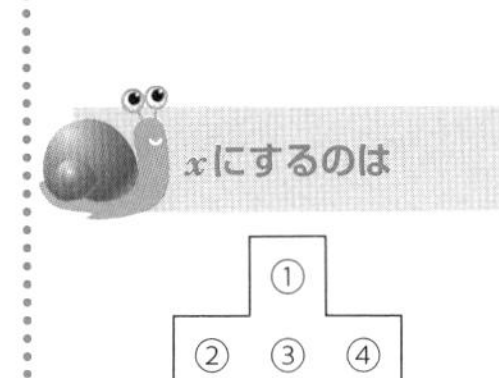

⑤をxにすると計算が大変なので，③をxとします。

●Step 1　中央の数を文字でおく

中央の数をxとすると下図の関係より，上下左右に位置する数はそれぞれ，

上（①）：$x-7$，下（⑤）：$x+7$，
左（②）：$x-1$，右（④）：$x+1$，

となります。

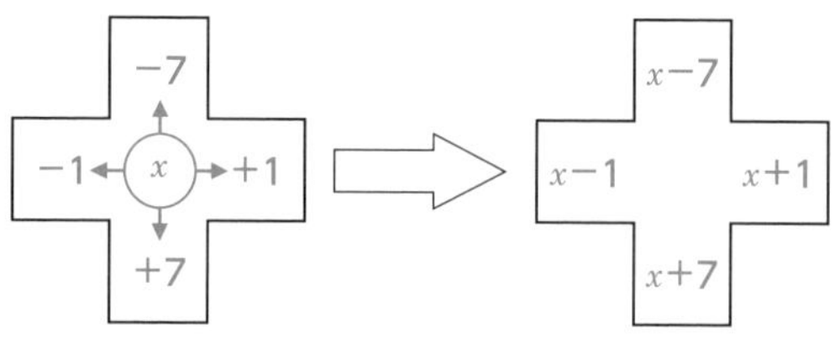

●Step 2　方程式を立てる

上下左右に位置する数の和が4040なので

$$\underbrace{(x-7)}_{上}+\underbrace{(x+7)}_{下}+\underbrace{(x-1)}_{左}+\underbrace{(x+1)}_{右}=4040$$

●Step 3　方程式を解く

$$x-7+x+7+x-1+x+1=4040$$
$$4x=4040$$
$$x=1010$$

中央に位置する数「$x=1010$」のすぐ下の数⑤が求めるもので，⑤は「$x+7$」なので，「$x=1010$」を代入すると

$$x+7=1010+7=1017$$

よって，本問の正答は**2**です。

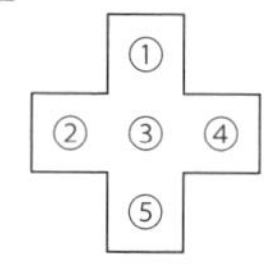

ダメというわけではありませんが，⑤をxにすると
① $x-7-7=x-14$
② $x-7-1=x-8$
③ $x-7$
④ $x-7+1=x-6$
となり求めるのがやや面倒になります。

31に注目すると

23	24	25
30	31	32
37	38	39

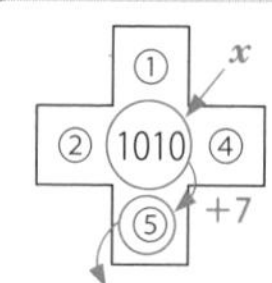

中央の数のすぐ下に位置している数

例題6

ある店で，赤ワイン4本と白ワイン5本のセットを1万円で，赤ワイン2本と白ワイン3本のセットを6千円で販売した。2種類のワインのセットの売上は合計50万円で，売れた赤ワインの本数は合計180本であった。売れたセットの合計はいくつか。

（地方上級）

1　55セット
2　60セット
3　65セット
4　70セット
5　75セット

解法のステップ

「売れたセットの合計はいくつか」と問われているので方程式の問題と判断します。このセットですが，1万円のセットと6千円のセットで2つセットがあるので，「x」だけで表すことができません。そのため，「y」も利用してセットの数を表すので連立方程式の問題と予想します。文字が2つ以上あっても，解き方の手順は同じです。

問題文を文字で表す

今回は，1万円のセットと6千円のセットと2つのセットがあるのでどちらも文字でおきます。
「x」だけでは足りないので，「y」も利用します。

●Step 1　求めるものを「x」「y」とおく

問題文で「売れたセットの合計はいくつか」と問われているので，「x」，「y」で表します。

1万円のセットが売れた数を「x」
6千円のセットが売れた数を「y」

とします。問題文で問われている「売れたセットの合計」は「$x+y$」の値とわかります。

セットの売上

1万円のセットがx売れる
⇒売上10000×x円

6千円のセットがy売れる
⇒売上6000×y円

●Step 2　方程式を立てる

問題文に「売上」と「本数」の情報があります。まずは「売上」に注目します。

1万円のセットが「x」売れたので，売上は「10000×x」。6千円のセットが「y」売れたので，売上は「6000×y」。この2種類のワインのセットの売上の合計は50万円なので，

$$10000x+6000y=500000 \cdots ①$$

赤・白ワインの本数

	赤	白
1万円	4本	5本
6千円	2本	3本
計	180本	

次に「売れた赤ワインの本数が180本」とあるので赤ワインの本数に注目します。

1万円のセットには，赤ワインが4本入っていて，これがxセット売れたので，$4x$本です。

6千円のセットには，赤ワインが2本入っていて，これが「y」セット売れたので，$2y$本です。赤ワインは合計180本売れたので

$$4x+2y=180 \cdots②$$

赤・白ワインの本数

	赤	白
1万円	4本	5本
6千円	2本	3本
計	180本	

●Step 3　方程式を解く

①，②の連立方程式を解きます。①を1000で割った（0を3つ取った）式を①′として計算します。

$$10000x+6000y=500000 \cdots①$$
$$10x+6y=500 \cdots①'$$

yを消すために②を3倍して「①′−②×3」を計算すると

$$x=20$$

これを② $4x+2y=180$ に代入して

$$y=50$$

求めるのは「売れたセットの合計$x+y$」なので

$$x+y=20+50=70$$

よって，本問の正答は**4**です。

①，②の連立方程式

$$\begin{cases}10x+6y=500 \cdots①' \\ 4x+2y=180 \cdots②\end{cases}$$

計算お助け

①′−②×3をして

$$\begin{array}{rr} & 10x+6y=500 \\ -) & 12x+6y=540 \\ \hline & -2x \quad =-40 \end{array}$$

両辺を−2で割って

$x=20$

計算お助け

「$x=20$」を②に代入

$4x+2y=180$
$4\times20+2y=180$
$80+2y=180$
$2y=100$
$y=50$

例題7

ナスとピーマンが合わせて9個，ピーマンとトマトが合わせて12個，トマトとナスが合わせて15個あるとき，ナスの個数として，正しいのはどれか。

（警視庁Ⅲ類）

1　3個
2　4個
3　5個
4　6個
5　7個

問題文で「ナスの個数」が問われているので文字でおきます。ナスの個数だけ文字で表しても方程式が立てられませんから，ピーマンとトマトも文字を使います。

●Step 1　求めるものを文字でおく

ナスの個数を「x」ピーマンの個数を「y」トマトの個数を「z」とおきます。文字が3つあるので，方程式も3つ必要です。

●Step 2　方程式を立てる

ナス「x」とピーマン「y」が合わせて9個より

$$x+y=9 \cdots ①$$

ピーマン「y」とトマト「z」が合わせて12個より

$$y+z=12 \cdots ②$$

トマト「z」とナス「x」が合わせて15個より

$$z+x=15 \cdots ③$$

「$z+x=15$」は計算しやすくするために，「$x+z=15$」と順序を入れ替えます。

●Step 3　方程式を解く

①，②，③を並べて書くと，規則的な連立方程式が現れます。このタイプの連立方程式は①＋②＋③を計算してから解くと計算が楽になります。この問題を通して，その流れを紹介していきます。

①＋②＋③を計算すると

$$2x+2y+2z=36$$

両辺を2で割ると

$$x+y+z=18 \cdots ④$$

ナスの個数「x」を求めるには「$y+z$」を消せばよいので，④から②を引き算して

$$x=6 \cdots ⑤$$

よって，本問の正答は**4**です。

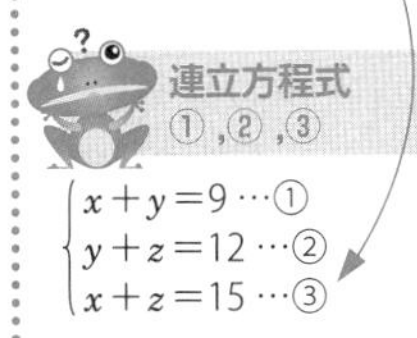

$$\begin{cases} x+y=9 \cdots ① \\ y+z=12 \cdots ② \\ x+z=15 \cdots ③ \end{cases}$$

$$\begin{array}{rl} x+y+z=18 & \cdots ④ \\ -)\quad y+z=12 & \cdots ② \\ \hline x \qquad = 6 & \end{array}$$

④－③を計算して

$$\begin{array}{rl} x+y+z=18 & \cdots ④ \\ -)\ x \quad +z=15 & \cdots ③ \\ \hline y \quad = 3 & \end{array}$$

④－①を計算して

$$\begin{array}{rl} x+y+z=18 & \cdots ④ \\ -)\ x+y \quad = 9 & \cdots ① \\ \hline z= 9 & \end{array}$$

例題8

ある年のオリンピック・パラリンピック冬季競技大会において，ある国が獲得した金，銀，銅の各メダルの個数を調べたところ，次のことがわかった。

ア　金メダルの個数と，銀メダルの個数との合計は，９個であった。

イ　金メダルの個数は，銅メダルの個数の２倍より６個少なかった。

ウ　銀メダルの個数を３倍にした個数と銅メダルの個数との合計は，20個であった。

以上から判断して，金，銀，銅の各メダルの個数の合計として，正しいのはどれか。

（東京都キャリア活用）

1　13個
2　14個
3　15個
4　16個
5　17個

解法のステップ

金，銀，銅メダルの個数を，それぞれx，y，zとして，式を立てていきます。

●Step 1　メダルの数を文字でおく

金メダルの数をx，銀メダルの数をy，銅メダルの数をzとすると，条件アより

$$x + y = 9 \cdots ①$$

条件イより

$$x = 2z - 6 \cdots ②$$

条件ウより

$$3y + z = 20 \cdots ③$$

です。①，②，③よりx，y，zの値を求めます。

●Step 2　連立方程式を解く

①，②，③を見ると②が「$x=\cdots$」の形になっているので代入します。xを代入できるのは①なので，①に代入すると

$$y + 2z = 15 \cdots ④$$

条件ア

金メダルの個数「x」
＋銀メダルの個数「y」
＝9個

条件イ

金メダルの個数「x」
＝銅メダルの個数「z」
の2倍－6

条件ウ

銀メダルの個数「y」の３倍＋銅メダルの個数「z」＝20

計算お助け

$\begin{cases} x = 2z - 6 \cdots ② \\ x + y = 9 \cdots ① \end{cases}$
→②を①に代入して
$(2z - 6) + y = 9$
$y + 2z = 15 \cdots ④$

②を①に代入した式④$y+2z=15$と，残りの式③$3y+z=20$を連立して，y，zを求めます。zの係数を合わせるために，**③を2倍して④を引く**と

$$y=5$$

「$y=5$」を③$3y+z=20$に代入して

$$3\times5+z=20$$
$$z=5$$

「$y=5$」を①$x+y=9$に代入して

$$x+5=9$$
$$x=4$$

よって，金「x」，銀「y」，銅「z」各メダルの個数の合計「$x+y+z$」は

$$x+y+z$$
$$=4+5+5=14$$

よって，本問の正答は**2**です。

③と④の連立方程式

$$\begin{cases} 3y+z=20 \cdots ③ \\ y+2z=15 \cdots ④ \end{cases}$$

計算お助け

$$\begin{array}{lrl} ③\times2: & 6y+2z & =40 \\ ④: & -)\ \ y+2z & =15 \\ \hline & 5y\qquad & =25 \\ & y\qquad & =5 \end{array}$$

4-3　国総★　国般★★★　地上★★　市役所★★　初級★★

比と割合
～比と割合を数式にする～

割合とは？

比べる量（比較する量）が，もとにする量（基準とする量）のどれだけに当たるのかを表した数を**割合**といい，次の関係があります。

割合

割　合 ＝（比べる量）÷（もとにする量）
比べる量＝（もとにする量）×（割合）

百分率と歩合の変換から復習しましょう。

テーマの重要度

比と割合の問題はコンスタントに出題されます。苦手としている受験生も多いので，１つでも多くものにして差をつけましょう。

比べる量，もとにする量

ある10人のクラスのうち男性が７名，男性の割合は
比べる量 → 男性７人
もとにする量 → 10人
割合 → 7÷10=0.7

問

次の値を小数に変換しなさい。

（１）80%　（２）25%　（３）20%増加　（４）20%減少
（５）４割　（６）１割２分３厘　（７）３割引　（８）２割増し
（９）２割の利益を上乗せ

（1）%（パーセント）で表す割合を**百分率**といいます。
%から小数にするには，0.01倍すればよいので

80%＝80×0.01＝0.8

以下も同様に計算していくと，

（2） 25%＝25×0.01＝0.25

（3） 20%増加は，基準の100%に20%加えるので

100%＋20%＝120%＝120×0.01＝1.2

（4） 20%減少は，基準の100%から20%引くので

100%－20%＝80%＝80×0.01＝0.8

（5） ここからは**歩合**のお話です。

歩合

割が「0.1」，分が「0.01」，厘が「0.001」

割合で有名なもの

割合で有名なものに百分率（%，パーセント）や，歩合（割・分・厘）があります。

%（百分率）

%は英語でpercentと書きます。centが「100」なので，percentは分数で表したときに分母が100となる数です．そのため1%は

$$\frac{1}{100}=0.01$$

です。

ですから，割から小数にするには，0.1倍すればよいので，

4割＝4×0.1＝0.4

同様に計算していくと，

(6) 1割2分3厘＝0.123

「割引」と「割増し」は，1を歩合にした「10割」を基準に計算していきます。

(7) 3割引は，基準の10割から3割引くので
10割－3割＝7割＝7×0.1＝0.7

(8) 2割増しは，基準の10割に2割加えるので
10割＋2割＝12割＝12×0.1＝1.2

(9) 2割の利益の上乗せは，10割に2割加えるので
10割＋2割＝12割＝12×0.1＝1.2

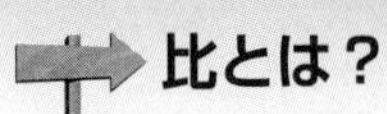

比とは？

「2：3」や「10：15」のように，2つの数の関係を表す方法を**比**（ひ）といいます。「2：3」は2の3に対する割合を表しているので $2\div3=\frac{2}{3}$ と同じとなります。10：15の場合，$10\div15=\frac{10}{15}=\frac{2}{3}$ となるので，2：3と同じになります。つまり「2：3＝10：15」です。

このように，「：の前の数の2」と「：の後の数の3」に同じ数「5」をかけた比「10：15」はもとの比と同じになります。また，同様に「：の前の数」と「：の後の数」を下のようにかけたり割ったりして作った比ももとの比と同じになります。

2：3＝[4：6]＝8：12＝10：15＝…
（2：3→10：15 ×5，2：3→4：6 ×2，8：12→4：6 ÷2）

たとえば，Aさんが20歳，Bさんが30歳の場合，AさんとBさんの年齢比は

A：B＝20：30＝20：30＝2：3
（20：30 を ÷10 して 2：3）

のように「2：3」という簡単な比で表すことができます。

%（百分率）を変換

「0.01倍する」と考えると難しいですが，小数点が2つ左にずれる…と覚えておくといいです。

80.%＝0.8
25.%＝0.25
120.%＝1.2

1割2分3厘

1割＝0.1
2分＝0.02
3厘＝0.003
↓
1割2分3厘
＝0.1＋0.02＋0.003
＝0.123

比の読み方

「2：3」は「2対3」と読みます。

比の仕組み

$2:3=2\div3=\frac{2}{3}$
$\parallel$
$10:15=10\div15=\frac{10}{15}$

比を簡単にする

4：6，8：12，10：15を2：3のような，できるだけ小さい整数の比に直すことを「比を簡単にする」といいます。

比を簡単にする

A：B＝20：30
の比を簡単にしなさい

⇩

A：B＝2：3

第4章 方程式を使って解く問題

問

次の比を簡単にしなさい。

（1） 10：50　（2） 0.8：0.2　（3） $\frac{1}{5}:\frac{1}{6}$　（4） $\frac{2}{3}:\frac{4}{5}$

(1)「：」の前にある数10と後にある数50を10で割ります。

$10:50 = \cancel{10}^{1}:\cancel{50}^{5} = 1:5$（÷10）

(2) 小数をなくすために，「：」の前にある数0.8と後にある数0.2を10倍して整数にします。その後２で割ります。

$0.8:0.2 = 8:2 = \cancel{8}^{4}:\cancel{2}^{1} = 4:1$（×10，÷2）

(3) 分数をなくすために，「：」の前後にある数に30をかけて分母を払って整数の比にします。

$\frac{1}{5}:\frac{1}{6} = 6:5$（×30）

(4) 分数をなくすために，「：」の前後にある数に15をかけて分母を払って整数の比にします。その後２で割ります。

$\frac{2}{3}:\frac{4}{5} = 10:12 = \cancel{10}^{5}:\cancel{12}^{6} = 5:6$（×15，÷2）

$x:2=4:3$のような式を**比例式**といいますが，比例式の計算でよく使うのが，次の公式です。

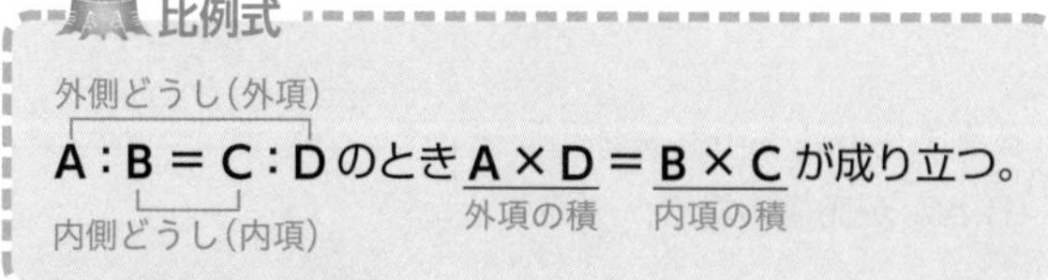

比例式

外側どうし（外項）

A：B＝C：Dのとき A×D＝B×C が成り立つ。

内側どうし（内項）　外項の積　内項の積

なお，内側にあるBとCを**内項**（ないこう），外側にあるAとDを**外項**（がいこう）といいます。**比例式の計算は「内項の積＝外項の積」と表す**ことができます。

計算をしながら身につけていきましょう。

正確には…

10：50
＝10÷10：50÷10
＝1：5

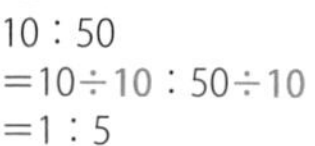

正確には…

0.8：0.2
＝0.8×10：0.2×10
＝8：2
＝8÷2：2÷2
＝4：1

正確には…

$\frac{1}{5}:\frac{1}{6}$
$=\frac{1}{5}\times30:\frac{1}{6}\times30$
＝6：5

「内項の積＝外項の積」

$A:B=A\div B=\frac{A}{B}$
$\qquad\qquad\qquad\parallel$
$C:D=C\div D=\frac{C}{D}$

$\frac{A}{B}=\frac{C}{D}$

両辺を「×BD」すると

$\frac{A}{B}\times BD=\frac{C}{D}\times BD$

$\frac{A}{\cancel{B}}\times \cancel{B}D=\frac{C}{\cancel{D}}\times B\cancel{D}$

$A\times D=B\times C$

次のxに当てはまる数を求めなさい。

（1） $x:2=4:3$　　（2）$2x:3000-x=4:1$

（3） $\frac{7x}{3}-4:x+4=3:2$

(1) 外項の「xと3」，内項の「2と4」をかけます。

外項：xと3　内項：2と4

$$x:2=4:3 \qquad \underbrace{x\times3}_{\text{外項の積}}=\underbrace{2\times4}_{\text{内項の積}}$$

$$3x=8$$

$$x=\frac{8}{3}$$

(2) 外項の「$2x$と1」，内項の「$3000-x$と4」をかけます。

外項：$2x$と1　内項：$(3000-x)$と4

$$2x:(3000-x)=4:1$$

$$2x\times1=4(3000-x)\ \cdots①$$

$$x=2000$$

(3) 外項の「$\frac{7x}{3}-4$と2」，内項の「$x+4$と3」をかけます。

外項：$\left(\frac{7x}{3}-4\right)$と2　内項：$(x+4)$と3

$$\left(\frac{7x}{3}-4\right):(x+4)=3:2$$

$$\underbrace{2\times\left(\frac{7x}{3}-4\right)}_{\text{外項の積}}=\underbrace{3\times(x+4)}_{\text{内項の積}}\ \cdots②$$

$$x=12$$

比例式の比を等式にして計算する方法もあります。たとえば，A：Bが2：3のときAとBの値は具体的にわかりませんが，文字「x」を使い

$$A=2x,\quad B=3x$$

と表すことができます。この表し方を利用するのは，A：Bが2：3で「CはAより4大きい」や「DはBの3倍」のような条件がついている場合が多いのです。

①の計算お助け

$$\underbrace{2x\times1}_{\text{外項の積}}=\underbrace{4(3000-x)}_{\text{内項の積}}$$

$$2x=12000-4x$$

$$6x=12000$$

$$x=2000$$

②の計算お助け

$$\frac{14}{3}x-8=3x+12$$

両辺を3倍して

$$14x-24=9x+36$$

$$14x-9x=36+24$$

$$5x=60$$

$$x=12$$

比を文字で表すと…

A＝$2x$，B＝$3x$のとき

「CはAより4大きい」

C＝A＋4＝$2x+4$

「DはBの3倍」

D＝B×3＝$3x\times3=9x$

のように表せます。

それでは具体的に問題を解いていきましょう。

例題 1

A，B，C，Dの４人で弁当を合計90個販売した。各人が販売した弁当の個数を比較すると，A：B＝2：3，B：C＝4：5であり，CはAより４個多く販売した。このとき，弁当を販売した個数が最多の者と最少の者とで，その販売個数の差はいくらか。

（地方初級）

1　10個
2　11個
3　12個
4　13個
5　14個

解法のステップ

「A：B＝2：3, B：C＝4：5」とあるように，比の問題です。

比の問題は「内項の積＝外項の積」を利用するか，文字を使って具体的に表すかのどちらかで進めていきます。どちらでも解くことができますが，問題文に「**CはAより４個多く販売した**」とあるので，**文字を使って具体的に表したほうが計算しやすい**です。

A：B＝2：3のとき
A＝$2x$，B＝$3x$
のように，文字「x」などを使って表します。

●Step 1　販売した弁当の個数を文字で表す

AとBの弁当の個数の比は2：3よりxを用いて

$$A=2x,\ B=3x$$

BとDの弁当の個数の比は4：5よりyを用いて

$$B=4y,\ D=5y$$

CはA（$2x$）より４個多く販売しているので

$$C=A+4=2x+4$$

A：B＝C：Dのとき
A×D＝B×C
外項の積　内項の積
外項
A：B＝C：D
内項

●Step 2　問題文から方程式を立てる

Step 1 の「B＝$3x$」，「B＝$4y$」より

$$3x=4y \quad \cdots ①$$

A～Dの４人で弁当を90個販売したので

$$A+B+C+D=90$$

Step 1より，$A=2x$，$B=3x$，$C=2x+4$，$D=5y$を代入すると

$$2x+3x+(2x+4)+5y=90$$
$$7x+5y=86 \cdots ②$$

●Step 3 ①，②の連立方程式を解く

$$\begin{cases} 3x=4y & \cdots ① \\ 7x+5y=86 & \cdots ② \end{cases}$$

①，②を解くと

$$x=8,\ y=6$$

$A=2x$，$B=3x$，$C=2x+4$ に「$x=8$」を代入，$D=5y$ に「$y=6$」を代入すると

$$A=2x=2\times8=16$$
$$B=3x=3\times8=24$$
$$C=2x+4=2\times8+4=20$$
$$D=5y=5\times6=30$$

よって，弁当を販売した個数が最多の者「D＝30」と最少の者「A＝16」の差は

$$D-A=30-16=14$$

となるので，本問の正答は**5**です。

①，②の計算のお助け

①より，

$$y=\frac{3}{4}x$$

これを②に代入して

$$7x+5\times\frac{3}{4}x=86$$
$$7x+\frac{15}{4}x=86$$

両辺を4倍して

$$28x+15x=86\times4$$
$$43x=86\times4$$
$$\overset{1}{\cancel{43}}x=\overset{2}{\cancel{86}}\times4$$
$$x=8$$
$$y=\frac{3}{4}x=\frac{3}{\underset{1}{\cancel{4}}}\times\overset{2}{\cancel{8}}=6$$

例題 2

年齢の異なるA，B，Cの３人がいる。AとBの年齢の比は，今から８年前は6：5であったが，今から８年後は10：9となる。またAとCの年齢の比は，今から８年前は2：1であった。このとき，BとCの年齢の差はいくらか。

（国家一般職［大卒］）

1 ２歳　**2** ４歳　**3** ６歳
4 ８歳　**5** 10歳

解法のステップ

問題文に年齢があるので，年齢算の問題ともいえますが，年齢算の問題の多くは「△年前に○倍だった」「□年後に○倍になる」という条件があります。今回，その○倍に当たる部分が比になっているので，比の問題として考えます。

A，B，Cの今の年齢がわからないので，それぞれ「a」「b」「c」と文字でおきます。その後，**比例式を「内項の積＝外項の積」で計算**していきます。

●Step 1　8年前のA，Bの年齢を文字で表す

8年前のAとBの年齢は，

8年前のAは$a-8$，8年前のBは$b-8$

8年前のAとBの年齢比は6：5であったので

$$a-8 : b-8 = 6 : 5$$
$$5a-6b=-8 \cdots ①$$

●Step 2　8年後のA，Bの年齢を文字で表す

8年後のAとBの年齢は，

8年後のAは$a+8$，8年後のBは$b+8$

8年後のAとBの年齢比が10：9となるので

$$a+8 : b+8 = 10 : 9$$
$$9a-10b=8 \cdots ②$$

●Step 3　①と②からa，bを求める

②の3倍から①の5倍を引くと

$$\begin{aligned} ②\times3: \quad & 27a-30b=24 \\ ①\times5: \quad -) \; & 25a-30b=-40 \\ \hline & 2a \quad\quad\; =64 \\ & a=32 \end{aligned}$$

$a=32$を①$5a-6b=-8$に代入して計算すると

$$5\times32-6b=-8$$
$$b=28$$

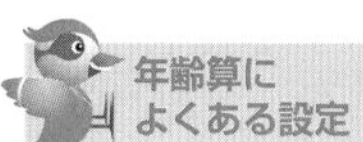

年齢算によくある設定

「△年前は○倍だった」
「□年後は○倍になる」

↓

年齢算の問題

年齢算については，次の4-4で詳しく説明します。

内項の積＝外項の積

A：B＝C：Dのとき

$A\times D = B\times C$（$A\times D$：外項の積，$B\times C$：内項の積）

A：B＝C：D（A，D：外項，B，C：内項）

内項の積＝外項の積

$(a-8):(b-8)=6:5$（$a-8$，5：外項，$b-8$，6：内項）

$5(a-8)=6(b-8)$（外項の積＝内項の積）

$5a-40=6b-48$

$5a-6b=-8$

内項の積＝外項の積

$(a+8):(b+8)=10:9$（$a+8$，9：外項，$b+8$，10：内項）

$9(a+8)=10(b+8)$（外項の積＝内項の積）

$9a+72=10b+80$

$9a-10b=8$

①，②の連立方程式

$$\begin{cases} 5a-6b=-8 \cdots ① \\ 9a-10b=8 \cdots ② \end{cases}$$

●Step 4 8年前のA，Cの年齢を文字で表す

A(a=32歳)とC(c歳)の年齢の比は，今から８年前は2：1であったので

$$a-8:c-8=2:1$$
$$c=20$$

$a-8:c-8=2:1$

$32-8:c-8=2:1$

外項

$24:(c-8)=2:1$

内項

$24\times1=2(c-8)$

$24=2c-16$

$-2c=-16-24$

$-2c=40$

$c=20$

●Step 5 BとCの年齢差を求める

B(b＝28歳) とC(c＝20歳) の年齢差は

$$b-c=28-20=8$$

よって，本問の正答は**4**です。

例題3

下図のように長方形ABCDと正方形EFGHが重なっている。長方形ABCDと正方形EFGHの面積の比は7：4で，長方形IFJDの面積は，正方形EFGHの面積の$\frac{3}{8}$である。斜線部分の面積が55cm^{2}のとき，長方形ABCDの面積として，最も妥当なものはどれか。

(警視庁Ｉ類)

1 63cm^2
2 70cm^2
3 77cm^2
4 84cm^2
5 91cm^2

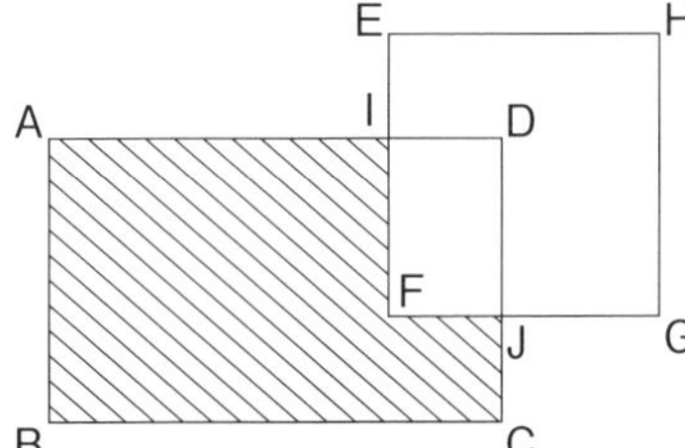

解法のステップ

図形の問題に見えますが，比が入っているので，まず比を設定することから考えます。長方形ABCDと正方形EFGHの面積の比「7：4」をどうするのかがポイントです。

問題文に「長方形IFJDの面積は，正方形EFGHの面積の$\frac{3}{8}$」とあるので，「内項の積＝外項の積」より，比を式にして具体的に表したほうが，計算しやすいです。

●Step 1 長方形と正方形の比を式にする

長方形ABCDと正方形EFGHの面積比が7：4より，文字

「x」を使って

長方形ABCD＝$7x$，正方形EFGH＝$4x$

とおけます。

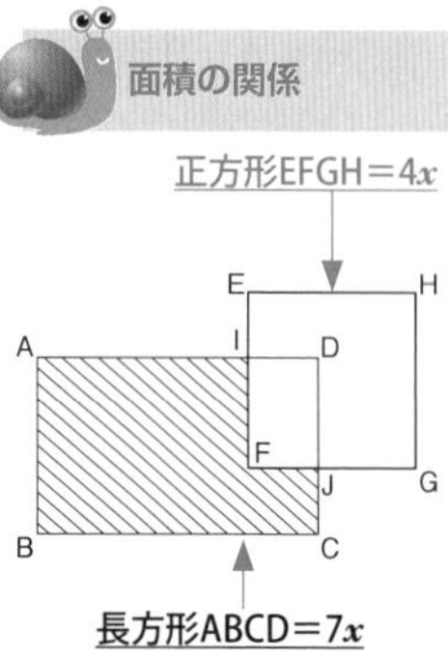

●Step 2　問題文から方程式を立てる

長方形IFJDの面積は，正方形EFGHの面積$4x$の$\frac{3}{8}$倍なので

長方形IFJD＝

$$正方形EFGH\times\frac{3}{8}=4x\times\frac{3}{8}=\frac{3x}{2}$$

斜線部分の面積は，長方形ABCDから，長方形IFJDを除けばよくて，これが55cm^{2}なので

$$正方形ABCD-長方形IFJD=7x-\frac{3x}{2}=55$$

となります。この方程式を解いていきます。

●Step 3　方程式を解き，答えを求める

$$7x-\frac{3x}{2}=55$$
$$x=10$$

よって，長方形ABCDの面積は「$x=10$」より

$$長方形ABCD=7x=7\times10=70$$

よって，本問の正答は**2**です。

$$7x-\frac{3x}{2}=55$$
$$\frac{14x}{2}-\frac{3x}{2}=55$$
$$\frac{11x}{2}=55$$
$$\frac{x}{2}=5$$
$$x=5\times2$$
$$=10$$

例題 4

ある試験では，昨年の受験者は3,000人であった。今年の試験では，合格者は昨年に比べ60%増えて，不合格者は20%減少した。また，今年の試験の合格率は80%であった。今年の受験者は何人であったか。　（市役所上級）

1　2,000人
2　2,500人
3　3,000人
4　3,500人
5　4,000人

解法のステップ

求めるもの（今年の受験者）を「x（人）」とおくのが原則ですが，この問題では昨年度の合格者や不合格者を基準にしているので，昨年度の合格者を文字にします。

基準？

「合格者は昨年に比べ60%増えて」とあるように「～に比べ」がある場合は「～」を基準に文字でおくと計算が楽です。

●Step 1　問題文の条件を文字で表す

昨年の受験者は3000人より，昨年の合格者をx人とすると，昨年の不合格者は「$3000-x$」人です。

今年の合格者は昨年より60%増えたので，「100%＋60%＝160%＝1.6」倍です。

今年の不合格者は昨年より20%減少したので，「100%－20%＝80%=0.8」倍です。

表にまとめると，次のとおりです。

	合格者	不合格者	受験者
昨　年	x	$3000-x$	3000
増　減	1.6倍の変化	0.8倍の変化	
今　年	$1.6x$	$0.8(3000-x)$	

問題文より

合格者	不合格者	受験者
x		3000

昨年の不合格者は
$3000-x$

今年の試験の合格率は80%なので，不合格率は100%－80%＝20%です。これらの値を比例式にして計算します。

●Step 2　数式を比例式にする

今年の試験では合格者（$1.6x$）と不合格者$0.8(3000-x)$の割合が，80%：20%となるので，

$$1.6x : 0.8(3000-x) = 80 : 20$$

●Step 3　求めた比例式を解く

$1.6x : 0.8(3000-x) = 80 : 20$ …①

①の左辺の比を10倍して8で割り，①の右辺の比を20で割ります。

$$2x : 3000-x = 4 : 1$$
$$x = 2000$$

$1.6x : 0.8(3000-x)$
$\rightarrow 16x : 8(3000-x)$
$\rightarrow 2x : 3000-x$

外項
$2x : 3000-x = 4 : 1$
内項

$2x = 4(3000-x)$
$2x = 12000-4x$
$6x = 12000$
$x = 2000$

●Step 4　問題を解く

「x」は昨年の合格者なので，「x」を使って，今年の受験者を求めます。

まず今年の合格者を求めるため「$1.6x$」に「$x=2000$」を代入します。その後，不合格者を求めるために，「$0.8(3000-x)$」に「$x=2000$」を代入します。

今年の合格者：$1.6 \times 2000 = 3200$
今年の不合格者：$0.8(3000-2000) = 800$

以上より，今年の受験者は

$$3200 + 800 = 4000$$

よって，本問の正答は**5**です。

例題5

ある大学の入学試験において，合格者の男女比が4：7，不合格者の男女比が2：3，受験者全体の男女比が3：5であった。不合格者の合計が800人であった場合，男子の合格者の人数として，最も妥当なものはどれか。　（東京消防庁Ⅱ類）

1　600人　　**2**　640人
3　680人　　**4**　720人
5　760人

解法のステップ

比を数式にする問題と考えられます。

合格者の男女比が4：7なので，文字「x」を使って合格した男子を「$4x$」人，合格した女子を「$7x$」人と表すことができます。同様に，不合格者の男女比が2：3なので，不合格の男子を「$2x$」人，不合格の女子を「$3x$」人……としたいところですが，これはできません。合格者と不合格者で比が別に表されているからです。そのため，別の文字を使う必要があります。そこで，不合格者には「y」を，合計には「z」の文字を使って表していきます。

●Step 1　問題文の条件を文字で表す

合格者の男女比が4：7より「x」を用いて

合格した男子＝$4x$，合格した女子＝$7x$

と表せます。不合格者の男女比が2：3より「y」を用いて

不合格の男子＝$2y$，不合格の女子＝$3y$

と表せます。受験者全体の男女比が3：5より「z」を用いて

男子受験者＝$3z$，女子受験者＝$5z$

と表せます。不合格者の合計が800人なので，表にまとめると右表のとおりです。

●Step 2　方程式を立てる

不合格者（右表の青枠）に注目すると

$$2y+3y=800$$
$$y=160$$

と「y」の値が求まります。次に男子の人数に注目すると

$$4x+2y=3z$$

次に女子の人数に注目すると

$$7x+3y=5z$$

「$y=160$」をそれぞれの式に代入すると

$$\begin{cases} 4x+320=3z & \cdots ① \\ 7x+480=5z & \cdots ② \end{cases}$$

●Step 3　連立方程式を解く

男子の合格者の人数「$4x$」を求めるのが目的なので，①と②による連立方程式から「x」を求めます。①を5倍して，②を3倍して引き「z」を消去します。

比が別→文字も別

大学の入学試験の受験者で男子が400人，女子が700人，合格者が男子200人，女子が350人だったとします。どちらも，

男子：女子＝4：7

ですが，

受験者の男子＝$4x$
受験者の女子＝$7x$
合格者の男子＝$4x$
合格者の女子＝$7x$

とはできません。

受験者の男子＝$4x$
受験者の女子＝$7x$
合格者の男子＝$4y$
合格者の女子＝$7y$

のように，受験者と合格者で文字を分ける必要があります。

表にまとめると

	男子	女子	合計
合格者	$4x$	$7x$	
不合格者	$2y$	$3y$	800
受験者	$3z$	$5z$	

	男子	女子
合格者（x）	$4x$	$7x$
不合格者（y）	$2y$	$3y$
全 体（z）	$3z$	$5z$

$$
\begin{array}{lrl}
①\times5: & 20x+1600 &=15z \\
②\times3: & -)\ 21x+1440 &=15z \\
\hline
& -x+\ 160 &=0 \\
& x &=160
\end{array}
$$

zは？

x=160 を①もしくは②に代入します。①「$4x+320=3z$」に「$x=160$」を代入すると

$$640+320=3z$$
$$960=3z$$
$$320=z \quad (\div3)$$

●Step 4　男子の合格者の人数を求める

男子の合格者の人数「$4x$」に「$x=160$」を代入して

$$4x=4\times160=640$$

よって，本問の正答は**2**です。

例題6

ある高校の入学試験において，受験者数の男女比は15：8，合格者数の男女比は10：7，不合格者数の男女比は2：1であった。男子の合格者数と男子の不合格者数の比として，適当なものはどれか。　（裁判所一般職［大卒］）

1　5：1　　**2**　3：2　　**3**　2：3
4　2：5　　**5**　1：5

解法のステップ

「15：8」，「10：7」，「2：1」と前問のように比が並んでいますが，怖がらずにx，y，zを用いて式で表します。

この問題の特徴は，問題文の最後にある「**男子の合格者数と不合格者数の比として，適当なものはどれか**」です。この問われ方から，**答えが具体的な数字では求まらないことが**予想されます。

比が別 → 文字も別

合格者数，不合格者数，受験者数で3つの比

↓

x，y，zの3文字

●Step 1　問題文の条件を文字で表す

合格者数の男女比を「x」，不合格者数の男女比を「y」，受験者数の男女比を「z」を用いて，式にすると右のとおりとなります。表にまとめると次のとおりです。

	男子	女子
合格者数	$10x$	$7x$
不合格者数	$2y$	y
受験者数	$15z$	$8z$

比を数式にすると…

合格者数の男女比は10：7
→{合格男子＝$10x$
　合格女子＝$7x$

不合格者数の男女比は2：1
→{不合格男子＝$2y$
　不合格女子＝y

受験者数の男女比は15：8
→{男子全体＝$15z$
　女子全体＝$8z$

●Step 2　方程式を立てる

男子の合格者数＋男子の不合格者数＝男子受験者数を①，女子の合格者数＋女子の不合格者数＝女子の受験者数を②として，それぞれ式を立てると，

$$\begin{cases} 10x+2y=15z \cdots ① \\ 7x+y=8z \cdots ② \end{cases}$$

合格　不合格　受験者

となります。x，y，zと３文字あるので，答えを求めるためには，本来式が３つ必要になります。しかし，２つしか式がありません。普通は困りますが，この問題は大丈夫です。

なぜなら，問題文で問われているのは人数ではなく，男子の合格者数（$10x$）と男子の不合者数（$2y$）の比（$10x$：$2y$）だからです。yをxの式「y=○xの形」で表すことができれば求めることができます。計算していきましょう。

式2つ，文字3つ？

$$\begin{cases} 10x+2y=15z \cdots ① \\ 7x+y=8z \cdots ② \end{cases}$$

↓

x，y，zの具体的な値は出ませんが，比は求まります。

●Step 3　方程式を解く

①と②から，求めていきます。

②×２－①を計算すると

$$z=4x$$

「$z=4x$」を②$7x+y=8z$に代入して

$$y=25x \cdots ③$$

②×2－①を計算

②×2：　$14x+2y=16z$

①　：－) $10x+2y=15z$

$4x \quad =z$

$z=4x$を②に代入して

$7x+y=8\times4x$

$7x+y=32x$

$y=25x$

●Step 4　男子の不合格者数を求める

男子の合格者数は「$10x$」です。男子の不合格者数は「$2y$」なので，③$y=25x$を代入すると

男子の不合格者数＝$2y=2\times25x=50x$

●Step 5　答えを求める

男子の合格者数は「$10x$」，不合格者数は「$50x$」より

男子の合格者数：男子の不合格者数
$=10x:50x=1:5$

$\div10x$

よって，本問の正答は**5**です。

表にまとめると

	男子
合格者数	$10x$
不合格者数	$2y=50x$
受験者数	$15z=60x$

例題7

A, B, C市の人口の合計はかつて484,000人であった。その後，現在までにそれぞれ5%, 10%, 15%人口が減少したが，その減少した人数は３市とも同じであった。現在のB市の人口は次のうちどれか。（特別区Ⅰ類）

1　105,800人
2　109,000人
3　114,800人
4　116,000人
5　118,800人

解法のステップ

「減少した人数は３市とも同じ」という部分をどうするのかがポイントになります。

まずは，A市，B市，C市のかつての人口をx人，y人，z人として問題文の条件を式にします。

何をxにするか？

「現在のＢ市の人口」が問われているので，原則に従うと，現在のＢ市を含むA市, B市, C市の人口をx人，y人，z人とします。
しかし，問題文に「現在までにそれぞれ5%, 10%, 15%人口が減少した」とあるので，かつての人口をx人，y人，z人としたほうが，計算が楽になります。

●Step 1　問題文の条件を文字で表す

かつてのA市，B市，C市の人口を，それぞれx人，y人，z人とすると，次のとおりです。

	A市	B市	C市	
かつての人口	x	y	z	484000
減少した人数	$0.05x$	$0.1y$	$0.15z$	

●Step 2　方程式を立てる

A，B，C市の人口の合計はかつて484000人であったので

$$x + y + z = 484000 \cdots ①$$

「減少した人数は３市とも同じ」より

$$0.05x = 0.1y = 0.15z$$

小数だと計算しにくいので100倍して，５で割ります。

$$5x = 10y = 15z$$
$$x = 2y = 3z \cdots ②$$

●Step 3　立てた方程式を解く

②の式は「＝」が２つつながっているので，「＝」が１つ

になるように，式を分割します。

1つ目の式（$x=2y$）

$$x=2y=3z\ \cdots②$$

2つ目の式（$2y=3z$）

現在のB市の人口を求めるためには「y」を求める必要があります。そのため②の式をyが含まれるように分割します。つまり「x=○yの形」，「z=○yの形」にします。まず②の式の前半に着目すると

$$x=2y\ \cdots③$$

次に，②の式の後半に着目します。「$2y=3z$」を「z=○yの形」にするために，両辺を3で割ると

$$z=\frac{2}{3}y\ \cdots④$$

③と④を①$x+y+z=484000$に代入すると

$$2y+y+\frac{2}{3}y=484000\ \cdots⑤$$

$$\frac{11}{3}y=484000\ \cdots⑥$$

$$y=132000$$

●Step 4　求める答えを計算する

かつてのB市の人口を「$y=132000$」としているので，この条件から，現在の人口を求めます。

現在は，ここから10%減少しているので

$$132000\times0.1=13200$$

を引けばよいので

$$132000-13200=118800$$

よって，本問の正答は**5**です。

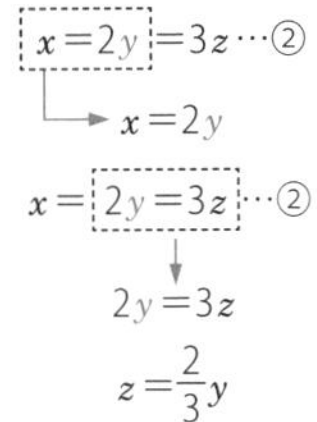

⑤の左辺：計算お助け

$$2y+y+\frac{2}{3}x$$
$$=3y+\frac{2}{3}y$$
$$=\frac{9y}{3}+\frac{2y}{3}$$
$$=\frac{11y}{3}$$

⑥の計算お助け

$$\frac{11y}{3}=484000$$
$$\frac{y}{3}=44000$$
$$y=3\times44000$$
$$=132000$$

10%減少だから…

人口が10%減少したということは，人口が90%になったので

$$132000\times0.9$$
$$=118800$$

と解いてもよいです。

第4章　方程式を使って解く問題

4-4　国総 ★　国般 ★　地上 ★　市役所 ★　初級 ★★

年齢算
～方程式の計算に慣れる

年齢算とは？

年齢算（ねんれいざん）は「父親の年齢は息子の年齢の３倍より１大きい」のように「△年前は○倍だった」や「□年後は○倍になる」などの条件がついていることが多いです。方程式の問題は，求めたいものを文字でおくのが原則ですが，年齢算の問題は条件が多いため，この原則通りにすると，条件を式にするのが難しくなります。そのため，登場人物の年齢をすべて文字でおいて，条件を式にしながら進めていくのが年齢算の特徴です。多くの文字を使うため，**連立方程式となる場合が多い**です。大卒程度の公務員試験より，高卒程度の公務員試験での出題が多いようです。

テーマの重要度

年齢算の出題はそれほど多くありませんが，方程式の立て方がわかればすぐに得点源になります。特別な公式はいらないので，ものにしましょう。

年齢算によくある設定

「△年前は○倍だった」
「□年後は○倍になる」
↓
年齢算の問題
↓
連立方程式で解く

例題 1

現在の父親の年齢は，息子の年齢の３倍より１多く，７年前は５倍より１少なかった。現在の父親の年齢として，最も妥当なものはどれか。　（東京消防庁Ⅲ類）

1　40歳
2　42歳
3　44歳
4　46歳
5　48歳

解法のステップ

「父親の年齢」「息子の年齢」が登場するので，年齢算の問題と考えます。文字は２つ以上になることが多いことを意識して，式を立てましょう。

●Step 1　問題文の条件を文字でおく

「現在の父親の年齢」が問われているので，この年齢を「x」歳とします。問題文の条件から，現在の息子の年齢がわかっているほうが計算しやすいので「y」歳とします。

●Step 2　問題文の条件から方程式を立てる

現在の父親の年齢「x」は，息子の年齢「y」の3倍より1多いので

$$x = y \times 3 + 1$$
$$x = 3y + 1 \cdots ①$$

7年前の父親の年齢は「$x-7$」，7年前の息子の年齢は「$y-7$」です。父親の年齢は7年前，息子の年齢の5倍より1少なかったので

$$x - 7 = (y - 7) \times 5 - 1$$
$$x = 5y - 29 \cdots ②$$

●Step 3　連立方程式を解く

$$\begin{cases} x = 3y + 1 \cdots ① \\ x = 5y - 29 \cdots ② \end{cases}$$

①，②を解くと

$$y = 15,\ x = 46$$

よって，現在の父親の年齢「x」は46歳なので，本問の正答は**4**です。

問題文の条件

「現在の父親の年齢」は，「息子の年齢」の3倍より1多く…とあるので，「現在の父親の年齢」だけではなく「現在の息子の年齢」も，文字で表したほうが，方程式を立てやすいです。

父の年齢「x」
↑ ×3＋1
息子の年齢「y」

計算お助け

$x-7=5(y-7)-1$
$x-7=5y-35-1$
$x-7=5y-36$
$x=5y-36+7$
$x=5y-29$

計算お助け

$3y+1=5y-29$
$3y-5y=-29-1$
$-2y=-30$
$y=15$
①に代入して
$x=3y+1$
$=3\times15+1$
$=46$

例題2

ある4人家族の父，母，姉，弟の年齢について，今年の元日に調べたところ，次のA～Dのことがわかった。

A　姉は弟より4歳年上であった。

B　父の年齢は姉の年齢の3倍であった。

C　5年前の元日には，母の年齢は弟の年齢の5倍であった。

D　2年後の元日には，父と母の年齢の和は，弟と姉の年齢の和の3倍になる。

以上から判断して，今年の元日における4人の年齢の合計として，正しいのはどれか。
（東京都Ⅰ類B）

1　116歳　**2**　121歳　**3**　126歳
4　131歳　**5**　136歳

解法のステップ

いろいろと条件がありますが1つ1つ文字にして計算していきましょう。計算が大変ですが，焦らず解いていきましょう。４人の年齢がわからないのでx，y，z，wを用いていきます。

何文字使うか？

父，母，姉，弟
４人の年齢が不明
↓
x，y，z，w
４つの文字を利用

●Step 1　問題文の条件を文字でおく

父の年齢を「x」，母の年齢を「y」，姉の年齢を「z」，弟の年齢を「w」とおきます。

●Step 2　方程式にする

A（姉「z」は弟「w」より４歳年上であった）より

$$z=w+4\cdots①$$

Aの条件

姉の年齢「z」
↑ +4
弟の年齢「w」

B（父の年齢「x」は姉の年齢「z」の３倍であった）より

$$x=3z\cdots②$$

Bの条件

父の年齢「x」
↑ ×3
姉の年齢「z」

C（５年前の元日には，母の年齢「$y-5$」は弟の年齢「$w-5$」の５倍であった）より

$$y-5=5(w-5)$$
$$y=5w-20\cdots③$$

Cの条件

母の年齢「y」
５年前の母「$y-5$」
弟の年齢「w」↑ ×5
５年前の弟「$w-5$」

D（２年後の元日には，父と母の年齢の和は，弟と姉の年齢の和の３倍になる）より

$$(x+2)+(y+2)=3(z+2+w+2)$$
$$x+y=3z+3w+8\cdots④$$

Dの条件

２年後の父「$x+2$」
２年後の母「$y+2$」
２年後の父と母の年齢の和
$(x+2)+(y+2)$
２年後の姉「$z+2$」
２年後の弟「$w+2$」
２年後の弟と姉の年齢の和の３倍
$3(z+2+w+2)$

●Step 3　連立方程式を解く

ここで①～④の式を見ると，xとyが２つ，zとwが３つあるので，扱いやすいxとyに着目します。

そこで，②のxと③のyを④に代入します。（①には，xとyがないため，④のみに代入します）

$$x+y=3z+3w+8$$
$$3z+(5w-20)=3z+3w+8$$
$$5w-20=3w+8$$
$$w=14$$

①～④の式

$z=w+4\cdots①$
$x=3z\cdots②$
$y=5w-20\cdots③$
$x+y=3z+3w+8\cdots④$

③$y=5w-20$に「$w=14$」を代入して

$$y=5w-20=5\times14-20=50$$

①$z=w+4$に「$w=14$」を代入して

$$z=w+4=14+4=18$$

②$x=3z$に「$z=18$」を代入して

$$x=3z=3\times18=54$$

$5w-20=3w+8$
$5w-3w=20+8$
$2w=28$
$w=14$

●Step 4　4人の年齢の合計を求める

$$x+y+z+w=54+50+18+14=136$$

よって，本問の正答は**5**です。

例題3

両親と長男，次男の４人家族がいる。現在の両親の年齢の和は，長男と次男の年齢の和の６倍であるが，２年後には５倍になるという。また，現在の父親の年齢は，次男の年齢の７倍で，母親より２歳年上であるという。このとき長男と次男の年齢の差として，最も妥当なものはどれか。ただし，それぞれの年齢の差は常に変わらないものとする。（警視庁Ｉ類）

1　１歳
2　２歳
3　３歳
4　４歳
5　５歳

解法のステップ

例題２と同じですが，計算量がさらに多いです。焦らず１つ１つ計算していきましょう。

●Step 1　問題文の条件を文字でおく

長男の年齢を「x」，次男の年齢を「y」とします。問題文の条件に両親もあるので，父の年齢を「z」，母の年齢を「w」とします。

何文字使うか？

長男，次男と両親（父，母）4人の年齢が不明
↓
x，y，z，w 4つの文字を利用

●Step 2　方程式にする

両親の年齢の和$(z+w)$は，長男と次男の年齢の和$(x+y)$の6倍なので

$$z+w=6(x+y)$$
$$z+w=6x+6y \cdots ①$$

これが2年後には5倍になるので

$$(z+2)+(w+2)=5(x+2+y+2)$$
$$z+w=5x+5y+16 \cdots ②$$

ここで①と②に着目すると左辺が同じなので，うまく計算ができそうです。②－①をすると

$$z+w=5x+5y+16 \cdots ②$$
$$-)\ z+w=6x+6y \cdots ①$$
$$0=-x-y+16$$
$$x+y=16 \cdots ③$$

現在の父(z)の年齢は，次男(y)の年齢の7倍で，父(z)は母(w)より2歳年上なので

$$z=7y \cdots ④$$
$$z=w+2 \cdots ⑤$$

●Step 3　連立方程式を解く

文字が4つですが，式が4つあるので具体的に解けます。

求めるのは，長男(x)と次男(y)の年齢の差「$x-y$」なので，zとwを消去します。

④はそのままで，⑤の式を変形します。

$$⑤: w=z-2 \leftarrow ④を代入する$$
$$=7y-2 \cdots ⑤'$$

④と⑤′を①に代入して

$$①: z+w=6(x+y)$$
$$7y+(7y-2)=6x+6y$$
$$-3x+4y=1 \cdots ⑥$$

③と⑥より

両親の年齢和　$(z+w)$
×6
長男と次男の年齢の和　$(x+y)$

問題文の条件（2年後）

父の年齢：$(z+2)$
＋
母の年齢：$(w+2)$

×5

長男の年齢：$(x+2)$
＋
次男の年齢：$(y+2)$

消去する文字

消去する文字は「消去する文字＝～」の形にします。

今回は，zとwを消去するので

z＝～
w＝～

の形にします。たまたま④が$z=7y$となっています。⑤を移項して「w=～」の形にします。

$$x=9,\ y=7$$

●Step 4　答えを求める

長男と次男の年齢の差「$x-y$」は

$$\begin{aligned} x-y &= 9-7 \\ &= 2 \end{aligned}$$

よって，本問の正答は**2**です。

③×3＋⑥

$$\begin{array}{rr} & 3x+3y=48 \\ +) & -3x+4y=1 \\ \hline & 7y=49 \end{array}$$

$y=7$

これを③に代入して

$x+7=16$

$x=9$

例題 4

両親と３姉妹の５人家族がいる。両親の年齢の和は，現在は３姉妹の年齢の和の３倍であるが，６年後には３姉妹の年齢の和の２倍になる。また，４年前には父親と三女の年齢の和が，母親，長女および次女の年齢の和と等しかったとすると，現在の母親，長女および次女の年齢の和はどれか。　（特別区Ⅰ類）

1　42
2　44
3　46
4　48
5　50

解法のステップ

登場人物が５人いるため，５文字a，b，c，d，eを使っていきます。

●Step 1　問題文の条件を文字でおく

現在の父親，母親，長女，次女および三女の年齢をそれぞれ「a」「b」「c」「d」「e」とします。求めるのは，現在の母親，長女および次女の年齢の和「$b+c+d$」です。

父親の年齢「a」
母親の年齢「b」より
$a+b$

●Step 2　方程式を立てる

両親の年齢の和「$a+b$」は，現在は３姉妹の年齢の和「$c+d+e$」の３倍なので

$$a+b=3(c+d+e)\ \cdots①$$
$$a+b=3c+3d+3e\ \cdots①'$$

長女の年齢「c」
次女の年齢「d」
三女の年齢「e」より
$c+d+e$

６年後には，両親の年齢の和「$a+6+b+6$」が３姉妹の

年齢の和「$c+6+d+6+e+6$」の２倍になるので

$$a+6+b+6=2(c+6+d+6+e+6)$$
$$a+b=2c+2d+2e+24 \cdots ②$$

①′と②の左辺が「$a+b$」で等しいので，①′−②をすると

$$\begin{array}{rl} & a+b=3c+3d+3e \cdots ①' \\ -) & \underline{a+b=2c+2d+2e+24} \cdots ② \\ & 0=c+d+e-24 \\ & c+d+e=24 \cdots ③ \end{array}$$

③を①$a+b=3(c+d+e)$に代入すると

$$a+b=3\times24=72 \cdots ④$$

また，４年前には父親と三女の年齢の和「$a-4+e-4$」が，母親，長女および次女の年齢の和「$b-4+c-4+d-4$」と等しかったので

$$a-4+e-4=b-4+c-4+d-4$$
$$a+e=b+c+d-4 \cdots ⑤$$

●Step 3　立てた方程式を解く

今までの式をまとめると

$$c+d+e=24 \cdots ③$$
$$a+b=72 \cdots ④$$
$$a+e=b+c+d-4 \cdots ⑤$$

求めたいのは「$b+c+d$」です。そのため，④の「b」と③の「c」「d」を右辺に移項して，

$$e=24-c-d \cdots ③'$$
$$a=72-b \cdots ④'$$
$$a+e=b+c+d-4 \cdots ⑤$$

「e」と「a」は，⑤に代入して消去します。

$$\underbrace{(24-c-d)}_{③'}+\underbrace{(72-b)}_{④'}=b+c+d-4$$

６年後の年齢

父親の年齢「$a+6$」
母親の年齢「$b+6$」
長女の年齢「$c+6$」
次女の年齢「$d+6$」
三女の年齢「$e+6$」

４年前の年齢

父親の年齢「$a-4$」
母親の年齢「$b-4$」
長女の年齢「$c-4$」
次女の年齢「$d-4$」
三女の年齢「$e-4$」

求めたいものは右辺

複数の文字が入った等式では，
求めたいもの　→右辺
消去したいもの→左辺
となるように移項します。
本問題では，
求めたいもの
→右辺「b」,「c」,「d」
消去したいもの
→左辺「e」と「a」
です。消去したいものは，代入することで消去されます。

文字を左辺，数字を右辺に移項すると

$$-2b-2c-2d=-100$$
$$b+c+d=50$$

よって，本問の正答は**5**です。

4-5　国総★　国般★　地上★　市役所★　初級★

平均算
～公式の覚え方を工夫する～

平均算とは？

平均は，「全体の和（合計）」を「個数」で割り求めます。

たとえば，「12と36と18」の３つの数の平均を求める場合は，まず「12＋36＋18＝66」と全体の和を求めます。その後，12と36と18の個数は３なので，全体の和の66を個数の３で割ると「66÷３＝22」と平均を求めることができます。

この計算方法も大事ですが，**公務員試験では，平均から全体の和を求める機会が多くあります。**たとえば，先ほどの問題の場合は，平均の22から個数の３をかけて全体の和の「22×３＝66」を求めるイメージです。ここから，平均の公式は

平均の公式

（全体の和）＝（平均）×（個数）

となります。

それでは，公式を利用して問題を解いていきましょう。

テーマの重要度

平均算の出題はそれほど多くありませんが，パターンが決まっているため落とせないテーマです。

12と36と18の合計

12＋36＋18＝66

↓

３つの数の平均は

$\frac{66}{3}=22$

平均から全体の和を求めると

→　22×3＝66

平均の公式

$平均=\frac{全体の和（合計）}{個数}$

↓

両辺「×（個数）」をする

↓

（全体の和）＝（平均）×（個数）

例題１

ある会社の採用試験では，合格者10人で，競争率（受験者数／合格者数）は10倍であった。受験者全員の平均点は50点で，合格者の平均点は68点であったとき，不合格者の平均点は何点か。　（社会人基礎試験）

1　45点　**2**　46点　**3**　47点　**4**　48点

解法のステップ

受験者全員の平均点は50点で，合格者が10人なので，平均の公式を使って合格者の合計点数を求めることができます。

その後，競争率がわかっているので，受験者数を求めることができますから，不合格者の合計点数も平均の公式を使って求めることができます。

平均の公式

$競争率=\frac{受験者数}{合格者数}$

↓

受験者数
＝（合格者数）×（競争率）
＝10×10＝100

そして合格者と不合格者の合計点を合わせると受験者全員の合計点数となるので，問題を解くことができます。

選択肢が4つ？

市役所などの地方自治体が社会人向けに行っている採用試験で課されている社会人基礎試験は，４肢択一式の問題になっています。

●Step 1　受験者数，不合格者数を求める

競争率が10倍なので，合格者数を10倍すれば受験者の総数を求めることができます。

受験者数から合格者数を引けば，不合格者数になります。

受験者数　：$10 \times 10 = 100$ 人
不合格者数：$100 - 10 = 90$ 人

表にまとめると

	合	不	全体
人数	10	90	100
平均点	68	x	50
合計点	680	$90x$	5000

●Step 2　合格者，不合格者の合計点を求める

合格者10人の合計点は，平均点が68点より

$$68 \times 10 = 680$$

不合格者の平均点を「x」とすると，不合格者90人の合計点は，

$$x \times 90 = 90x$$

受験者100人の合計点は，平均点が50点より

$$50 \times 100 = 5000$$

●Step 3　方程式を立てて計算する

（合格者の合計点：680点）と（不合格者の合計点：$90x$点）を合わせると（受験者全員の合計点：5000点）より，

$$680 + 90x = 5000$$

合格者の合計点　不合格者の合計点　受験者全員の合計点

$$x = 48$$

計算お助け

$680 + 90x = 5000$
$90x = 5000 - 680$
$90x = 4320$
$9x = 432$
$x = 48$

よって，本問の正答は**4**です。

例題２

100人が受験して行われた試験で20人が合格した。不合格者の平均点は合格者の平均点より10点低く，全受験者の平均点は56点であった。このとき，合格者の平均点として，正しいのはどれか。（高卒警察官）

1　60点　　**2**　62点　　**3**　64点　　**4**　66点　　**5**　68点

解法のステップ

まず，問題文の条件を整理していきましょう。その後，合格者の平均点を文字でおき，下の①の式を利用します。

(合計点)＝(平均点)×(人数)…①

●Step 1　問題文の条件を表にする

条件をまとめると右表となります。受験者が100人で，合格者が20人なので，不合格者の人数は

$$100-20=80$$

次に，合格者の平均点を「x」とすると，不合格者の平均点は合格者の平均点より10点低いので

$$x-10$$

です。合格者の合計点，不合格者の合計点，全体の合計点は①より「平均点×人数」なので

合　格：$x\times20=20x$ …②
不合格：$(x-10)\times80=80x-800$ …③

全受験者の平均点は56点なので

全　体：$56\times100=5600$ …④

これらを表にまとめると次のとおりです。

	合 格	不合格	合 計
人　数	20	80	100
平均点	x	$x-10$	56
合計点	$20x$	$80x-800$	5600

●Step 2　方程式を立てて解く

「合格者の合計点②」と「不合格者の合計点③」を足すと「全体の合計点④」になるので

$$20x+(80x-800)=5600$$
$$x=64$$

よって，本問の正答は**3**です。

表にまとめると

	合格	不合格	全体
人 数	20		100
平均点			56
合計点			

↓不合格者の人数を求める

	合格	不合格	全体
人 数	20	80	100
平均点			56
合計点			

↓合格者の平均を文字でおく

	合格	不合格	全体
人 数	20	80	100
平均点	x		56
合計点			

↓不合格者の平均を求める

	合格	不合格	全体
人 数	20	80	100
平均点	x	$x-10$	56
合計点			

合計点の計算

平均点×人数＝合計点
を使っていきます。

計算お助け

$$20x+80x-800=5600$$
$$100x=6400$$
$$x=64$$

例題3

あるスタジアムにおいて，3日間にわたり野球大会が行われた。2日目の観客数は1日目の観客数より10%多く，3日目の観客数は2日目の観客数より20%多かった。また，3日間の1日当たりの平均の観客数は17,100人であった。このとき，1日目の観客数は何人か。 （地方初級）

1 14,600人　**2** 14,800人　**3** 15,000人
4 15,200人　**5** 15,400人

解法のステップ

平均の問題です。「10%多い」は，100%＋10%＝110%より1.1倍，「20%多い」は100%＋20%＝120%より1.2倍です。これらと次の式を利用して問題を解いていきます。

（3日間の観客数）＝（1日当たりの平均観客数）×3

●Step 1　問題文の条件を文字でおく

1日目の観客数を「x」とすると，2日目の観客数は1日目より10%多い110%，つまり1.1倍なので

$$x \times 1.1 = 1.1x \quad \cdots ①$$

3日目の観客数は2日目の観客数①より20%多い120%，つまり1.2倍なので，

$$① \times 1.2 = 1.1x \times 1.2 = 1.32x \quad \cdots ②$$

●Step 2　①と②を用いて方程式を立てる

1日目の観客数「x」，2日目の観客数①，3日目の観客数②，です。これらの平均が17100人なので，3日間の総観客数は

$$x + ① + ② = 17100 \times 3$$
$$x + 1.1x + 1.32x = 51300$$

●Step 3　方程式を解く

Step 2の方程式の左辺を計算します。その後，xの係数で割り算します。小数の割り算なので，整数に直してから計算したほうがミスを防げます。

3日間の1日当たりの平均観客数

$$= \frac{3日間の観客数}{3}$$

平均の公式

（合計）＝（平均）×（日数）

合計→3日間の観客数
平均→平均観客数
日数→3

平均の公式

$$平均 = \frac{全体の和（合計）}{個数}$$

1日目（x）
2日目（①）　の平均
3日目（②）

$$17100 = \frac{x + ① + ②}{3}$$

→　この両辺を3倍します

計算お助け

$3.42x = 51300$
両辺を100倍して
$342x = 5130000$
$x = 15000$

```
         15000
342 ) 5130000
      342
      ----
       1710
       1710
       ----
          0
```

$$3.42x = 51300$$
$$x = 15000$$

よって，本問の正答は**3**です。

例題 4

ある試験におけるA～Eの５人の得点の合計は340点であり，最高点のAと最低点のDとの間には53点の差があった。また，B，C，Eの３人の平均点は69点であり，Bの得点はDの得点の２倍より５点高く，DとEの得点の合計はCの得点より20点高かった。このとき，A～Eの得点に関する記述として正しいのはどれか。

（国家一般職［高卒］）

1　Aの得点は93点である。
2　Bの得点は81点である。
3　Cの得点は72点である。
4　Dの得点は32点である。
5　Eの得点は54点である。

解法のステップ

平均の問題です。下の平均の公式を利用していきます。

（全体）＝（平均）×（人数）

平均の公式

$$平均 = \frac{全体の和（合計）}{個数}$$

●Step 1　問題文の条件を文字でおく

A～Eの５人の得点をそれぞれ a，b，c，d，e とします。

●Step 2　問題文の条件から方程式を立てる

A～Eの５人の得点の合計は340点なので

$$a+b+c+d+e = 340 \cdots ①$$

AとDとの間には53点の差があったので，

$$a-d = 53 \cdots ②$$

B，C，Eの３人の平均点は69点なので

$$b+c+e = 69 \times 3$$
$$b+c+e = 207 \cdots ③$$

計算お助け

$$\frac{B, C, Eの合計点}{3} = 69$$
$$\rightarrow \frac{b+c+e}{3} = 69$$
$$\rightarrow b+c+e = 69 \times 3$$

●Step 3　方程式を解く

①と③の左辺には「$b+c+e$」が共通にあるので，文字の数を減らすために引き算してaとdの式にします。まず①−③を計算すると

$$
\begin{array}{rl}
a+b+c+d+e=340 & \cdots① \\
-)\quad b+c\quad +e=207 & \cdots③ \\
\hline
a\quad +d\quad =133 & \cdots④
\end{array}
$$

②＋④を計算して，両辺を２で割り算すると

$$a=93 \cdots⑤$$

Aの得点は93となるので，本問の正答は**1**です。

●参考　B，C，D，Eの点数も求めてみると

なお，本問では不要ですが，A以外の得点も求めてみましょう。

⑤「$a=93$」を④$a+d=133$に代入すると

$$d=40$$

Dの得点は40点です。よって，肢の**4**は誤りとわかります。

Bの得点について，「Bの得点はDの得点の２倍より５点高い」ので

$$b=d\times2+5=40\times2+5=85$$

Bの得点は85点です。よって，肢の**2**は誤りとわかります。

CとEの得点については「DとEの得点の合計はCの得点より20点高かった」という条件と「$d=40$」より

$$-c+e=-20 \cdots⑥$$

「$b=85$」を③$b+c+e=207$に代入すると

$$
\begin{aligned}
85+c+e&=207 \\
c+e&=122 \cdots⑦
\end{aligned}
$$

よって，⑥と⑦の連立方程式を解いて

$$e=51,\quad c=71$$

Cの得点は71点，Eの得点は51点です。よって，肢の**3**と**5**は誤りとわかります。

②＋④の計算

$$
\begin{array}{rl}
a-d=53 & \cdots② \\
+)\quad a+d=133 & \cdots④ \\
\hline
2a\quad =186 & \\
a\quad =93 &
\end{array}
$$

答えが出たら選択肢！

公務員試験の問題では，a，b，c，d，eすべての答えを出す必要はありません。答えが求まったら，その都度選択肢を確認しましょう。

⑤を④に代入

⑤：$a=93$を

④：$a+d=133$に代入

$93+d=133$

$d=40$

計算お助け

$d=40$を

$d+e=c+20$

に代入

$40+e=c+20$

$-c+e=-20$

計算お助け

$b=85$を

$b+c+e=207$に代入

$85+c+e=207$

$c+e=122$

$$
\begin{array}{rl}
-c+e=-20 \\
+)\quad c+e=122 \\
\hline
2e=102 \\
e=51
\end{array}
$$

例題5

ある試験の受験者の男子と女子の比率は3：2で，男子の受験者の平均点は56点，女子の受験者の平均点は61点であった。また，合格者の平均点は合格者の最低点より8点高く，不合格者の平均点との差は20点であった。合格者が不合格者の25%であったときの合格者の最低点として，最も妥当なものはどれか。

（東京消防庁Ⅱ類）

1　65点　**2**　66点　**3**　67点　**4**　68点　**5**　69点

解法のステップ

問題文に比が含まれる平均の問題です。

「合格者の平均点は合格者の最低点より８点高い」という条件があるので，平均点を求めるには男子と女子の比率の3：2は具体的に表して計算したほうがいいです。「内項の積＝外項の積」を利用する場合，男子と女子の人数を文字にして式を作ることになるので，計算がやや大変になります。

●Step 1　問題文の条件を数式にする

受験者の男女比が3：2より，xを用いて具体的にすると，

男子受験者＝$3x$，女子受験者＝$2x$

とおけます。問題文の条件を表にまとめると左下図となります。次に「受験者×平均点」で合計点を求め，「男子と女子の合計点」で全体の合計点を求めると右下図となります。

全　体	男子	女子	合計
受験者数	$3x$	$2x$	
平均点	56	61	
合計点			

▶

全　体	男子	女子	合計
受験者数	$3x$	$2x$	$5x$
平均点	56	61	
合計点	$168x$	$122x$	$290x$

全体合計点から受験者数を割ると，受験者全体の平均点が求まるので

$$290x \div 5x = \frac{290x}{5x} = 58$$

また，合格者は不合格者数の25%であるので

合格者：不合格者＝25：100＝1：4

となるので，合格者「y人」，不合格者「$4y$人」とおくこと

比のおさらい

2：3や10：15のように，2つの数の関係を表す方法が「比」でした。

外側どうし（外項）
A：B＝C：Dのとき
内側どうし（内項）

A×D＝B×C
外項の積　内項の積

全体の平均？

男子の平均点が56点
女子の平均点が61点
なので，全体の平均点を
$\frac{56+61}{2}=58.5$
としたくなりますが，これは間違いです。平均公式は
平均＝$\frac{全体の和（合計）}{個数}$
なので，これだと，男子1

ができます。合格者の平均点を「a」，不合格者の平均点を「b」として表にまとめると下図のようになります。

	合 格	不合格	合 計
人 数	y	$4y$	$5y$
平均点	a	b	58
合計点	$y \times a$	$4y \times b$	$290y$

合計点に着目すると，平均点×人数＝合計点より「$58 \times 5y = 290y$」となるので「$ay + 4by = 290y$」となり，両辺を「y」で割ると

$$a + 4b = 290 \cdots ①$$

また，合格者の平均点「a」と不合格者の平均点「b」の差は20点なので

$$a - b = 20 \cdots ②$$

よって，①と②の連立方程式を解くと

$$a = 74,\ b = 54$$

合格者の平均点は合格者の最低点より８点高いので，合格者の最低点は

$$a - 8 = 74 - 8 = 66$$

よって，本問の正答は**2**です。

●補足　平均の平均はダメ？

男子の平均56点，女子の平均61点を利用し全体の平均点を

$$\frac{56+61}{2} = 58.5 \cdots \times$$

としては，間違いとしました。そもそも平均の公式に当てはまっていないのでダメなのですが，ここで具体例を考えて間違っている理由を実感しましょう。次の例を考えます。

人の56点と女子が１人の61点の２人の平均点を求めたことになります。
以下にある「補足」も参考にしてください。

$ay + 4by = 290y$
両辺を「y」で割ると
$a\cancel{y} + 4b\cancel{y} = 290\cancel{y}$
↓

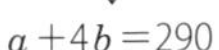

$a + 4b = 290$

$$\begin{array}{rl} & a + 4b = 290 \cdots ① \\ -) & a - \ \ b = 20 \cdots ② \\ \hline & 5b = 270 \\ & b = 54 \end{array}$$

②に代入して
$a - b = 20$
$a - 54 = 20$
$a = 74$

100人の生徒がいます。男性が90人，女性が１０人とします。あるテストをして，男性90人全員が０点，女性10人全員が100点だったとします。このときの，全体の平均点を求めよ。

男性の平均点は０点です。女性の平均点は100点です。ここから，全体の平均点を

$$\frac{0+100}{2}=50 \cdots \times$$

として，よいでしょうか？

男性90人が０点ですよ。いくらなんでも平均を50点とするのは，おかしいと思うはずです。男性・女性の合計点は

男性の合計点：90×0＝0
女性の合計点：100×10＝1000

となるので，平均点は

$$\frac{0+1000}{100}=10$$

です。この例からわかるとおり，男性の平均点と女性の平均点を足して２で割って全体の平均点としてはダメなのです。

表にまとめると1

	男性	女性	全体
人 数	90	10	100
平 均	0	100	50？
合 計			

表にまとめると2

	男性	女性	全体
人数	90	10	100
平均	0	100	？
合計	0	1000	1000

1000点÷100人＝10点

例題 6

バスケットボール選手Ａがシュートを打つとき，得点が２点である２ポイントシュートと得点が３点である３ポイントシュートのみ打つ。ある試合で，選手Ａの得点は60点，全ポイントシュートの成功率は40%，２ポイントシュートの成功率は60%，３ポイントシュートの成功率が30%であるとき，選手Ａが打ったシュートの本数はどれか。

ただし，成功率とは，打ったシュートの本数に対する成功したシュートの割合をいう。

（地方上級）

1　50本
2　55本
3　60本
4　65本
5　70本

解法のステップ

問題文にある40%，60%，30%という割合をうまく利用する必要があります。成功した「２ポイントシュートの数と３ポイントシュートの数を合わせると，成功したポイントシュートの数」になります。また，「２ポイントシュートの合計点と３ポイントシュートの合計点＝全ポイント」となりますから，この２つの条件から式を作ります。

30%，40%，60%？

30%＝0.3倍 → ×0.3
40%＝0.4倍 → ×0.4
60%＝0.6倍 → ×0.6
です。

●Step 1 問題文の条件を数式にする

2ポイントシュートの本数を「x」本，3ポイントシュートの本数を「y」本とします。2ポイントシュートの成功率は60%なので，成功した2ポイントシュートの本数は，

$$x \times 0.6 = 0.6x \ \cdots ①$$

3ポイントシュートの成功率は30%なので，成功した3ポイントシュートの本数は，

$$y \times 0.3 = 0.3y \ \cdots ②$$

全ポイントシュートの成功率は40%なので，成功したポイントシュートの本数は

$$(x + y) \times 0.4 = 0.4x + 0.4y \ \cdots ③$$

表にすると

2ポイントシュートを2PS
3ポイントシュートを3PS

	2PS	3PS	全体
成功率	0.6	0.3	0.4
本数	x	y	$x+y$
成功数	$0.6x$	$0.3y$	

↑ $0.4(x+y)$

●Step 2 問題文の条件から方程式を立てる

成功した2ポイントシュートの本数①と，成功した3ポイントシュートの本数②を合わせると，成功したポイントシュートの本数③になるので，

$$0.6x + 0.3y = 0.4x + 0.4y \ \cdots ③'$$
$$2x = y \ \cdots ④$$

計算お助け

③'の両辺を10倍して
$6x+3y=4x+4y$
$6x-4x=4y-3y$
$2x=y$

2ポイントシュートによる点数の合計は「$0.6x \times 2 = 1.2x$」，3ポイントシュートによる点数の合計は「$0.3y \times 3 = 0.9y$」この2つのシュートのポイントの合計が60となるので，

$$1.2x + 0.9y = 60$$
$$12x + 9y = 600 \ \cdots ⑤$$

●Step 3 方程式を解く

④，⑤の連立方程式を解くと

$$x = 20, \quad y = 40$$

よって，選手Aが打ったシュートの本数は

$$x + y = 20 + 40 = 60$$

よって，本問の正答は**3**です。

計算お助け

④：$2x=y$を
⑤：$12x+9y=600$
に代入すると
$12x+9\times 2x=600$
$12x+18x=600$
$30x=600$
$x=20$
これを④に代入して
$y=2x$
$=2\times 20=40$

4-6　国総★　国般★　地上★★　市役所★　初級★★

時計算その２
～長針と短針で式を立てる

時計算とは

時計算の問題は公式で解けるものがほとんどですが，90°や180°以外の角度が問題文にあるときは工夫が必要です。

まず，おさらいをしましょう。長針は1時間（60分）で1周360°進むので，1分間で6°進みます。

短針は12時間で360°進むので，1時間（60分）で30°進みます。ここから，短針と長針が作る角度は，5時のときは30°×5＝150°，6時のときは30°×6＝180°とわかります。6時が180°になるのは，計算しなくてもわかりますね。

短針は1時間（60分）に30°進みますから，1分間に0.5°進みます。

A時B分の場合，短針・長針の角度を計算すると

A時　→　短針が30A度進む

B分　→　短針が0.5B度進み長針が6B度進む

ということは

短針と長針の角度

A時B分の短針・長針の角度は

長針の角度＝6B
短針の角度＝30A＋0.5B

となります。この差を取ると，長針と短針の間の角度がわかります。たとえば

> 時計が8時52分を示すとき，時計の長針と短針の作る角（鋭角）は何度か。

まず，長針の角度と短針の角度は，A＝8，B＝52を代入して

長針の角度＝6×52＝312°
短針の角度＝30×8＋0.5×52＝266°

時計算その１

2-1の時計算その１の公式もあわせて確認しましょう(p.54)。長針と短針が重なるのは

$\frac{12}{11}$時間ごと

です。

短針・長針と角度

角度の用語

・0°より大きく90°より小さい角度は「**鋭角**」
・90°の角度は「**直角**」
・90°より大きく180°より小さい角度は「**鈍角**」です。

この場合，長針の角度のほうが短針の角度よりも大きいので，長針の角度から短針の角度を引いて，

長針の角度 − 短針の角度 = 312 − 266 = 46°

と求まります。それでは具体的に問題を解いていきましょう。

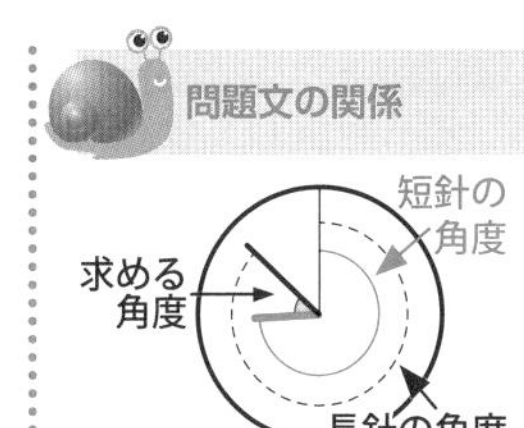

例題 1

時計の針がちょうど3時をさしているとき，時計の長針と短針のなす角度は90°である。では，３時40分になったとき，時計の長針と短針のなす角度は次のうちどれか。（地方初級）

1　110°　**2**　120°　**3**　130°　**4**　140°　**5**　150°

解法のステップ

長針の角度と短針の角度を具体的に求めていきましょう。

短針と長針の角度

p.206の短針と長針の角度で
A=3，B=40
を代入します。

●Step 1　長針と短針の角度を求める

求める時刻が３時40分なので，長針と短針の角度は

長針の角度 = 6 × 40 = 240°
短針の角度 = 30 × 3 + 0.5 × 40 = 110°

問題文の関係

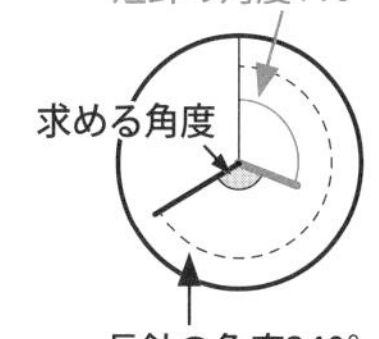

●Step 2　長針と短針のなす角度を求める

長針の角度から短針の角度を引いて

240° − 110° = 130°

よって，本問の正答は**3**です。

例題 2

下図のように，時計の針がちょうど10時15分をさしているアナログ式の時計がある。この時計において，45分後の11時までの間に長針と短針とのなす角が135°になる時刻として正しいのはどれか。（東京都Ⅲ類）

1　10時29分　**2**　10時30分
3　10時31分　**4**　10時32分
5　10時33分

解法のステップ

この問題も，長針と短針の角度を求めて引きます。下の図1，図2のとおり135°になるタイミングは2回ありますが，問題文より10時15分より後である図2のタイプを求めます。

図1 

図2 

●Step 1　長針と短針の角度を求める

求める時刻を10時B分とすると，長針と短針の角度は

長針の角度＝6B
短針の角度＝$30\times10+0.5\times B=300+0.5B$

●Step 2　方程式を立てて解く

右図のとおり，短針のほうが角度が大きくなっています。そのため，短針から長針を引くと135°になるので

$$\underbrace{300+0.5B}_{\text{短針}}-\underbrace{6B}_{\text{長針}}=135$$

$$B=30$$

よって，10時30分となるので本問の正答は**2**です。

●補足　こんなときはどうするの？

135°になるタイミングは2回ありました。もう一つの10時15分より前のタイプ（図1）は12時をまたいで135°を作っています。この場合の求め方を考えましょう。

右図を見てください。短針から長針の角度を引いたときに180°より大きくなる場合は，**短針から長針を引いた角度に135°を加えると1周分の360°になる**ので，

$$(\underbrace{300+0.5B}_{\text{短針}}-\underbrace{6B}_{\text{長針}})+135=360$$

$$B=\frac{150}{11}=13\frac{7}{11}$$

となります。よって約10時13分です。

時計算の角度の公式

A時B分の短針・長針の角度は
長針の角度＝6B
短針の角度＝30A＋0.5B
です。本問は10時～11時なので「A＝10」です。

図2の関係

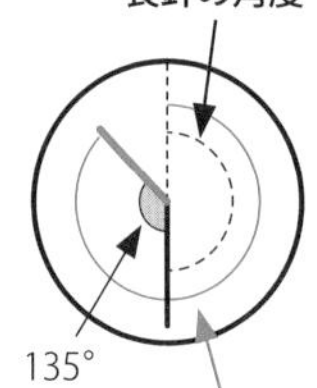

短針－長針＝135

計算お助け

300＋0.5B－6B＝135

－5.5B＝135－300
－5.5B＝－165
－55B＝－1650　×10
B＝30　÷55

図1の関係

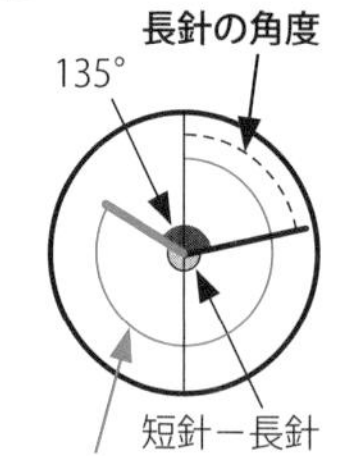

（短針－長針）＋135＝360

例題3

ある時計がちょうど9時をさしている。時計の長針と短針の間の角度が初めて145°になるのはこの時計で何分後か。 （国家一般職［高卒］）

1 6分後 **2** 8分後 **3** 10分後
4 12分後 **5** 14分後

解法のステップ

先ほどの「補足」と同様に考えて解く問題です。

●Step 1 長針と短針の角度を求める

求める時刻を9時B分とすると，長針と短針の角度は

短針の角度＝30×9＋0.5×B＝270＋0.5B
長針の角度＝6B

●Step 2 方程式を立てて解く

右図のとおり，短針から長針を引いた角度が180°より大きくなっています。そのため，短針から長針を引いた角度に145°を加えると360°になるので

$$\underset{\text{短針}}{\underline{(270+0.5B)}}-\underset{\text{長針}}{\underline{6B}}+145=360 \quad \cdots ①$$

$$B=10$$

よって，9時10分となるので，本問の正答は**3**です。

時計算の角度の公式

A時B分の短針・長針の角度は
長針の角度＝6B
短針の角度＝30A＋0.5B

問題文の関係

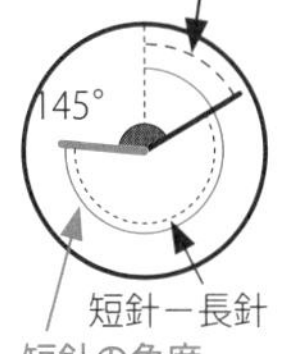

①の計算お助け

−5.5B＋415＝360
−5.5B＝−55
−55B＝−550
B＝10

例題4

次の図のように，6時から7時までの間で，時計の長針と短針の位置が文字盤の6の目盛りを挟んで左右対称になる時刻はどれか。 （東京都Ⅲ類，特別区Ⅰ類）

1 6時27分 **2** 6時$27\frac{3}{13}$分
3 6時$27\frac{6}{13}$分 **4** 6時$27\frac{9}{13}$分
5 6時$27\frac{12}{13}$分

解法のステップ

難しく見える問題ですが，問題文に書かれていることを数式にしていくと，意外とあっさり答えが求まります。

問題文の「6の目盛りを挟んで左右対称」を「短針の角度から180°を引いた角度と180°から長針の角度を引いた角度が同じ」と考えて方程式にします。

●Step 1　長針と短針の角度を求める

左右対称になる時刻を6時B分とすると

短針の角度＝30×6＋0.5×B＝180＋0.5B
長針の角度＝6B

短針の角度から180°を引いた角度①は，

$$\underbrace{(180+0.5B)}_{\text{短針}}-180=0.5B \quad \cdots①$$

180°から長針の角度を引いた角度②は

$$180-\underbrace{6B}_{\text{長針}} \quad \cdots②$$

●Step 2　方程式を立てて解く

「短針の角度から180°を引いた角度①」と「180°から長針の角度を引いた角度②」は同じ，つまり①＝②となるので

$$\underbrace{0.5B}_{①}=\underbrace{180-6B}_{②}$$

$$B=\frac{360}{13}=27\frac{9}{13}$$

よって，本問の正答は**4**です。

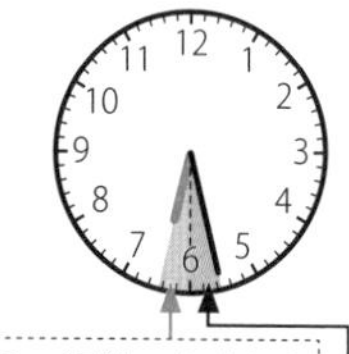

①：短針の角度から180°を引いた角度

②：180°から長針の角度を引いた角度

計算お助け

0.5B＝180－6B
6.5B＝180
両辺10倍
65B＝1800
$\overset{13}{\cancel{65}}B=\overset{360}{\cancel{1800}}$
13B＝360
$B=\frac{360}{13}$

計算お助け

```
     27
13)360
    26
    100
     91
      9
```

例題5

8時x分の長針と短針の位置を入れ替えると12時y分となるとき，xはいくらか。

（東京消防庁Ⅰ類）

1 $\frac{2}{7}$　**2** $\frac{47}{13}$　**3** $\frac{49}{13}$　**4** $\frac{460}{143}$　**5** $\frac{480}{143}$

解法のステップ

問題は図１，図２のときの「x」の値を聞いています。

図１ 

図２ 

まず「８時x分の長針と短針」，「12時y分の長針と短針」の角度を求め，方程式を立てます。

●Step 1　長針と短針の角度を求める

８時x分の長針と短針の角度を表すと

短針の角度 $=8\times30+0.5x=240+0.5x$ …①
長針の角度 $=6x$ …②

12時y分の長針と短針の角度を表すと，

短針の角度 $=0\times30+0.5y=0.5y$ …③
長針の角度 $=6y$ …④

●Step 2　連立方程式を立てる

8時x分の短針の角度①と12時y分の長針の角度④が同じになるので

$$240+0.5x=6y \quad \cdots ⑤$$

また，８時x分の長針の角度②と12時y分の短針の角度③が同じになるので

$$6x=0.5y \quad \cdots ⑥$$

●Step 3　連立方程式を解き「x」を求める

$$\begin{cases} 240+0.5x=6y & \cdots ⑤ \\ 6x=0.5y & \cdots ⑥ \end{cases}$$

$$x=\frac{480}{143}$$

よって，本問の正答は**5**です。

時計算の角度の公式

A時B分の短針・長針の角度は
長針の角度＝6B
短針の角度＝30A＋0.5B

②長針：$6x$

①短針：$240+0.5x$

③短針：$0.5y$

④長針：$6y$

①，②，③，④の関係

①：8時x分の短針
　240＋0.5x
②：8時x分の長針6x
③：12時y分の短針0.5y
④：12時y分の長針6y

問題文より
「①＝④」と「②＝③」

計算お助け

⑤，⑥をそれぞれ２倍
$480+x=12y$
$12x=y$
代入して，
$480+x=12\times12x$
$480+x=144x$
$480=143x$
$\frac{480}{143}=x$

4-7　国総 －　国般 ★　地上 ★　市役所 ★　初級 ★

濃　度
～テクニックに左右されない王道解法～

テクニックを使うとかえって難しくなる？

「濃度○%の食塩水と濃度△%の食塩水を混ぜてできた食塩水の濃度として妥当なものはどれか」……などを問うのが**濃度**(のうど)の問題です。食塩水の濃度の問題は，毎年どこかの試験で出ていますが，苦手意識を持つ受験生も多いようです。

解き方としては**天びん算**や**面積図**などのテクニックを利用する方法が有名ですが，近年では，次に紹介する例題1や例題3のように天びん算や面積図を使うとかえって難しくなる「簡単な問題」も出題されています。そのため本書では，基本に忠実な解き方をベースに解説していきます。それでは，例題を通して解き方を押さえていきましょう。

テーマの重要度

濃度問題の出題はそれほど多くありませんが，多くの受験生が対策してくるテーマなので落とせません。

天びん算と面積図

天びん算や面積図の解法は説明すると長くなってしまうため本書では割愛しますが，気になる方は調べてみると参考になると思います。

例題 1

5%の食塩水30gと12%の食塩水20gと15%の食塩水10gを混ぜてできた食塩水の濃度として最も妥当なものはどれか。　（東京消防庁Ⅲ類）

1　6%　　**2**　7%　　**3**　8%　　**4**　9%　　**5**　10%

解法のステップ

食塩水の問題は，濃度の公式を利用して解いていきます。まずは濃度の問題で使用する公式から確認していきましょう。割合の問題では，

（もとにする量）×（割合）＝（比べる量）

でした。食塩水の問題の場合は，「もとにする量」に当たるのが「食塩水の量」，「割合」に当たるのが「濃度」，「比べる量」に当たるのが「食塩の量」なので

（食塩水の量）×（濃度）＝（食塩の量）

です。ただし，濃度は問題文では%表示のため100倍して

割合

$割合=\dfrac{比べる量}{もとにする量}$

でした。

濃度

濃度は

$濃度=\dfrac{食塩の量}{食塩水の量}$

を利用します。

濃度の公式

（食塩水の量[g]）×（濃度[%]）＝（食塩の量[g]）×100

です。この公式を使って方程式を立て計算していきましょう。

●Step 1　問題文の条件を数直線に書き込む

下図のように数直線を書き，問題文に書かれている条件の数だけ「×」を書きます。

この「×」は，かけ算を表しています。

3つの食塩水を混ぜて，1つの食塩水とする場合は「×」が4個

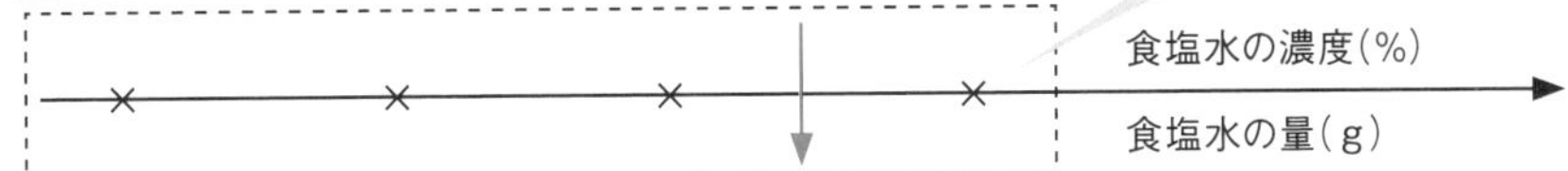

次に数直線の上側に左から「食塩水の濃度（%）」を，下側に左から「食塩水の量（g）」を書き込みます。

例題のように「濃度5%の食塩水30g」と「濃度12%の食塩水20g」と「濃度15%の食塩水10g」を混ぜ合わせる場合は，次の図のようになります。

濃度5%の食塩水30g
濃度12%の食塩水20g
濃度15%の食塩水10g
問題文に直接条件がないものは空欄にします。

5	12	15		食塩水の濃度(%)
×	×	×	×	
30	20	10	合計	食塩水の量(g)

●Step 2　食塩水の量を計算（足し算）「食塩水の濃度(%)×食塩水の量(g)」を計算

上図の右下の「合計」と書かれた数は，混ぜ合わせた食塩水の量なので，左下にある「30」と「20」と「10」を足し算すると食塩水の量を求めることができます。

$$30+20+10=60\ (\mathrm{g})$$

求める濃度をx（%）とすると，次のようになります。

5	12	15	x	食塩水の濃度(%)
×	×	×	×	
30	20	10	60	食塩水の量(g)

食塩の量×100は，数直線の上側にある「食塩水の濃度」と数直線の下側にある「食塩水の量」をかけ算することで求めることができます。

5	12	15	x	食塩水の濃度(%)
×	×	×	×	
30	20	10	60	食塩水の量(g)
‖	‖	‖	‖	
5×30	12×20	15×10	x×60	食塩の量×100

●Step 3　食塩水の量で方程式を立てて解く

先ほど計算した「食塩の量×100」の段にある「5×30」と「12×20」と「15×10」を加えると「x×60」となるので，方程式を立て，解くと

$$5\times30+12\times20+15\times10=x\times60$$
$$x=9$$

よって，求める濃度は9%となるので，正答は**4**です。

計算お助け

150＋240＋150＝60x
540＝60x
54＝6x
9＝x
左辺と右辺を入れ替えて
x＝9

例題2

濃度17%の食塩水が200gある。これに水を加えて濃度10%の食塩水にしたい。加える水の量として，正しいものはどれか。（市役所）

1　120g　**2**　140g　**3**　160g　**4**　180g　**5**　200g

解法のステップ

解き方は前問と変わりませんが，今回は水を加えます。水は「濃度0%の食塩水」と考えて進めていきます。加える水の量はわからないのでxgとします。

水の濃度は？

水は食塩が入っていないので「濃度0%の食塩水」と考えます。

●Step 1　問題文の条件を数直線に書き込む

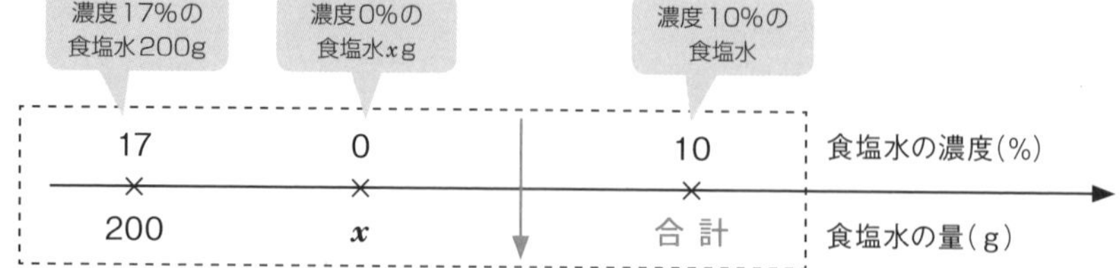

●Step 2 食塩水の量を計算(足し算)「食塩水の濃度(%)×食塩水の量(g)」を計算

食塩水の量は「200」に「x」を加えて「$200+x$」となるので「合計」の部分に書き，数直線上下の数をかけて食塩の量×100を求めます。

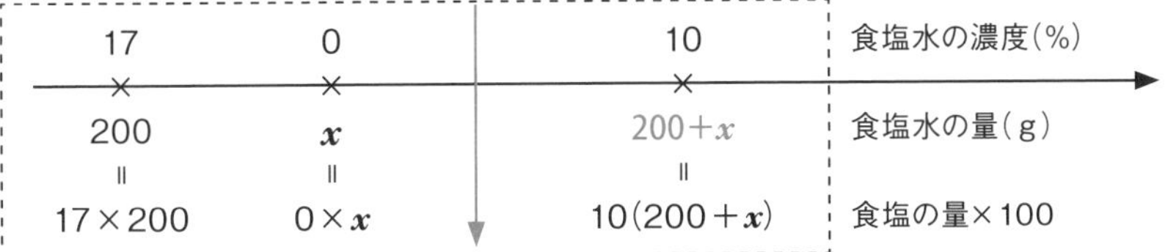

●Step 3 食塩の量×100の値で方程式を立てて解く

$$17\times200+0\times x=10(200+x)$$
$$x=140$$

よって，加える水の量は140gなので，正答は**2**です。

$3400=2000+10x$
$1400=10x$
$140=x$ よって
$x=140$

例題3

A，B，Cの3つの容器にそれぞれ濃度が5%，10%，15%の食塩水が入っている。A，B，Cからそれぞれ100g，200g，300gを取り出し，混ぜ合わせたうえで，水を追加して薄めたところ，濃度10%の食塩水ができた。このとき，追加した水の量は何gか。 （刑務官）

1 60g　**2** 80g　**3** 100g　**4** 120g　**5** 140g

解法のステップ

濃度の違う食塩水をそれぞれ取り出して水で薄めて……と聞くと難しく感じるかもしれませんが，「5%の食塩水100gと10%の食塩水200gと15%の食塩水300gを足して0%の食塩水で薄める」ということです。

●Step 1 問題文の条件を数直線に書き込む

濃度5%の食塩水100g
濃度10%の食塩水200g
濃度15%の食塩水300g
濃度0%の食塩水xg
濃度10%の食塩水

5	10	15	0	10	食塩水の濃度(%)
100	200	300	x	合計	食塩水の量(g)

●Step 2　食塩水の量を計算（足し算）「食塩水の濃度(%)×食塩水の量(g)」を計算

食塩水「100g」「200g」「300g」に水「xg」を加えると，混ぜ合わせた食塩水の量は

$$100+200+300+x=600+x$$

となるので「合計」の部分に書き込みます。

5	10	15	0	10	食塩水の濃度(%)
×	×	×	×	×	
100	200	300	x	$600+x$	食塩水の量(g)
॥	॥	॥	॥	॥	
5×100	10×200	15×300	$0\times x$	$10(600+x)$	食塩の量×100

●Step 3　食塩の量×100の値で方程式を立てて解く

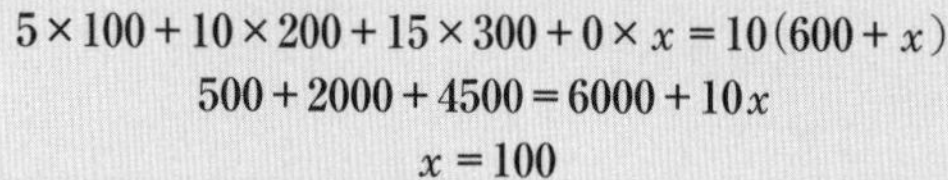

$$5\times100+10\times200+15\times300+0\times x=10(600+x)$$
$$500+2000+4500=6000+10x$$
$$x=100$$

よって，加える水の量は100gなので，正答は**3**です。

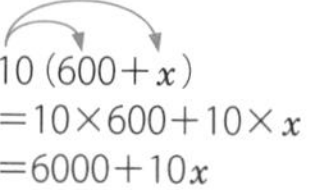

例題 4

5%の食塩水200gを蒸発させて20%の食塩水にした。これに4%の食塩水を加えたところ9%の食塩水になった。加えた食塩水の量として，正しいものはどれか。

（警視庁Ⅲ類）

1　110g　**2**　130g　**3**　150g　**4**　170g　**5**　190g

解法のステップ

蒸発した水の量と加えた食塩水の量がわからないので文字でおきます。蒸発の場合は食塩水の量が減るので「$-x$」，加えた食塩水は「y」とします。

●Step 1　問題文の条件を数直線に書き込む

濃度5%の食塩水200g	濃度0%の食塩水xgが蒸発	濃度20%の食塩水	
5	0	20	食塩水の濃度(%)
×	×	×	
200	$-x$	合計	食塩水の量(g)

●Step 2　食塩水の量を計算（足し算）「食塩水の濃度（%）×食塩水の量（g）」を計算

5	0	20	食塩水の濃度（%）
200	$-x$	$200-x$	食塩水の量（g）
＝	＝	＝	
5×200	0×（$-x$）	20（$200-x$）	食塩の量×100

●Step 3　食塩の量×100の値で方程式を立てる

$$5\times200+0\times(-x)=20(200-x)$$
$$1000=4000-20x$$
$$x=150$$

できた食塩水の量「$200-x$」に「$x=150$」を代入して，

$$200-x=200-150=50(\text{g})$$

です。この20%の食塩水50gに「4%の食塩水ygを加えたところ9%の食塩水になった」ので

合計の部分

食塩水200gから，蒸発したxgを除いた値「$200-x$」です。

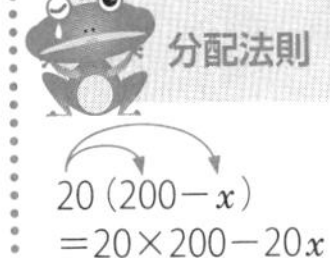

20（$200-x$）
$=20\times200-20x$
$=4000-20x$

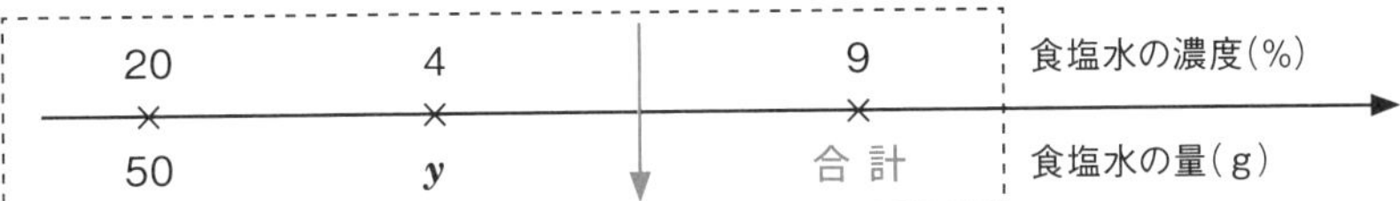

20	4	9	食塩水の濃度（%）
50	y	$50+y$	食塩水の量（g）
＝	＝	＝	
20×50	4×y	9（$50+y$）	食塩の量×100

$$20\times50+4\times y=9(50+y)$$
$$1000+4y=450+9y$$
$$4y-9y=450-1000$$
$$-5y=-550$$
$$y=110$$

よって，正答は**1**です。

9（$50+y$）
$=9\times50+9y$
$=450+9y$

4-8　国総 ★　国般 ★　地上 ★　市役所 ★★　初級 ★

売買損益算
～用語を押さえるだけ～

用語を押さえよう

今回は**損益算**を学習します。損益算のポイントは「用語と割合の計算」にあります。まずは用語を確認しましょう。

損益算に出てくる用語

原価…仕入れる値段のことです。原価を文字でおくと計算が楽になることが多いです。
定価…原価に利益を上乗せするなどして，前もって定めた値段のことです。
販売価格…実際に売った値段のことです。定価から割引されている場合が多いです。
売上…「販売価格×販売数」で求めます。
利益…もうけのことです。「販売価格－原価」で求めます。
損失…利益がマイナスの場合の言い方です。

たとえば「1000円で仕入れた商品１個を４割増で定価をつけたが，売れなかったので定価の１割引にして販売したところ売り切れた」とするとき，商品の情報は

原価：1000 円
定価：1000×1.4＝1400円
販売価格：1000×1.4×0.9＝1260円
利益：販売価格－原価＝1260－1000＝260円

この問題を「1000円で仕入れた商品１個を40%増で定価をつけたが，売れなかったので定価の30%引きにして販売したところ売り切れた」に変えると，商品の情報は

原価：1000円
定価：1000×1.4=1400円
販売価格：1000×1.4×0.7=980円
利益：販売価格－原価=980－1000=－20円

テーマの重要度

売買損益算の出題は多くありませんが，割合を苦手にしている受験生が多いため，差がつきやすいところです。

売買損益算の関係

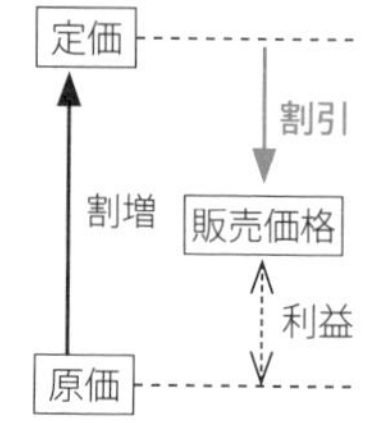

原価を文字でおく？

定価を文字でおいても問題は解けますが，利益の計算が少し面倒になることが多いです。

4割増？ 1割引？

４割＝0.4なので
４割増＝1＋0.4＝1.4倍

１割＝0.1なので
１割引＝1－0.1＝0.9倍

40%増？ 30%引？

40%＝0.4なので
40%増＝1＋0.4＝1.4倍

30%＝0.3なので
30%引＝1－0.3＝0.7倍

となり，利益が「−20」円となるので，損失となります。

例題 1

ある商品に原価の２割の利益を見込んで定価をつけたが，売れなかったので定価より60円引きにして売ったところ，原価に対して１割の損失になった。この品物の原価として，最も妥当なのはどれか。（東京消防庁Ⅲ類）

1　120円　**2**　140円
3　160円　**4**　180円
5　200円

解法のステップ

まず原価を文字でおき，定価，販売価格を文字で表していきます。問題文によると，利益（損失）も原価の文字を使って表せるので，「販売価格－原価＝利益（損失）」で方程式を立てることができます。

●Step 1　原価，定価，販売価格，利益を文字で表す

品物の原価をx円とします。

定価は，原価の２割（0.2）の利益を見込んだので，原価x円を1.2倍して

定価：$x \times 1.2 = 1.2x$

販売価格は，定価$1.2x$より60円引きしているので

販売価格：$1.2x - 60$…①

利益は，原価xの１割の損失なので

利益（損失）：$-x \times 0.1 = -0.1x$ …②

●Step 2　「販売価格－原価＝利益」で方程式を立てて解く

「販売価格①－原価x＝利益②」なので

$$(1.2x - 60) - x = -0.1x$$
$$x = 200$$

よって，本問の正答は**5**です。

売買損益算の関係

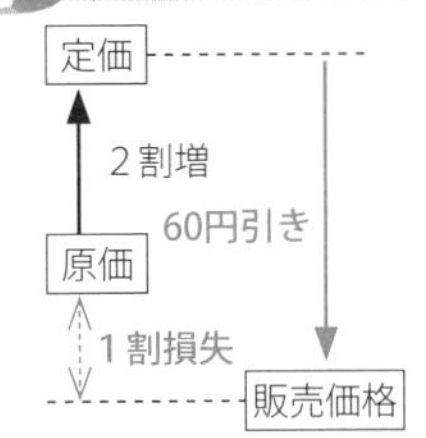

２割の利益を見込んで定価

「定価」は「原価」に「割増」して求めます。
定価を「２割の利益を見込んで」いるので，原価の「２割増」と考えます。
２割＝0.2なので
２割増＝1＋0.2＝1.2倍

計算お助け

$1.2x - 60 - x = -0.1x$
$0.3x = 60$
↓　両辺を10倍
$3x = 600$
↓　両辺を÷3
$x = 200$

例題2

定価の２割引で売っても，原価の４％の利益があるように定価をつける店がある。この店のバーゲンで，ある商品60個を定価の１割引で売り，42,120円の金額を得た。この商品１個当たりの利益はいくらか。（市役所経験者採用）

1　102円　**2**　105円　**3**　108円　**4**　112円　**5**　115円

解法のステップ

定価の２割引，原価の４％と基準になる価格が問題文に２つあるので，どちらも文字にして考えます。

定価を文字でおかずに解くこともできますが，混同する可能性があるのでここでは文字を利用します。

●Step 1　原価，定価，販売価格，利益を文字で表す

原価をx円，定価をy円とします。

販売価格を，定価y円の２割引にすると

販売価格：$y \times 0.8 = 0.8y$ …①
（y：定価）

利益は原価の４％なので

利益：$x \times 0.04 = 0.04x$ …②
（x：原価）

●Step 2　「販売価格－原価＝利益」で方程式を立てる

「販売価格①－原価x＝利益②」なので

$$0.8y - x = 0.04x$$
$$y = 1.3x \quad \cdots③$$

●Step 3　問題文の後半で式を作る

60個を定価y円の１割引で売り，42120円の金額を得たので，

$$(y \times 0.9) \times 60 = 42120$$
$$y = 780$$

「$y=780$」を③$y=1.3x$に代入すると，原価xは

$$x = 600$$

定価の2割引？

２割＝0.2なので
２割引＝1－0.2＝0.8倍
より，販売価格は
「（定価）×0.8」です。

原価の4％？

４％＝0.04なので，
利益は
「（原価）×0.04」です。

問題文の関係

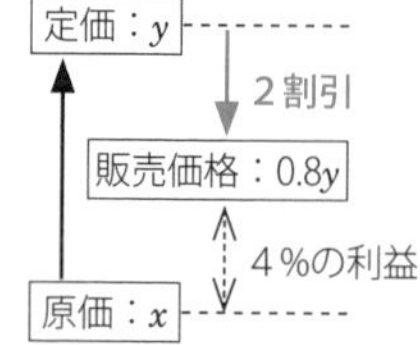

定価の1割引？

１割＝0.1なので，
１割引は1－0.1＝0.9倍
より「（定価）×0.9」です。

計算お助け

無理に一気に計算せず，少しずつ計算します。

$y \times 0.9 \times 60 = 42120$
$54y = 42120$　）÷2
$27y = 21060$　）÷3
$9y = 7020$　）÷9
$y = 780$

●Step 4　正答を求める

店のバーゲン時の販売価格は定価の１割引なので

販売価格：$780\times0.9=702$

利益は，販売価格から原価を引いて

$702-600=102$

よって，本問の正答は**1**です。

定価，原価

原価：x＝600（円）
定価：y＝780（円）
です。

例題3

１個当たり500円の利益を見込んで定価を設定した商品がある。この商品を，定価の１割引の価格で５個売ったときの利益と，定価の15%引きの価格で10個売ったときの利益が一致した。この商品１個当たりの定価として正しいものは，次のうちどれか。

（市役所上級）

1　2,200円　**2**　2,300円　**3**　2,400円
4　2,500円　**5**　2,600円

解法のステップ

「500円の利益」や「定価の１割引」とあるので，売買損益算の問題と判断します。売買損益算は「原価を文字で表す」と計算が楽になる場合が多いので，原価を「x」とします。販売価格が２通り設定されているので，それぞれの場合に分けて考えます。

問題文の関係

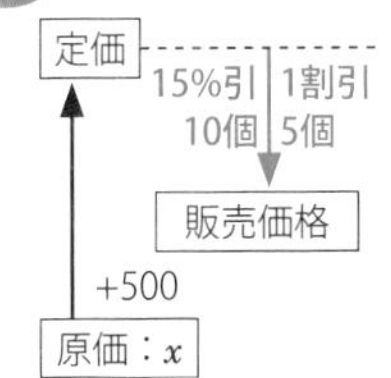

●Step 1　原価，定価を文字で表す〈その1〉

品物の原価をx円とします。
定価は，原価の500円の利益を見込んだので，

定価：$x+500$

定価の１割引で販売する場合，商品１個当たりの価格は，「販売価格：（定価）×0.9」より

販売価格：$(x+500)\times0.9=0.9x+450$

利益は販売価格から原価x円を引いた額なので

利益：$(0.9x+450)-x=-0.1x+450$ …①

定価の１割引？

１割＝0.1なので，
１割引は1－0.1＝0.9倍
より「（定価）×0.9」です。

利益

販売価格：$0.9x+450$
原価：x
販売価格－原価
＝$(0.9x+450)-x$

●Step 2　原価，定価を文字で表す〈その2〉

定価の15%引きで販売する場合，商品1個当たりの価格は

販売価格：$(x+500)\times0.85=0.85x+425$

利益は販売価格から原価x円を引いた額なので

利益：$0.85x+425-x=-0.15x+425$ …②

定価の15%引き？

15%＝0.15なので，15%引きは1－0.15＝0.85倍より「(定価) ×0.85」です。

●Step 3　方程式を立てて解く

①の利益5個分と②の利益10個分が等しいので「①×5」＝「②×10」として

$$\underbrace{(-0.1x+450)\times5}_{①\times5}=\underbrace{(-0.15x+425)\times10}_{②\times10}\quad)\div5$$
$$-0.1x+450=2(-0.15x+425)$$
$$x=2000$$

計算お助け

$-0.1x+450$
$=2(-0.15x+425)$

$-0.1x+450$
$=-0.3x+850$
$0.3x-0.1x=850-450$
$0.2x=400$)×10
$2x=4000$)÷2
$x=2000$

●Step 4　答えを求める

定価は「$x+500$」に「$x=2000$」を代入して

$$x+500$$
$$=2000+500=2500$$

よって，本問の正答は**4**です。

例題4

ある商品を60個仕入れ，原価の3割増で定価をつけて販売したところ，初日に定価で45個売れたので，追加で20個仕入れ，同じ定価をつけた。2日目には1つも売れなかったため，3日目に定価の4割引にして販売したところ，残りのすべての商品が売れ，最終的に31,900円の利益を得た。この商品1個当たりの原価はいくらか。

(国家一般職［高卒］)

1　4,000円　　**2**　4,500円　　**3**　5,000円
4　5,500円　　**5**　6,000円

解法のステップ

「3割増」「4割引」とあるので，売買損益算の問題と判断します。売買損益算は「原価を文字で表す」と計算が楽にな

る場合が多いので，原価を「x」として考えていきます。

●Step 1　原価，定価を文字で表す

商品の原価をx円とします。仕入れた商品の総数は，初めは60個仕入れ，追加で20個仕入れたので

$$60+20=80\text{個}$$

です。初日の売上は，原価の３割増で定価をつけて販売したところ，定価で45個売れたので

$$\underbrace{(x\times1.3)}_{\text{定価}}\times45 \cdots①$$

２日目の売上は０円です。

３日目は定価の４割引にして販売したところ，残りのすべての商品が売れたので，売れた数は80－45＝35個です。よって売上は，定価を４割引した値段に35をかけて

$$\underbrace{(x\times1.3)\times0.6}_{\text{定価の4割引}}\times35 \cdots②$$

●Step 2　方程式を立てる

最終的な利益は31900円で，初日の売上額の①と３日目の売上額の②から，仕入れ総額を引くことで求めることができます。商品は80個仕入れたので，仕入れ総額は「$x\times80$」より

$$\underbrace{(x\times1.3)\times45}_{①}+\underbrace{(x\times1.3)\times0.6\times35}_{②}-\underbrace{x\times80}_{\text{仕入れ総額}}=31900$$

●Step 3　方程式を解く

Step 2で立てた方程式の両辺を５で割り，計算すると

$$(x\times1.3)\times9+(x\times1.3)\times0.6\times7-16x=6380$$
$$11.7x+5.46x-16x=6380 \cdots③$$
$$x=5500$$

よって，本問の正答は**4**です。

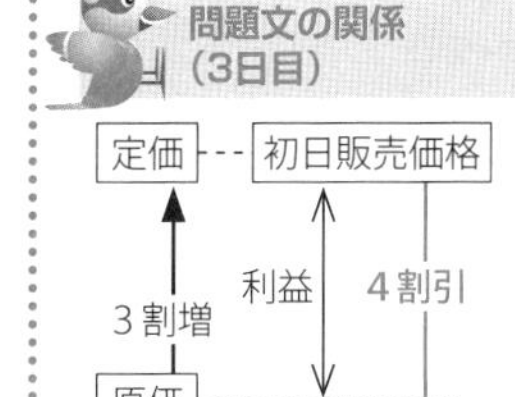

原価の3割増が定価

３割＝0.3なので，
３割増は1＋0.3＝1.3倍
より「（原価）×1.3」なので，（$x\times1.3$）。

定価の4割引

定価：「$x\times1.3$」
４割＝0.4なので，
４割引は1－0.4＝0.6倍
より「（定価）×0.6」つまり（$x\times1.3$）×0.6です。

③：計算お助け

$11.7x+5.46x-16x=6380$
$1.16x=6380$
$116x=638000$
$x=5500$

4-9　国総★★　国般★　地上★　市役所★　初級★★

ニュートン算
～いつも解法は連立方程式～

ニュートン算って何？

ニュートン算(ざん)は仕事算と似ています。仕事算との違いは，増加と減少がセットで問題文にあることです。具体的には「チケット売り場と行列」「牧場の草と牛」「水槽のポンプと水」などの問題です。わき出る水（増加）をくみ出したり（減少），生えてくる草（増加）を食べたり（減少），チケット売り場で増えてくるお客の列（増加）をさばいたり（減少）する問題です。増減を一気に扱うのは大変なので方程式を立て順序立てて解いていくのが原則です。それでは，始めていきましょう。

テーマの重要度

増加と減少がセットになっている問題がニュートン算の問題です。増加のみ，減少のみの問題が「仕事算」です。この種の問題を初めて考えたのがニュートンであることから，ニュートンの名前が使われています。ニュートン算の出題はそれほど多くないものの，苦手にしている受験生が多いので，差がつきやすいところです。

例題1

一定の量の水がたまっている井戸がある。この井戸から水をくみ出すと一定の割合で水がわき出る。毎分20Lくみ上げられるポンプを使って水をくむと，15分で水がなくなり，毎分30Lくみ上げられるポンプを使って水をくむと，9分で水がなくなるという。毎分25Lくみ上げられるポンプを使って水をくみ上げたときに，水がなくなるまでにかかる時間として，最も妥当なのはどれか。

（東京消防庁Ⅰ類）

1　11分　　**2**　11分15秒　　**3**　11分30秒
4　11分45秒　　**5**　12分

解法のステップ

ニュートン算の問題の解き方は，次の３段階です。

ニュートン算の解き方

1. 問題文の条件を文字でおく（仕事力はW）。
2. 問題文から公式に沿って式を立てる。
3. 連立方程式を計算する。

問題文から式を立てる際に利用する公式のフォーマットは

ニュートン算の原則

仕事力が問題文で示されている場合を除いて，仕事力はWとおきます。式は３つ立てる場合が多いです。

次のとおりです。

（初期の量）＋（増加量）＝（減少量）

ここで増加量と減少量をさらに分解すると，

（増加量）＝（増加力）×（時間）

（減少量）＝（数量）×（時間）×（仕事力）

となるので，ニュートン算の公式は，以下のようにまとめることができます。

仕事力と増加力

問題の条件を達成するために必要な力を仕事力とします。例題１であれば，水がなくなるための力なので，毎分20L，毎分30Lの20や30が仕事力です。それを妨げる力を増加力とします。

ニュートン算の公式

（初期の量）＋（増加力）×（時間）＝（数量）×（時間）×（仕事力）

（増加力）×（時間）→ 増加量　　（数量）×（時間）×（仕事力）→ 減少量

※ 波線の「時間」には同じ数字（文字）が入ります。

それでは問題を解いていきましょう。

●Step 1　問題文の条件を文字でおく

問題文に「一定の量の水がたまっている井戸がある」とあるので，これを「x」とします。また「井戸から水をくみ出すと一定の割合で水がわき出る」と書いてあるので，これを増加力「y」とします。ポンプは１つなので，数量は１です。

公式に当てはめると

初期の量＝「x」
増加力＝「y」

●Step 2　問題文の条件から式を立てる

仕事力について…

毎分30Lくみ上げられるポンプは，仕事力が30
毎分25Lくみ上げられるポンプは，仕事力が25
ですね。

問題文にあるポンプのくみ上げる力が仕事力となるので，毎分20Lくみ上げられるポンプの場合，仕事力は20です。それでは，問題文から式を立ててみましょう。

（１）20Lポンプで水をくむと15分で水がなくなるので

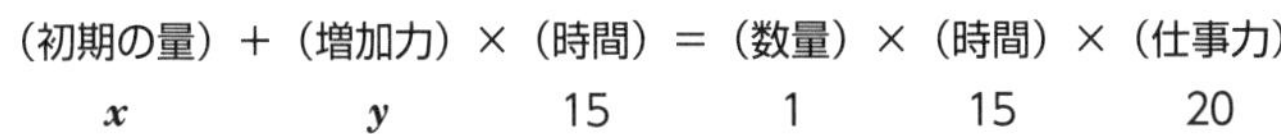

（初期の量）	＋（増加力）	×（時間）	＝（数量）	×（時間）	×（仕事力）
x	y	15	1	15	20

$$x+y\times15=1\times15\times20$$
$$x+15y=300 \cdots①$$

公式に当てはめると

（１）の場合は，時間＝15，数量＝1，仕事力＝20

（２）30Lポンプで水をくむと９分で水がなくなるので

（初期の量）	＋（増加力）	×（時間）	＝（数量）	×（時間）	×（仕事力）
x	y	9	1	9	30

$$x+y\times 9=1\times 9\times 30$$
$$x+9y=270\ \cdots ②$$

連立方程式①と②で，xとyを具体的に求めることができるので，①－②を計算して

$$x+15y=300\ \cdots ①$$
$$-)\ x+9y=270\ \cdots ②$$
$$6y=30$$
$$y=5\ \cdots ③$$

この③$y=5$を②$x+9y=270$に代入して，

$$x=225\ \cdots ④$$

（3）「毎分25Lのポンプを使って水をくみ上げたときに，水がなくなるまでにかかる時間」を問われているので，求める時間をtとします。

25Lポンプで水をくむとt分で水がなくなるので

（初期の量）	＋（増加力）	×（時間）	＝（数量）	×（時間）	×（仕事力）
x	y	t	1	t	25

$$x+ty=1\times t\times 25\ \cdots ⑤$$

●Step 3　問題文の条件から答えを求める

④の「$x=225$」と③の「$y=5$」を⑤に代入すると

$$225+t\times 5=1\times t\times 25$$

この方程式を解くと

$$t=\frac{45}{4}=11\frac{1}{4}\ （分）$$

$\frac{1}{4}$分は15秒なので，本問の正答は**2**です。

公式に当てはめると

（2）の場合は，時間＝9，数量＝1，仕事力＝30

計算お助け

$y=5$
↓
$x+9y=270$
$x+9\times 5=270$
$x+45=270$
$x=270-45$
$x=225$

公式に当てはめると

（3）の場合は，時間＝t，数量＝1，仕事力＝25

計算お助け

$225+5t=25t$
$5t-25t=-225$
$-20t=-225$
$t=\frac{225}{20}=\frac{45}{4}$

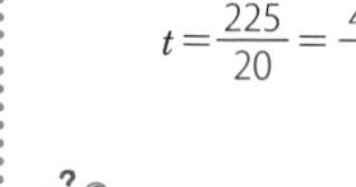

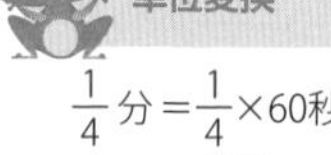

単位変換

$\frac{1}{4}$分$=\frac{1}{4}\times 60$秒
$=15$秒

例題 2

映画館でチケットを売り始めたとき，すでに行列ができており，発売開始後も毎分10人ずつ新たに行列に加わるものとする。窓口が１つのときは１時間で行列がなくなり，窓口が３つのときは15分で行列がなくなる。チケットを売り始めたときに並んでいた人数はどれか。ただし，どの窓口も１分間に同じ枚数を売るものとする。

（特別区Ⅰ類）

1　1,200人
2　1,300人
3　1,400人
4　1,500人
5　1,600人

解法のステップ

「毎分10人ずつ新たに行列に加わる」→「増加」と「窓口が１つのときは１時間で行列がなくなり」→「減少」のように増加・減少があるのでニュートン算の問題と考えます。

●Step 1　問題文の条件を文字でおく

問題文に「映画館でチケットを売り始めたとき，すでに行列ができており」とあるので，「すでに並んでいた行列の人数」を「x」，窓口１つの仕事力を「W」とします。なお，毎分10人ずつ新たに行列に加わるので，増加力は10です。

公式に当てはめると

初期の量＝「x」
窓口１つの仕事力＝「W」
増加力＝10

単位の統一

問題文が「毎分」と分単位で定められているので，１時間は60分に単位を合わせます。

●Step 2　問題文の条件から式を立てる

（１）窓口が１つのときは１時間（60分）で行列がなくなるので，公式に代入して

(初期の量) ＋	(増加力) ×	(時間) ＝	(数量) ×	(時間) ×	(仕事力)
x	10	60	1	60	W

$$x+10\times60=1\times60\times W$$
$$x+600=60W \quad \cdots ①$$

公式に当てはめると

（1）の場合は，増加力＝10，時間＝60，数量＝1

（２）窓口が３つのときは15分で行列がなくなるので，公式に代入して

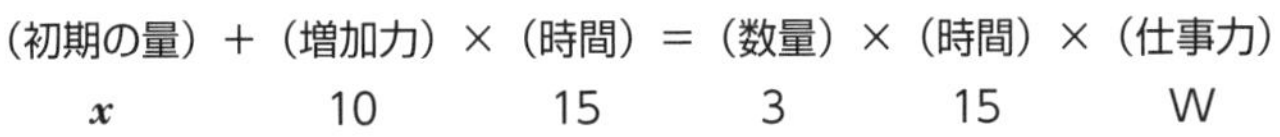

(初期の量) ＋	(増加力) ×	(時間) ＝	(数量) ×	(時間) ×	(仕事力)
x	10	15	3	15	W

$$x+10\times15=3\times15\times W$$
$$x+150=45W \quad \cdots ②$$

(2)の場合は，増加力＝10，時間＝15，数量＝3

●Step 3　連立方程式を解く

①－②より

$$\begin{array}{rl} & x+600=60W \quad \cdots ① \\ -) & x+150=45W \quad \cdots ② \\ \hline & 450=15W \\ & W=30 \quad \cdots ③ \end{array}$$

$15W=450$

$W=\frac{450}{15}=\frac{90}{3}=30$

③の「W＝30」を①$x+600=60W$に代入すると，

$$x+600=60\times30$$
$$x=1200$$

$x+600=1800$

$x=1800-600$

$x=1200$

よって，本問の正答は**1**です。

常に一定量の水がわき出している貯水池からポンプを用いて水をすべてくみ出し，貯水池を一時的に空にする作業を行う。今，同型のポンプが複数台用意されており，この作業に要する時間は，ポンプを３台用いた場合は30分，４台用いた場合は20分かかる。この作業を10分で終えるためには，ポンプは最低何台必要か。

なお，各作業開始時の水量は一定とする。　(国家総合職)

1　5台
2　6台
3　7台
4　8台
5　9台

解法のステップ

問題文に「水がわき出している（増加)，くみ出す（減少)」と増加と減少の条件があるのでニュートン算の問題と考えます。

作業開始時の水量＝「x」
貯水池の増加力＝「y」
ポンプ１台の仕事力＝「W」

●Step 1　問題文の条件を文字でおく

問題文に「作業開始時の水量」とあるので，これを「x」

とし，「一定量の水がわき出している」とあるので増加力を「y」，ポンプ1台の仕事力を「W」とします。

公式に当てはめると

(1)の場合は，時間=30，数量（ポンプの台数）=3

●Step 2 問題文の条件から式を立てる

（1）ポンプを3台用いた場合，30分かかるので

（初期の量）	＋（増加力）	×（時間）	＝（数量）	×（時間）	×（仕事力）
x	y	30	3	30	W

$$x + y \times 30 = 3 \times 30 \times W$$
$$x + 30y = 90W \quad \cdots①$$

公式に当てはめると

(2)の場合は，時間=20，数量（ポンプの台数）=4

（2）ポンプを4台用いた場合，20分かかるので

（初期の量）	＋（増加力）	×（時間）	＝（数量）	×（時間）	×（仕事力）
x	y	20	4	20	W

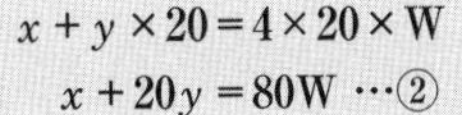

$$x + y \times 20 = 4 \times 20 \times W$$
$$x + 20y = 80W \quad \cdots②$$

計算お助け

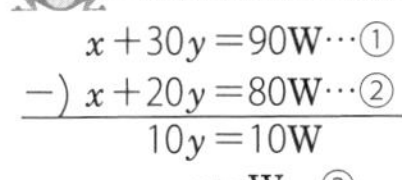

$$\begin{array}{rl} & x + 30y = 90W \cdots① \\ -) & x + 20y = 80W \cdots② \\ \hline & 10y = 10W \\ & y = W \cdots③ \end{array}$$

①－②より

$$y = W \quad \cdots③$$

計算お助け

$x + 20W = 80W \cdots②'$

$x = 80W - 20W$（移項）

$x = 60W \cdots④$

③「$y = W$」を②$x + 20y = 80W$に代入すると

$$x + 20W = 80W \quad \cdots②'$$
$$x = 60W \quad \cdots④$$

（3）この作業を10分で終えるために必要なポンプの台数を「z」とすると

（初期の量）	＋（増加力）	×（時間）	＝（数量）	×（時間）	×（仕事力）
x	y	10	z	10	W

$$x + y \times 10 = z \times 10 \times W$$
$$x + 10y = 10Wz \quad \cdots⑤$$

計算お助け

$60W + 10W = 10Wz$

$70W = 10Wz$

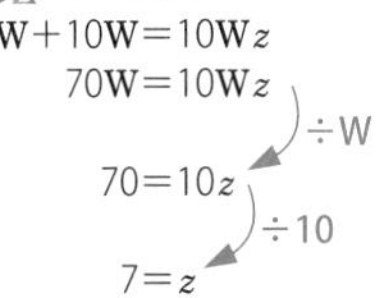

$70 = 10z$

$7 = z$

●Step 3 連立方程式を解く

④$x = 60W$，③$y = W$を⑤に代入すると

$$60W + 10W = 10Wz$$

この方程式を解くと

$$z=7$$

よって，本問の正答は**3**です。

例題4

ある朝，起きてみると屋根に雪が積もっており，雪はさらに一定の割合で積もっていった。ある時点から雪下ろしの作業を始めたとすると，4人で20分かかり，5人では12分かかるという。同じ時点から作業を始めた場合，10人では何分かかるか。ただし，各人の時間当たりの作業は等しく，変化しないものとする。

（国家一般職［高卒・社会人］）

1　4分
2　$\frac{9}{2}$分
3　5分
4　$\frac{11}{2}$分
5　6分

解法のステップ

問題文に「一定の割合で積もっていった（増加）」と「雪下ろしの作業（減少）」のように増加と減少の条件があるので，ニュートン算の問題と考えます。

●Step 1　問題文の条件を文字でおく

問題文に「屋根に雪が積もっており」とあるので，この量を「x」とし，「雪はさらに一定の割合で積もっていった」とあるので増加力を「y」，1人の雪下ろしの仕事力を「W」とします。

初期の雪の量＝「x」
雪の増加力＝「y」
1人の仕事力＝「W」

●Step 2　問題文の条件から式を立てる

(1)の場合は，時間＝20，
数量(雪下ろしの人数)＝4

（1）4人での雪下ろしは，20分かかるので

（初期の量）	＋（増加力）	×（時間）	＝（数量）	×（時間）	×（仕事力）
x	y	20	4	20	W

$$x+y\times20=4\times20\times\mathrm{W}$$
$$x+20y=80\mathrm{W}\ \cdots①$$

（2）5人での雪下ろしは，12分かかるので

（初期の量）	＋	（増加力）	×	（時間）	＝	（数量）	×	（時間）	×	（仕事力）
x		y		12		5		12		W

$$x + y \times 12 = 5 \times 12 \times W$$
$$x + 12y = 60W \cdots ②$$

①－②より

$$y = \frac{5}{2}W \cdots ③$$

③$y = \frac{5}{2}W$を②$x + 12y = 60W$に代入すると

$$x + 12 \times \frac{5}{2}W = 60W$$
$$x = 30W \cdots ④$$

公式に当てはめると

（2）の場合は，時間＝12，数量（雪下ろしの人数）＝5

計算お助け

$$x + 20y = 80W \cdots ①$$
$$-)\ x + 12y = 60W \cdots ②$$
$$8y = 20W$$
$$y = \frac{5}{2}W \cdots ③$$

計算お助け

$$x + 12 \times \frac{5}{2}W = 60W$$
$$x + 30W = 60W$$
$$x = 60W - 30W = 30W$$

（3）10人での雪下ろしの時間を「t」とすると

（初期の量）	＋	（増加力）	×	（時間）	＝	（数量）	×	（時間）	×	（仕事力）
x		y		t		10		t		W

$$x + y \times t = 10 \times t \times W$$
$$x + yt = 10tW \cdots ⑤$$

ニュートン算のxとy

③，④のようにニュートン算では，xとyがWの式になることが多いですが，最後はWが割り切れて答えが求まるようになっています。

● Step 3　連立方程式を解く

④$x = 30W$と③$y = \frac{5}{2}W$を⑤に代入すると

$$30W + \frac{5}{2}Wt = 10tW$$

この方程式を解くと

$$t = 4$$

よって，本問の正答は**1**です。

計算お助け

$$30W + \frac{5}{2}Wt = 10tW$$
↓×2
$$60W + 5Wt = 20tW$$
↓÷W
$$60 + 5t = 20t$$
$$60 = 15t$$
$$4 = t$$
÷15

第4章 方程式を使って解く問題

例題5

ある施設に設置されたタンクには，常に一定の割合で地下水が流入しており，このタンクにポンプを設置して排水すると，3台同時に使用したときは21分，4台同時に使用したときは15分でそれぞれタンクが空となる。この場合，このタンクを7分で空にするために必要なポンプの台数として正しいものはどれか。ただし，排水開始時にタンクに入っていた水量はいずれも等しく，ポンプの毎分の排水量はすべて等しくかつ一定である。

（東京都Ⅰ類）

1　6台
2　7台
3　8台
4　9台
5　10台

解法のステップ

問題文に「タンクには常に一定の割合で地下水が流入しており（増加），このタンクにポンプを設置して排水する（減少）」と増加と減少の条件があるので，ニュートン算の問題と考えます。

公式に当てはめると

排水開始時の水量＝「x」
水の増加力＝「y」
ポンプ１台の仕事力＝「W」

●Step 1　問題文の条件を文字でおく

排水開始時にタンクに入っていた水量を「x」，地下水の毎分の流入量を増加力「y」，ポンプ１台の毎分の排水量を仕事力「W」とします。

公式に当てはめると

（1）の場合は，時間＝21，
数量（ポンプの数）＝3

●Step 2　問題文の条件から式を立てる

（1）ポンプ３台を使用すると，21分かかるので

（初期の量）	＋（増加力）	×（時間）	＝（数量）	×（時間）	×（仕事力）
x	y	21	3	21	W

$$x + y \times 21 = 3 \times 21 \times W$$
$$x + 21y = 63W \quad \cdots ①$$

公式に当てはめると

（2）の場合は，時間＝15，
数量（ポンプの数）＝4

（2）ポンプ４台を使用すると，15分かかるので

（初期の量）	＋（増加力）	×（時間）	＝（数量）	×（時間）	×（仕事力）
x	y	15	4	15	W

$$x + y \times 15 = 4 \times 15 \times \mathrm{W}$$
$$x + 15y = 60\mathrm{W} \quad \cdots ②$$

①－②より

$$y = \frac{1}{2}\mathrm{W} \quad \cdots ③$$

③を②$x + 15y = 60\mathrm{W}$に代入すると

$$x + 15 \times \frac{1}{2}\mathrm{W} = 60\mathrm{W}$$
$$x + \frac{15}{2}\mathrm{W} = \frac{120\mathrm{W}}{2}$$
$$x = \frac{105}{2}\mathrm{W} \cdots ④$$

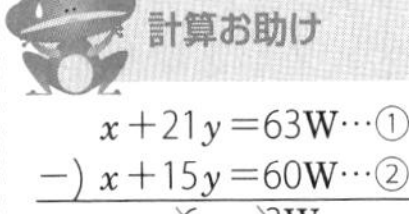

$$x + 21y = 63\mathrm{W} \cdots ①$$
$$-)\ x + 15y = 60\mathrm{W} \cdots ②$$
$$6y = 3\mathrm{W}$$
$$\frac{1}{2}$$

$$x + \frac{15}{2}\mathrm{W} = \frac{120}{2}\mathrm{W}$$
$$x = \frac{120}{2}\mathrm{W} - \frac{15}{2}\mathrm{W}$$
$$x = \frac{105}{2}\mathrm{W}$$

（3）タンクを7分で空にするために必要なポンプの台数を「z」とすると

（初期の量）	＋	（増加力）	×	（時間）	＝	（数量）	×	（時間）	×	（仕事力）
x		y		7		z		7		W

$$x + y \times 7 = 7 \times z \times \mathrm{W}$$
$$x + 7y = 7z\mathrm{W} \quad \cdots ⑤$$

●Step 3　連立方程式を解く

④$x = \frac{105}{2}\mathrm{W}$と③$y = \frac{1}{2}\mathrm{W}$を⑤に代入すると

$$\frac{105}{2}\mathrm{W} + 7 \times \frac{1}{2}\mathrm{W} = 7z\mathrm{W}$$

この方程式を解くと

$$z = 8$$

よって，本問の正答は**3**です。

$$\frac{105}{2}\mathrm{W} + \frac{7}{2}\mathrm{W} = 7z\mathrm{W}$$
$$\frac{112}{2}\mathrm{W} = 7z\mathrm{W}$$
$$56 = 7z$$
$$8 = z$$

例題6

耕作放棄地の有効活用のため，家畜の放牧をすることとした。今，面積30アールの耕作放棄地に２頭の牛を放牧すると，30日で生えている草がすべてなくなった。また，面積60アールの耕作放棄地に２頭の牛を放牧すると，180日で生えている草がすべてなくなった。

このとき，４頭の牛を面積100アールの耕作放棄地に放牧した場合，何日で草はなくなるか。

ただし，１頭の牛が１日に食べる草の量や１日に伸びる草の量は，それぞれ一定量であるとし，放牧する日の耕作放棄地には十分に草が生えており，その単位面積当たりの草の量は，広さに関係なく同じものとする。

（国家総合職）

1　90日
2　120日
3　150日
4　160日
5　180日

解法のステップ

問題文に「１頭の牛が１日に食べる草の量（減少）や１日に伸びる草の量（増加）」があるので，ニュートン算の問題として考えます。

●Step 1　問題文の条件を文字でおく

１頭の牛が１日に食べる草の量を，仕事力「W」とします。

面積１アールの草の量を「x」，草の１日に伸びる量を増加力「y」とすると，それぞれの初期の草の量と増加力は次のとおりです。

30アール：草の量「$30x$」，増加力「$30y$」
60アール：草の量「$60x$」，増加力「$60y$」
100アール：草の量「$100x$」，増加力「$100y$」

●Step 2　問題文の条件から式を立てる

（１）面積30アールの耕作放棄地に２頭の牛を放牧すると，30日で生えている草がすべてなくなったので

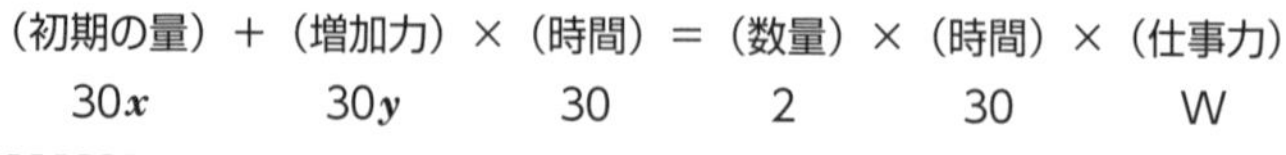

「１アール＝100m^2」を表します。１辺が10mの正方形の面積を表す単位からきています。

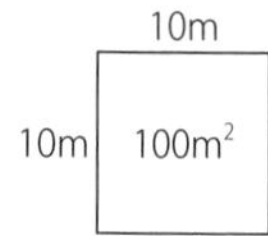

なお，１辺が100mの正方形を表す単位はヘクタールなので，「１ヘクタール＝10000m^2」です。

$$30x + 30y \times 30 = 2 \times 30 \times \mathrm{W}$$
$$x + 30y = 2\mathrm{W} \quad \cdots ①$$

両辺を÷30して

$^{1}\cancel{30}x + {}^{1}\cancel{30}y \times 30$
$= 2 \times {}^{1}\cancel{30} \times \mathrm{W}$
$x + y \times 30 = 2 \times \mathrm{W}$
$x + 30y = 2\mathrm{W}$

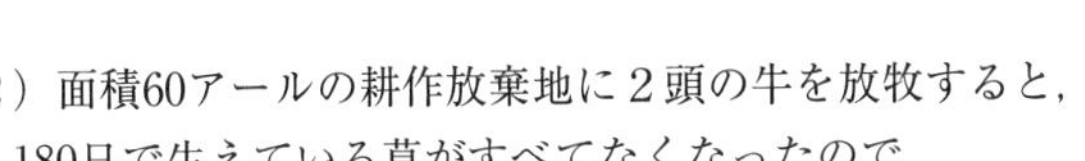

（2）面積60アールの耕作放棄地に２頭の牛を放牧すると，180日で生えている草がすべてなくなったので

（初期の量）	＋	（増加力）	×	（時間）	＝	（数量）	×	（時間）	×	（仕事力）
$60x$		$60y$		180		2		180		W

$$60x + 60y \times 180 = 2 \times 180 \times \mathrm{W}$$
$$x + 180y = 6\mathrm{W} \quad \cdots ②$$

両辺を÷60して

$^{1}\cancel{60}x + {}^{1}\cancel{60}y \times 180$
$= 2 \times \underset{3}{\cancel{180}} \times \mathrm{W}$
$x + y \times 180 = 2 \times 3 \times \mathrm{W}$
$x + 180y = 6\mathrm{W}$

②－①より

$$y = \frac{2}{75}\mathrm{W} \quad \cdots ③$$

③を① $x + 30y = 2\mathrm{W}$ に代入すると

$$x + 30 \times \frac{2}{75}\mathrm{W} = 2\mathrm{W}$$
$$x = \frac{6}{5}\mathrm{W} \quad \cdots ④$$

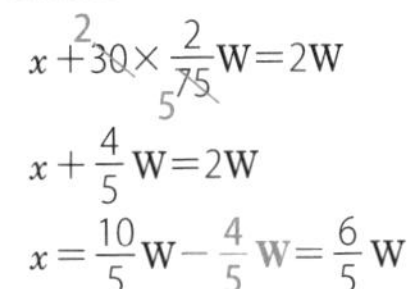

$x + {}^{2}\cancel{30} \times \frac{2}{\underset{5}{\cancel{75}}}\mathrm{W} = 2\mathrm{W}$
$x + \frac{4}{5}\mathrm{W} = 2\mathrm{W}$
$x = \frac{10}{5}\mathrm{W} - \frac{4}{5}\mathrm{W} = \frac{6}{5}\mathrm{W}$

（3）面積100アールの耕作放棄地に４頭の牛を放牧したとき，t 日で生えている草がすべてなくなったとすると

（初期の量）	＋	（増加力）	×	（時間）	＝	（数量）	×	（時間）	×	（仕事力）
$100 \times x$		$100 \times y$		t		4		t		W

$$100 \times x + 100 \times y \times t = 4 \times t \times \mathrm{W}$$
$$100x + 100yt = 4t\mathrm{W} \quad \cdots ⑤$$

●Step 3　連立方程式を解く

④ $x = \frac{6}{5}\mathrm{W}$ と③ $y = \frac{2}{75}\mathrm{W}$ を⑤に代入すると

$$100 \times \frac{6}{5}\mathrm{W} + 100 \times \frac{2}{75}\mathrm{W}t = 4t\mathrm{W} \quad \cdots ⑥$$

この方程式を解くと

$$t = 90$$

よって，本問の正答は**1**です。

⑥の両辺を「÷W」して

$^{20}\cancel{100} \times \frac{6}{\underset{1}{\cancel{5}}} + {}^{4}\cancel{100} \times \frac{2}{\underset{3}{\cancel{75}}}t = 4t$
$20 \times 6 + 4 \times \frac{2}{3}t = 4t$
$120 + \frac{8}{3}t = 4t$
$360 + 8t = 12t$
$360 = 4t$
$90 = t$

4-10　国総 ー　国般 ー　地上 ★　市役所 ★　初級 ★

集合算
～使えるのはベン図だけじゃない～

集合算とは？

集合の問題は，約数・倍数の問題で登場した**ベン図**を利用するのが一般的です。ただし，問題によってはベン図で表しにくい問題もあります。特に，例題１のように，東京都在住・他県在住，男性・女性のように対になる条件がいくつかある場合，ベン図で表すことが難しくなります。そのような場合に活用できるのが**キャロル表**です。

ここではベン図のみならず，キャロル表の扱いにも慣れていきましょう。右側の図を見てください。なお，ベン図，キャロル表ともに，対応関係は次のとおりです。

東京在住の男性→Ⅰ　／　東京在住の女性→Ⅱ
他県在住の女性→Ⅲ　／　他県在住の男性→Ⅳ

キャロル表はさらに「選挙権がある，選挙権がない」や「車での通勤，車以外の通勤」などのように複数の条件がついても細分化することができます。

ベン図を使う解き方については，2-3の約数・倍数のところでも扱ったので，ここではキャロル表を使った解き方を見ていきましょう。キャロル表は，判断推理でもよく使うので，例題を通してキャロル表の扱いに慣れていってください。

テーマの重要度

集合算のみの出題はそれほど多くありませんが，場合の数や確率の問題では集合の知識が必要でした。復習を兼ねてものにしましょう。

ベン図の例

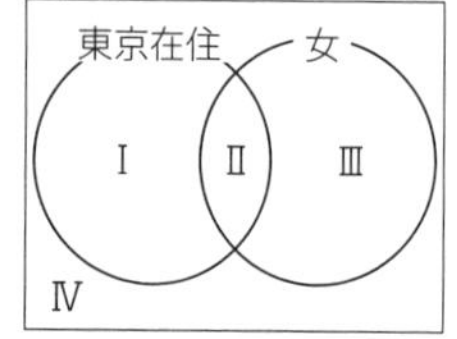

キャロル表の例

	東京在住	他県在住
男	Ⅰ	Ⅳ
女	Ⅱ	Ⅲ

例題１

ある会社は，社員数が35名で，そのうち男性は18名であり，また，東京都在住は15名であった。新たに，東京都在住の男性2名および女性1名，他県在住の2名が入社した。その結果，東京都在住の男性が9名，他県在住の男性が12名になった。このとき，他県在住の女性社員数はどれか。（特別区Ⅰ類）

1　8名　　**2**　9名
3　10名　**4**　11名
5　12名

解法のステップ

東京都在住，他県在住，男性，女性と**お互いに対になるものの複数**が問題文に示されています。このような条件を１つのベン図に書くのは難しいので，**キャロル表にまとめたほうが簡単**です。まずは，全体の数を求め，表にまとめていきましょう。

●Step 1　全社員の数を求める

集合算の問題は全体の数を把握しないと問題をスムーズに解くことができません。そのため，まず全体を求めます。「社員数が35名で，新たに，東京都在住の男性２名および女性１名，他県在住の２名が入社した」とあるので

全社員数：35＋2＋1＋2＝40

です。

●Step 2　東京都在住の社員数を求める

また東京都在住の社員は15名だったが，男性２名および女性１名が入社したので，

東京都在住の社員：15＋2＋1＝18

となります。全社員数が40なので，他県在住の社員は

他県在住の社員：40－18＝22

となり，この状況を表に書き込むと右のとおりです。

●Step 3　問題文の条件を表に書き込む

「東京都在住の男性が９名，他県在住の男性が12名」という情報を書き込みます。

求める他県在住の女性社員数は，「他県在住の社員数の22」から「他県在住の男性社員数の12」を引けばよいので

22（他県在住の社員）－12（他県在住の男性）＝10名

よって，本問の正答は**3**です。

キャロル？

「キャロル表」は，この表を考案したイギリスの数学者で作家のルイス・キャロルにちなんで名づけられています。
キャロルは『不思議の国のアリス』の作者としても知られています。

キャロル表

全社員数　40

	東京在住	他県在住
男		
女		

キャロル表

全社員数　40

	東京18	他県22
男		
女		

キャロル表

全社員数　40

	東京18	他県22
男	9	12
女		

全社員数　40

	東京18	他県22
男	9	12
女		10

例題2

あるフルマラソン大会を完走した男女1,000人について調査したところ，次のア～エのことがわかった。このとき，外国人の女性で完走タイム５時間未満の者と日本人の男性で完走タイム５時間未満の者の総数として，最も妥当なのはどれか。

ア　男性は600人であり，女性は400人であった。
イ　日本人の人数は560人で，そのうち320人は女性であった。
ウ　完走タイム5時間未満の者は500人で，そのうち180人は外国人であった。
エ　完走タイム5時間以上の者のうち，160人は女性であり，100人は日本人の男性であった。

（警視庁Ⅲ類）

1　160人
2　180人
3　200人
4　220人
5　240人

解法のステップ

男女，日本人・外国人，５時間以上・５時間未満と対になる条件があるので，キャロル表を使います。枠内（灰色の部分）を５時間未満，枠外の（白部分）を５時間以上とします。

●Step 1　問題文の条件イまで書き込む

条件アと条件イをキャロル表に書き込みます。

【アの条件】

男性　600人
女性　400人

【イの条件】

日本人　　560人
日本女性　320人

フルマラソン完走1000

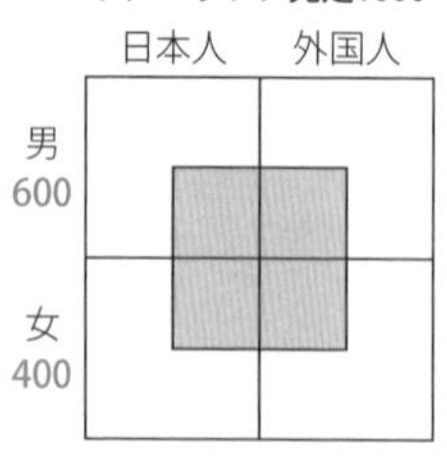

フルマラソン完走1000

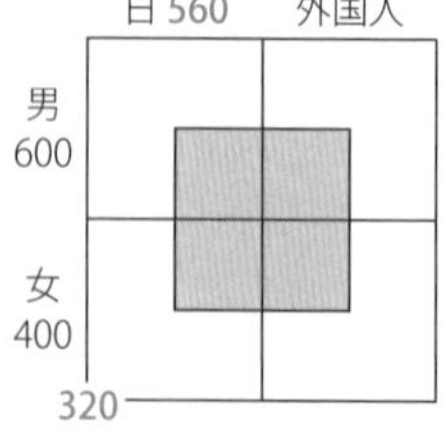

キャロル表

日本人　外国人
男
女

問題文の条件

男性：600人
女性：400人
日本人の人数：560人
日本人の女性：320人
完走5時間未満：500人
完走５時間未満の外国人：180人
完走５時間以上の女性：160人
完走５時間以上の日本男性：100人

●Step 2　問題文の条件ウまで書き込む

条件イより，日本人が560人で，日本人の女性が320人なので，日本人の男性の人数は

日本人の男性：560－320＝240

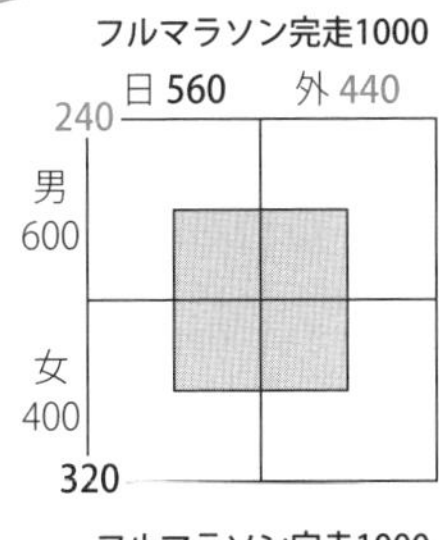

問題文と条件イより，フルマラソンを完走したのが1000人で，そのうち560人が日本人なので，外国人の人数は

外国人完走者：1000－560＝440

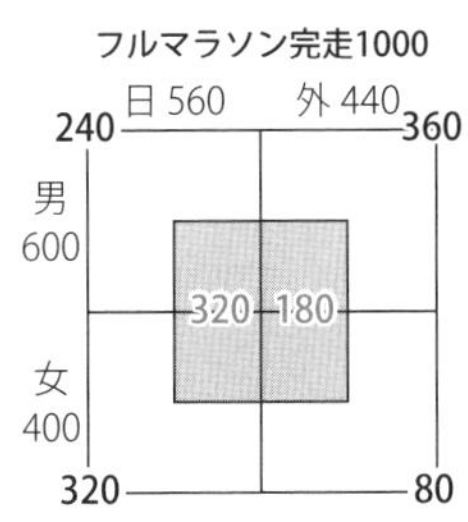

条件ウより，完走タイム５時間未満の人は500人で，そのうち180人は外国人であったので，完走タイム５時間未満の日本人の人数は

完走５時間未満の日本人：500－180＝320

です。

●Step 3　問題文の条件エまで書き込む

完走タイム５時間以上の人のうち，160人は女性であり，100人は日本人の男性であったという条件エも加えて書き込みます。

日本人の男性が240人で，完走タイム５時間以上の人数が100人なので，完走タイム５時間未満の人数は

完走５時間未満の日本男性：240－100＝140

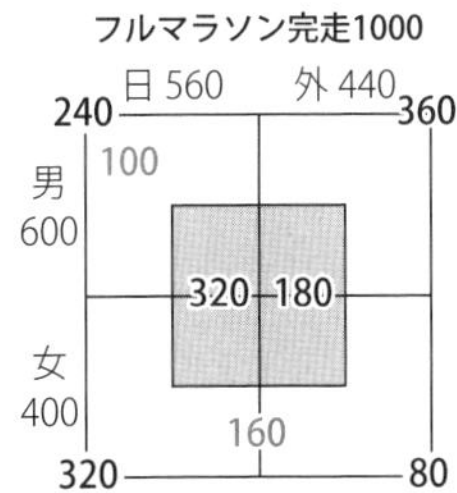

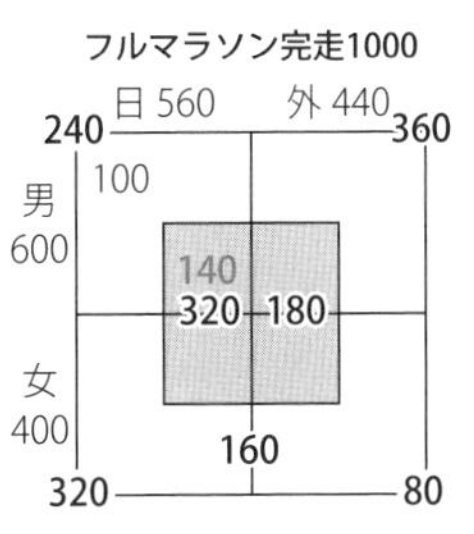

５時間未満の日本人の人数が320人，５時間未満の日本人男性の人数が140人より，５時間未満の日本人女性の人数は

完走５時間未満の日本女性：320－140＝180

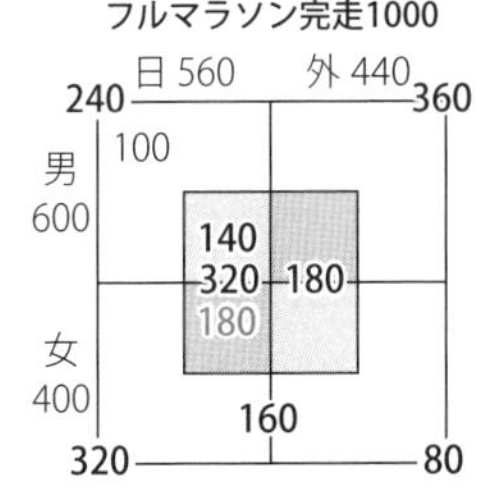

女性が400人で，５時間以上の女性が160人なので，５時間未満の女性は

完走５時間未満の女性：400－160＝240

５時間未満の日本人女性が180人なので，５時間未満の外国人女性は

5時間未満の外国女性：240－180＝60

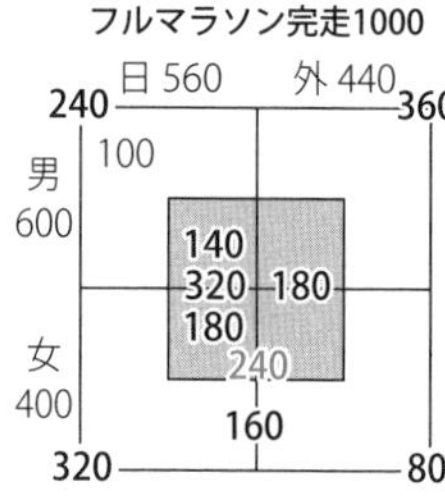

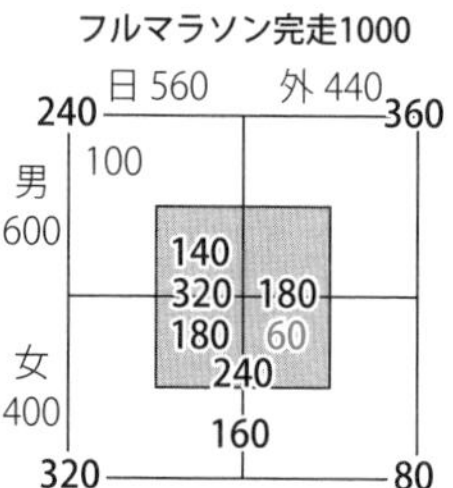

●Step 4　答えを求める

外国人の女性で完走タイム５時間未満の者（60人）と日本人の男性で完走タイム５時間未満の者（140人）の総数なので，

60＋140＝200

よって，本問の正答は**3**です。

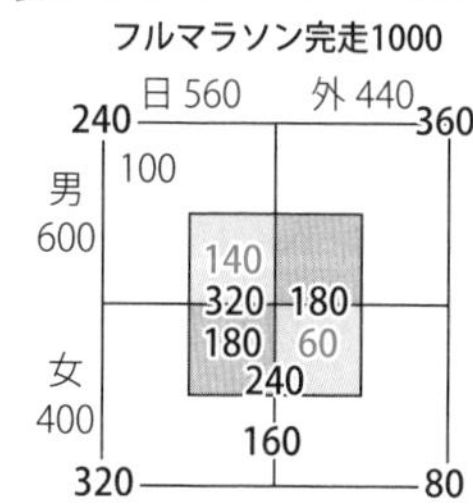

第5章 方程式を使って解く「速さ」の問題

「速さ」の問題は1つの公式で対応できる

速さの問題も第４章と同じように方程式を使って解く問題なのですが，特に苦手な方が多いうえに，頻出度も高くなっています。速さの問題に悩まされてきた方も多いと思いますが，恐れる必要はありません。覚える公式は１つだけ！　それで十分対応できます。１つの公式を使って解くやり方をしっかりと定着させていきましょう。

5-1　国総 ★★　国般 ★★　地上 ★★★　市役所 ★★★　初級 ★★★

速さの問題 ～覚える公式はたった１つ～

速さの公式

速さの問題は頻出です。パターンが決まっているので，確実に押さえましょう。まず，速さの公式から確認します。たとえば，時速50kmは，１時間に50km進むスピードです。

時速50kmで２時間走行すると50×2＝100kmの距離を進みます。ここから「速さ」と「時間」をかけ算すると「距離」になることがわかります。これが「速さ」の公式です。

速さの公式

（速さ）×（時間）＝（距離）
は　じ　き

「速さ」で覚える公式はこの１つだけで十分です。右欄のように円を書いて，その都度公式を作らなくても大丈夫です。

テーマの重要度

速さの問題は，どの試験でも頻出で，差がつきやすいところです。何度も問題を解いて，ぜひとも得点源にしてください！

速さの公式

は＝速さ
じ＝時間
き＝距離

き ＝ は × じ
距離　速さ　時間

は ＝ き ÷ じ
速さ　距離　時間

じ ＝ き ÷ は
時間　距離　速さ

例題１

次の図のような，Ａ～Ｅの５つの地点を結ぶ道がある。ＡＢ間およびＤＥ間は平らな道，ＢＣ間は上り坂で距離が3,000m，ＣＤ間は下り坂で1,000mである。ＸとＹの２人が自転車で地点Ａから地点Ｅに向かって進んでおり，ＡＢ間ではＸがＹの1,000m先を走っている。今，Ｙが地点Ｃに到着したとき，Ｘが地点Ｃから進んだ距離はどれか。ただし，２人とも平らな道では毎分400m，上り坂では毎分200m，下り坂では毎分500mの速さで進むものとする。

（特別区経験者採用）

1　1,100m　**2**　1,150m　**3**　1,200m
4　1,250m　**5**　1,300m

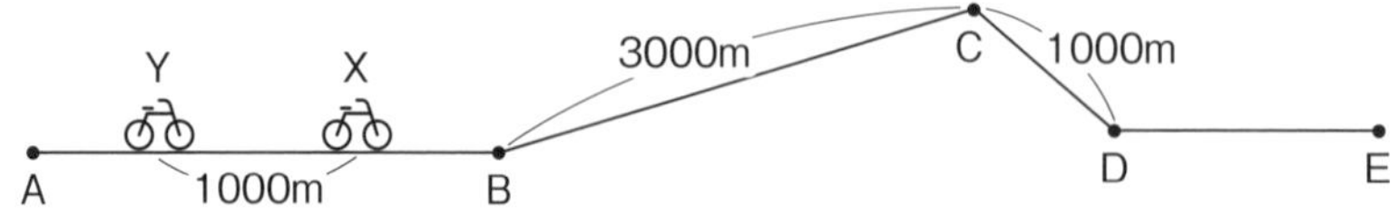

解法のステップ

速さと距離はわかっているので，速さの公式を利用して，まずは所要時間を求めていきます。そして，Xが地点Bを通過して，Yが地点Bにたどり着くまでにどのくらい時間がかかり，差がどのように変化するのかを求め，地点CでXとYの距離の差がどのように変化するのかを求めていきます。この問題で速さの公式に慣れましょう。

は　じ　き
速さ × 時間 = 距離

速さ，距離…わかっている
時間…その都度求める

●Step 1　Xが地点Bを通過したときに，Yが地点Bにたどり着くまでの状況

Xが地点Bを通過して，Yが地点Bにたどり着くまでに何分かかったかを計算します。その時間をa（分）とすると，X，Yともに，平らな道での速度は毎分400mなので，速さの公式より

速さ　時間　距離

$$400 \times a = 1000$$
$$a = 2.5\ (\text{分})$$

とわかります。また，2.5分間でXがBC間を進む距離は，上り坂では毎分200mなので

速さ　時間　距離

$$200 \times 2.5 = 500\ (\text{m})$$

となります。BC間でAとBの差は500mに縮まったことがわかります。

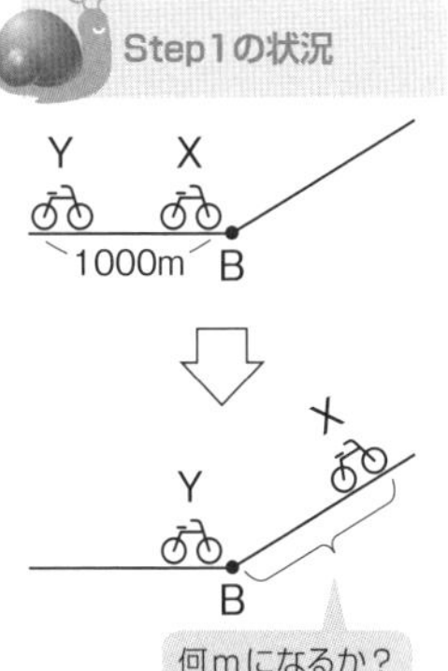

●Step 2　Xが地点Cを通過したときに，Yが地点Cにたどり着くまでの状況

Xが地点Cを通過した後，Yが地点Cにたどり着くまでの500mにかかる時間を求めます。その時間をb（分）とすると，A，Bともに，上り坂での速度は毎分200mなので，速さの公式より

速さ　時間　距離

$$200 \times b = 500$$
$$b = 2.5\ (\text{分})$$

と求めることができます。

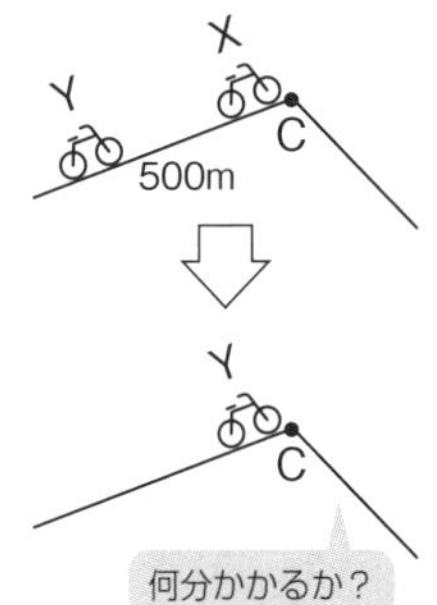

●Step 3　Xが2.5分間で，地点Cから　　　　　どれほど進むのかを計算する

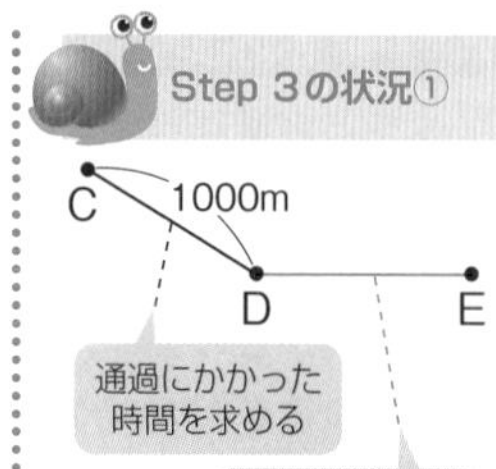

2.5分間で，Xが地点Cから進んだ距離を求めます。X，Yともに下り坂での速度は毎分500mなので「$500 \times 2.5 = 1250$」で「正答は**4**」としたいところですが，1250mではCD間の距離1000mを超えています。そのためCD間を通過するのにかかった時間を求め，DE間を何分進んだのかを求めていきましょう。

CD間を通過するのにかかる時間をc（分）とすると

速さ　時間　距離

$$500 \times c = 1000$$
$$c = 2 \text{（分）}$$

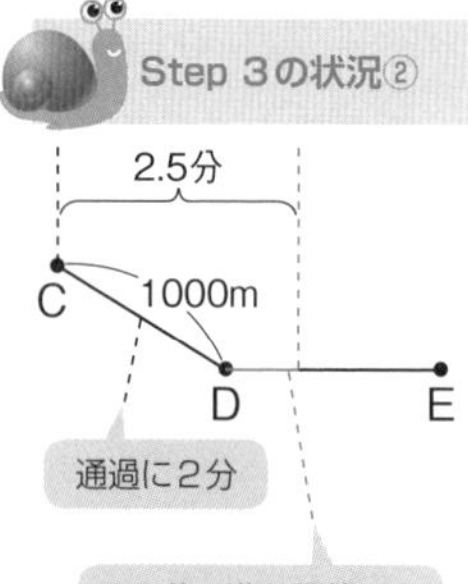

よって，XがDE間を進む時間は

$$b - c = 2.5 - 2 = 0.5 \text{（分）}$$

より0.5分とわかります。平地では毎分400mなので，XがDE間で進む距離は

速さ 時間 距離

$$400 \times 0.5 = 200 \text{（m）}$$

です。Yが地点Cに到着したとき，Xが地点Cから進んだ距離は，CD間の1000mと地点D以後の200mを合わせて

$$1000 + 200 = 1200 \text{（m）}$$

よって，本問の正答は**3**です。

例題 2

A～Eの5つの地点がある。地点Aと地点Bおよび地点Cと地点Dはそれぞれ一般道路で結ばれており。それぞれの一般道路は地点Eで直交している。地点Aと地点Cは高速道路で結ばれており，地点Aから地点Eまでは12km，地点Cから地点Eまでは5kmである。自動車で地点Aを出発してから地点Eに到着するまでの最短時間はどれか。ただし。一般道路および高速道路はいずれも直線であり。自動車は高速道路を時速78km，一般道路を時速30kmで走行するものとする。

（特別区Ⅰ類）

1　20分　　**2**　24分　　**3**　28分
4　32分　　**5**　36分

解法のステップ

まずは状況を図にしましょう。

地点A，Bと地点C，Dは，地点Eで直交していて，地点Aから地点Eまでは12km，地点Cから地点Eまでは5km，地点Aと地点C間は高速道路で結ばれています。

位置関係がわかっているので，数字を書き込んでいくと下図のようになります。

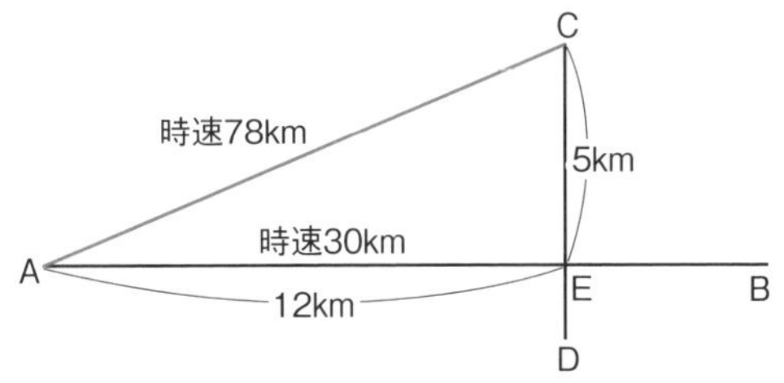

●Step 1　AからEまで一般道路の場合にかかる時間を求める

地点Aから地点Eまでは一般道路で，速さが時速30km，AE間の距離が12kmなので，要する時間は

速さ　時間　距離

$$30 \times (\text{AE間の時間}) = 12$$

$$(\text{AE間の時間}) = \frac{12}{30} = \frac{2}{5}\text{時間} = 24\text{分}$$

●Step 2　AからCまでを高速道路，CからEまでを一般道路の場合

地点Aから地点Cまでの距離を求めます。△ACEに三平方の定理を用いると

$$12^2 + 5^2 = \text{AC}^2$$

$$144 + 25 = \text{AC}^2$$

$$169 = \text{AC}^2$$

$$\text{AC} = 13$$

地点Aから地点Cまでは高速道路で，速さが時速78km，AC間の距離が13kmなので，要する時間は

速さ　時間　距離

$$78 \times (\text{AC間の時間}) = 13$$

$$(\text{AC間の時間}) = \frac{13}{78} = \frac{1}{6}\text{時間} = 10\text{分}$$

位置関係の確認

まずは線を引いて，位置関係を把握します。数字を書いた後に，微調整しましょう。

単位変換（時間→分）

選択肢を見ると時間の単位は「分」なので，最後は時間の単位を「分」にします。

「1時間＝60分」なので

$$\frac{2}{5}\text{時間} = \frac{2}{5} \times 60\text{分} = 24\text{分}$$

三平方の定理

第6章で詳しく学習しますが直角三角形の底辺をa，高さをb，斜辺をcとするとき，次の性質が成り立ちます。

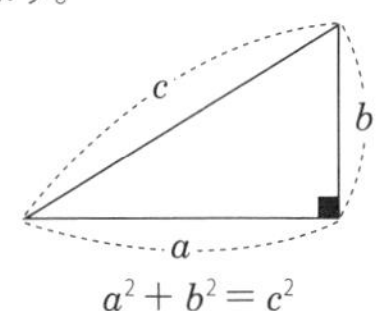

$$a^2 + b^2 = c^2$$

△ACEの状況

第5章 方程式を使って解く「速さ」の問題

地点Ｃから地点Ｅまでは一般道路で，速さが時速30km，ＣＥ間の距離が５kmなので，要する時間は

$$\underset{\text{速さ}}{30} \times \underset{\text{時間}}{(\text{CE間の時間})} = \underset{\text{距離}}{5}$$

$$(\text{CE間の時間}) = \frac{5}{30} = \frac{1}{6}\text{時間} = 10\text{分}$$

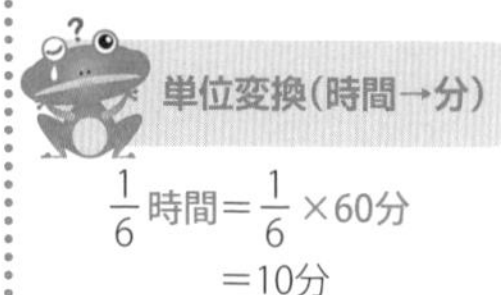

$\frac{1}{6}$時間＝$\frac{1}{6}$×60分
＝10分

ここまでの状況を比較すると，地点Ａから地点Ｅまで一般道路のみで到着する場合に要する時間は24分で，地点Ａから地点Ｃまで高速道路を利用し，地点Ｃから地点Ｅまで一般道路を利用する場合に要する時間は

$$\underset{\text{AC間}}{10\text{分}} + \underset{\text{CE間}}{10\text{分}} = 20\text{分}$$

と求まります。よって，地点Ａから地点Ｅに到着するまでの最短の時間は20分となるため，本問の正答は**1**です。

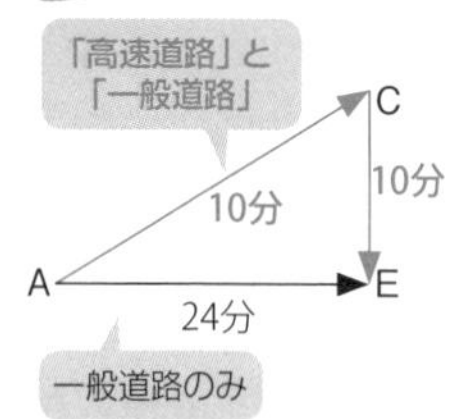

例題３

ある飛行機に乗るために家から空港まで自動車で行くとき，時速60kmで走行すると出発時刻の32分前に着くが，時速36kmで走行すると出発時刻に20分遅れてしまう。今，時速60kmで家から空港まで自動車で行くとき，要する時間はどれか。

（特別区Ⅲ類）

1　1時間12分　　**2**　1時間18分　　**3**　1時間24分
4　1時間30分　　**5**　1時間36分

解法のステップ

問題文の条件に着目すると，「時速60km」や「32分」のように「時間」と「分」で単位が不統一なので，単位を合わせます。ここでは「分」の単位を「時間」の単位にします。

単位変換

解説では単位を「時間」にしましたが，単位を「分」にしてもかまいません。

●Step 1　単位を「時間にしていく」

32分，20分の単位を「時間」にすると

$$32\text{分} = \frac{32}{60}\text{時間},\quad 20\text{分} = \frac{20}{60}\text{時間}$$

求めるのは時間なので「家を出発してから，飛行機が出発するまでの時間」を「t」時間とします。家を出てから出発時刻の32分前までの時間と家を出てから出発時刻の20分後の

出発時刻の32分前

（出発時刻「t」）
出発時刻の32分前
↓
出発時刻の$\frac{32}{60}$時間前
↓
$t-\frac{32}{60}$

時間はそれぞれ

$$\left(t-\frac{32}{60}\right)\text{時間},\ \left(t+\frac{20}{60}\right)\text{時間}$$

出発時刻の20分後

（出発時刻「t」）
出発時刻の20分後
↓
出発時刻の$\frac{20}{60}$時間後
↓
$t+\frac{20}{60}$

●Step 2 速さの公式で方程式を立てる

時速60kmで走行すると出発時刻の32分前に着くので，空港までの距離は

速さ　時間　距離

$$60\times\left(t-\frac{32}{60}\right)=60t-32\ \cdots①$$

時速36kmで走行すると出発時刻に20分遅れてしまうので，空港までの距離は

速さ　時間　距離

$$36\times\left(t+\frac{20}{60}\right)=36t+12\ \cdots②$$

●Step 3 方程式を解く

①，②ともに家から空港までの距離となっているので，「①＝②」となります。よって

$$60t-32=36t+12$$

①　②

計算お助け

$60t-32=36t+12$
$60t-36t=12+32$
$24t=44$
$t=\frac{44}{24}=\frac{11}{6}$

この方程式を解くと

$$t=\frac{44}{24}=\frac{11}{6}=1\frac{5}{6}$$

家を出発してから，飛行機が出発するまでの時間tは，$1\frac{5}{6}$時間です。$\frac{5}{6}$時間は50分なので，1時間50分となります。

単位変換（時間→分）

「1時間＝60分」なので
$\frac{5}{6}$時間＝$\frac{5}{6}\times60$分
＝50分

時速60kmで走行すると出発時刻の32分前に着くので，要する時間は

1時間50分－32分＝1時間18分

よって，本問の正答は**2**です。

5-2　国総 ー　国般 ★　地上 ★★　市役所 ★★　初級 ★★

旅人算
～出会い算，追いかけ算の２パターン～

旅人算の問題とは？

速さの応用問題としてよく出題される**旅人算**（たびびとざん）について学習します。

旅人算は「出会い算」と「追いかけ算」の２つに分かれます。下の図を見てください。**「出会い算」**は，向かい合って歩くAとBの２人が出会う時間や出会う場所を求める問題です。**「追いかけ算」**は，Aの前方をBが走っているとき，AがBに追いつく場所や時間を求める問題です。

「出会い算」と「追いかけ算」の問題は，AとBの位置関係を方程式にしますが，イメージが大切です。下の図でAとBの関係式を理解し，例題を通して慣れていきましょう。

テーマの重要度

旅人算の問題は，国家総合職を除いてコンスタントに出題されています。

旅人算

旅人算は
1．出会い算
2．追いかけ算
です。出会い算で，出会った後の続きがあるタイプは，ダイヤグラムを使うと計算が楽になるので，第６章で学習します。

出会い算

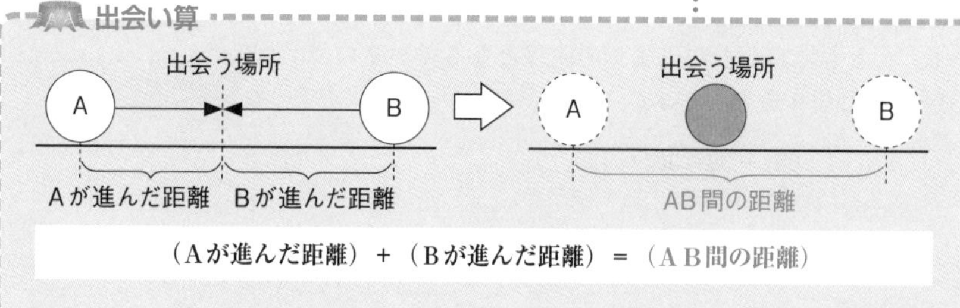

（Aが進んだ距離）＋（Bが進んだ距離）＝（ＡＢ間の距離）

追いかけ算

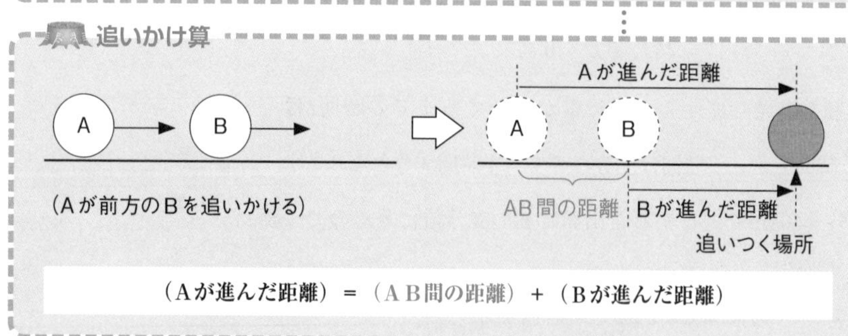

（Aが進んだ距離）＝（ＡＢ間の距離）＋（Bが進んだ距離）

それでは具体的に問題を解いていきましょう。

例題 1

直線道路を，Ａは分速200m，Ｂは分速160mで走っている。今，ＢはＡの前方680mを走っているとすると，この時点からＡがＢに追いつくのは何分後か。

（社会人基礎試験）

1　15分後
2　16分後
3　17分後
4　18分後

解法のステップ

旅人算のうちの「追いかけ算」と呼ばれる問題の１つです。ＡがＢに追いつくのが何分後かを知りたいので，その時間を「t」とします。問題文の「この時点」を「地点O」とします。

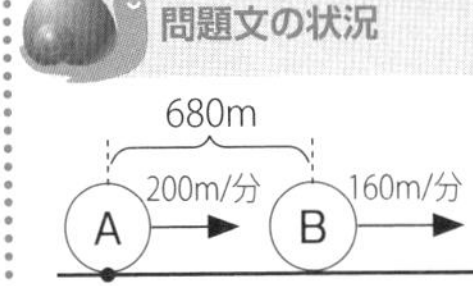

●Step 1　問題文の状況を式にする

分速200mのＡが t 分後に進む距離は

速さ　時間　距離
$200 \times t = 200t$ …①

Ａの前方680mを進んでいる分速160mのＢが t 分後に進んだ距離を地点Oから測ると

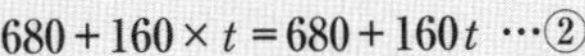

$680 + 160 \times t = 680 + 160t$ …②

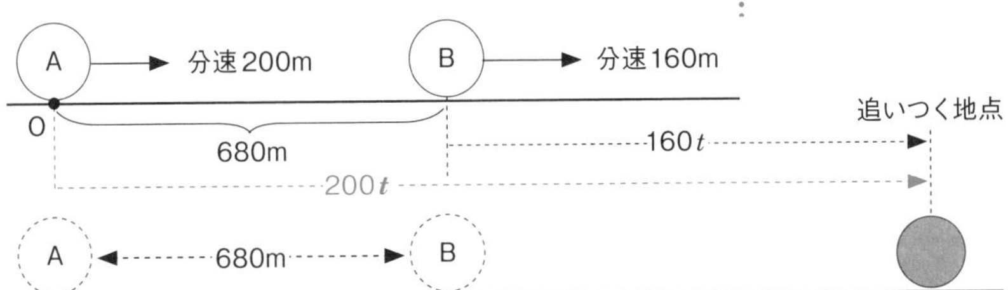

●Step 2　方程式を立てて，解く

t 分後にＡがＢに追いつくので「① ＝ ②」より

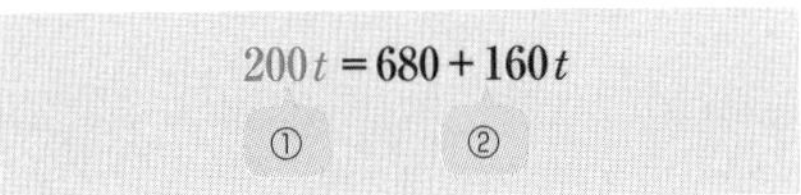

$200t = 680 + 160t$
①　②

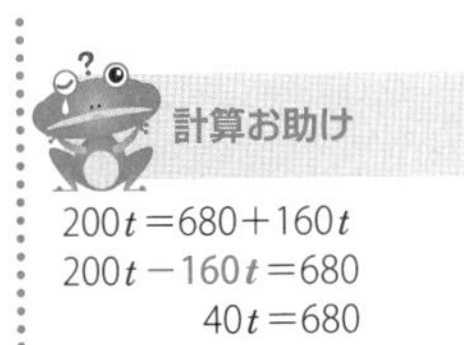

$200t = 680 + 160t$
$200t - 160t = 680$
$40t = 680$
$4t = 68$
$t = 17$

この方程式を解くと

$$t = 17$$

よって，本問の正答は**3**です。

例題2

A，B２台の自動車が，１周５kmのコースを同一の地点から同じ向きに同時に走り出すと，Aは15分ごとにBを追い越し，逆向きに同時に走り出すと，AとBは３分ごとにすれ違う。このときのAの速さはどれか。 （特別区Ⅰ類）

1 0.8km/分
2 0.9km/分
3 1.0km/分
4 1.1km/分
5 1.2km/分

解法のステップ

「同じ向きに同時に走り出す → 追いかけ算」と「逆向きに同時に走り出す → 出会い算」の両方の考え方が必要になる問題です。１周５kmのコースを右図のように直線に直して考えていきます。

円周を直線で考える

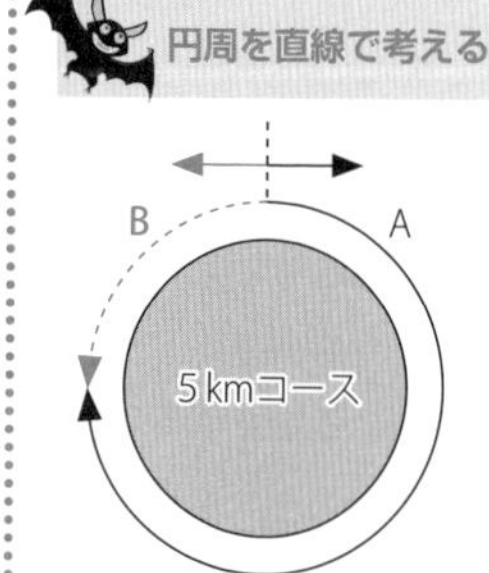

直線にして考えてみます。

Aが進んだ距離
Bが進んだ距離

●Step 1　同じ向きに走り出す場合を考える（追いかけ算）

Aの速度を$a$km/分，Bの速度を$b$km/分とします。15分でAが進む距離は「$a \times 15 = 15a$」となり，15分でBが進む距離は「$b \times 15 = 15b$」となります。１周５kmのコースを同一の地点から同じ向きに同時に走り出すとAは15分ごとにBを追い越すことから，AはBより５km多く進んでいることになるので

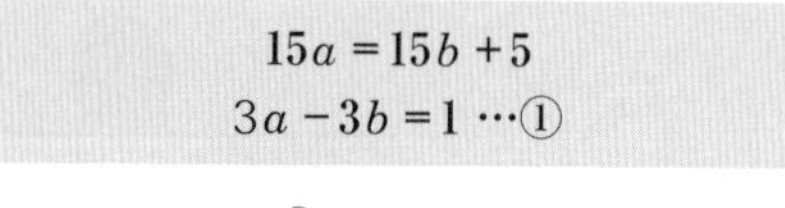

$$15a = 15b + 5$$
$$3a - 3b = 1 \cdots ①$$

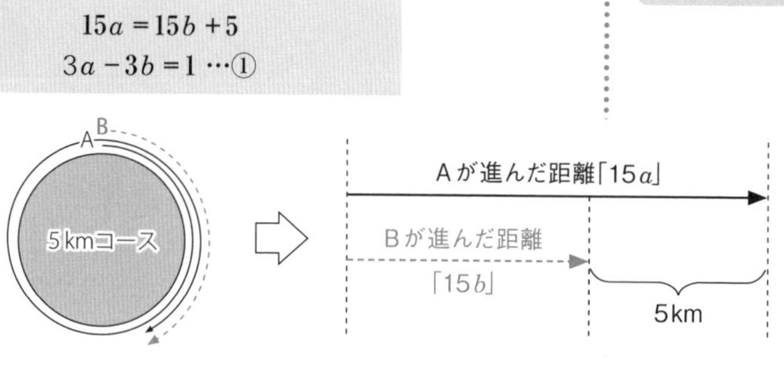

●Step 2 逆向きに走り出す場合を考える（出会い算）

３分でＡが進む距離は「$a \times 3 = 3a$」となり，３分でＢが進む距離は「$b \times 3 = 3b$」となります。１周５kmのコースを逆向きに同時に走り出すと，ＡとＢは３分後にすれ違うので

$$3a + 3b = 5 \cdots ②$$

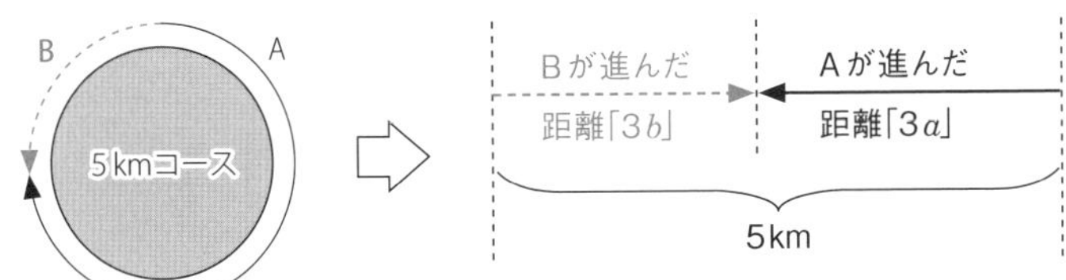

●Step 3 ①，②の連立方程式を解く

①と②の連立方程式

$$\begin{cases} 3a - 3b = 1 \cdots ① \\ 3a + 3b = 5 \cdots ② \end{cases}$$

を解くと，

$$a = 1 \quad b = \frac{2}{3}$$

よって，本問の正答は**3**です。

$3a - 3b = 1 \cdots ①$
$+) \ 3a + 3b = 5 \cdots ②$
$6a = 6$
$a = 1$
②に代入して，
$3 + 3b = 5$
$3b = 2$
$b = \frac{2}{3}$

例題3

１周800mのランニングコースがある。A，B２人が同じスタート地点から，Aは時計回りに分速180m，Bは反時計回りに分速140mで，同時にスタートしたとき，２人が８回目にすれ違った地点のスタート地点からの距離はどれか。ただし，スタート地点からの距離は反時計回りとする。（特別区Ⅲ類）

1 400m
2 450m
3 500m
4 550m
5 600m

解法のステップ

Ａは時計回りに，Ｂは反時計回りにランニングするので「出会い算」の問題です。８回目にすれ違った地点ということは，ＡとＢの２人合わせて８周しています。このポイント

を押さえて問題を解きましょう。求めるものは「距離」ですが，距離を文字にするよりも，時間を文字にするほうが，分数式がないぶん計算が楽です。

●Step 1　問題文の状況を式にする

２人が８回目にすれ違ったときの時間を「t」とすると，分速180mのＡが進んだ距離と，分速140mのＢが進んだ距離はそれぞれ

	速さ	時間	距離
Ａの進んだ距離：	**180×**	**t**	**＝180t**
Ｂの進んだ距離：	140×	t	＝140t

ＡとＢの２人が「８回目にすれ違う」ということは，ＡとＢの２人が「合わせて８周する」ということなので，ＡとＢの２人が進んだ距離は，１周800mのランニングコースより

ＡとＢが進んだ距離：800×8＝6400

です。

●Step 2　方程式を立てて解く

Step 1より，Ａが進んだ距離「180t」と，Ｂが進んだ距離「140t」を合わせると「6400」になるので，式にすると

$$180t + 140t = 6400 \cdots ①$$

（180t：A　140t：B）

①の方程式を解くと

$$t = 20$$

●Step 3　２人がすれ違った地点を求める

よって，20分後にＢが進んだ距離は（Ａが進んだ距離でもかまいませんが，スタート地点からの距離は反時計回りに測るので，反時計回りに走るＢを利用しています）

140×20＝2800

１周800mのランニングコースなので，Ｂが進んだ距離を800で割った余りを求めると

問題文の状況

Bの進んだ距離：140t

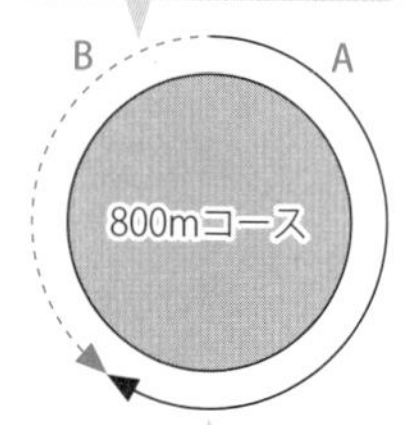

Aの進んだ距離：180t

計算お助け

$180t + 140t = 6400$
$320t = 6400$
↓両辺÷10
$32t = 640$
↓両辺÷32
$t = 20$

Aが進んだ距離の場合

180×20＝3600

2800÷800＝3 余り 400

よって，Ｂは反時計回りに800mを３周して400m地点まで走ったところでＡに出会うということになります。つまりＡとＢが８回目にすれ違った地点は，スタート地点からの距離が400mとわかるので，本問の正答は**1**です。

Ａで考える場合

Ａ，Ｂが８回目にすれ違うときＡは3600m進むので
3600÷800
＝4 余り 400
Ａは時計回りに800mを４周して400m地点にいるので，反時計回りに測ると
800－400＝400

通過算
～2つの物体の動き方で3パターン～

通過算の問題とは？

テーマの重要度

通過算の問題はそれほど多く出題されませんが，パターンが決まっているため得点源にしやすいです。また，苦手にしている方も多いのでライバルに差をつけていきましょう。

前回学習した旅人算は，ＡとＢがランニングコースで出会ったり，追い越したりしました。このＡ，Ｂが電車や鉄橋やトンネルになったものがざっくりいうと**通過算**（つうかざん）です。ＡやＢのような人物と違って，電車や鉄橋やトンネルの場合はその長さも距離として考える必要があります。

通過算には３パターンあります。①電車がトンネルや鉄橋を通過するタイプ，②電車と電車がすれ違い始めてからすれ違い終わるまでのタイプ，③電車の先頭が追いついた瞬間から抜き去る瞬間までのタイプです。すべて「速さの公式」で解くことができます。

①の場合，電車の進む距離は「鉄橋の長さ＋電車の長さ」で，②の場合，２つの電車の進む距離は「２つの電車の長さの和」で，③の場合，追い抜く電車が進む距離と抜かされる電車の進む距離の差が「２つの電車の長さの和」です。

電車・鉄橋の長さ

①鉄橋を通過タイプ

②電車の出会いタイプ

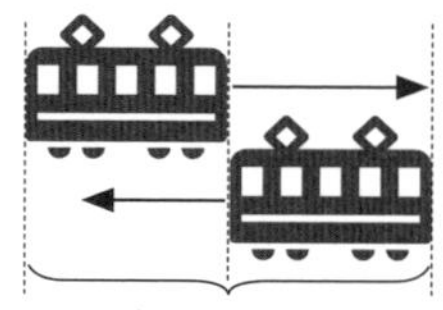

③電車の追い抜きタイプ

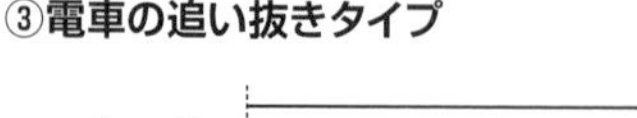

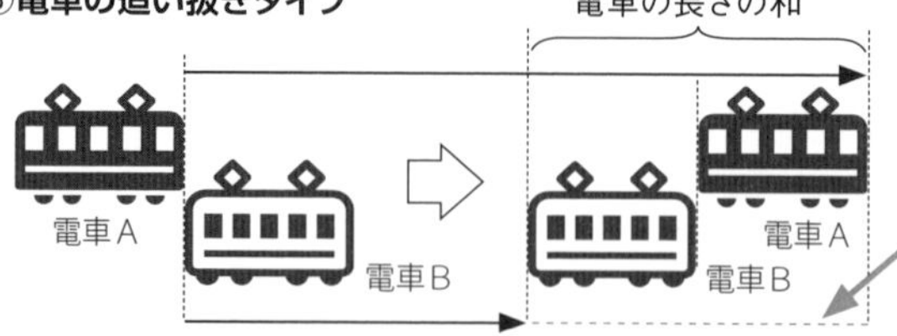

例題 1

一定の速さで走るある列車が，200mのトンネルを通過するのに20秒，650mの鉄橋を通過するのに45秒かかった。この列車の長さは何mか。（地方初級）

1 140m　**2** 160m　**3** 180m　**4** 200m　**5** 220m

解法のステップ

通過算の問題です。列車の長さをxmとして，速さの公式を使っていきます。時間は問題文の条件にありますが，列車の速さはないので，列車の速さも文字にします。

タイプ①の問題です。

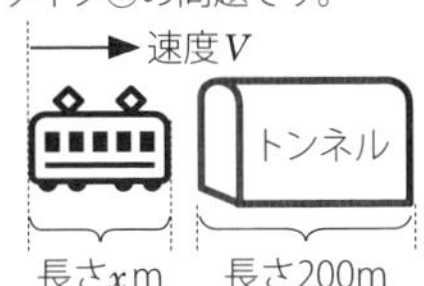

●Step 1　トンネル通過を式にする

列車の速さをVとします。200mのトンネルを通過するのにかかった時間が20秒なので距離は

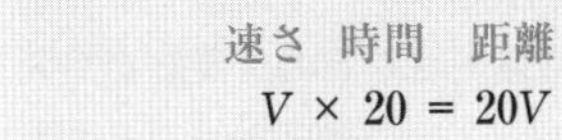

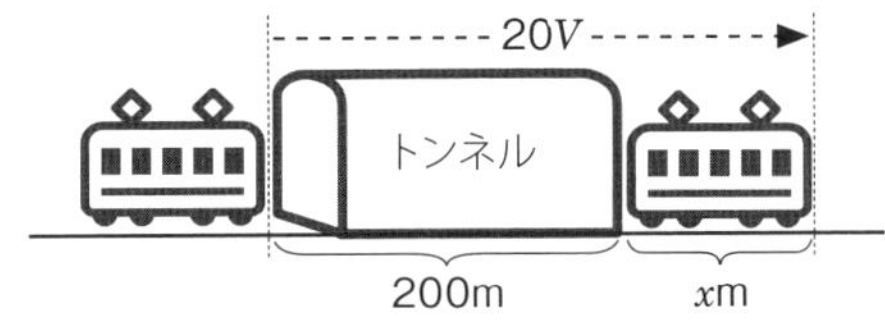

トンネル，列車の長さが200m，xmより

$$20V = 200 + x \quad \cdots ①$$

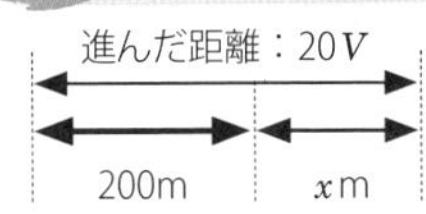

●Step 2　鉄橋通過を式にする

列車の速さがVで，650mの鉄橋を通過するのにかかった時間が45秒なので，進んだ距離は

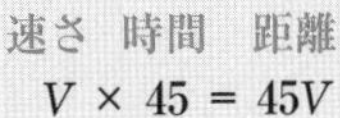

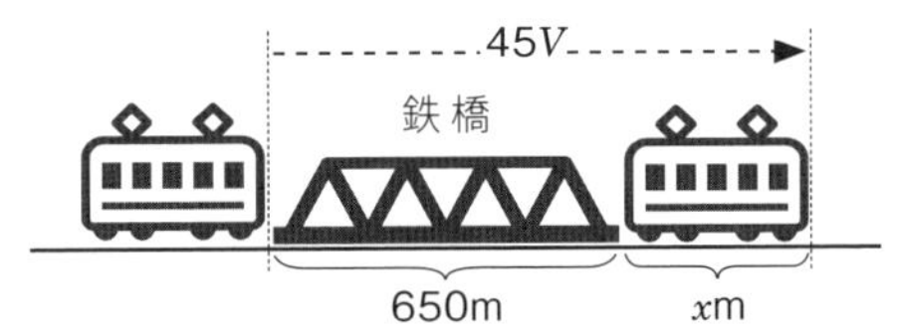

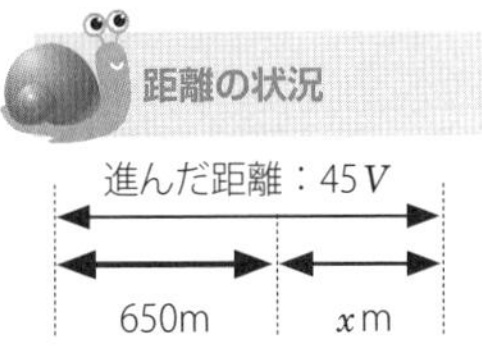

鉄橋の長さが650m，列車の長さがxmより

$$45V = 650 + x \quad \cdots②$$

●Step 3　①，②の連立方程式を解く

$$\begin{cases} 20V = 200 + x & \cdots① \\ 45V = 650 + x & \cdots② \end{cases}$$

②の式から①の式を引くことにより

$$V = 18,\quad x = 160$$

よって，本問の正答は**2**です。

計算お助け

②：　$45V=650+x$
①：$-)\ 20V=200+x$
$25V=450$　÷5
$5V=90$　÷5
$V=18$
①に代入して
$20\times18=200+x$
$360=200+x$
$x=160$

例題2

時速108kmで上り線を走行している長さ290mの特急列車と時速90kmで下り線を走行している長さ480mの貨物列車が，平行に並ぶ真っすぐな直線ですれ違った。特急列車と貨物列車がすれ違い始めてからすれ違い終わるのに要した時間として，正しいのはどれか。（東京都キャリア活用）

1　5秒　　**2**　6秒　　**3**　11秒
4　14秒　　**5**　16秒

解法のステップ

問題文の条件に着目すると，「時速108km」や「長さ290m」のようにkmとmで単位が不統一なので，単位を合わせましょう。ここでは「km」の単位を「m」の単位に合わせます。また選択肢が「秒」なので，時速を秒速にしていきます。

問題文の設定

この問題はタイプ②です。
距離＝列車の長さの和

●Step 1　単位を合わせる

まず「時速108km」を「秒速○m」に直すと

時速108km ＝ 秒速30m

次に，「時速90km」を「秒速○m」に直すと

時速90km ＝ 秒速25m

単位変換

時速108km
＝時速108000m
＝分速108000m÷60
＝分速1800m
＝秒速1800m÷60
＝秒速30m

単位変換

時速90km
＝時速90000m
＝分速90000m÷60
＝分速1500m
＝秒速1500m÷60
＝秒速25m

●Step 2　問題文の条件を式にする

求めるのは時間なので「特急列車と貨物列車がすれ違い始めてから，すれ違い終わるまでに要した時間」を「t」秒と

します。特急列車，貨物列車が進む距離はそれぞれ

	速さ		時間		距離
特急列車：	30	×	t	=	$30t$(m)
貨物列車：	25	×	t	=	$25t$(m)

それぞれの秒速

特急列車は
時速108km＝秒速30m
貨物列車は
時速 90km＝秒速25m
です。

●Step 3　方程式を立てて解く

特急列車と貨物列車がすれ違い始めてからすれ違い終わるまでの状況を図にすると，下のとおりです。

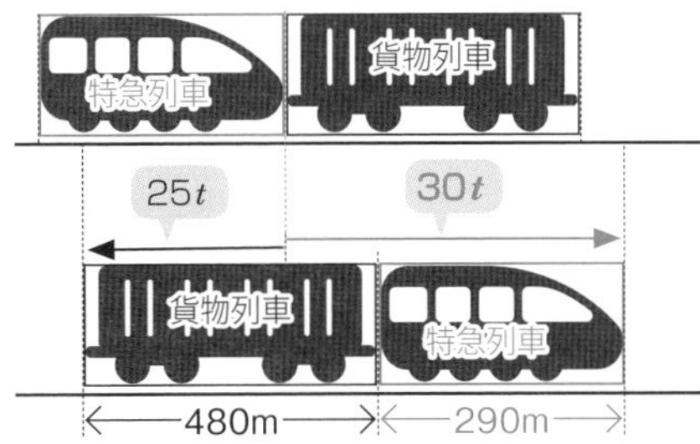

貨物列車が進んだ距離（$25t$）と，特急列車が進んだ距離（$30t$）の和は，貨物列車の長さ（480m）と特急列車の長さ（290m）の和と等しくなるので

$$25t + 30t = 480 + 290$$

２列車が進んだ距離　　２列車の長さ

となります。これを解くと

$$t = 14$$

よって，本問の正答は**4**です。

計算お助け

$25t + 30t = 480 + 290$
$55t = 770$　）÷11
$5t = 70$　）÷5
$t = 14$

例題3

長さ180m，時速46.8kmで進行する貨物列車が，反対方向から来た時速90kmの急行列車とすれ違った。先頭どうしがすれ違う瞬間から最後尾どうしがすれ違う瞬間までに要した時間が10秒であったとき，この２つの列車が同時に走行した場合，貨物列車の最後尾に急行列車の先頭が追いついた瞬間から，急行列車の最後尾が貨物列車の先頭を抜き去る瞬間までの時間として，最も妥当なものはどれか。　（警視庁Ⅰ類）

1　約20秒　**2**　約23秒　**3**　約26秒
4　約29秒　**5**　約32秒

解法のステップ

問題文の条件に着目すると,「時速46.8km」や「長さ180m」や「10秒」のようにkmとm,時間と秒で単位が不統一なので,単位を合わせましょう。ここでは「km」の単位を「m」の単位に合わせます。また選択肢が「秒」なので,時速を秒速にしていきます。

●Step 1　単位を合わせる

まず「時速○km」を「秒速○m」に直すと

貨物列車：時速46.8km＝秒速13m
急行列車：時速90km＝秒速25m

●Step 2　問題文の条件を式にする

急行列車の長さがわからないと問題を解くことができないので,長さをLとします。

「急行列車と貨物列車がすれ違い始めてから,すれ違い終わるまでに要した時間」は「10」秒で,その間に進む距離はそれぞれ

	速さ	時間	距離
急行列車：	**25**	**×10 ＝**	**250(m)**
貨物列車：	**13**	**×10 ＝**	**130(m)**

●Step 3　方程式を立てて解く

急行列車と貨物列車がすれ違い始めてからすれ違い終わるまでの状況を図にすると,下のようになります。

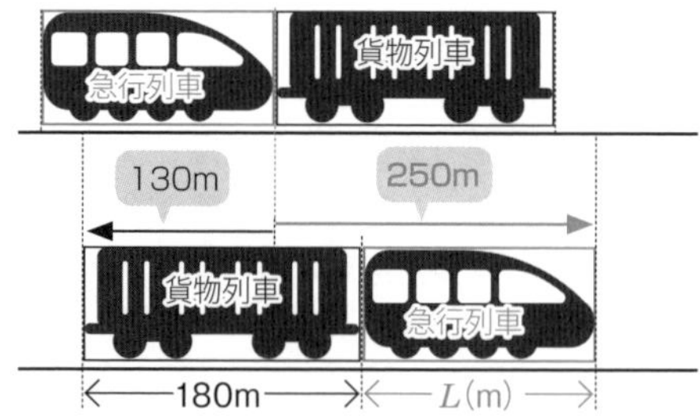

貨物列車が進んだ距離（250m）と,急行列車が進んだ距離（130m）の和は,貨物列車の長さ（180m）と急行列車の長さ（L）の和と等しくなるので

問題の設定

これはタイプ②と③です。
タイプ②は
距離＝列車の長さの和
タイプ③は
電車Aが進んだ距離＝
電車Bが進んだ距離＋
電車ABの長さの和

単位変換

時速46.8km
＝時速46800m
＝分速46800m÷60
＝分速780m
＝秒速780m÷60
＝秒速13m

単位変換

時速90km
＝時速90000m
＝分速90000m÷60
＝分速1500m
＝秒速1500m÷60
＝秒速25m

$$130 + 250 = 180 + L$$

２列車が進んだ距離　２列車の長さ

$$L = 200$$

計算お助け

$130+250=180+L$
$380=180+L$
$380-180=L$
$200=L$

貨物列車の最後尾に急行列車の先頭が追いついた瞬間から，急行列車の最後尾が貨物列車の先頭を抜き去る瞬間までの時間を「t」とすると，急行列車が進んだ距離は「$25t$」，貨物列車が進んだ距離は「$13t$」なので，下図より

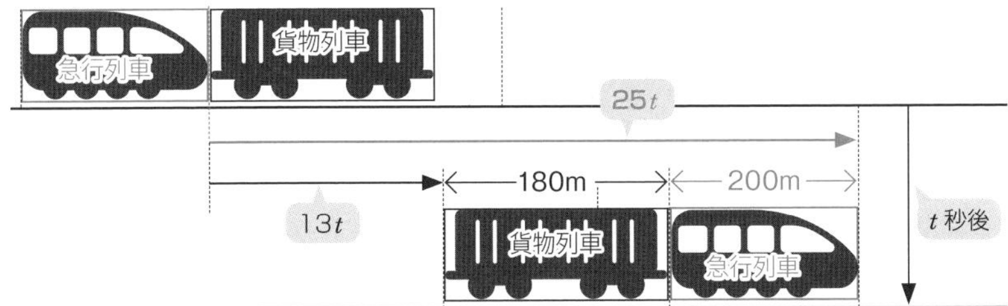

$$25t = 13t + 180 + 200$$

急行列車が進んだ距離　貨物列車が進んだ距離　２列車の長さ

$$t = 31.6666\cdots \fallingdotseq 32$$

計算お助け

$25t=13t+180+200$
$12t=380$　) ÷4
$3t=95$
$t=31.666\cdots$

となるので，本問の正答は**5**です。

≒？

「≒」は「ニアリーイコール」と呼ばれるもので，完全にイコールではないものの，ほとんど等しいことを示す記号です。

流水算
～「流れ」も問題の隠れた条件～

流水算の問題とは？

流水算（りゅうすいざん）は，船が川を上ったり，下ったりする速さの問題です。川の流れがないときの船の速さを「x」，川の流れの速さを「a」とすると，上流から下流に向かう場合①の速さは「$x+a$」です。下流から上流に向かう場合②の速さは「$x-a$」となり，速さが変わってきます。川の流れの速さですが，問題文に数値が書かれていないことも多いので注意する必要があります。流水算は「川の上流から下流についての速さの公式…①」，「川の下流から上流についての速さの公式…②」を使い，連立方程式を立てると解ける問題が大半です。

流水算の公式

流れの速さをaとすると

①上流から下流へ向かう場合：$(x+a)$×(時間)＝(距離)

②下流から上流へ向かう場合：$(x-a)$×(時間)＝(距離)

（$(x+a)$，$(x-a)$：速さ）

流水算の種類としては，川の上流・下流の問題のほかに，飛行機の追い風・向かい風の問題，動く歩道の問題，エスカレーターの問題があります。動く歩道の問題，エスカレーターの問題に関しては，歩いて移動するのを禁止する動きがあるため，今後問われ方が工夫される可能性があります。

テーマの重要度

流水算の問題は，国家総合職を除いてコンスタントに出題されています。

流水算

川の流れがないときを**静水**ともいいます。

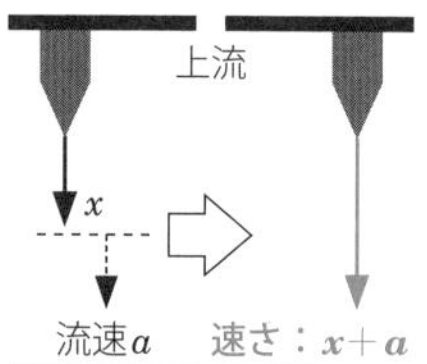

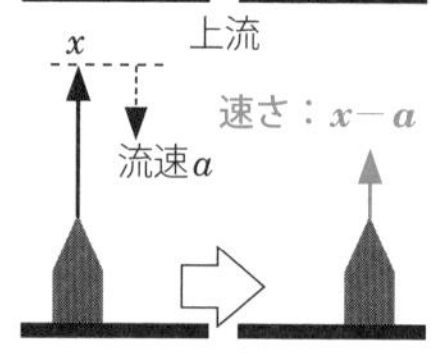

例題 1

流れの速さが毎分36mの川がある。この川の上流A地点と下流B地点との間を船が往復するのに50分かかった。この船が進む速さは，静水では時速10.8kmであるとすると，A地点とB地点の間の距離として，最も妥当なものはどれか。

（東京消防庁Ⅰ類）

1　4,200m　**2**　4,260m　**3**　4,320m
4　4,380m　**5**　4,440m

解法のステップ

川の流れの速さが「毎分36m」と問題文に書いてある，比較的珍しい流水算の問題です。この問題を通して，流水算の基礎を押さえましょう。単位が「毎分36m」と「時速10.8km」のように合っていないので，合わせましょう。

毎分36m？

毎分36mも分速36mも１分間に36m進みます。つまり同じ意味です。「毎分36m＝分速36m」

静水とは？

「静水」は，川の流れがない場合をさします。川の流れの速さが０のときと考えてもいいです。

単位の変換

時速10.8km
＝時速10800m
＝毎分10800m÷60
＝毎分180m

●Step 1　上流A→下流B，下流B→上流Aの速さを求め，速さの公式を使い方程式を立てる

まず，船の時速10.8kmを毎分○mに直すと

時速10.8km＝毎分180m

となります。

川の流れの速さ「毎分36m」を考慮すると，上流Ａから下流Ｂ，下流Ｂから上流Ａへの船の速さは

上流Ａ→下流Ｂの速さ：毎分180＋36＝毎分216m
下流Ｂ→上流Ａの速さ：毎分180－36＝毎分144m

となります。

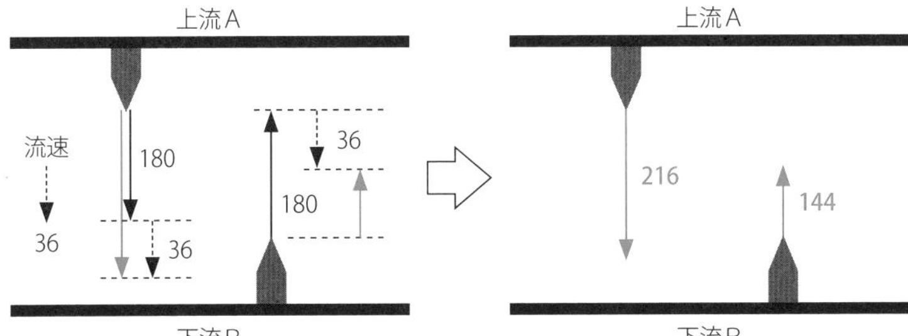

上流Ａ→下流Ｂに着く時間を「x」分とします。上流Ａ→下流Ｂの速さは毎分216mなので，ＡＢ間の距離は

速さ 時間 距離
ＡＢ間の距離：$216\times x=216x$ …①

下流Ｂ→上流Ａに着く時間を「y」分とします。下流Ｂ→上流Ａの速さは毎分144mなので，ＡＢ間の距離は

速さ 時間 距離
ＡＢ間の距離：$144\times y=144y$ …②

①と②はＡＢ間の距離で等しいので「①＝②」より

AB間の距離

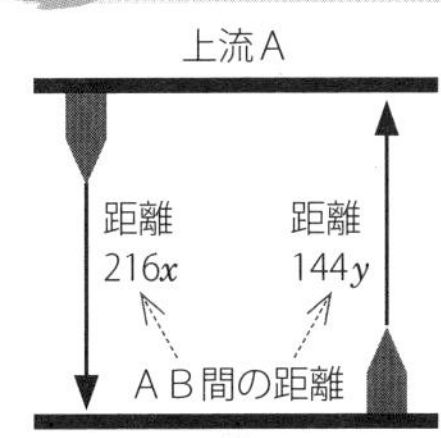

ＡＢ間の距離：$216x = 144y \rightarrow 3x = 2y$ …③

上流Ａ地点と下流Ｂ地点との間を船が往復するのに50分かかったので

$$x + y = 50 \quad \cdots④$$

●Step 2　③，④の連立方程式を解く

$$\begin{cases} 3x = 2y & \cdots③ \\ x + y = 50 & \cdots④ \end{cases}$$

これを計算して，

$$x = 20,\quad y = 30$$

●Step 3　AB間の距離を求める

ＡＢ間の距離は①の「$216x$」に「$x=20$」を代入して，

$$216x = 216 \times 20 = 4320$$

よって，本問の正答は**3**です。

AB間の時間

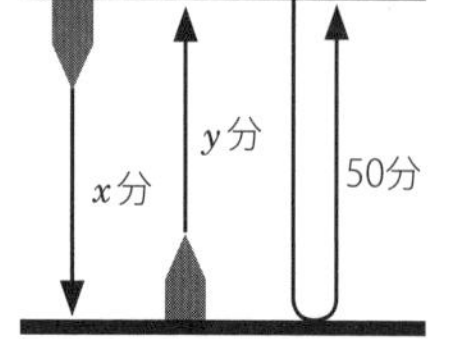

計算お助け

④を２倍して
$2x + 2y = 100$
③「$3x = 2y$」より
$2x + 3x = 100$
$5x = 100$
$x = 20$
④に代入して
$20 + y = 50$
$y = 30$

②でもOK

②の「**144*y***」に
「$y=30$」を代入して
$144y = 144 \times 30$
$= 4320$
としてもOK。

例題2

静止面上で速さが一定の水上バスが，ある川のＡ地点とそこから63km下流のＢ地点との間を往復している。この水上バスはＡ地点からＢ地点まで川を下るのに３時間を要し，Ｂ地点からＡ地点まで川を上るのに７時間を要する。今，水上バスのエンジンをＡ地点で止めたとき，Ａ地点を出てＢ地点へ着くのに必要な時間はどれか。

（特別区Ⅲ類）

1　9時間　　**2**　9時間30分　　**3**　10時間

4　10時間30分　　**5**　11時間

解法のステップ

距離は63km，時間は上流Ａ→下流Ｂが３時間，下流Ｂ→上流Ａが７時間とわかっているので，後は「速さ」を求めるだけです。ただし，エンジンを止めたときの水上バスの速度と流速の２つを求める必要があるので，文字を２つ用意する必要があります。

条件の整理

速さ × 時間 ＝ 距離

時間・距離：問題文にある

速さ：問題文にない

→水上バスの速度と流速を文字にします。

●Step 1　A→B，B→Aの速さを求め，速さの公式を使い方程式を立てる

流速を時速$a$km，エンジンを止めたときの水上バスの速度を時速$x$kmとすると，A地点からB地点，B地点からA地点の速さはそれぞれ

上流A→下流Bの速さ：時速$x+a$km
下流B→上流Aの速さ：時速$x-a$km

です。A→Bは，速さが「時速$x+a$km」，時間が3時間，距離が63kmなので

速さ　時間　距離

$$(x+a)\times 3 = 63$$
$$x+a = 21 \cdots ①$$

B→Aは，速さが「時速$x-a$km」，時間が7時間，距離が63kmなので

速さ　時間　距離

$$(x-a)\times 7 = 63$$
$$x-a = 9 \cdots ②$$

●Step 2　①，②の連立方程式を解く

$$\begin{cases} x+a=21 \cdots ① \\ x-a=9 \cdots ② \end{cases}$$

これを計算して，

$$x=15,\quad a=6$$

●Step 3　求める時間を計算する

問題文で「エンジンをA地点で止めたとき，A地点を出てB地点へ着くのに必要な時間」つまり「流速a＝6km/時」だけで，63km進むときの時間tが問われているので，

速さ　時間　距離

$$6\times t = 63$$
$$t=10.5$$

0.5時間は30分なので，求める時間は10時間30分となるの

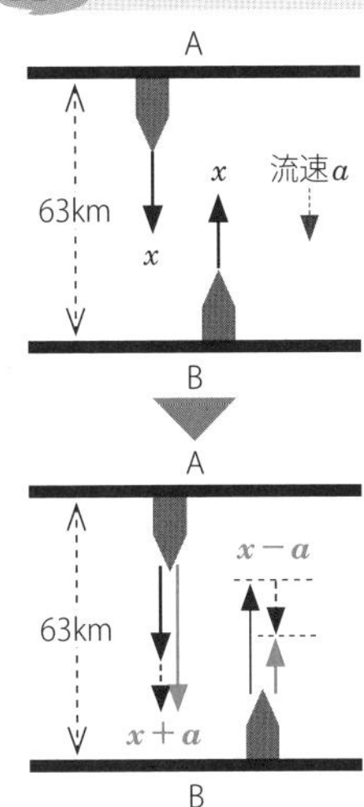

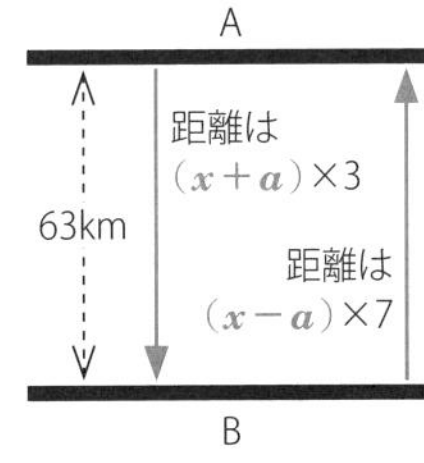

①＋②より

$$\begin{array}{r} x+a=21 \cdots ① \\ +)\ x-a=\ 9 \cdots ② \\ \hline 2x\quad =30 \end{array}$$

両辺÷2

$$x=15$$

①に代入して

$$15+a=21$$
$$a=6$$

で，本問の正答は**4**です。

例題3

ある一定の速さで流れる川において，上流から下流に向かって進む船Aと下流から上流に向かって進む船Bの２隻がすれ違った。Aの長さは10m，Bの長さは20mで，静水時において，Aの速さはBの速さの２倍，Bの速さは川の流れの速さの２倍である。AとBがすれ違い始めてからすれ違い終わるまでに，Bが進んだ距離として最も妥当なものはどれか。

（国家一般職［高卒］）

1　3m　**2**　5m　**3**　7m　**4**　10m　**5**　12m

解法のステップ

流水算の問題ですが「Aの長さは10m，Bの長さは20m」という条件があるので，通過算の考え方も必要になります。

●Step 1　船A，Bの速さを文字で表す

Aの長さは10m，Bの長さは20mとあるので，AとBがすれ違い始めてからすれ違い終わるまでの距離はわかります。しかし時間と速さがわかっていないので文字でおきます。AとBがすれ違い始めてからすれ違い終わるまでの時間を「t」と置き，流速を「x」とします。

静水時のBの速さは川の流れ（流速）「x」の２倍なので

$$x \times 2 = 2x$$

静水時のAの速さはBの速さ「$2x$」の２倍なので

$$2x \times 2 = 4x$$

●Step 2　船A，Bの進んだ距離を求める

上流から下流に向かうAの速さ「$4x$」に流速「x」を加えます。時間は「t」なのでAが進んだ距離は

速さ　　時間　距離

$$(4x + x) \times t = 5xt \cdots ①$$

下流から上流に向かうBの速さ「$2x$」から流速「x」を引きます。時間は「t」なのでBが進んだ距離は

通過算

通過算の考え方は，5-3を参照してください。

問題文の状況

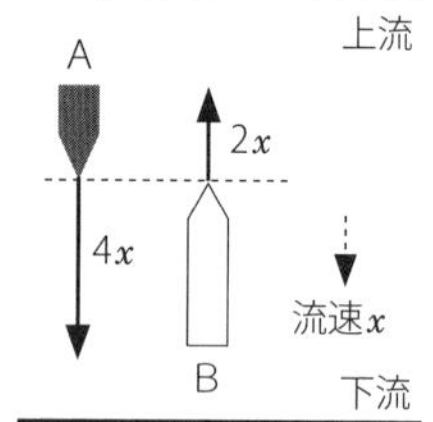

Aの情報

Aの速さ：$4x$
川の流れの速さ：x
すれ違い始めてからすれ違い終わるまでの時間：t

Bの情報

Bの速さ：$2x$
川の流れの速さ：x
すれ違い始めてからすれ違い終わるまでの時間：t

速さ　時間　距離

$$(2x - x) \times t = xt \cdots ②$$

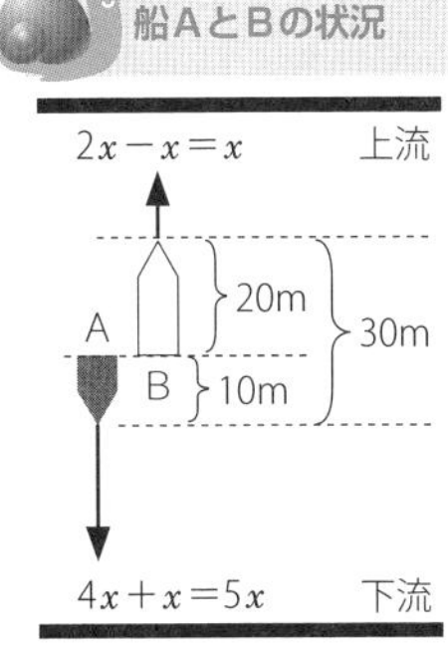

●Step 3　方程式を立て，問題を解く

Aが進んだ距離①$5xt$とBが進んだ距離②xtが2隻の船の長さの和「10＋20」と同じになるので

$$\underset{①}{5xt} + \underset{②}{xt} = \underset{A}{10} + \underset{B}{20}$$

$$xt = 5 \cdots ③$$

Bが進んだ距離は②で「xt」，偶然にも方程式を計算した結果③が「$xt=5$」なので，代入して計算する必要がありませんでした。よって，正答は**2**です。

なお「Aが進んだ距離」を求める場合は，①より「$5xt$」で，③より「$5xt=5\times5=25$」となります。

例題4

太平洋の上空には，ジェット気流が吹いており，航空機が日本からアメリカに向かう場合は追い風，逆にアメリカから日本に向かう場合には向かい風となる。

ある人が，日本－アメリカ間を航空機で往復した。行きの便が日本の空港を離陸後，東京の上空を通過したのは15時30分，ロサンゼルス上空を通過したのは，現地時間で同日の6時50分であった。航空機の時速は900km，ジェット気流の秒速は50mで，時差については，ロサンゼルスは東京よりも17時間遅いことがわかっているとき，帰りの便が，ロサンゼルス上空から東京上空までかかる時間はどれか。

ただし，航空機およびジェット気流の速さは一定であり，その経路は東京－ロサンゼルス間を一直線に結んでいるものとする。　（国家一般職［大卒］）

1　12時間10分
2　12時間30分
3　12時間50分
4　13時間10分
5　13時間30分

解法のステップ

問題文の設定は上空の航空機ですが，これも流水算の問題の考え方を利用します。時速は900km，ジェット気流の秒速は50mで，東京の上空を通過したのは15時30分，ロサンゼルスの上空を通過したのは「現地時間」で同日の6時50分なので時差を考慮して時間を合わせます。1つ1つ丁寧に計算をしていきましょう。

●Step 1　単位を合わせ，時差を考慮する

ジェット気流の秒速50mを時速○kmにすると

秒速50m＝時速180km

問題文よりロサンゼルスは東京よりも17時間遅いので，東京が15時30分のとき，ロサンゼルスは

15時30分－17時間＝－1時30分
（＝前日の22時30分）

●Step 2　[行き]東京 → ロサンゼルスの距離・時間・速さを求める

東京→ロサンゼルス間の所要時間は，ロサンゼルスを通過する現地時間6時50分から前日の22時30分（－1時30分）を引いて

6時50分－（－1時間30分）＝8時間20分

20分は$\frac{1}{3}$時間なので，

8時間20分＝8時間＋$\frac{1}{3}$時間＝$\frac{25}{3}$時間

です。日本からアメリカに向かう場合は追い風となるので，行きの速さは

東京→ロサンゼルスの速さ：900＋180＝1080

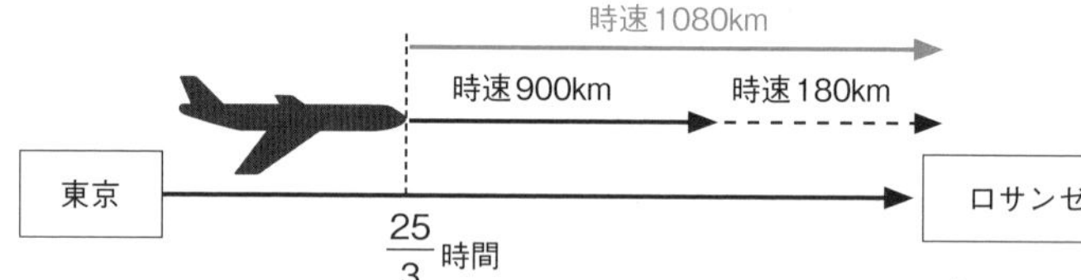

速さと時間から，東京－ロサンゼルス間の距離は

速さ		時間		距離
1080	×	$\frac{25}{3}$	＝	360×25（＝9000）

単位の変換

秒速50m
＝分速50m×60
＝分速3000m
＝分速3km
＝時速3km×60
＝時速180km

－1時間30分

時間は24（時間）足すと1周するので
－1時間30分＋24時
＝22時30分

日本とロサンゼルスの時差（17時間遅い）

日本→ロサンゼルス
23時→6時（当日）
21時→4時（当日）
19時→2時（当日）
17時→0時・24時
15時→22時（前日）
13時→20時（前日）
11時→18時（前日）
9時→16時（前日）
7時→14時（前日）
5時→12時（前日）
（サマータイムを除く）

360×25

$1080\times\frac{25}{3}=360\times25$
で9000と計算してもOKですが，計算を楽にするためにあえて計算していません。

●Step 3 ［帰り］ロサンゼルス → 東京の速さを求め，時間を求める

アメリカから日本へは，向かい風となるので，速さは

ロサンゼルス→東京の速さ：$900-180=720$

求める帰りの時間を「t」時間とすると，

速さ　時間　　距離
$720 \times t = 360 \times 25\ (=9000)$

これを解いて

$$t=\frac{25}{2}=12\frac{1}{2}=12\text{（時間）}30\text{（分）}$$

よって，本問の正答は**2**です。

計算お助け

$\overset{2}{\cancel{720}} \times t = \overset{1}{\cancel{360}} \times 25$

$2t=25$

$t=\frac{25}{2}$

このように360×25の形のほうが約分は楽です。

単位の変換

$\frac{1}{2}$（時間）$=\frac{1}{2}\times 60$（分）

$=30$（分）

例題5

Aが出発してから目的地まで，「動く歩道」に乗って歩かずにいく場合，所要時間は15分であるが，同じ区間を「動く歩道」に乗って終始歩いていくと所要時間は6分であった。

今，Aが出発点から「動く歩道」に乗った後，ちょうどその中間地点で忘れ物に気づき，直ちに「動く歩道」を逆に歩いて出発点に引き返した。このとき，Aが中間地点から出発点まで引き返すのにかかる時間はいくらであったか。ただし，「動く歩道」の速度およびAの歩く速さは，ともに一定とする。

（国家Ⅱ種）

1　10分　**2**　12分　**3**　15分　**4**　18分　**5**　20分

解法のステップ

駅や空港などで見かける動く歩道に関する問題です。「動く歩道」を逆に歩いて出発点に引き返す」ことは問題ある行為なので，今後は違う問われ方をする可能性もありますが，このタイプの問題に慣れるためにもチャレンジしましょう。

●Step 1 問題文の設定をする

動く歩道の速度とAの速度を設定します。

動く歩道の速度を毎分xm，Aの速度を毎分amとします。出発点から目的地までの距離をLmとします。

動く歩道

ステップが階段状にならない平面型のエスカレーターのことです。大きな駅や空港などで見かけます。逆走は危険ですから，やめましょう。

●Step 2　速さの公式を使い，方程式を立てる

「動く歩道」に乗って歩かずにいく場合，速さは動く歩道の速さ毎分xm，所要時間は15分なので

速さ		時間		距離	
x	×	15	=	L	→ $15x = L$ …①

「動く歩道」に乗って終始歩いていくと，所要時間は6分なので

速さ		時間		距離	
$(x+a)$	×	6	=	L	→ $6(x+a) = L$ …②

●Step 3　方程式を解く

Step 2の①と②より，Lを消去して

$$15x = 6(x+a) \quad \cdots ③$$

③を「$a =$」の形にすると（「$x =$」の形で計算してもかまいません）

$$a = \frac{3x}{2} \quad \cdots ④$$

中間地点から出発点に引き返すのにかかる時間を「t」とします。引き返す際，動く歩道を逆走するので実際進む速度は（$a-x$），④を代入して

$$a - x = \frac{3x}{2} - x = \frac{x}{2}$$

距離は，中間地点から出発点まで引き返すので$\frac{L}{2}$より，

速さ		時間		距離	
$\frac{x}{2}$	×	t	=	$\frac{L}{2}$	…⑤

xとLが入っている式を探すと①があるので，①$15x = L$を⑤に代入して

$$\frac{x}{2} \times t = \frac{15x}{2}$$
$$t = 15$$

よって，本問の正答は**3**です。

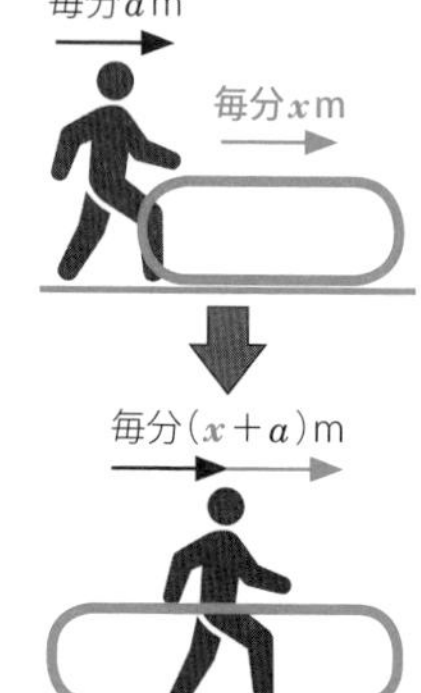

$15x = L$ …①

↑

$6(x+a) = L$ …②

②を①に代入すると

$15x = 6(x+a)$

$15x = 6x + 6a$

$9x = 6a$ 　÷6

$\frac{3x}{2} = a$

問題文の設定

毎分$(a-x)$m

$\frac{x}{2} \times t = \frac{15x}{2}$

両辺を2倍して

$xt = 15x$

両辺をxで割ると

$\cancel{x}t = 15\cancel{x}$

$t = 15$

第6章

図形の問題

問われる問題と使う公式に絞って得点源に

出題される図形は三角形や円に関するものが多く，問われるのは長さ，角度，面積，体積が多いです。図形の問題が苦手だという方も多いと思いますが，図形の問題の多くは，三平方の定理や相似など中学校で学習する知識で解けます。忘れている公式もあると思いますが，使う公式も限られているので，1つ1つ問題を通しながらものにしていきましょう。

6-1

三平方の定理·相似のエッセンス
～第6章のウォーミングアップ～

三平方の定理とは？

右図のような直角三角形において，底辺の長さを「a」，高さを「b」，斜辺の長さを「c」とするとき

三平方の定理

$$a^2+b^2=c^2$$

という関係式が成り立ちます。これを**三平方の定理**（さんへいほうのていり）または**ピタゴラスの定理**（ていり）といいます。

三平方の定理は公務員試験でよく使用します。これと併せて，公務員試験ではよく使われる直角三角形が3つあるので，それぞれの3辺の長さの比を覚えておきましょう。

代表的な三角形の辺の長さの比

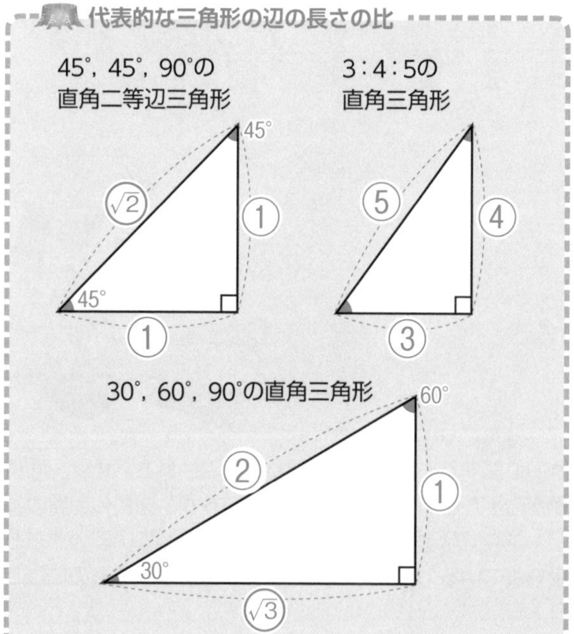

三平方の定理の重要度

三平方の定理は，図形の問題でよく使われる頻出ツールなので，必ず押さえましょう。

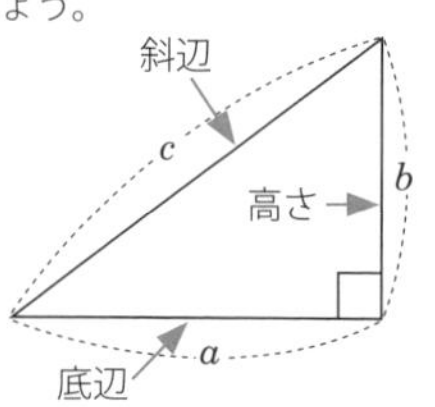

なお「ピタゴラス」は，古代ギリシャの数学者の名前です。

平方根

2乗してAになる正の数を**平方根**（へいほうこん）または**ルート**といい「$\sqrt{A}$」と書きます。
$\sqrt{9}$の場合，2乗して9になる正の数なので3です。
計算の方法としては2乗の形をつくります。

$\sqrt{9}=\sqrt{3^2}=3$
$\sqrt{16}=\sqrt{4^2}=4$
$\sqrt{25}=\sqrt{5^2}=5$

のように計算します。
$\sqrt{12}$のような数は

$\sqrt{12}=\sqrt{2\times2\times3}$
$=\sqrt{2^2\times3}=2\sqrt{3}$

と計算します。

問

次の三角形のL，h，aの長さを求めなさい。

（1）

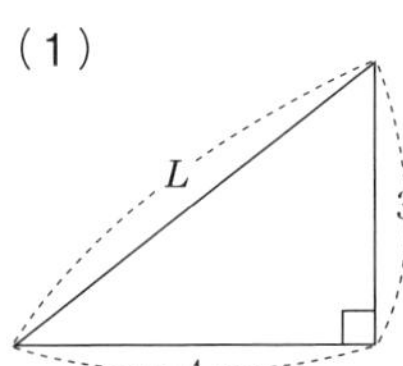

（2）

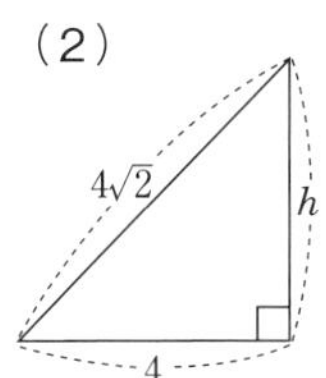

（3）

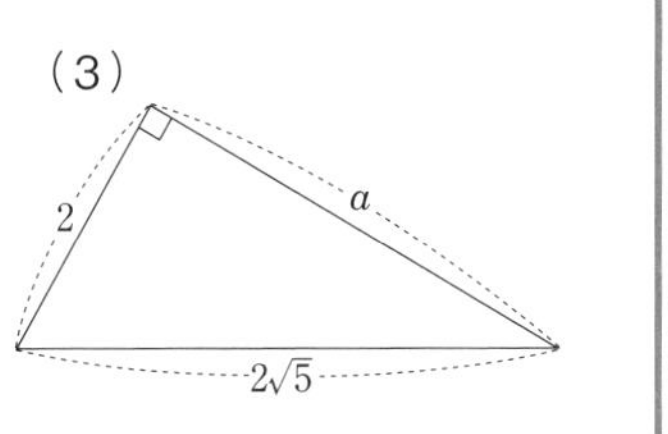

三平方の定理を用いて解いていきます。

(1) 三角形の斜辺の長さLを求めます。

$$3^2+4^2=L^2$$
$$L=5$$

この結果を図に反映させると，辺の比が3：4：5の三角形だとわかります。

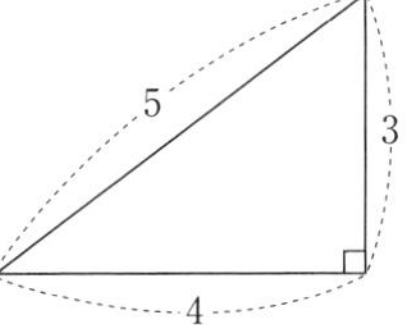

(2) 三角形の高さhを求めます。

$$4^2+h^2=(4\sqrt{2})^2$$
$$h=4$$

(3) aを求めます。考えやすいように右下図のように三角形を回転させます。

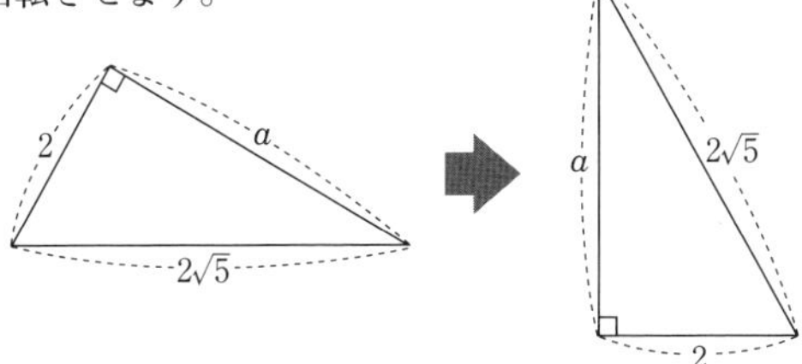

$$2^2+a^2=(2\sqrt{5})^2$$
$$a=4$$

計算お助け

（1）$3^2+4^2=L^2$
$9+16=L^2$
$25=L^2$
$L=\pm\sqrt{25}=\pm5$
$L>0$なので$L=5$

（2）$4^2+h^2=(4\sqrt{2})^2$
$16+h^2=32$
$h^2=16$
$h=\pm\sqrt{16}=\pm4$
$h>0$なので$h=4$

（3）$2^2+a^2=(2\sqrt{5})^2$
$4+a^2=20$
$a^2=16$
$a=\pm\sqrt{16}=\pm4$
$a>0$なので$a=4$

合同と相似

右上図のように，形も大きさも同じ２つの図形を「**合同**（ごうどう）」といい，「≡」の記号を使って「△ABC≡△PQR」と表します。

合同に対して，右下図のように，形は同じであるものの大きさが違う図形を「**相似**（そうじ）」といい，「∽」の記号を使って「△ABC∽△PQR」と表します。特に三角形の相似が頻出です。

相似な図形の場合，対応する辺の比が等しくなります。右図の△ABCと△PQRの場合

AB：BC＝PQ：QR
AB：AC＝PQ：PR
BC：CA＝QR：RP

が成り立ちます。２つの三角形が相似になる条件は

三角形の相似条件

- ３組の辺の比がすべて等しい
- ２組の辺の比が等しく，その間の角が等しい
- ２組の角がそれぞれ等しい

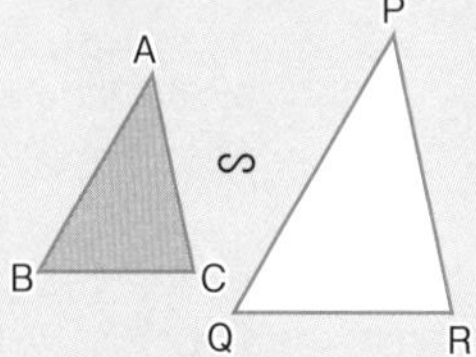

AB：BC：CA＝PQ：QR：RP

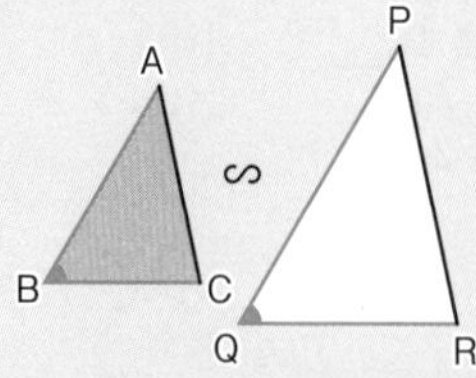

AB：BC＝PQ：QR
∠B＝∠Q

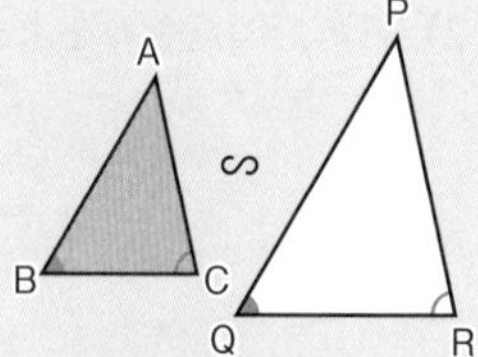

∠B＝∠Q
∠C＝∠R

です。相似で特によく利用される条件は「２組の角がそれぞれ等しい」場合です。公務員試験では証明が出題されるわけではありませんので，使える形で押さえておくだけで十分です。

三角形の相似問題に関係して，よく見かける形が次ページにある２つの図形（⊿と⧖）です。どちらも∠Aが等しく，BCとDEが平行より，∠ABCと∠ADEが等しくなるので「２組の角がそれぞれ等しい」ことから

「合同」な図形「≡」

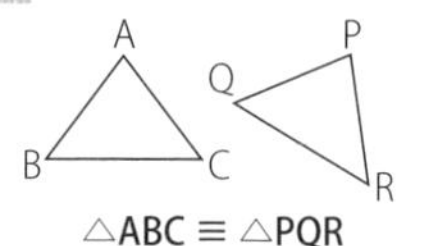

△ABC ≡ △PQR

「相似」な図形「∽」

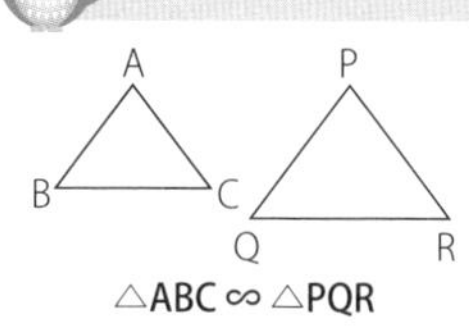

△ABC ∽ △PQR

角度の性質

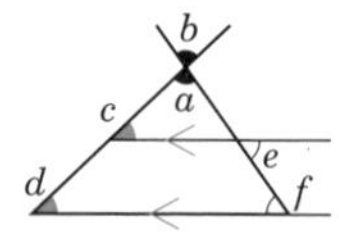

次の性質があります。
$\angle a = \angle b$（対頂角）
$\angle c = \angle d$（同位角）

$\triangle ABC \backsim \triangle ADE$

となります。

2つの三角形の相似比

BCとDEは平行とする。

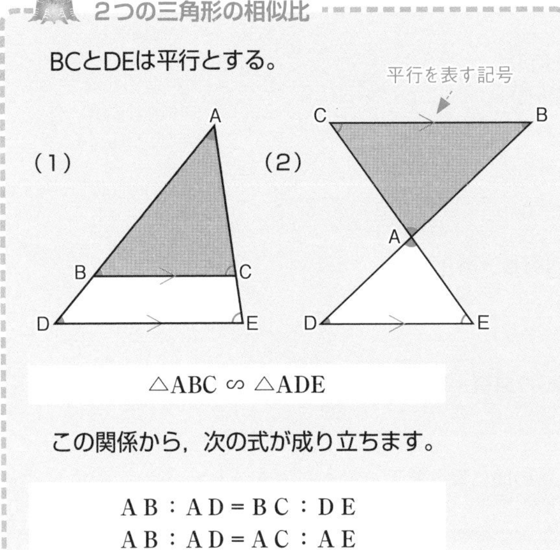

$\triangle ABC \backsim \triangle ADE$

この関係から，次の式が成り立ちます。

$$AB : AD = BC : DE$$
$$AB : AD = AC : AE$$
$$AB : BD = AC : CE$$

また，下図のように2つの三角形が相似のとき，

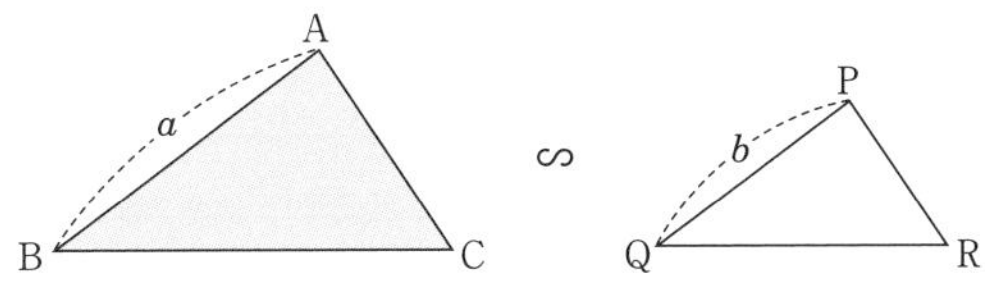

面積の比＝辺の長さの比の２乗

が成り立ちます。上図のように△ABCと△PQRが相似で，AB＝a，PQ＝bとするとき，対応する辺ABと辺PQの長さと面積比は

△ABCの面積：△PQRの面積＝$a^2 : b^2$

が成り立ちます。この比例式は，**文字S**を用いて

△ABCの面積＝a^2S，△PQRの面積＝b^2S

と，式で表すことができます。上記の式は辺の長さを求める際，よく利用します。

$\angle e = \angle f$（錯角）
後に詳しく学習します。

三角形の相似条件

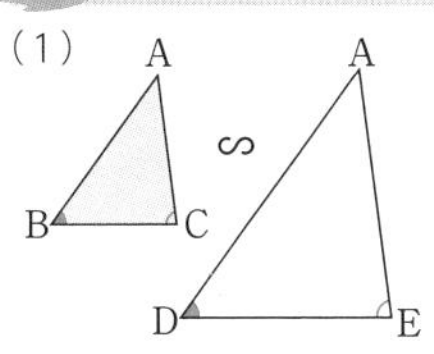

（2）△ABCを回転させて

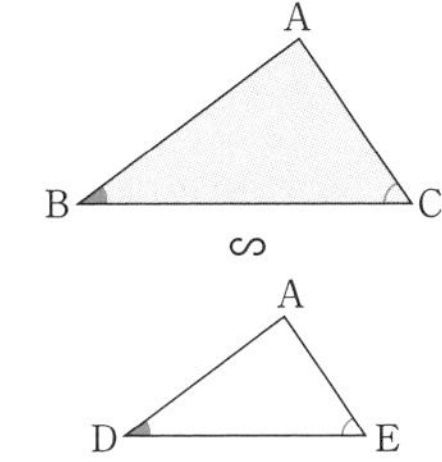

比例式の比を等式に

比例式「A：B＝2：3」は文字「x」や「S」を使い
A＝2x，B＝3x
A＝2S，B＝3S
のように，等式にすることができます。
A：B＝$a^2 : b^2$
は，**文字S**を用いて
A＝a^2S，B＝b^2S
とできます。

第6章　図形の問題

また，高さが等しい２つの三角形があるとき，次の定理（**底辺分割**（ていへんぶんかつ）**の定理**）が成り立ち，よく使います。

底辺分割の定理

右図のように2つの三角形，△ABDと△ADCの高さhが等しいとき，

面積の比＝底辺の長さの比

となります。つまり

△ABDの面積：△ADCの面積＝BD：DC

底辺分割の定理

△ABDの面積
$=\frac{1}{2}\times BD\times h$

△ADCの面積
$=\frac{1}{2}\times DC\times h$

△ABDの面積：△ADCの面積
$=\frac{1}{2}BD\times h:\frac{1}{2}DC\times h$
＝BD：DC

では，これらを踏まえて，次の問に取り組んでみましょう。

問

右のような台形ABCDがある。
（１）OB：ODを求めよ。
（２）△OABの面積を求めよ。
（３）△OCDの面積を求めよ。

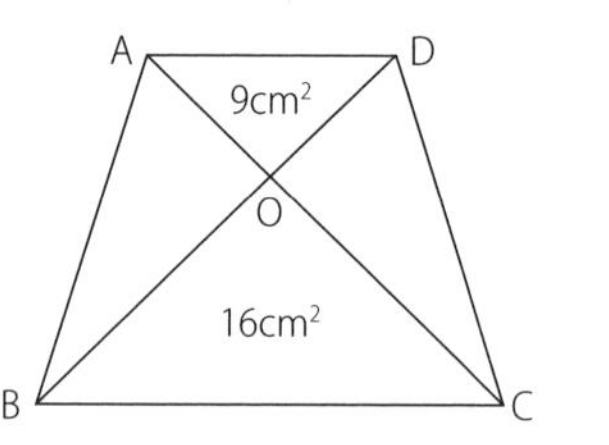

相似比と底辺分割の定理を使います。

（1） △OADと△OBCに着目すると⧖の形をしているので相似（条件は「２組の角がそれぞれ等しい」）です。相似な三角形は「面積の比＝長さの比の２乗」なので２乗の形を作りましょう。

△OBCの面積：△OADの面積＝16：9
$=4^2:3^2$

よって△OBCと△OADの相似比は4：3より，長さの比OB：ODは

OB：OD＝4：3

台形？

台形は1組の対辺が平行な四角形です。この問ではADとBCが平行なので四角形ABCDは台形です。

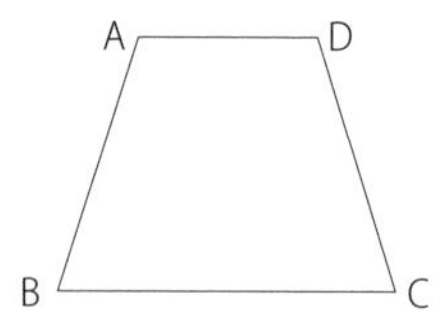

(2) △OABの面積を求めるために，右図のように台形を回転させてみると，△OABと△OADの高さは同じとわかります。よって「底辺分割の定理」が利用できます。

△OADの面積が9cm^2なので

△OABの面積：△OADの面積＝OB：OD
△OABの面積：9cm^2＝4：3
3×△OABの面積＝9cm^2×4
△OABの面積＝12cm^2

(3) △OCDの面積を求めるために，右図のようにさらに台形を回転させてみると，△OCDと△OBCの高さは同じとわかります。よって，底辺分割の定理が利用できます。

△OBCの面積が16cm^2なので

△OCDの面積：△OBCの面積＝OD：OB
△OCDの面積：16cm^2＝3：4
4×△OCDの面積＝16cm^2×3
△OCDの面積＝12cm^2

それでは，過去問の演習に入っていきましょう。

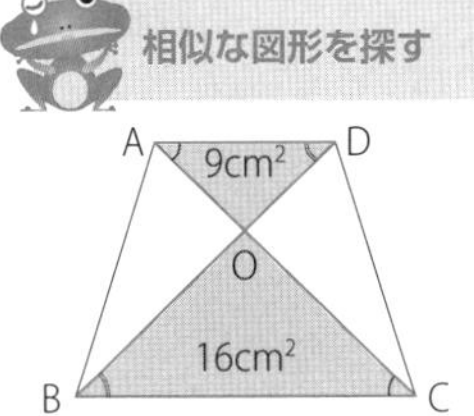

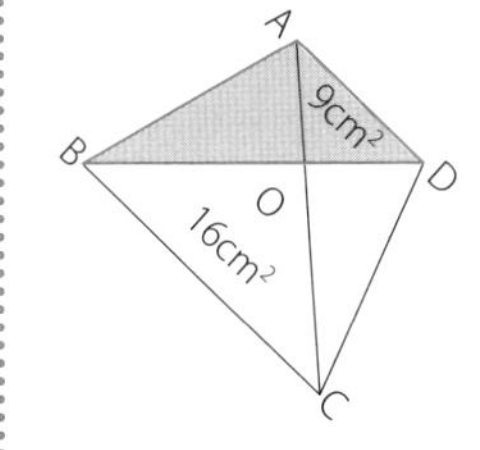

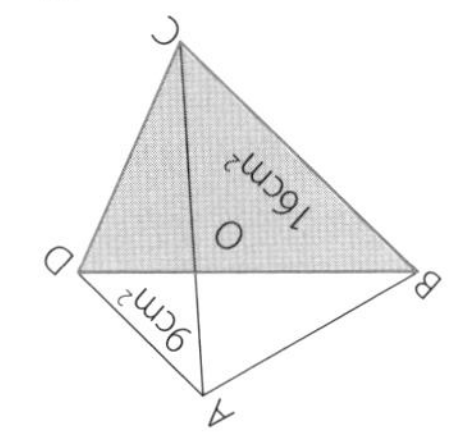

OB：OD＝4：3
なので，
OD：OB＝3：4

第6章 図形の問題

6-2　国総 ★★★　国般 ★★　地上 ★★　市役所 ★　初級 ★★

面　積 ～解き方は原則3つ！～

テーマの重要度

面積の問題は頻出で，多くが中学数学の知識までで解けるので落とせません。

3つの解き方

図形の面積の問題は，公式を使うだけだと簡単に解けてしまうため，一見すると解けそうにないひねった問題が出題されます。

そこで答えを求める際に使うのは「等積変形」「全体から引く」「面積比」の3つです。それでは，順に見ていきましょう。

等積変形を使う問題

等積変形（とうせきへんけい）とは，面積は同じままで，図1の①，②，③のように形を変えたり，図2，3のように図形を移動させることで計算をやりやすくします。公務員試験の図形問題ではたびたび利用します。

等積変形の例

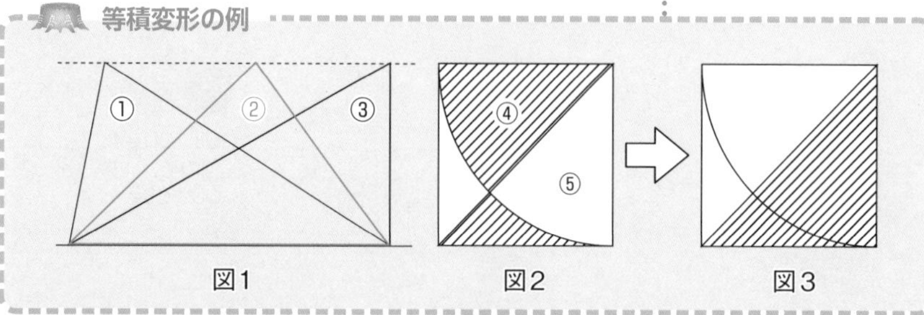

図1　図2　図3

図2の斜線部の面積を直接求めるのは大変です。しかし，図2の④と⑤の部分の面積は等しいので，④の斜線部分を⑤の位置に移動させると図3の斜線部分（三角形）となるので求めるのが簡単になります。

では，実際の過去問に取り組んでみましょう。

例題1

下の図のように，1辺の長さが1の正方形2つを，1つの正方形の頂点が，もう1つの正方形の中心にくるように重ねる。重ねた正方形が30度傾いているとき，重なっている斜線部分の面積はいくらか。（裁判所一般職［大卒］）

1 $\frac{1}{2}$　**2** $\frac{1}{4}$

3 $\frac{\sqrt{2}}{2}$　**4** $\frac{\sqrt{3}}{2}$

5 $\frac{\sqrt{3}}{4}$

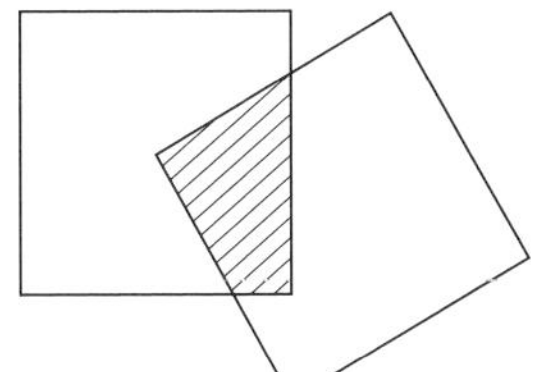

解法のステップ

問題文の四角形のまま面積を求めるのは難しいです。こういう一見すると解けそうにない問題は，等積変形して面積が求めやすい形にならないかを考えましょう。

まずは，補助線を引いていきます。

●Step 1　等積変形のための準備と図形の移動

求めやすい面積は正方形や長方形なので，下図のように正方形の中心から垂線を引いて等積変形を考えます。

下図の①と②ともに，底辺の長さが$\frac{1}{2}$で，両端の角度が30°と90°の同じ図形（合同な図形）となるので，図形を移動させることができます。

垂線，垂線の足

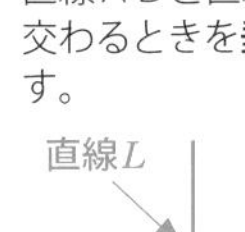

直線ＡＢと直線Lが直角で交わるときを**垂直**といいます。

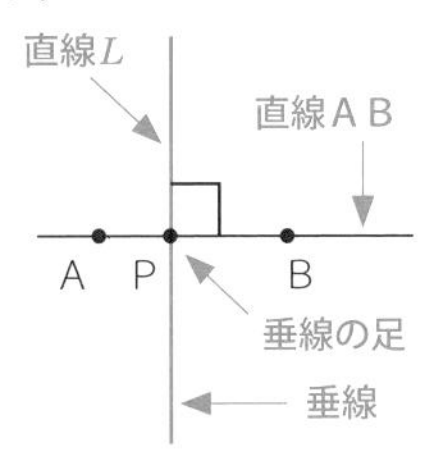

このとき直線Lを，直線ＡＢの**垂線**といい，交点Ｐを**垂線の足**といいます。

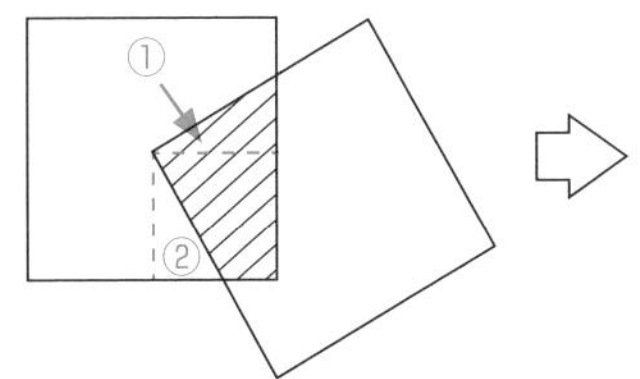

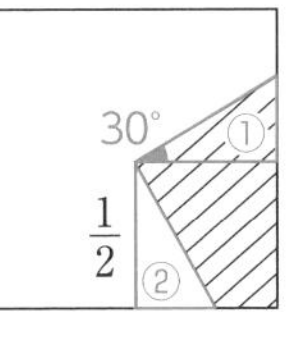

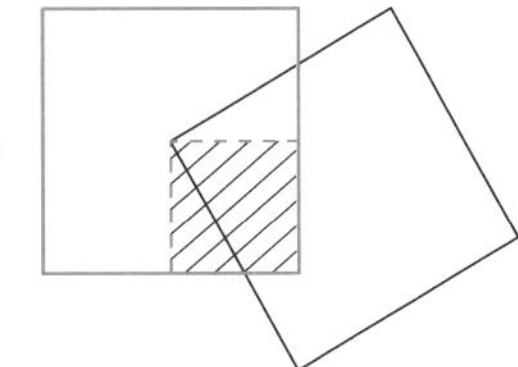

●Step 2　図形の面積を求める

等積変形後（上右図の青い正方形），斜線部の面積は縦横の長さがともに$\frac{1}{2}$なので

$$\frac{1}{2}\times\frac{1}{2}=\frac{1}{4}$$

よって，本問の正答は**2**です。

等積変形後の図

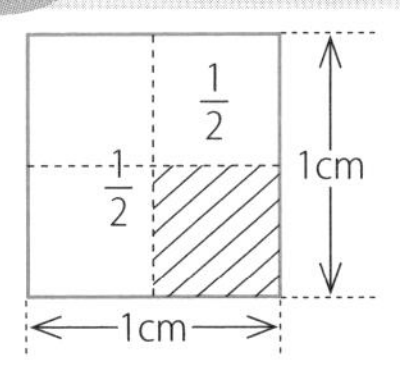

「全体から引く」問題

ここからは「全体の面積を求めて不要部分の面積を引く」タイプの問題を見ていきます。

たとえば右図の灰色部分の面積を直接求めるのは面倒ですが，青枠の長方形から白色の三角形の面積を取り除くのは簡単です。このように，このタイプは「簡単に求められる全体の面積」を求めて，「不要な部分の面積」を取り除いて「必要な部分の面積」を求めていきます。

全体から引く

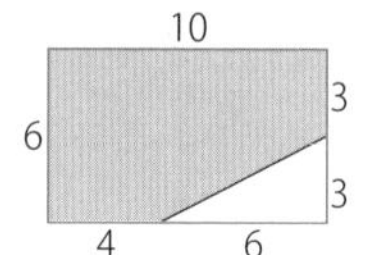

青枠長方形の面積
→　6×10＝60
白色の三角形の面積
→ 6×3÷2＝9
灰色部分の面積
→　60－9＝61

例題 2

図のように，1辺の長さが1の2つの正方形が重なり合っている。このとき斜線部の面積はいくらか。

（国家一般職［高卒・社会人］）

1　$\dfrac{\sqrt{2}-1}{2}$

2　$\sqrt{2}-1$

3　$\dfrac{\sqrt{2}}{4}$

4　$\dfrac{\sqrt{2}}{2}$

5　$\dfrac{\sqrt{2}+1}{2}$

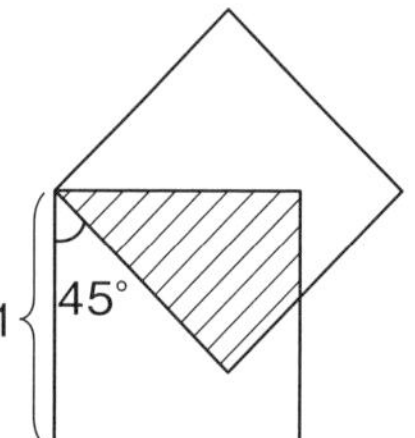

解法のステップ

斜線部の面積を求めるのは大変そうですが，少し面積を広げた右図青枠の三角形の面積は簡単に求められそうです。

●Step 1　等積変形のための準備

左下図のように点A, B, C, Dを設定します。四角形ABCDを①とします。辺ADの延長線が交差する点をEとし，△CDEを②とします。求める面積①は，△ABEから②の△CDEを取り除けばよいことがわかります。

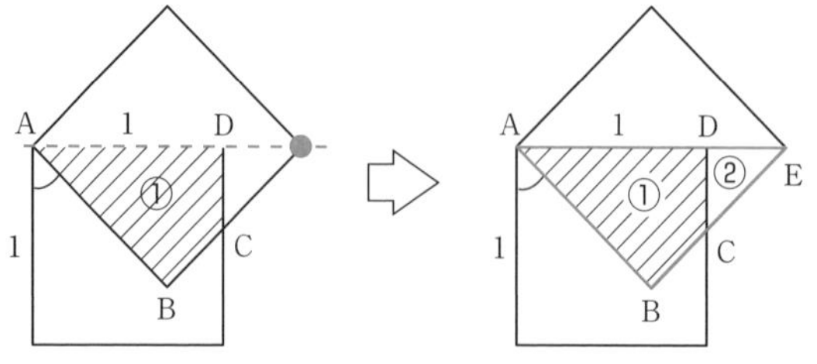

求めやすい面積は？

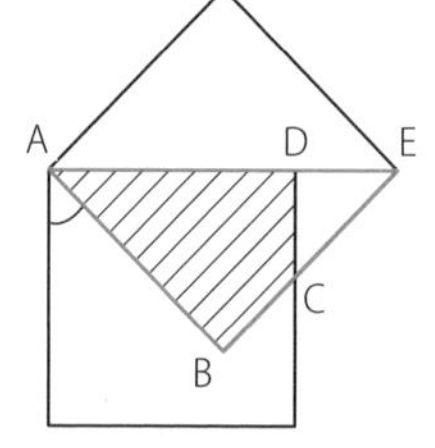

四角形ABCDは正方形，長方形，平行四辺形のように面積公式がある四角形ではありません。そのため，面積を公式で直接求めることはできません。面積公式がある図形にするために，求める面積よりも広い△ABEを考えましょう。

●Step 2　△ABEの面積を求める

△ABEの面積は，底辺，高さが１なので

$$1\times1\div2=\frac{1}{2}$$

●Step 3　△CDEの面積を求める

△CDEの面積を求めるため，DEの長さを求めます。DEの長さはAEの長さからADの長さ１を引きます。△ABEはAB＝BE＝1で∠B=90°，∠BAE＝∠BEA＝45°の直角二等辺三角形なので斜辺AEの長さは$\sqrt{2}$とわかります。

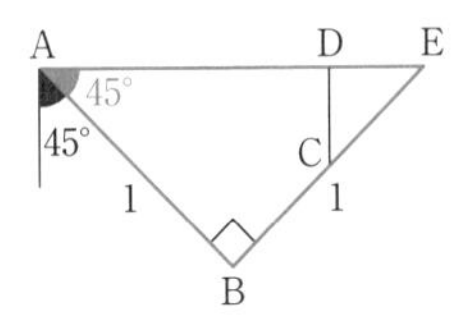

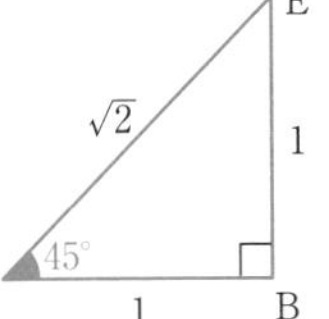

ここからDEの長さは

$$DE=AE-AD=\sqrt{2}-1$$

∠BEA＝45°，∠EDC＝90°より，∠ECD＝45°となるので，②の△CDEも直角二等辺三角形とわかります。DCの長さはDEと同じなので

$$DC=DE=\sqrt{2}-1$$

です。よって，△CDEの面積（②の部分）は

$$(\sqrt{2}-1)\times(\sqrt{2}-1)\div2=\frac{3-2\sqrt{2}}{2}$$

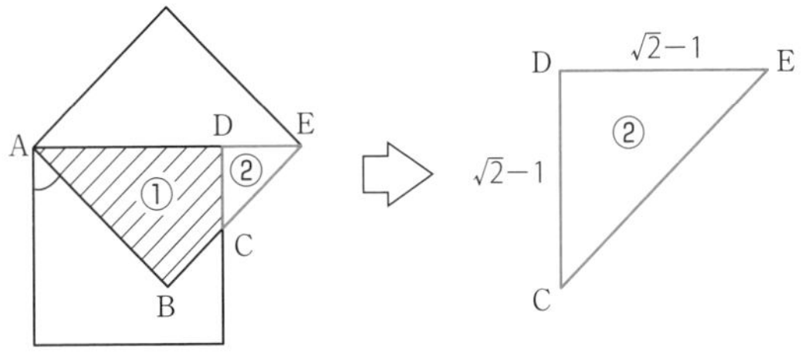

●Step 4　斜線部の面積を求める

よって，求める面積①は

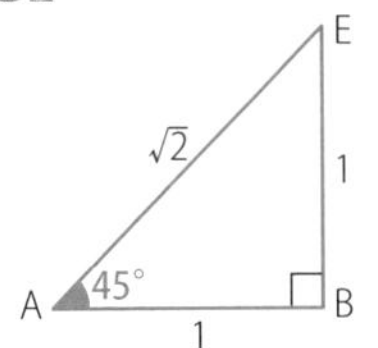

△CDEの面積

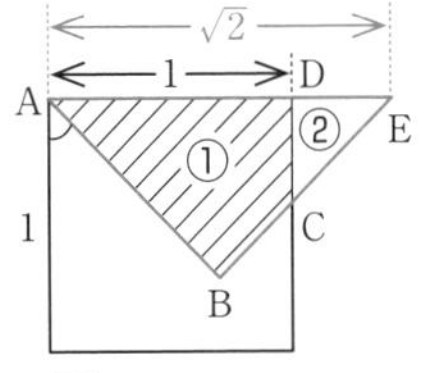

△CDEの図

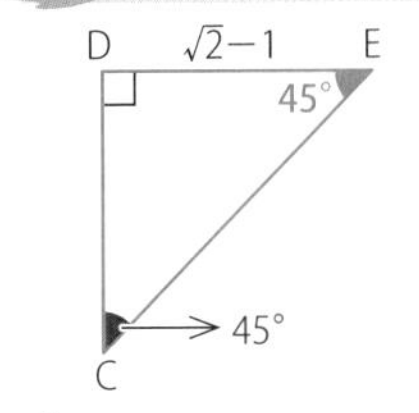

計算お助け

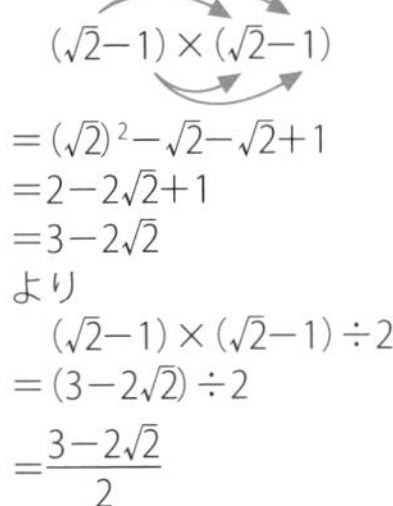

平方根(ルート：√)の計算方法

ルートの計算は，文字式の計算と同じです。

$3\sqrt{2}+2\sqrt{2}=5\sqrt{2}$

√2が3つ　√2が2つ　√2が5つ

第6章 図形の問題

$$\triangle ABE\text{の面積} - \triangle CDE\ (②)\ \text{の面積}$$

$$= \frac{1}{2} - \frac{3-2\sqrt{2}}{2}$$

$$-\frac{3-2\sqrt{2}}{2} = \frac{-3+2\sqrt{2}}{2}$$

$$= \frac{1}{2} - \frac{3}{2} + \frac{2\sqrt{2}}{2}$$

$$= -1+\sqrt{2}$$

$$= \sqrt{2}-1$$

よって，本問の正答は**2**です。

条件の確認

$\triangle$ABEの面積$=\frac{1}{2}$

②の面積$=\frac{3-2\sqrt{2}}{2}$

面積比を使う問題

面積比を使う問題も数多く出題されます。面積比の問題の解き方は大きく2つに分けられます。

面積比の問題の解き方

・直接面積を求める。

・「相似」と「底辺分割の定理」を利用する。

です。まずは直接面積を求める問題を演習していきましょう。

底辺分割の定理

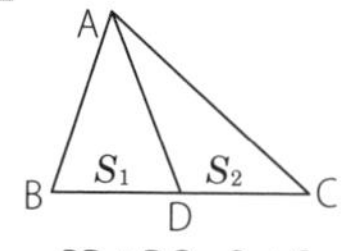

BD：DC＝S_1：S_2

例題3

下図のように，長方形ABCDを平行線で7等分し，BD間を直線で結んだとき，着色部分のアとイの面積比として，正しいのはどれか。　（東京都Ⅲ類）

	ア：イ
1	3：7
2	4：9
3	1：2
4	5：9
5	4：7

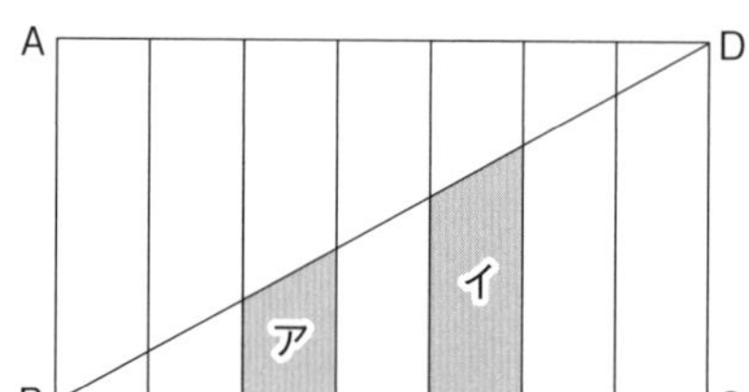

解法のステップ

長さがわからないと面積が求まりません。そのため，右図のように「縦の平行線と平行線の間の長さを1」とします。これで横の長さはわかりますが，縦の長さはわかりません。そのため目盛りを引いて長さを設定していきます。

求める面積アとイは，次ページの図のように回転させると台形とわかるので，台形の面積を具体的に求めます。

横の長さを設定

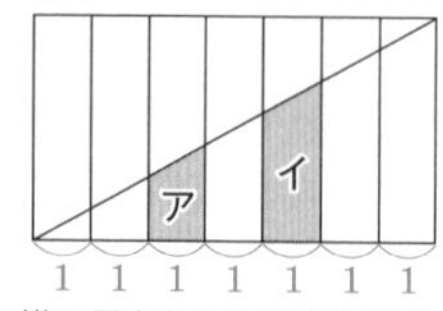

横の長さを1と設定します。

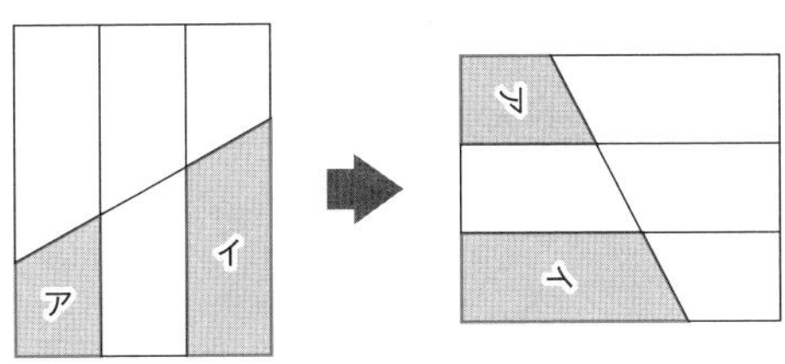

●Step 1　縦と横の長さを設定する

横の1目盛りの長さを1とします。台形の上底・下底の長さを求めるために，もとの図に補助線を引きます。補助線を引くために，縦の線とBDの交点に右欄の図のように青い点で印をつけます。この青い点を通るように，補助線を引きます。縦の1目盛りの長さをaとすると下図のようになります。

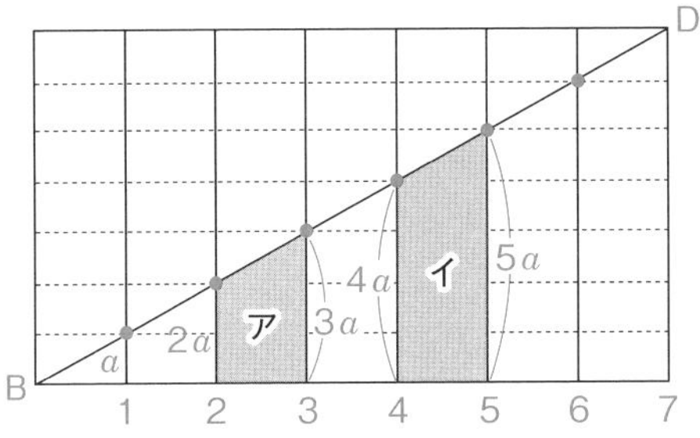

●Step 2　アとイの面積を求める

台形アの面積は，上底$2a$，下底$3a$，高さ1より

$$(2a+3a)\times 1\div 2=\frac{5a}{2}$$

台形イの面積は，上底$4a$，下底$5a$，高さ1より

$$(4a+5a)\times 1\div 2=\frac{9a}{2}$$

●Step 3　アとイの面積比を求める

Step 2より「アの面積：イの面積」は

$$\frac{5a}{2}:\frac{9a}{2}=5:9$$

よって，本問の正答は**4**です。

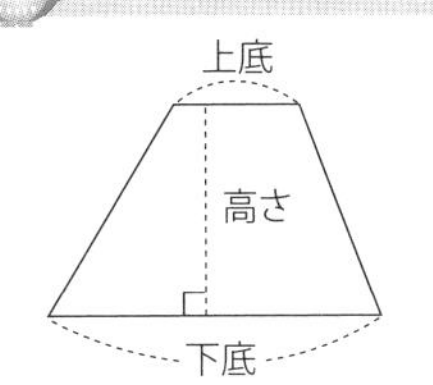

台形の面積＝

$$\frac{(上底＋下底)\times 高さ}{2}$$

縦の長さを設定

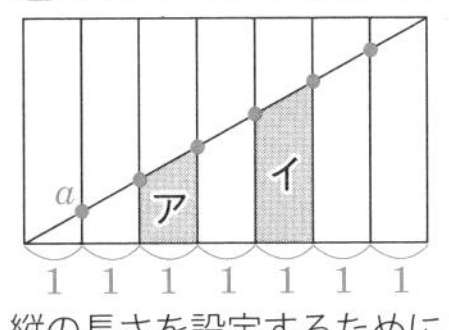

縦の長さを設定するために交点に印をつけて，交点を通るように，補助線を引いていきます。

アとイの面積

図を回転させて

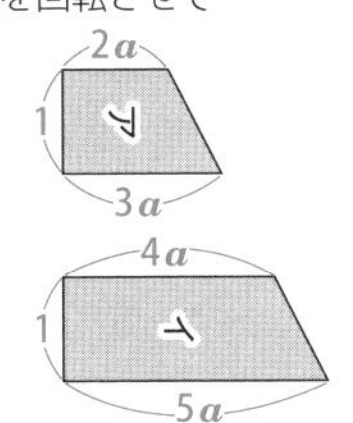

$$\frac{5a}{2}:\frac{9a}{2}$$
$$=5a:9a$$
$$=5:9$$

第6章 図形の問題

6-3　国総 ★★　国般 ★　地上 ★　市役所 ★　初級 ★★

三角形（平行四辺形）と比
～補助線を引いて図形を見つける～

比の問題では…

三角形や平行四辺形の比の問題では，下図にある相似の関係と，底辺分割の定理をよく利用します。特に下図の **(2)** の三角形を見つけることがポイントです。

2つの三角形の相似比

BCとDEが平行のとき，△ABC ∽ △ADEで

(1)

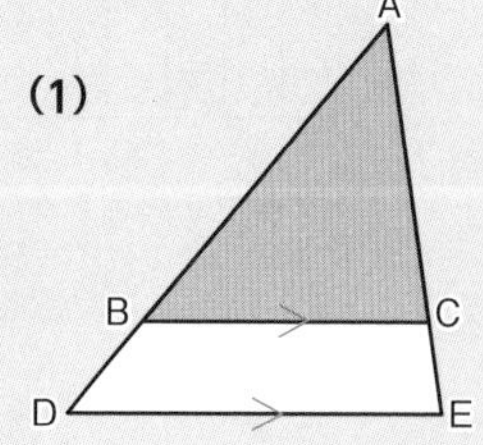

(2)

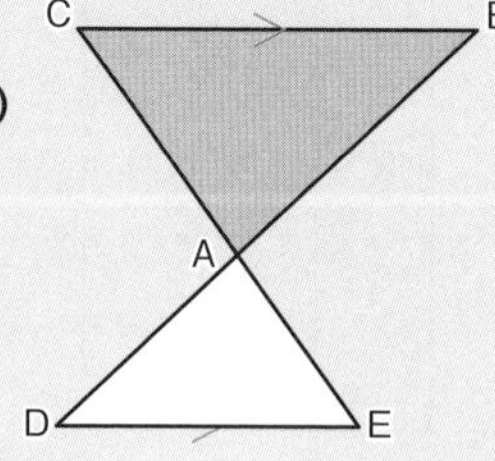

AB：AD＝BC：DE
AB：AD＝AC：AE
AB：DB＝AC：CE

「面積比＝長さの比の２乗」なので

△ABCの面積：△ADEの面積＝AB^2：AD^2
△ABCの面積：△ADEの面積＝BC^2：DE^2
△ABCの面積：△ADEの面積＝AC^2：AE^2

底辺分割の定理

右図のように2つの三角形△ABDと△ADCの高さが等しいとき，「面積比＝底辺の長さの比」となります。つまり

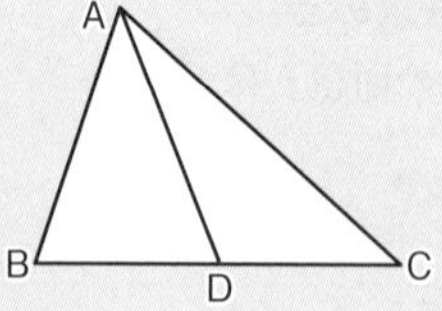

△ABDの面積：△ADCの面積＝BD：DC

テーマの重要度

三角形や平行四辺形の比の問題は、どの試験でも偏りなく出題されています。

平行四辺形？

平行四辺形は，２組の向かい合う辺がそれぞれ平行になっている四角形です。長方形や正方形も平行四辺形の一種です。

相似比と底辺分割の定理

２つの三角形の相似比と底辺分割の定理については，6-1でも説明していますので，そちらも参照してください。

(2) の形や，底辺分割の定理を利用できるように補助線を引くことがカギとなってきます。具体的な問題を通して，マスターしていきましょう。

例題 1

下の図のように△ABCの辺AB上にAP：PB＝1：2となるような点Pを，また，辺AC上にAQ：QC＝2：3となるような点Qをとったとき，△ABCに対する△APQの面積の値として，最も妥当なものはどれか。　（東京消防庁Ⅰ類）

1　$\frac{1}{8}$

2　$\frac{2}{15}$

3　$\frac{3}{13}$

4　$\frac{4}{15}$

5　$\frac{5}{16}$

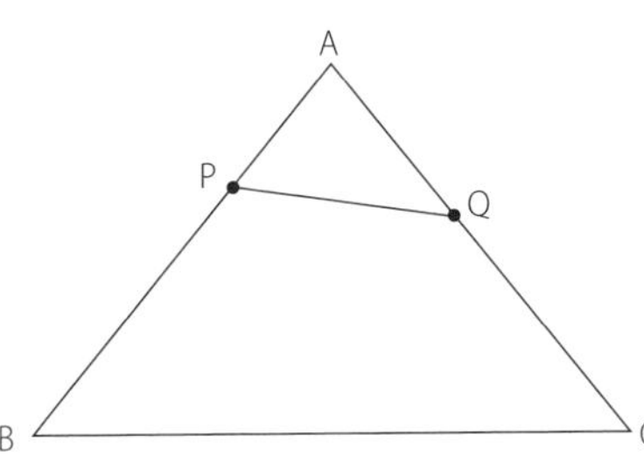

解法のステップ

△ABCと△APQの面積の比率を求める問題です。面積比の問題は，直接面積を求める以外に

1．相似の関係

2．底辺分割の定理

の活用が考えられます。長さが具体的にわからないので，直接面積を求めるのは難しそうです。また，相似な図形もなさそうなので，底辺分割の定理の活用を考えてみましょう。

底辺分割の定理

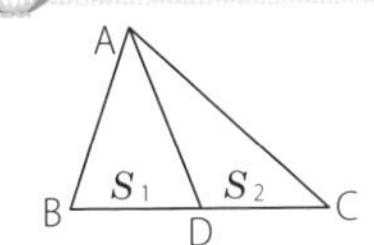

△ABDの面積＝S_1
△ADCの面積＝S_2
とすると，
BD：DC＝S_1：S_2

●Step 1　△APCの面積を求める

AQ：QC＝2：3を活用して底辺分割の定理を用いるために，下図のように補助線PCを引きます。

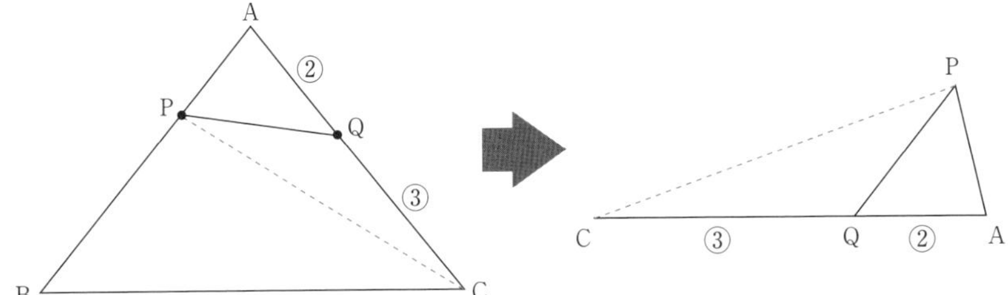

△APQ と△CPQは高さが同じなので，底辺分割の定理が使えます。AQ：QC＝2：3より

$$\triangle APQ\text{の面積}:\triangle CPQ\text{の面積}=AQ:QC=2:3$$

この比の式（比例式）は，文字Sを用いて

$$\triangle APQ\text{の面積}=2S,\ \triangle CPQ\text{の面積}=3S$$

と表せます。この２式から△APCの面積は

$$\triangle APC\text{の面積}=2S+3S=5S$$

比例式の比を等式に

比例式「A：B＝2：3」は文字「x」や「S」を使い

A＝$2x$，B＝$3x$

A＝$2S$，B＝$3S$

と表すことができます。例題１は面積問題なのでSを用います。

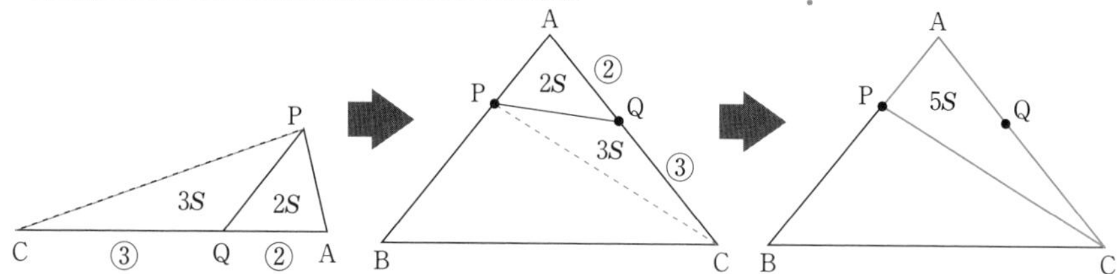

●Step 2　△ABCの面積を求める

次にAP：PB＝1：2と△APCの面積＝5Sを活用します。

△APCと△PBCは高さが同じなので底辺分割の定理を用いて

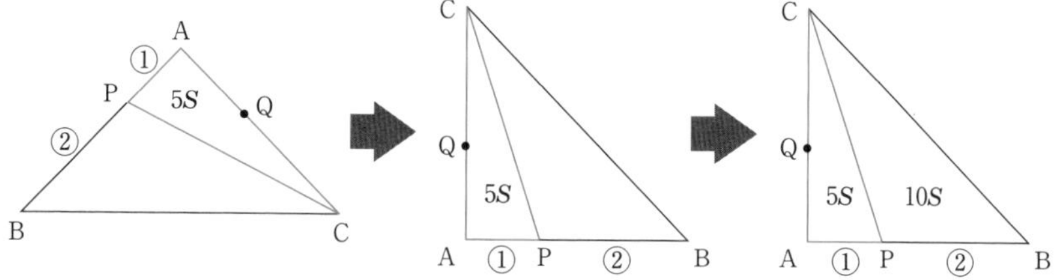

$$\triangle APC\text{の面積}:\triangle PBC\text{の面積}=AP:BP$$
$$5S:\triangle PBC\text{の面積}=1:2$$
$$\triangle PBC\text{の面積}=10S$$

文字Sで表した面積

△APQの面積＝2S

△CPQの面積＝3S

△APCの面積＝5S

よって，△ABCの面積は，△APCと△PBCを合わせて

$$\triangle ABC\text{の面積}=\triangle APC\text{の面積}+\triangle PBC\text{の面積}=5S+10S=15S$$

となります。△APQの面積＝2Sなので，問題文の値は

$$\frac{\triangle APQ\text{の面積}}{\triangle ABC\text{の面積}}=\frac{2S}{15S}=\frac{2}{15}$$

～に対する？

①に対する②は

$\frac{②}{①}$で求められます。

よって，本問の正答は**2**です。

別解

文字Sを使わず，直接求めることもできます。

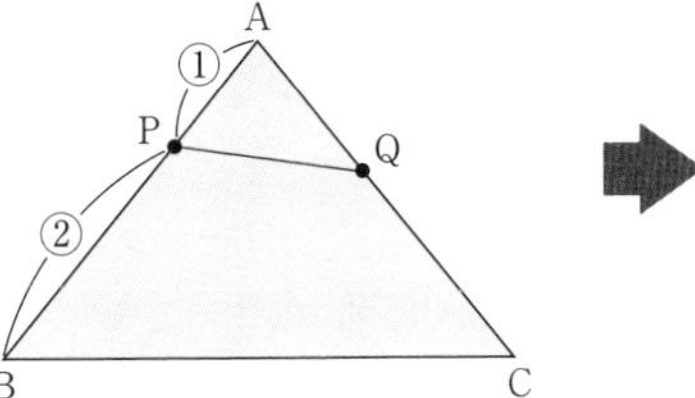

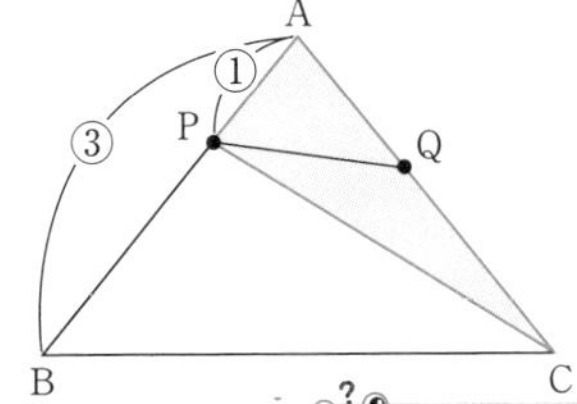

AP：PB＝1：2なのでAP：AB＝1：3です。底辺分割の定理より△APCの面積は，△ABCの面積の$\frac{1}{3}$倍です。

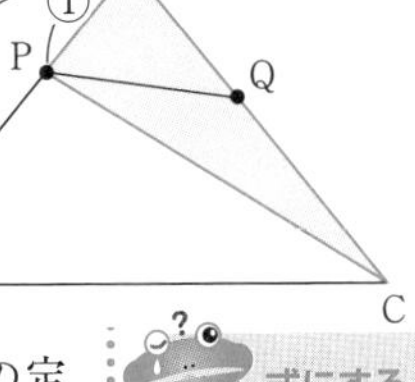

式にすると

△APC＝△ABC×$\frac{1}{3}$

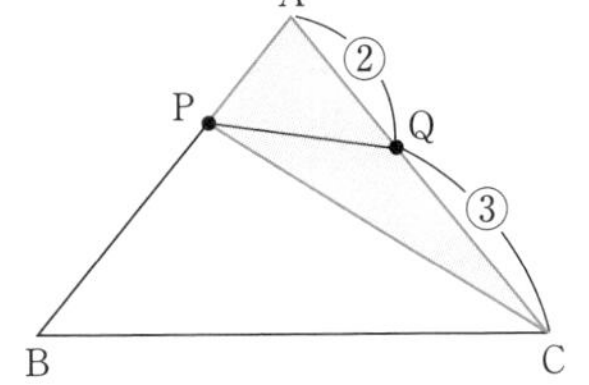

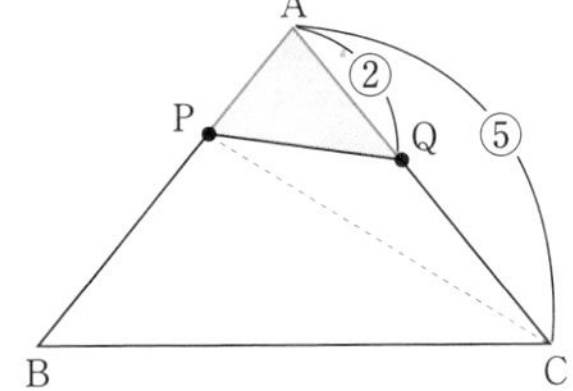

AQ：QC＝2：3なのでAQ：AC＝2：5です。底辺分割の定理より△APQの面積は，△APCの面積の$\frac{2}{5}$倍です。

式にすると

△APQ＝△APC×$\frac{2}{5}$

よって，△APQは△ABCを$\frac{1}{3}$倍して$\frac{2}{5}$倍すればよいので

△APQの面積＝△ABCの面積×$\frac{1}{3}$×$\frac{2}{5}$＝$\frac{2}{15}$△ABCの面積

例題2

下の図のような平行四辺形ABCDにおいて，辺BCの中点をEとし，AEとBDが交わる点をFとするとき，平行四辺形ABCDの面積に対する三角形AFDの面積の比率として，正しいのはどれか。（東京都キャリア活用）

1 $\frac{13}{48}$

2 $\frac{1}{3}$

3 $\frac{3}{8}$

4 $\frac{5}{12}$

5 $\frac{11}{24}$

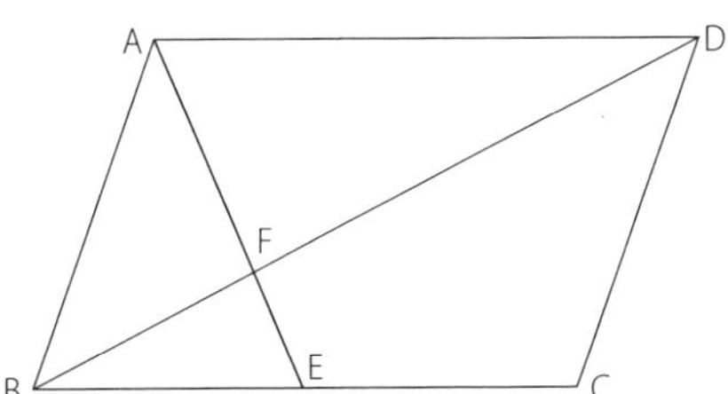

解法のステップ

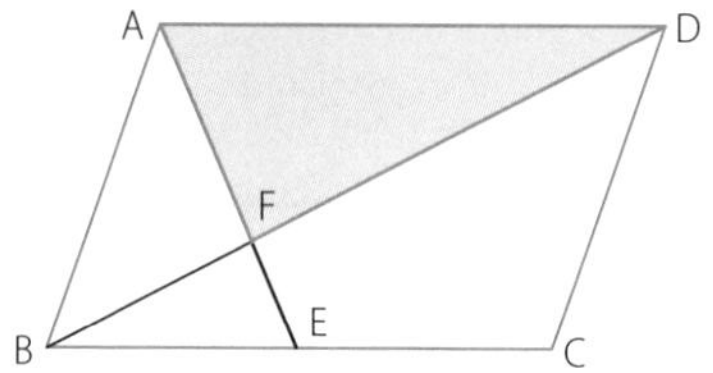

平行四辺形ABCDと△AFDの面積比を求める問題です。

平行四辺形ABCDの面積の半分が△ABDです。△ABDと△AFDは，BDを底辺としたとき高さが同じなので，底辺分割の定理で面積比が求まります。

●Step 1　BF：FDの比を求める

BF：FDの比を求めるために，右欄にある相似な図形を探すと，右図のように△FADと△FEBが見つかります。また，点Eは辺BCの中点で，ABCDが平行四辺形なのでBE：EC：AD＝1：1：2とわかります。よって

BF：FD＝BE：AD
＝1：2

●Step 2　面積比を求める

相似な図形は「面積比＝長さの比の２乗」なので

△AFDの面積：△EFBの面積＝AD^2：BE^2＝4：1

です。この比例式は，文字Sを用いて

△AFDの面積＝$4S$，△EFBの面積＝S

と表すことができます。△ABFと△AFD（面積$4S$）は高さが同じなので，底辺分割の定理より

△ABFの面積：△AFDの面積＝BF：FD
△ABFの面積：$4S$＝1：2
△ABFの面積＝$2S$

●Step 3　答えを求める

Step ２より，△ABDの面積は△ABFの面積$2S$と△AFDの面積$4S$の和となるので

底辺分割の定理

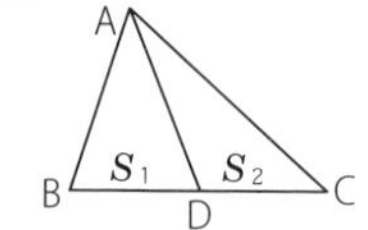

△ABDの面積＝S_1
△ADCの面積＝S_2
とすると，
BD：DC＝S_1：S_2

相似な図形

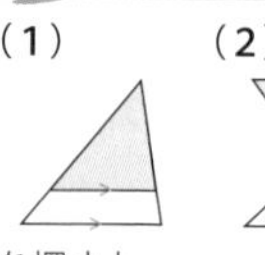

を探すと

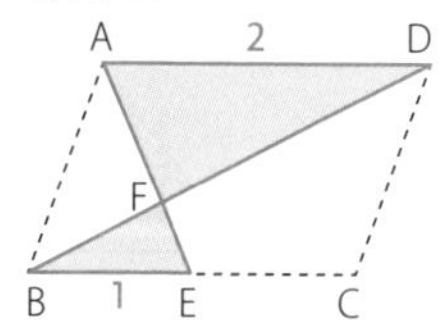

比例式の比を等式に

比例式「A：B＝2：3」は文字「x」や「S」を使い
A＝$2x$，B＝$3x$
A＝$2S$，B＝$3S$
と表すことができます。例題２も面積問題なのでSを用いていきます。

相似な図形

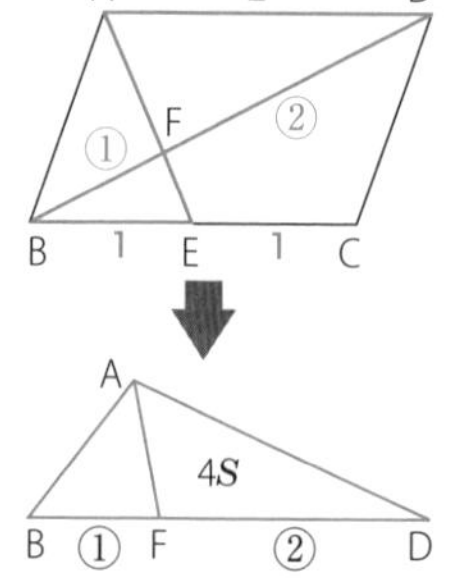

$$\triangle \text{ABDの面積} = 2S + 4S = 6S$$

平行四辺形ABCDの面積は△ABDの面積$6S$の２倍なので

$$\text{平行四辺形ABCDの面積} = 6S \times 2 = 12S$$

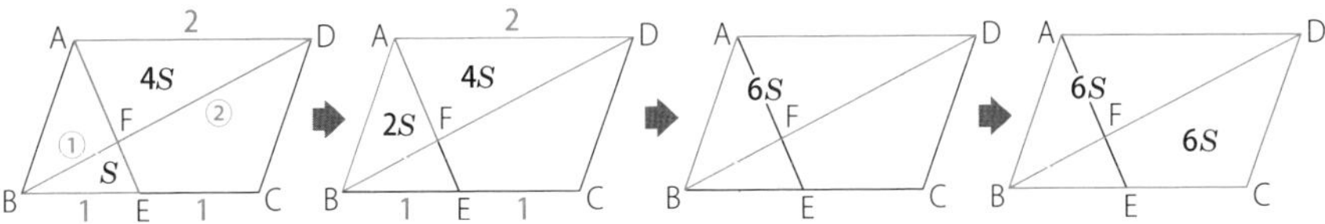

よって，求める比は

$$\frac{\triangle \text{AFDの面積}}{\text{平行四辺形ABCDの面積}} = \frac{4S}{12S} = \frac{1}{3}$$

よって，本問の正答は**2**です。

左下の台形に現れる三角形の面積の比は，右下の関係になります。この関係を利用することで時間短縮になるので，ぜひ覚えましょう。この公式は底辺分割の定理を使って求めることができます。

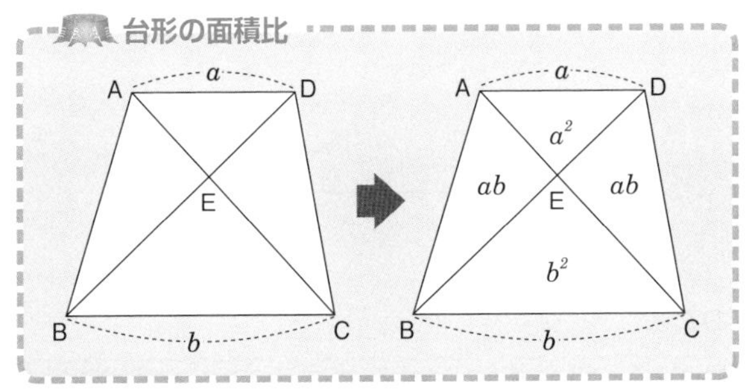

台形？

台形は１組の対辺が平行な四角形です。例題２では、ADとBEが平行なので四角形ABEDは台形です。

別解

この問題には，次のような解き方もあります。

左下図のように，補助線EDを加えると，四角形ABEDは台形となります。

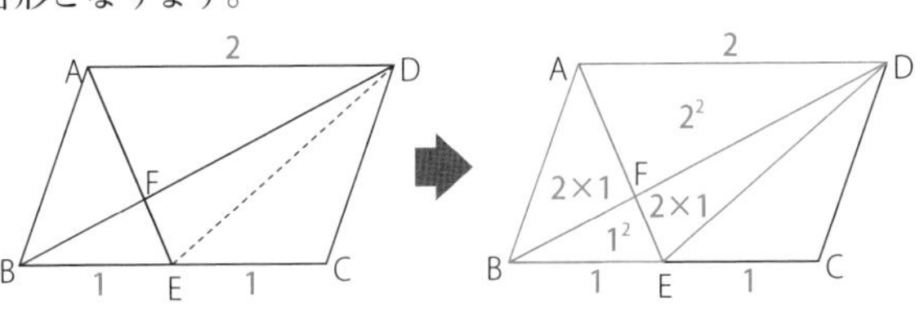

公式に当てはめると

$a=2$，$b=1$とします。

△AFD：$a^2=2^2$

△ABE：$ab=2\times1$

△DFE：$ab=2\times1$

△BFE：$b^2=1^2$

この関係から

△AFDの面積：△ABDの面積
＝△AFDの面積：△ABFの面積＋△AFDの面積
$=2^2:2\times1+2^2=4:6$

この比例式は，文字Sを用いて

△AFDの面積＝$4S$，△ABDの面積＝$6S$

と表せます。平行四辺形の面積は△ABDの面積の２倍なので

平行四辺形の面積＝△ABDの面積×２
＝$12S$

後は△AFDの面積$4S$と平行四辺形の面積$12S$の比を計算すればいいですね。

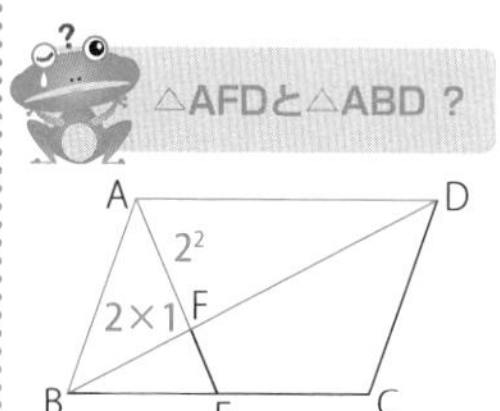

例題３

図のように，三角形ABCの辺AB，BC，CAの延長上にBD＝2AB，CE＝2BC，AF＝2CAとなる点D，E，Fをとるとき，三角形ABCの面積と三角形DEFの面積の比率として正しいのはどれか。（国家総合職）

1　1：16

2　1：17

3　1：19

4　1：20

5　1：22

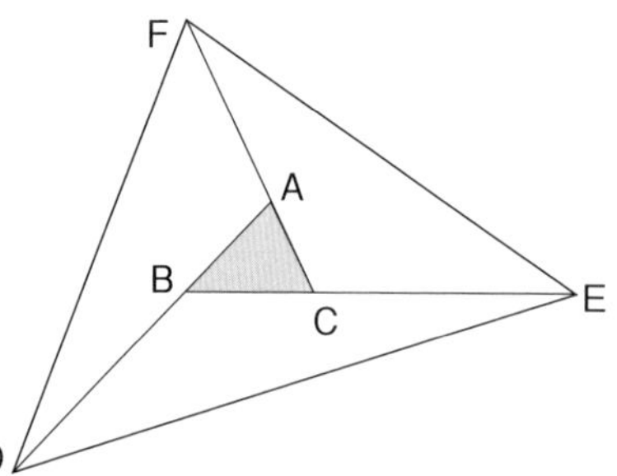

解法のステップ

面積比の問題は，直接面積を求める以外に

1．相似な関係

2．底辺分割の定理

の活用が考えらます。図に平行な部分が見当たらないため，相似条件を利用するのは困難です。そのため，まず「底辺分割の定理」の利用を考えます。底辺分割の定理を利用しやすくするために補助線を引き，BD＝2AB，CE＝2BC，AF＝2CAを比の形に直していきます。

比に変える

条件にBD＝2ABがあります。たとえば，AB＝1のとき，BD＝2となるので，AB：BD＝1：2です。
同様に，CE＝2BCからBC＝1のとき，CE＝2となるので
BC：CE＝1：2
AF＝2CAから，CA＝1のとき，AF＝2となるのでCA：AF＝1：2

●Step 1 問題文の条件を記入する

比の関係を利用するために，BD＝2AB，CE＝2BC，AF＝2CAを比の形にすると，

AB：BD＝1：2
BC：CE＝1：2
CA：AF＝1：2

●Step 2 面積比を求める

左下図のように底辺分割の定理を利用するため，AEに補助線を引きます。BC：CE＝1：2より

△ABCの面積：△ACEの面積＝1：2

ここでそれぞれの面積を，文字Sを用いて

△ABCの面積＝S，△ACEの面積＝2S

図に比を書き込む

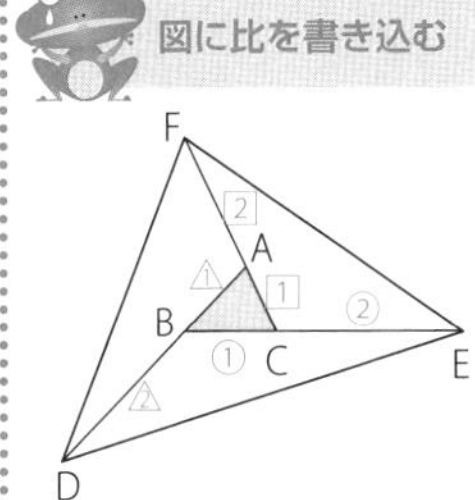

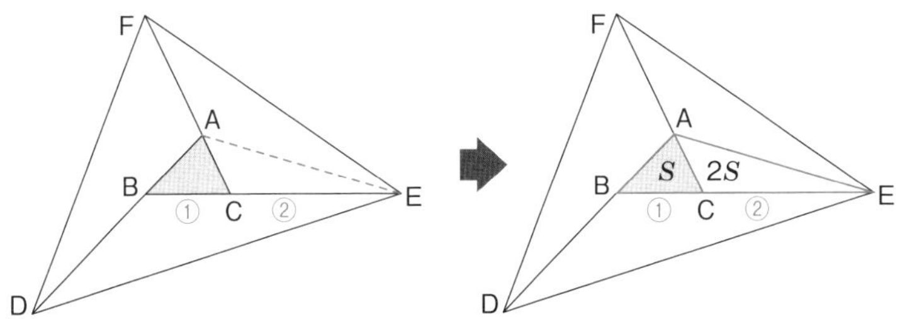

ほかも同様に見ていきます。△ABFの面積を求めるため，右の図１のように補助線BFを引きます。

△ABCの面積：△ABFの面積＝CA：AF
S：△ABFの面積＝1：2
△ABFの面積＝2S

同様に△AFEの面積を求めると

△ACEの面積：△AFEの面積＝CA：AF
2S：△AFEの面積＝1：2
△AFEの面積＝4S

ここまでの結果をまとめたのが右の図２です。ここでAB：BD＝1：2より△BDFの面積は

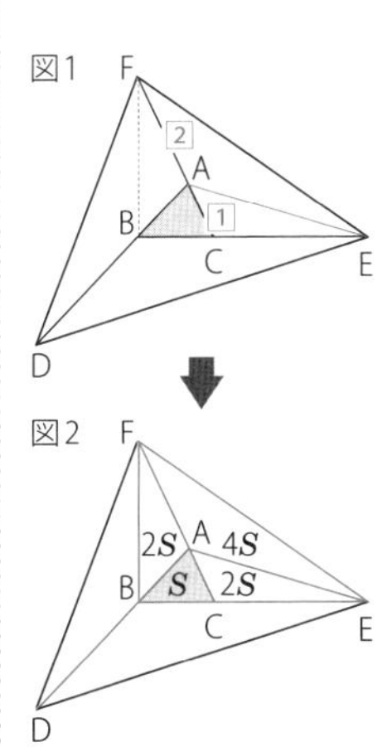

$$\triangle \mathrm{ABF}\text{の面積}:\triangle \mathrm{BDF}\text{の面積}=\mathrm{AB}:\mathrm{BD}$$
$$2S:\triangle \mathrm{BDF}\text{の面積}=1:2$$
$$\triangle \mathrm{BDF}\text{の面積}=4S$$

△ABEの面積は△ABCと△ACEの和となるので，

$$\triangle \mathrm{ABE}\text{の面積}=S+2S=3S$$

△BDEの面積も同様に考えると（図３）

$$\triangle \mathrm{ABE}\text{の面積}:\triangle \mathrm{BDE}\text{の面積}=\mathrm{AB}:\mathrm{BD}$$
$$3S:\triangle \mathrm{BDE}\text{の面積}=1:2$$
$$\triangle \mathrm{BDE}\text{の面積}=6S$$

図3

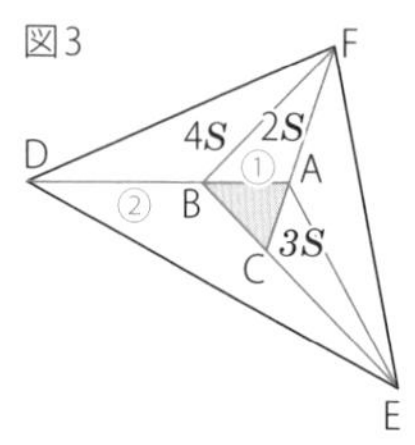

△DEFの面積は図４より

$$\triangle \mathrm{DEF}\text{の面積}=4S+2S+4S+6S+3S=19S$$

△ABCの面積はSなので求める比率は

$$\triangle \mathrm{ABC}\text{の面積}:\triangle \mathrm{DEF}\text{の面積}=S:19S$$
$$=1:19$$

となるので，本問の正答は**3**です。

図4

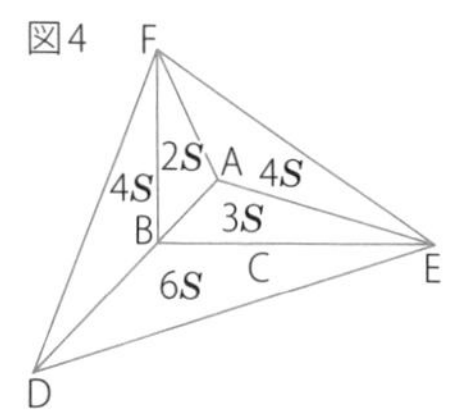

Sの数え間違い，計算違いに注意しましょう。

例題４

半径36cmの四分円と縦が$x$cm，横が36cmの長方形が図のように組み合わさっている。今，図中の円弧と２つの直線で囲まれたAとBの２つの部分の面積を等しくした場合，xの長さはおよそ何cmか。なお，円周率はπ=3.14とする。

（警視庁Ⅰ類）

1　約25.1cm
2　約26.7cm
3　約28.3cm
4　約29.8cm
5　約30.4cm

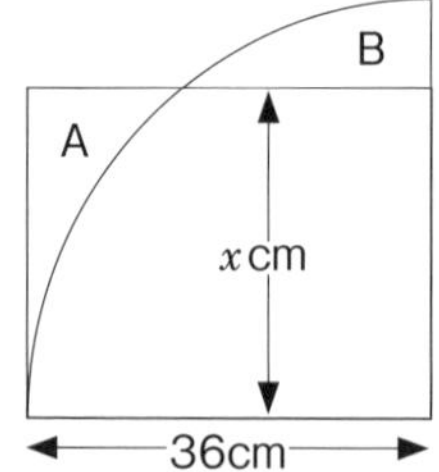

解法のステップ

Aの部分，Bの部分の面積を直接求めるのは難しいです。

そこで面積問題の原則に立ち返りましょう。「等積変形」「面積比」は使えそうにないので，「全体から部分を引く」の原則を利用してみます。

●Step 1　AとBの面積を考える

Aの部分の面積を求めるためには，右図の長方形からCの部分を引く必要があります。

Bの部分の面積を求めるためには，右図の四分円からCの部分を引く必要があります。つまり

Aの部分の面積＝長方形－Cの部分…①
Bの部分の面積＝四分円－Cの部分…②

です。

●Step 2　AとBの面積を考える

問題文の条件は

Aの部分の面積＝Bの部分の面積

①と②より

長方形－Cの部分＝四分円－Cの部分
（①Aの部分の面積）（②Bの部分の面積）

この式は，「－Cの部分」が共通にあるので，

長方形の面積＝四分円の面積…③

となればよいとわかります。

●Step 3　方程式を立てて，解く

「縦$x$cm，横36cmの長方形の面積」と「半径36cmの四分円の面積」が等しいので，

$$x \times 36 = 36 \times 36 \times 3.14 \times \frac{1}{4}$$

$$x \times \cancel{36} = 36 \times \cancel{36} \times 3.14 \times \frac{1}{4}$$

$$x = 36 \times 3.14 \times \frac{1}{4}$$

$$x = 9 \times 3.14$$

$$x = 28.26 \fallingdotseq 28.3$$

よって，本問の正答は**3**です。

面積問題の原則

1．等積変形
2．面積比
3．全体から部分を引く

A，Bの部分の面積

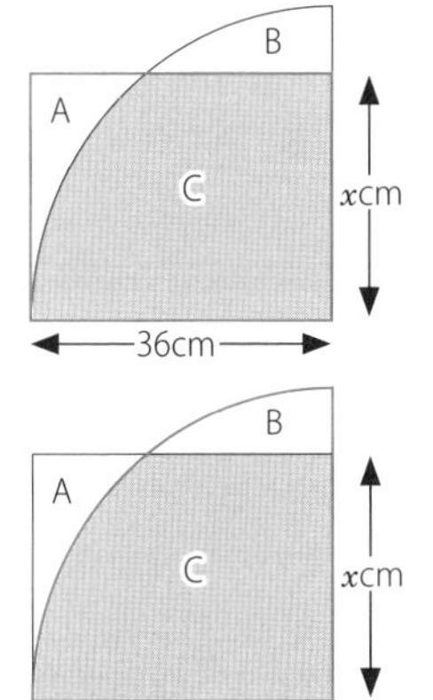

扇型の面積

半径r，円周率πのとき

$\pi r^2 \times \frac{中心角}{360°}$

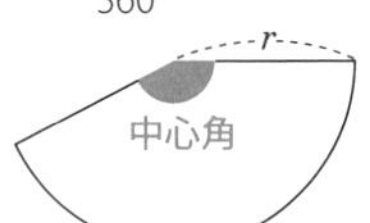

「円・扇形の問題」で学習します。

今回は四分円なので，円の面積を$\frac{1}{4}$倍します。四分円は中心角が90°なので

$\frac{90°}{360°} = \frac{1}{4}$

と考えてもOKです。

計算お助け

$$\begin{array}{r} 9 \\ \times)\ \ 3.14 \\ \hline 28.26 \end{array}$$

例題5

下の図のような台形の高さhとして，正しいのはどれか。　（東京都Ⅰ類）

1　$\dfrac{7\sqrt{3}}{2}$

2　$\dfrac{7\sqrt{15}}{4}$

3　$\dfrac{3\sqrt{21}}{2}$

4　$\dfrac{5\sqrt{39}}{4}$

5　$\dfrac{3\sqrt{30}}{2}$

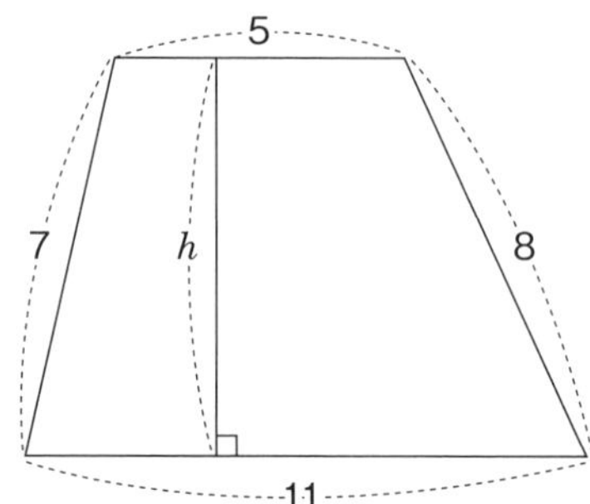

解法のステップ

上底の5，下底の11のみならず，斜辺の7や8をどのように利用するのかがポイントです。図のままでは，うまく活用できないので補助線を加えて積極的に活用していきましょう。

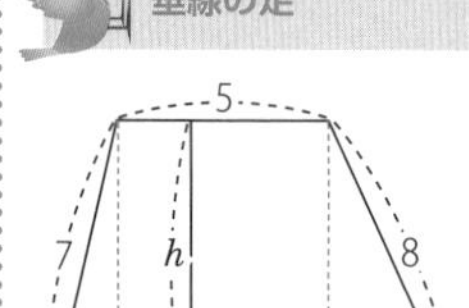

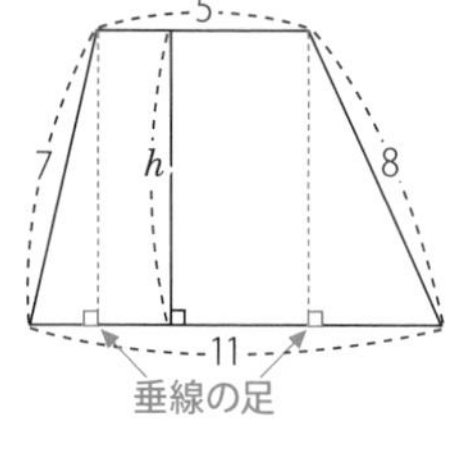

●Step 1　問題文の条件を記入する

下図のように点A，B，C，D，E，Fを設定します。また，点A，点Dから直線BCに向かって垂線を引き，それぞれ垂線の足を点Eと点Fとします。

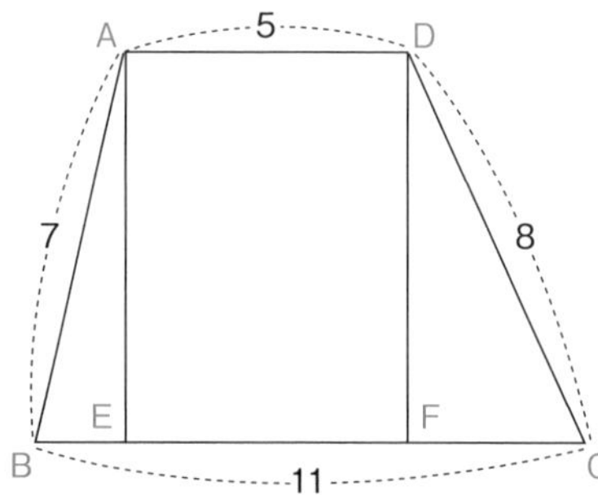

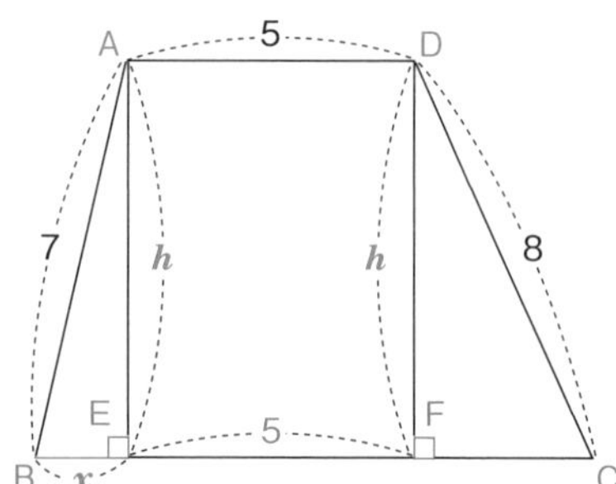

BE$=x$，とすると，EF$=$AD$=5$より，FCの長さは

$$FC=11-BE-EF=11-x-5=6-x$$

●Step 2　三平方の定理を利用する

△ABEに三平方の定理を利用すると

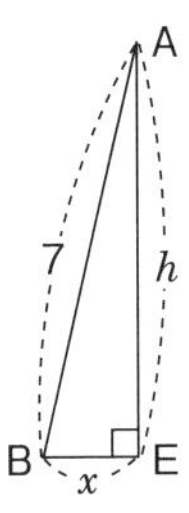

$$x^2+h^2=7^2 \quad \cdots①$$

△CDFに三平方の定理を利用すると

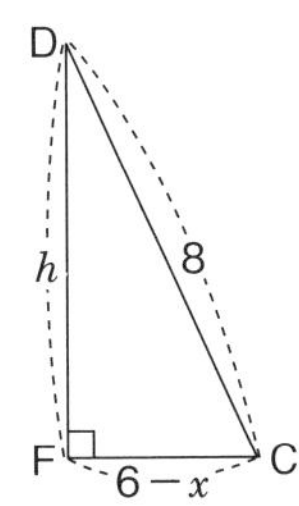

$$(6-x)^2+h^2=8^2$$
$$x^2-12x+h^2=28 \quad \cdots②$$

計算お助け

$(6-x)^2+h^2=8^2$
$36-12x+x^2+h^2=64$
$x^2-12x+h^2=64-36$
$x^2-12x+h^2=28$

●Step 3　方程式を立てて解く

x^2とh^2を消すため①－②をすると

$$x=\frac{7}{4}$$

計算お助け

$$\begin{array}{rl} x^2+h^2 &= 49 \cdots① \\ -)\ x^2-12x+h^2 &= 28 \cdots② \\ \hline 12x &= 21 \\ {}_4\not{12}x &= \not{21}_7 \\ x &= \frac{7}{4} \end{array}$$

hを求めるために，$x=\frac{7}{4}$を①に代入して

$$h^2=49-\left(\frac{7}{4}\right)^2=49\times\frac{15}{16}$$

計算お助け

$$49-\left(\frac{7}{4}\right)^2=49-\frac{49}{16}$$
$$=49\left(1-\frac{1}{16}\right)$$
$$=49\left(\frac{16}{16}-\frac{1}{16}\right)$$
$$=49\times\frac{15}{16}$$

この式のルート（平方根）を計算して

$$h=\sqrt{49\times\frac{15}{16}}=7\times\frac{\sqrt{15}}{4}=\frac{7\sqrt{15}}{4}$$

よって，本問の正答は**2**です。

6-4　国総 －　国般 －　地上 ★　市役所 ★　初級 ★

メネラウスの定理
～キツネを探せ～

メネラウスの定理

下図のように△ABCと直線（図の青い直線）があり，交点をD，E，Fとしたときに

メネラウスの定理

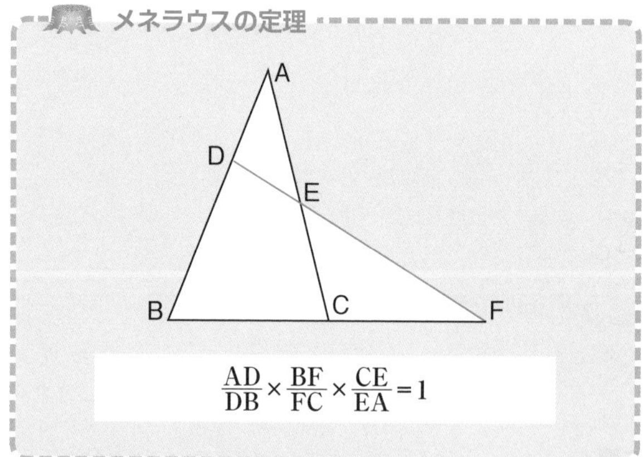

$$\frac{AD}{DB}\times\frac{BF}{FC}\times\frac{CE}{EA}=1$$

が成り立ちます。これを**メネラウスの定理**といいます。式が複雑なので覚え方を紹介します。

1　△ABCに着目して頂点A，B，Cに黒い印をつけます。
2　△ABCと青い直線の交点D，E，Fに白い印をつけます。
3「黒い印→白い印→黒い印→…」のように，黒い印と白い印を交互にたどります。

メネラウスの定理を使うと，3つの組ADとDB(①と②)，BFとFC（③と④），CEとEA（⑤と⑥）のうち，2つの組の比（もしくは長さ）がわかれば，残りの比を求めることができます。

では，例題でメネラウスの定理の使い方を見ていきましょう。

テーマの重要度

メネラウスの定理の出題はそれほど多くありませんがすぐにマスターできるため落とせません。
メネラウスの定理は，この定理を証明したとされる古代ギリシャの数学者メネラウスにちなんで名づけられています。

キツネに見える！

この図がなんとなくキツネに見えるので，「キツネの形を見たらメネラウスの定理」といわれます。

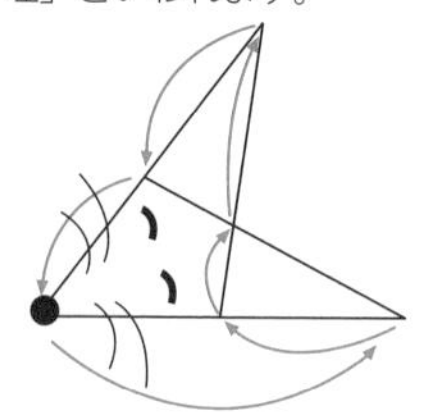

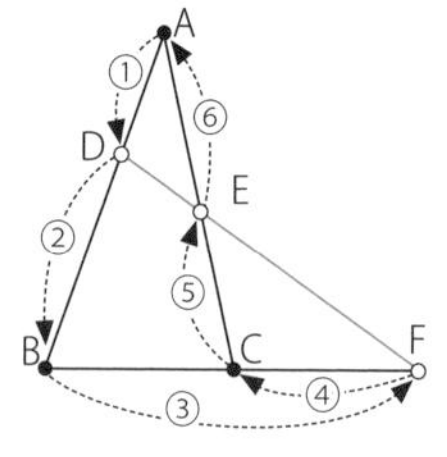

$$\frac{①}{②}\times\frac{③}{④}\times\frac{⑤}{⑥}=1$$

例題 1

次の図において，AF：FC＝2：5，DC：CB＝1：2，EB＝6cmとするとき，AEの長さとして，正しいのはどれか。　（警視庁Ⅲ類）

1　0.75 cm
2　0.8 cm
3　1.0 cm
4　1.2 cm
5　1.25cm

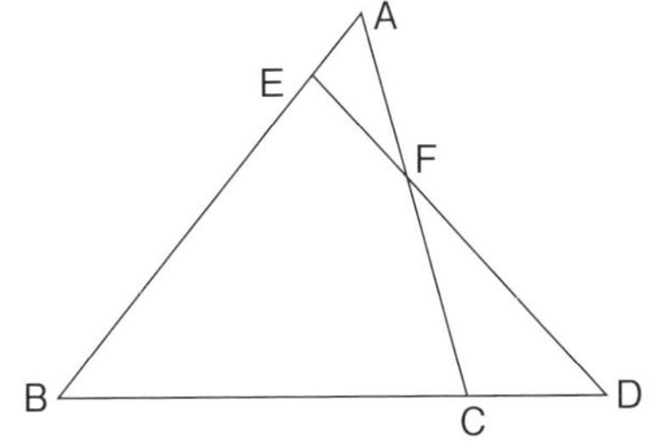

解法のステップ

キツネの形をしているのでメネラウスの定理の活用を考えます。AF：FC，DC：CB，BE：EAの3つの組の比のうち，AF：FC＝2：5とDC：CB＝1：2の2つの組の比がわかっているので，メネラウスの定理を用いれば，残りのBE：EAの比がわかって，AEの長さを求めることができます。

●Step 1　問題文の比を記入する

まずは問題文の比を図に記入していきます（右上図）。

●Step 2　メネラウスの定理を利用する

右図を参考にメネラウスの定理に当てはめていきます。

$$\frac{AE}{EB}\times\frac{BD}{DC}\times\frac{CF}{FA}=1$$

AF：FC＝2：5より　$\frac{CF}{FA}=\frac{5}{2}$

DC：CB＝1：2 から
DC：BD＝1：3となるので　$\frac{BD}{DC}=\frac{3}{1}$

$$\frac{AE}{EB}\times\frac{3}{1}\times\frac{5}{2}=1 \Rightarrow \frac{15\times AE}{2\times EB}=1$$

●Step 3　答えを求める

問題文中にある「EB＝6cm」を代入すると

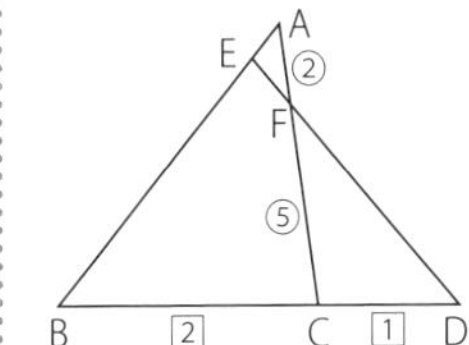

前ページとDEFの文字の振り方が違うので順番を間違えないように注意しましょう。

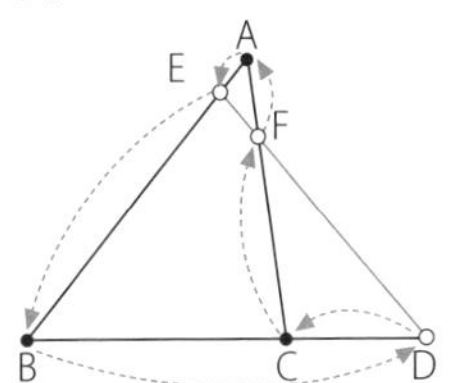

$$\frac{15\times AE}{2\times 6cm}=1$$
$$AE=0.8cm$$

よって，本問の正答は**2**です。

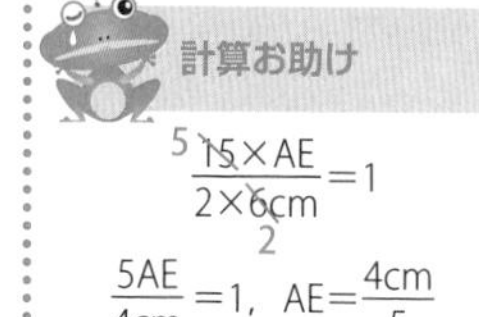

$$\frac{\overset{5}{\cancel{15}}\times AE}{2\times \underset{2}{\cancel{6}}cm}=1$$

$$\frac{5AE}{4cm}=1,\ AE=\frac{4cm}{5}=0.8cm$$

例題2

次の図のように，△ABCの辺AB上の点Pから辺AC上の点Qを通る直線を引き，この直線と辺BCを延長した直線との交点をRとした。今，辺の長さの比がPB：BC：CR：CQ：QA＝2：3：1：1：2であるとき，△APQの面積は△CQRの面積の何倍か。

（特別区Ⅰ類）

1 $\frac{3}{2}$倍

2 $\frac{5}{3}$倍

3 2倍

4 $\frac{7}{3}$倍

5 $\frac{5}{2}$倍

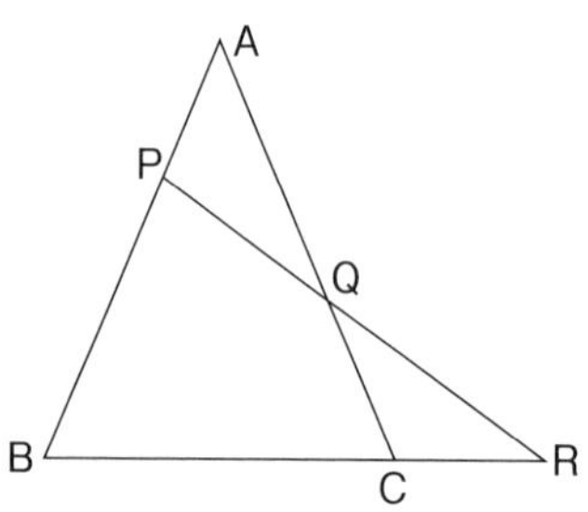

解法のステップ

まずは問題文にある比「PB：BC：CR：CQ：QA＝2：3：1：1：2」を記入して△APQと△CQRに必要な比が何かを探し，メネラウスの定理を利用して求めていきます。

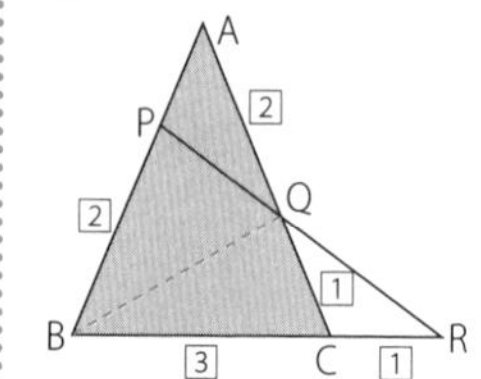

●Step 1　問題文の比を記入し，△APQと△CQRに関係する比を特定する

問題文の比率を記入すると右図のようになります。また，底辺分割の定理より△CQBと△CQRの比，△CQBと△AQBの比がわかります。

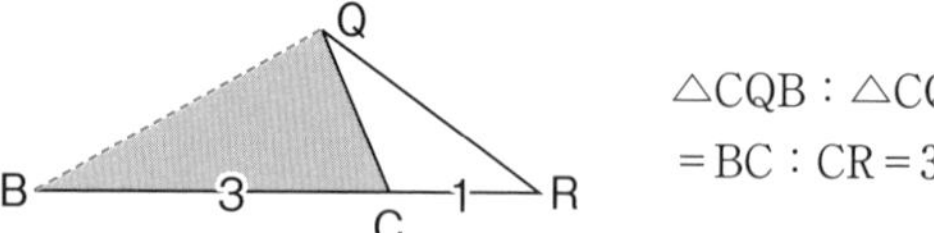

△CQB：△CQR
＝BC：CR＝3：1

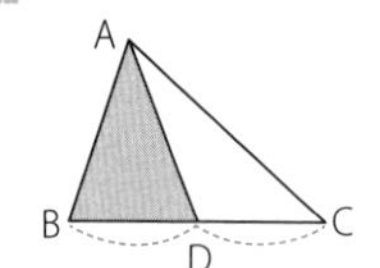

BD：DC＝
△ABDの面積：△ADCの面積

そして底辺分割の定理により△APQと△BPQの比がわかるとよいのですが，そのためにはAP：PBの比を求める必要があります。この比をメネラウスの定理で求めていきます。

●Step 2 AP：BPの比を求める

メネラウスの定理でAP：PBの比を求めます。

$$\frac{AP}{PB}\times\frac{BR}{RC}\times\frac{CQ}{QA}=1$$
$$\frac{AP}{2}\times\frac{4}{1}\times\frac{1}{2}=1$$
$$AP=1$$

よって，AP：PB＝1：2と求まります。

●Step 3 底辺分割の定理より面積比を求める

BC：CR＝3：1，底辺分割の定理より

△CQBの面積：△CQRの面積＝BC：CR
＝3：1

この比率を，文字Sを用いて表すと

△CQBの面積＝$3S$
△CQRの面積＝S …①

となります。CQ：QA＝1：2より，底辺分割の定理を用いると，△CQBと△BAQの面積比は

△CQBの面積：△BAQの面積＝CQ：QA
$3S$：△BAQの面積＝1：2
△BAQの面積＝$6S$ …②

となります。AP：PB＝1：2より底辺分割の定理を用いると，△APQの面積は△BAQの面積の$\frac{1}{3}$となります。よって

△APQの面積＝$\frac{1}{3}$ × $\underset{\triangle BAQの面積}{6S}$ ＝$2S$ …③

となります。①，③より，△APQと△CQRの面積の比率は

$$\frac{\triangle APQの面積}{\triangle CQRの面積}=\frac{2S}{S}=2$$

となるので，本問の正答は**3**です。

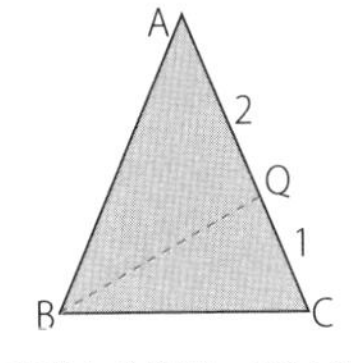

△CQB：△BAR＝CQ：QA

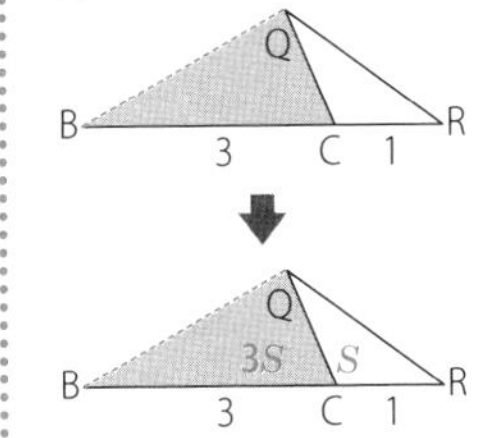

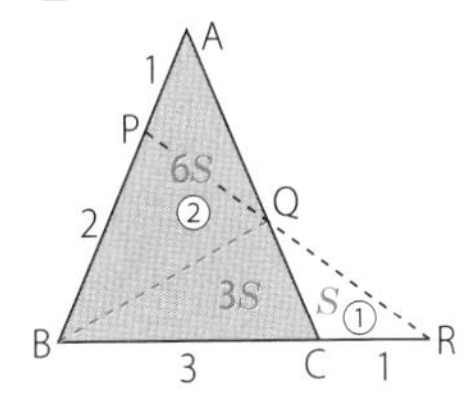

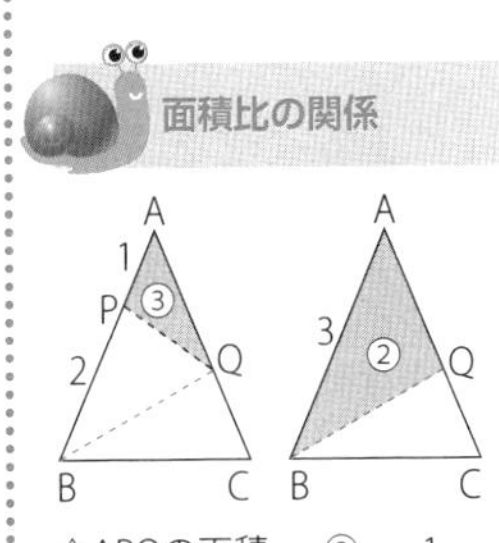

$$\frac{\triangle APQの面積}{\triangle BAQの面積}=\frac{③}{②}=\frac{1}{3}$$

6-5　国総★　国般★　地上★★　市役所★　初級★★★

円・扇形

～原則は「中心と接点を結ぶ」こと～

円と扇形の問題

まず円に関係する用語や公式を確認していきましょう。まず用語は次のとおりです。

テーマの重要度

図形に関する問題で，円，扇形に関するものは多いです。得点源にしましょう。

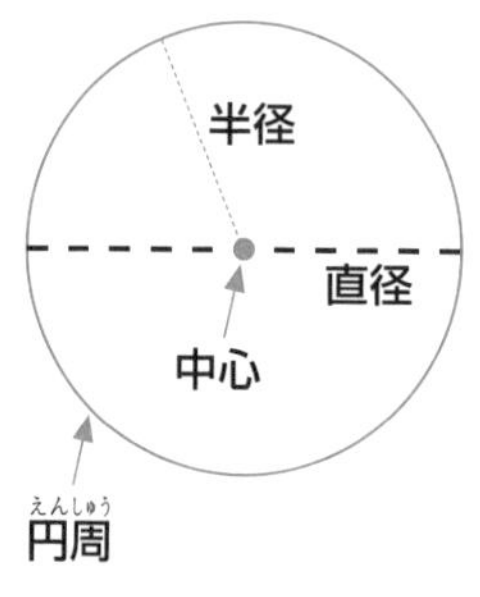

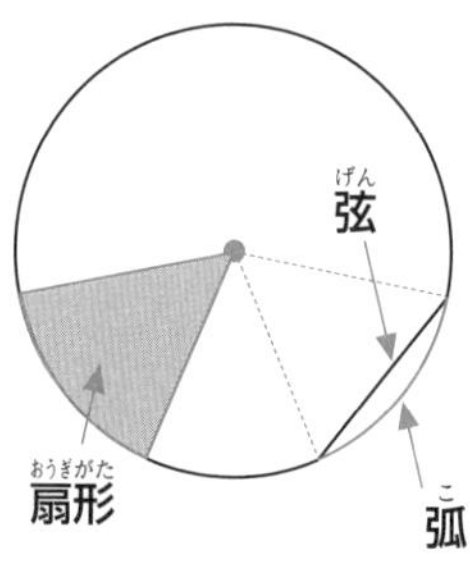

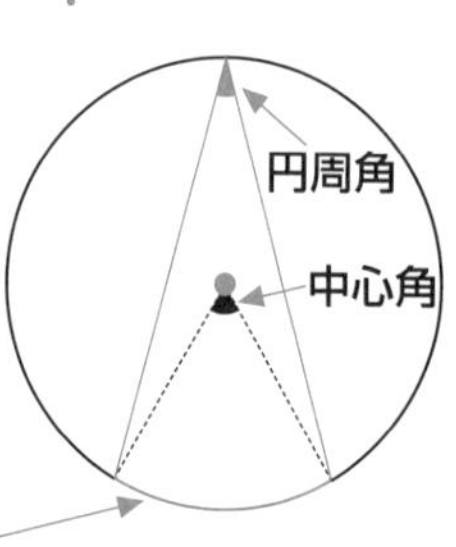

円に関する公式は次のとおりです。

円周率を「π」，円の半径を「r」とします（半径が「r」なので，直径は「$2r$」です）。

円に関する公式

円周の長さ：$2\pi r$ ← 直径×円周率

円の面積：πr^2 ← 半径×半径×円周率

弧の長さ：$2\pi r \times \frac{中心角}{360°}$

扇形の面積：$\pi r^2 \times \frac{中心角}{360°}$

中心角と円周角：円周角＝$\frac{中心角}{2}$

また，次ページの図のように，円に接する直線を**接線**（せっせん），接している点を**接点**（せってん）といい，次のような性質があります。

扇形

扇形（おうぎがた）のイメージは分割したピザの形です。ピザの耳の部分（端の部分）が，弧です。

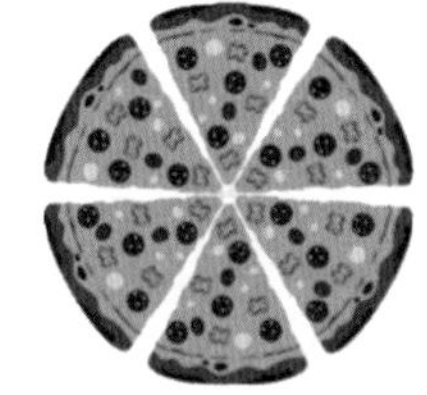

扇形は，半円（円の2分の1）や，四分円（円の4分の1）と呼ぶこともあります。

円周率

円の直径に対する円周の長さの比のことで，π（パイ）という記号で示します。数字にすると約3.14です。

円の性質①

接線

O

S

A

接点 T

接線

T

OT⊥接線

AT＝AS

円の問題の解法の原則は，円の中心と接点，交点を結ぶことです。この原則に従って補助線を引くだけで，ほとんどの問題は解決してしまうといっても過言ではありません。

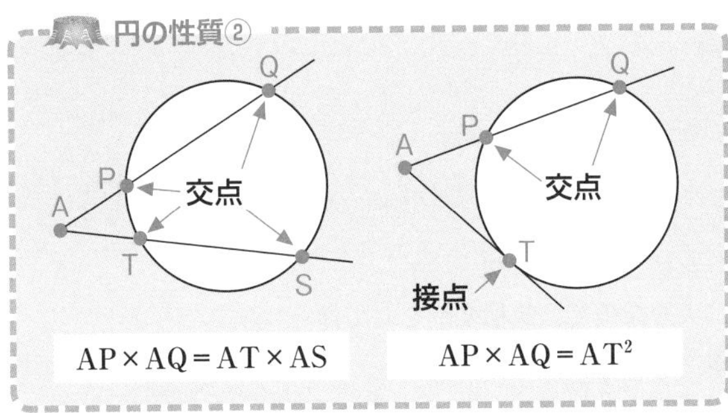

そのほか，円を含む角度の問題で必要になる定理を，ここで紹介していきます。

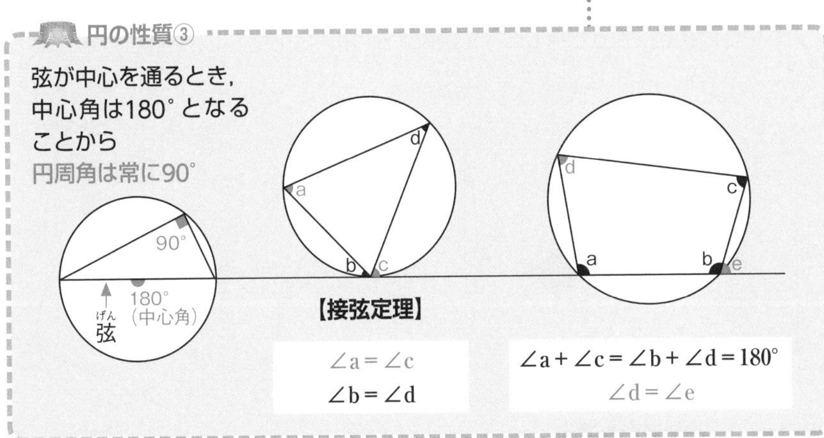

では，例題を見てみましょう。

垂直を表す記号は「⊥」と書きます。下図のように直線ABと直線PQが垂直に交わっている場合，

PQ⊥AB

と書きます。

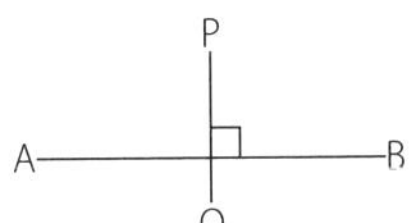

第6章 図形の問題

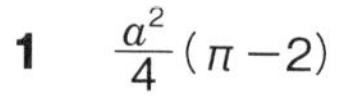

例題 1

下の図のように，２つの半円と中心角90°の円弧からなる図形があるとき，図中の灰色部分の面積として，正しいのはどれか。ただし，円周率はπとする。

（東京都キャリア活用）

1 $\frac{a^2}{4}(\pi-2)$

2 $\frac{a^2}{2}(\pi-2)$

3 $a^2(\pi-2)$

4 $2a^2(\pi-2)$

5 $4a^2(\pi-2)$

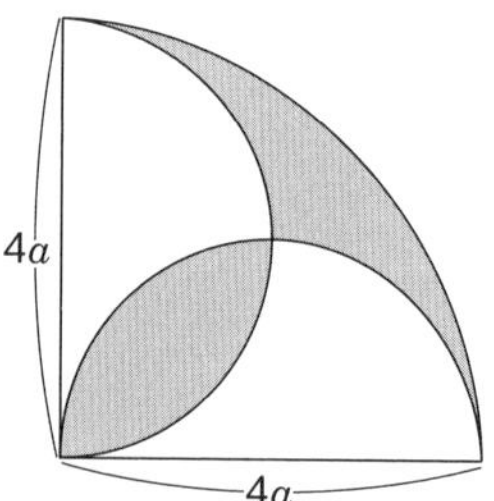

解法のステップ

円の問題の解き方の原則は，

円の中心と，交点や接点を結んで図形を分割して，解答の糸口を見つけていく

ことです。この原則に従って，本問は，

1．**円の中心と交点・接点を結び図形を分割**

2．**直接面積を求めるのは大変なので，等積変形をして簡単な図形に置き換える**

3．**面積を求める**

の順でアプローチしていきます。

Ⅰ類Aでも

この問題の半径が「$4a$」ではなく「a」となっている問題が，東京都Ⅰ類Aで出題されています。

●Step 1　円の中心と接点・交点を結び図形を分割する

円の中心，接点，交点を探して，下図のように円の中心，接点，交点を結びます。

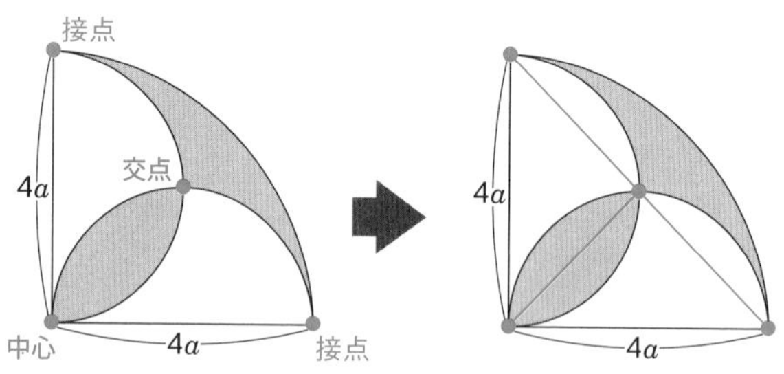

中心・交点・接点

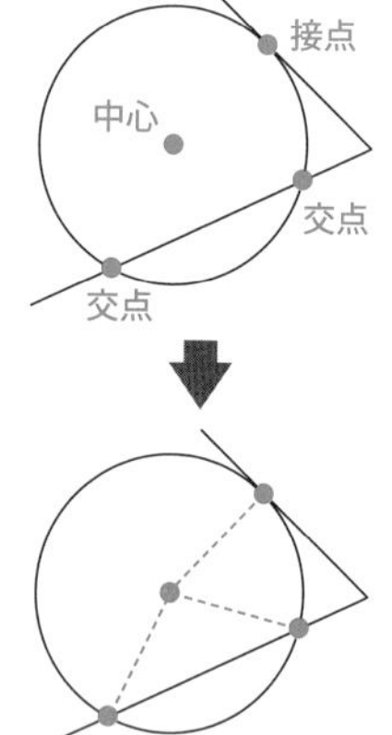

円の中心と交点・接点を結んで図形を分割してみます。

●Step 2　等積変形をする

面積を求めやすくするために，次の図のように分割した弓形の図形を移動（等積変形）させます。

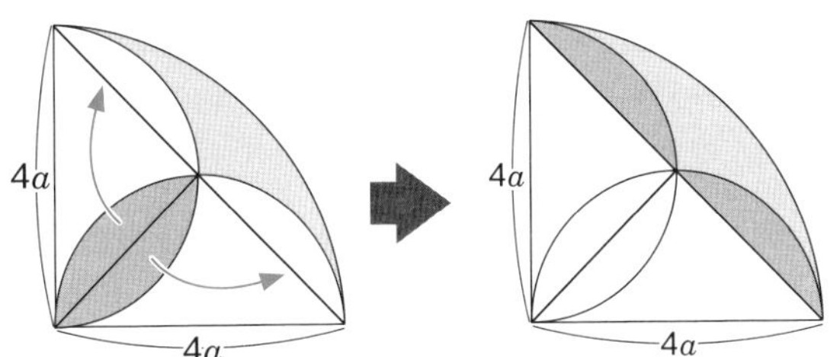

等積変形

図形の面積を変えずに，位置や形を変えることです。わからなかったら，6-2を復習してみましょう。

●Step 3　面積を求める

面積を求めていきます。上図のように欠けている部分の面積を求める際の原則は，**全体を求めて，一部分を取り除くこと**です。上図のような弓形の図形は，$\frac{1}{4}$の円（四分円）①から，直角二等辺三角形②を取り除きます。

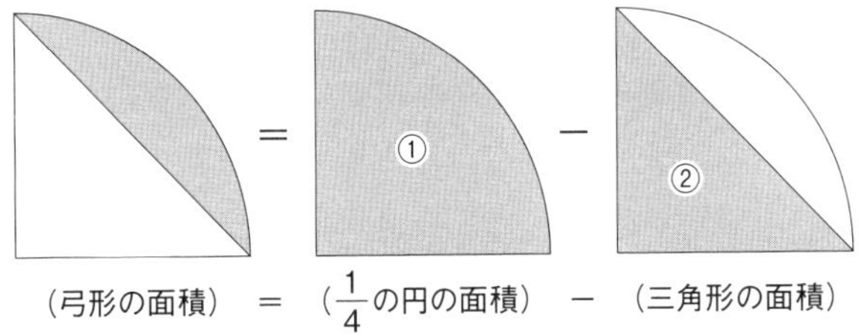

（弓形の面積）＝（$\frac{1}{4}$の円の面積）－（三角形の面積）

まず，$\frac{1}{4}$の円（四分円）の面積①は，半径が$4a$より

$$4a\times4a\times\pi\times\frac{1}{4}=4a^2\pi$$

次に取り除く直角二等辺三角形の面積②は，底辺と高さが$4a$より

$$4a\times4a\times\frac{1}{2}=8a^2$$

よって，求める面積は①－②より

$$4a^2\pi-8a^2$$
$$=4a^2(\pi-2)$$

よって，本問の正答は**5**です。

円の面積

半径×半径×円周率

半径＝r　円周率＝πのとき
$r\times r\times\pi=\pi r^2$

$\frac{1}{4}$の円の面積は

$r\times r\times\pi\times\frac{1}{4}=\frac{1}{4}\pi r^2$

計算お助け

8は4×2で4の倍数なので，4でくくれます。
$4a^2\pi-8a^2$
$=4a^2\pi-4\times2a^2$
$=4a^2(\pi-2)$

例題２

図アは，半径3cm，中心角90°の扇形である。この扇形を２つ重ね合わせ，図イのような正方形を作った。このとき，図イの灰色部分の面積として，最も妥当なものはどれか。ただし，円周率はπとする。 （東京消防庁Ⅰ類）

1 $\frac{9}{2}\pi \mathrm{cm}^2$

2 $9\pi \mathrm{cm}^2$

3 $9\pi - 9\mathrm{cm}^2$

4 $\frac{9}{2}\pi - 9\mathrm{cm}^2$

5 $9\pi - \frac{9}{2}\mathrm{cm}^2$

図ア

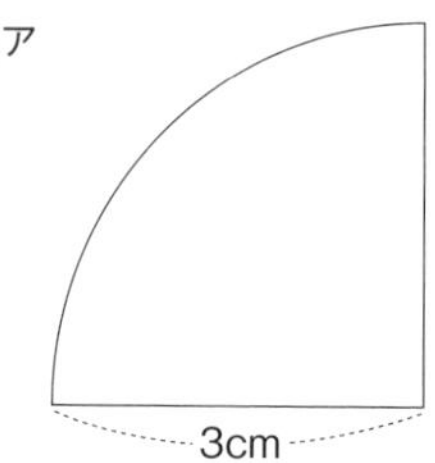

図イ

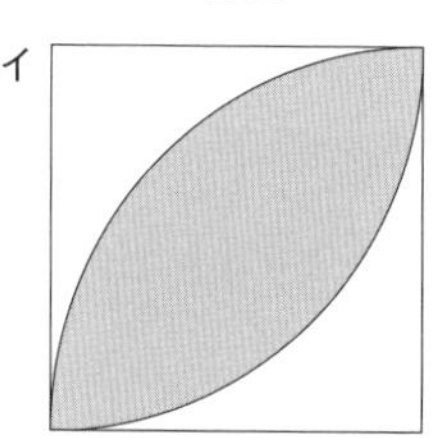

解法のステップ

図イの灰色部分を直接求めるのは難しいので，等積変形を考えましょう。等積変形をするために，円の中心と交点を結び，図形を分割していきます。

●Step 1　等積変形するために交点を結ぶ

まず下図のように円の交点と中心を結びます。

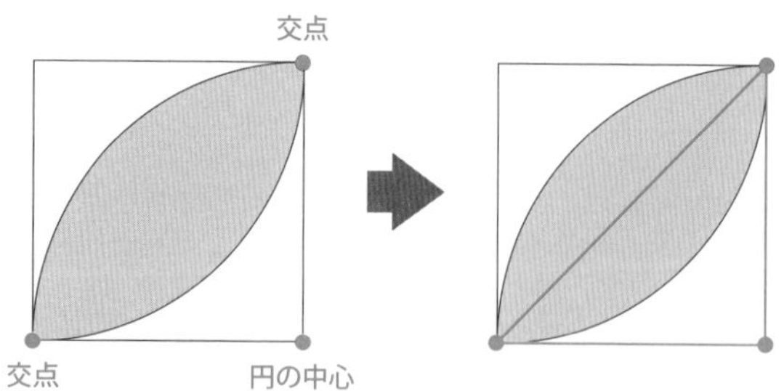

●Step 2　等積変形をする

「円の面積」を求めやすくするために，次ページの図のように面積を移動（等積変形）させます。

例題１と同じ解法でもOK

例題１のように，下図の灰色部分の面積（四分円の面積を求めて青枠の直角二等辺三角形を引いて求めたもの）を２倍しても求めることができます。

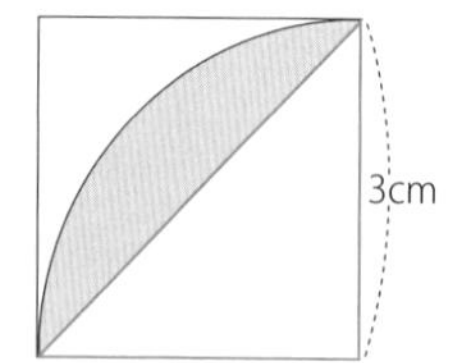

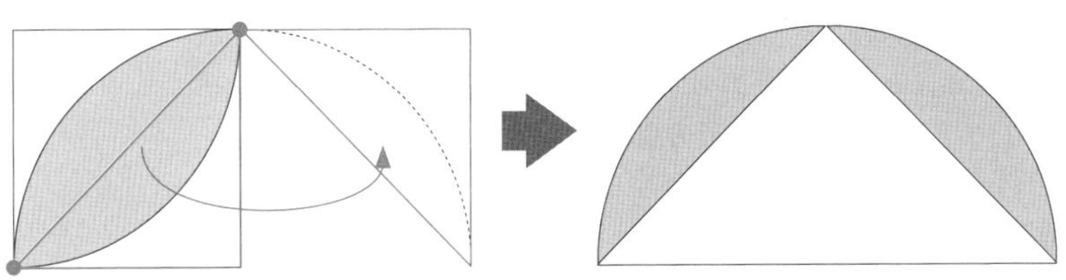

●Step 3　面積を求める

最後に，面積を求めていきます。上図のように欠けている部分の面積を求める際の原則は，**全体を求めて，一部分を取り除く**ことです。上図のような弓形の図形は，円の半分（半円）から，直角二等辺三角形を取り除きます。

半円の面積は，半径が3 cmより

$$3 \times 3 \times \pi \times \frac{1}{2} = \frac{9}{2}\pi\ (\mathrm{cm}^2)\ \cdots①$$

次に三角形の面積は，半円の半径が3 cmより底辺は6 cmとなる。高さは半円の半径3 cmと同じとなるので，

$$6 \times 3 \times \frac{1}{2} = 9(\mathrm{cm}^2)\ \cdots②$$

よって，求める面積は①から②を引いて

$$\frac{9}{2}\pi - 9(\mathrm{cm}^2)$$

となるので，本問の正答は**4**です。

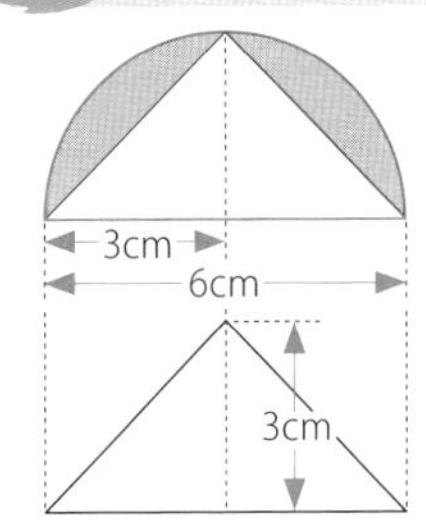

例題3

次の図のような，1辺の長さが$4a$の正三角形とその内接する円で構成された灰色部分の面積はどれか。ただし，円周率はπとする。（特別区Ⅰ類）

1　$\left(4\sqrt{3} - \frac{1}{3}\pi\right)a^2$

2　$\left(4\sqrt{3} - \frac{2}{3}\pi\right)a^2$

3　$\left(4\sqrt{3} - \pi\right)a^2$

4　$\left(4\sqrt{3} - \frac{4}{3}\pi\right)a^2$

5　$\left(4\sqrt{3} - \frac{5}{3}\pi\right)a^2$

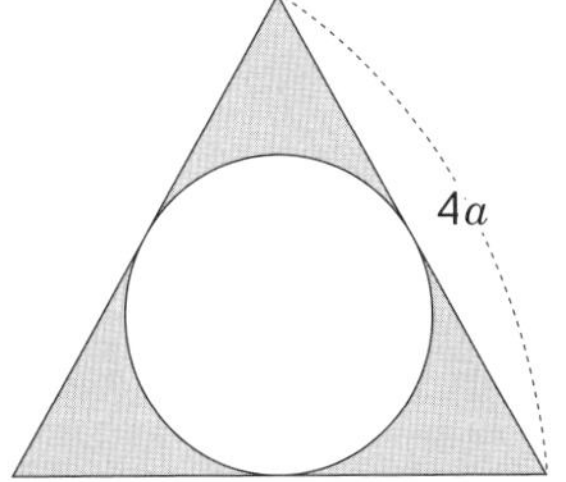

解法のステップ

三角形と円が関連する問題はよく目にするので，この問題

を通して，性質を押さえていきましょう。

下図のように△ABCの各辺の中点をP，Q，Rとするとき，AP，BQ，CRの交点Oを**三角形の重心**といいます。重心は，AP，BQ，CR 3つの線分を頂点から2：1に分ける性質があります。

この問題の内接円の半径が「$4a$」ではなく「$2a$」となっている問題が，特別区Ⅰ類で出題されています。

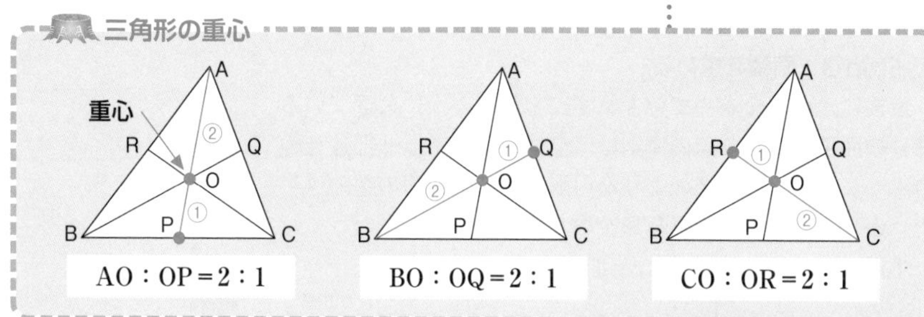

下図のように，三角形や四角形の内部から円などが接することを**内接**といい，内接する円を**内接円**，内接円の中心を**内心**といいます。

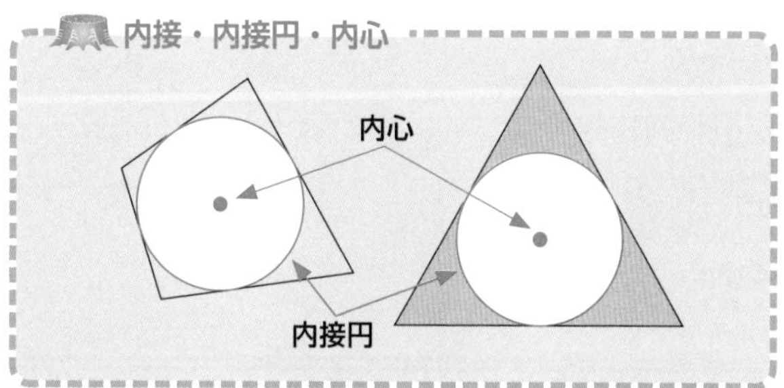

下図のように，三角形や四角形の外部に円などが接することを**外接**といい，外接する円を**外接円**，外接円の中心を**外心**といいます。

問題文のように正三角形に円が内接する場合は，正三角形の重心と内心は一致します。

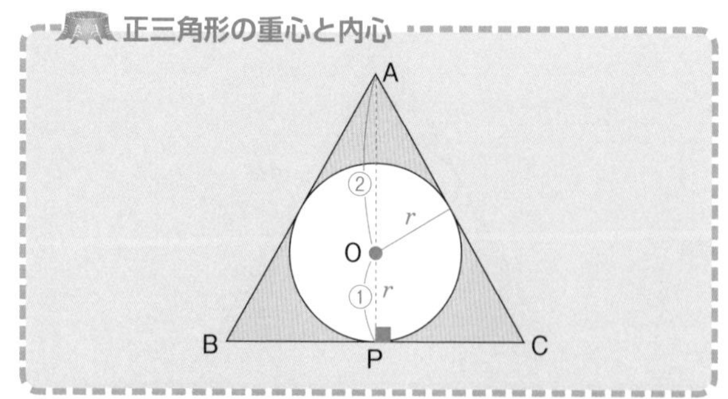

また，内接円の半径が「r」なので，三角形の重心の性質から$OP = r$，$OA = 2r$となるので，正三角形の高さを$AP = r + 2r = 3r$と表すことができます。

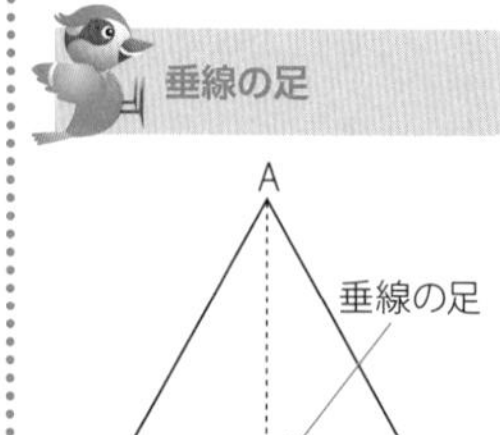

点Aから線分BCに下ろした垂線との交点Pのことを垂線の足といいます。

以上のことを踏まえて，解いていきましょう。

●Step 1　正三角形の高さを求める

まずは，正三角形の高さを求めます。説明上三角形の頂点を右欄のようにABCとして，点Aから，線分BCに下ろした垂線との交点をPとします。正三角形を半分にした30°, 60°, 90°の三角形の比は，1：2：$\sqrt{3}$となり，斜辺の長さに注目すると2と$4a$で$2a$倍となっているので，

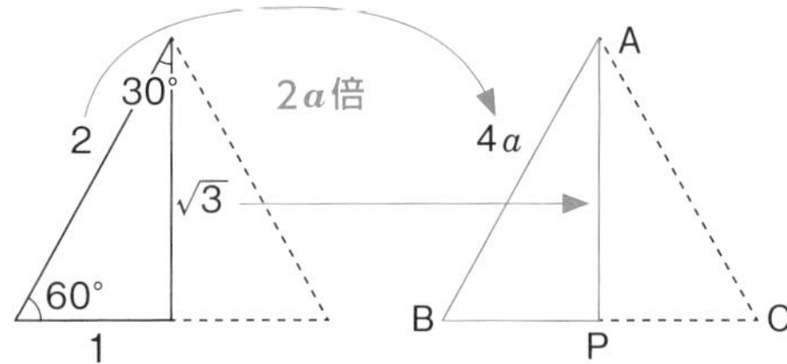

三角形ABCの高さAPの長さは$\sqrt{3}$を$2a$倍して

$$AP = \sqrt{3} \times 2a = 2\sqrt{3}a$$

です。

●Step 2　正三角形の面積を求める

正三角形の底辺は$4a$，高さは$2\sqrt{3}a$より面積は

$$4a \times 2\sqrt{3}a \div 2 = 4\sqrt{3}a^2 \cdots ㋐$$

●Step 3　内接円の面積を求める

次に内接円の面積を求めるために半径を求めます。正三角形の重心と内心は一致するので，重心の性質からAO：OP＝2：1となるので（右中図），

$$\text{内接円の半径} = OP = \frac{1}{3}AP = \frac{2\sqrt{3}}{3}a$$

です。よって内接円の面積は

$$\pi \times \left(\frac{2\sqrt{3}}{3}a\right)^2 = \frac{4}{3}\pi a^2 \cdots ㋑$$

●Step 4　斜線部の面積を求める

求める灰色部分の面積は㋐－㋑より

$$4\sqrt{3}a^2 - \frac{4}{3}\pi a^2 = \left(4\sqrt{3} - \frac{4}{3}\pi\right)a^2$$

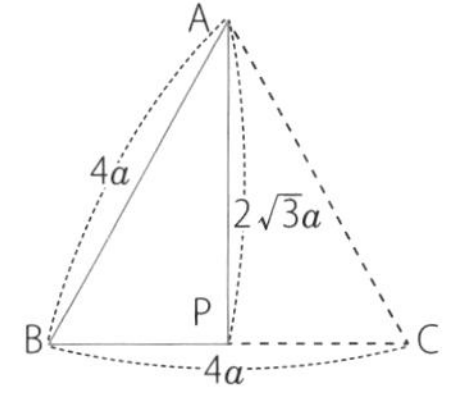

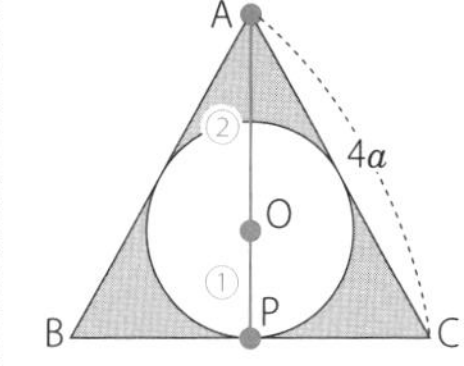

$$\pi \times \left(\frac{2\sqrt{3}}{3}a\right)^2$$

$$= \pi \times \frac{2^2(\sqrt{3})^2}{3^2}a^2$$

$$= \pi \times \frac{4 \times \cancel{3}^{1}}{\cancel{9}_{3}}a^2 = \frac{4}{3}\pi a^2$$

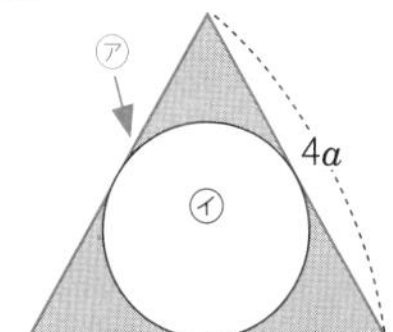

第6章 図形の問題

よって，本問の正答は**4**です。

別解

内接円の半径については公式があるので，余裕があれば覚えておきましょう。

内接円の半径の公式

△ABCの底辺の長さの半分をx，高さをy，斜辺の長さをzとし，内接円の半径をrとすると

$$r=\frac{x\times y}{x+z}$$

先ほどの，例題３（右図の条件）の場合，

$x=2a$，$y=2\sqrt{3}a$，$z=4a$

となるので，公式に代入すると

$$r=\frac{2a\times 2\sqrt{3}a}{2a+4a}=\frac{4\sqrt{3}a^2}{6a}=\frac{2\sqrt{3}a}{3}$$

となるので，内接円の面積は

$$\pi\times\left(\frac{2\sqrt{3}}{3}a\right)^2=\pi\times\frac{12}{9}a^2=\frac{4}{3}\pi a^2\cdots ④$$

とわかります。

ここで，三角形の面積から内接円の面積④を引いて答えを求めるので，選択肢に

$$-\frac{4}{3}\pi a^2$$

があるものを探せばよいとわかります。それは，選択肢の**4**しかないので，正答は**4**と求めることもできます。

内接円の半径

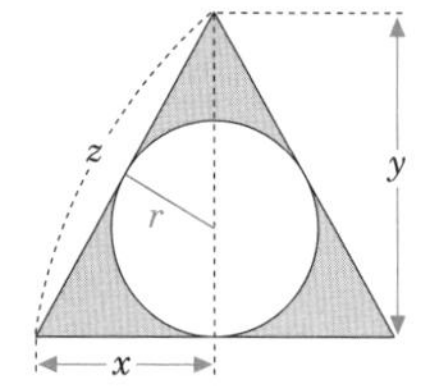

例題３の場合

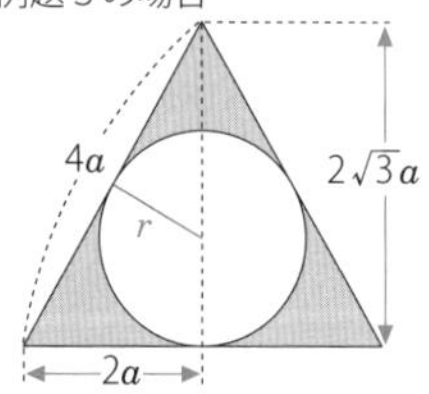

選択肢の条件

1～**5**の選択肢はすべて$(4\sqrt{3}-\square\pi)a^2$$=4\sqrt{3}a^2-\square\pi a^2$の形なので「$4\sqrt{3}a^2$」が三角形の面積と考えられます。そのため，「$-\square\pi a^2$」の部分が内接円の面積とわかります。

例題４

下の図のように，台形に半円が内接しているとき，半円の面積として，正しいのはどれか。ただし，円周率はπとする。（特別区Ｉ類）

1　2,400π cm^2
2　2,600π cm^2
3　2,800π cm^2
4　3,000π cm^2
5　3,200π cm^2

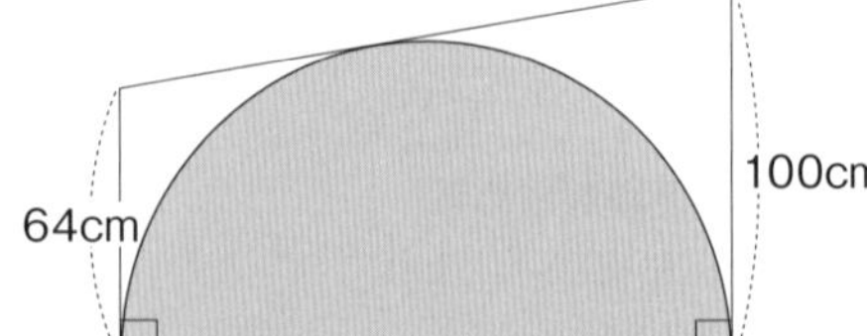

解法のステップ

まずは交点と接点を結んでいきましょう。その際，右図の関係（円の外部の点と接点の関係）を活用していきます。

円の外部の点と接点の関係

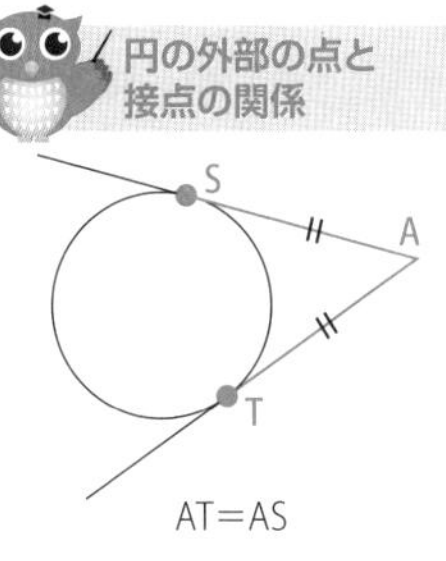

●Step 1　必要な辺の長さを求める

下図のように点A，B，C，Dを設定します。線分ADと円の接点をTとすると，円の外部の点と接点の関係から

$$AT = AB = 64\text{cm},\ DT = DC = 100\text{cm}$$

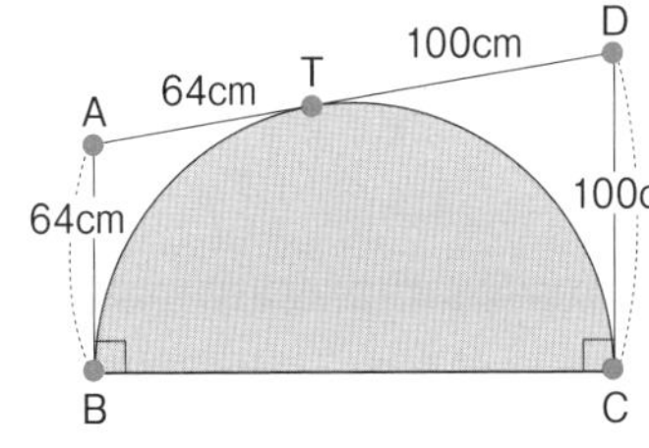

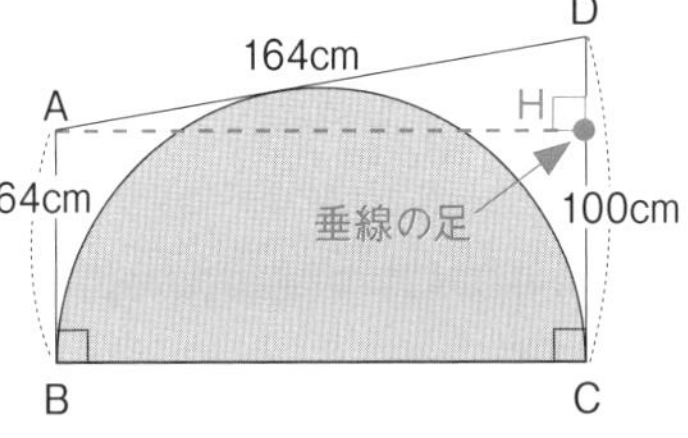

これより，ADの長さは

$$AD = AT + DT = 64 + 100 = 164\text{cm}$$

ここまででAB，AD，CDの３辺の長さがわかりましたが，知りたいのはBCの長さです。

辺ADの部分に着目すると，三平方の定理が使えそうなので，点Aから線分CDに下ろした垂線の足を点Hとすると，

$$DH = DC - CH = 100 - 64 = 36\text{cm}$$

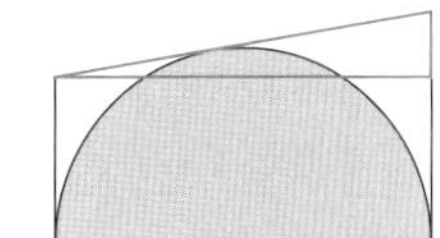

この三角形に着目して三平方の定理が使えないかどうか，考えてみましょう。

●Step 2　半円の半径を求める

求める半円の半径をrとすると，$BC = AH = 2r$，△ADHに三平方の定理を利用すると

$$\begin{aligned} 36^2+(2r)^2 &= 164^2 \\ 4r^2 &= 164^2 - 36^2 \\ 4r^2 &= (164+36)(164-36) \\ 4r^2 &= 200 \times 128 \\ r^2 &= 100 \times 64 \\ r &= 10 \times 8 = 80 \end{aligned}$$

計算お助け

$x^2 - y^2 = (x+y)(x-y)$
$x = 164$，$y = 36$を代入
$164^2 - 36^2 =$
$(164+36)(164-36)$

計算お助け

$4r^2 = 200 \times 128$

$r^2 = 100 \times 64$

●Step 3　半円の面積を求める

求める半円の面積は，半径が$r = 80$より

$$80\times80\times\pi\times\frac{1}{2}=3200\pi$$

よって，本問の正答は**5**です。

例題5

次の図のような，半径6cmの2つの円がそれぞれの中心を通るように交わっているとき，灰色部分の面積はどれか。ただし，円周率はπとする。　（特別区Ⅰ類）

1　12π
2　18π
3　$12\pi-9\sqrt{3}$
4　$24\pi-18\sqrt{3}$
5　$24\pi+18\sqrt{3}$

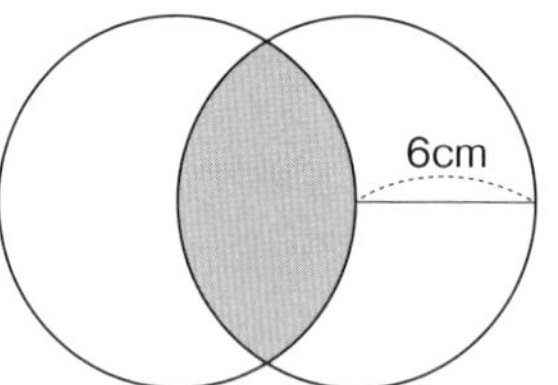

解法のステップ

左右対称な図形なので，灰色部分の右半分（もしくは左半分）の面積がわかれば，灰色部分全体の面積もわかります。

中心と交点を見つけて結んでいきましょう。

もちろん，右図をさらに半分にした青枠の部分の面積を求めて4倍しても答えを求められます。

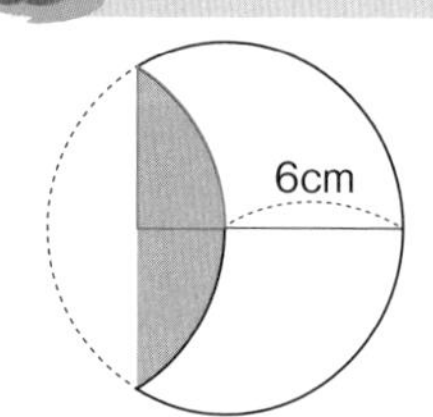

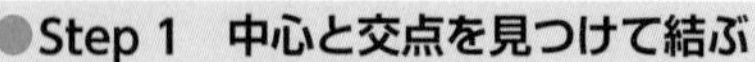

●Step 1　中心と交点を見つけて結ぶ

下の図1のように中心と交点を見つけA，B，C，Dとし，図2のようにABとCDを結んで交点をMとします。図1の灰色部分（弓形ACB）の面積を考えていきます。

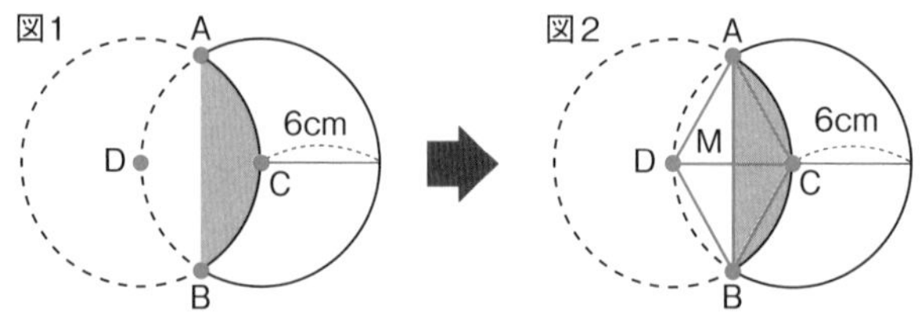

CA，CD，CB，DA，DBのすべてが円の半径の長さと同じ6cmなので

$$CA=CD=CB=DA=DB=6cm$$

この結果から，△ADCと△BCDは正三角形だとわかります。∠ADC＝∠BDC＝60°となるので，

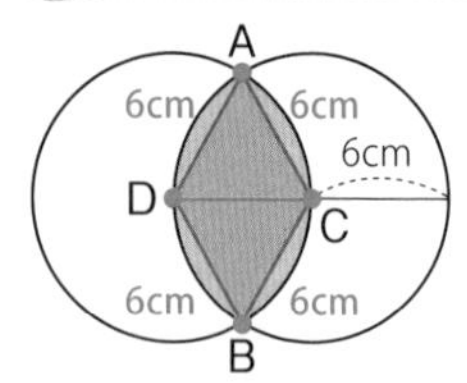

$$\angle ADB = \angle ADC + \angle BDC = 120°$$

面積問題の原則

面積問題の解き方は「等積変形」「全体から引く」「面積比」の原則3つでした。弓形には面積公式がないので「等積変形」「面積比」の活用は難しいです。そのため「全体から引く」方針でいきましょう。

●Step 2　灰色部分の面積の右半分を求める（弓形ACBの面積を求める）

求める灰色部分の面積の半分である弓形ACBの面積（図3）は，扇形ADB（図4）から△ADB（図5）を除けば求められます。

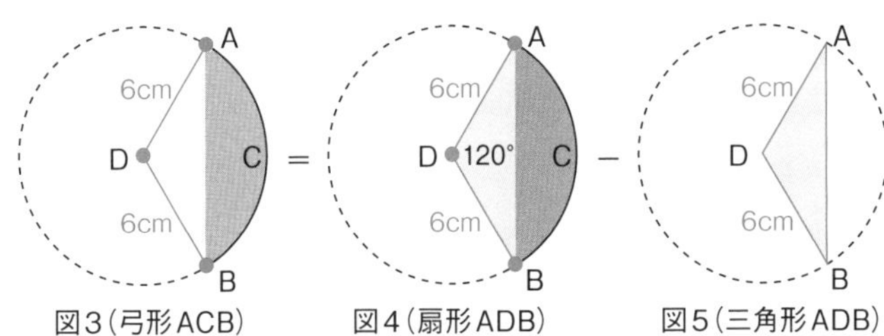

図3（弓形ACB）　図4（扇形ADB）　図5（三角形ADB）

扇形ADB（図4）の面積は，半径が6，中心角が120°なので

$$6 \times 6 \times \pi \times \frac{120°}{360°} = 12\pi$$

△ADBの面積は，図2より高さのDMが円の半径の長さDCの半分なので3cm。底辺のABはAMの長さを2倍すれば求まるので，まずAMを求めます。右図のとおり，正三角形の比を利用して，$AM = 3\sqrt{3}$。ABの長さはAMの長さを2倍して$3\sqrt{3} \times 2 = 6\sqrt{3}$となります。

よって，△ADBの面積は

$$6\sqrt{3} \times 3 \div 2 = 9\sqrt{3}$$

よって，弓形ACBの面積は

$$12\pi - 9\sqrt{3}$$

△ADBの底辺と高さ

30° 60° 90°三角形の比

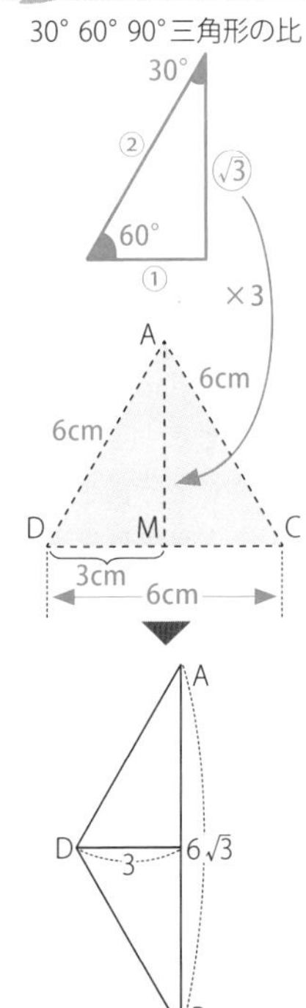

●Step 3　灰色部分の面積を求める

求める灰色部分の面積は，弓形ACBの面積を2倍すればよいので，

$$(12\pi - 9\sqrt{3}) \times 2 = 24\pi - 18\sqrt{3}$$

よって，本問の正答は**4**です。

6-6　国総★　国般★　地上★　市役所★　初級★★

角　度
～単純な多角形にする～

三角形の内角と外角

テーマの重要度

角度の問題は地方公務員試験でよく見かけます。基本的な問題が多いです。

まずは用語の確認から始めましょう。三角形の中にある角度を**内角**といいます。三角形の内角の和は180°です。

三角形の内角と外角

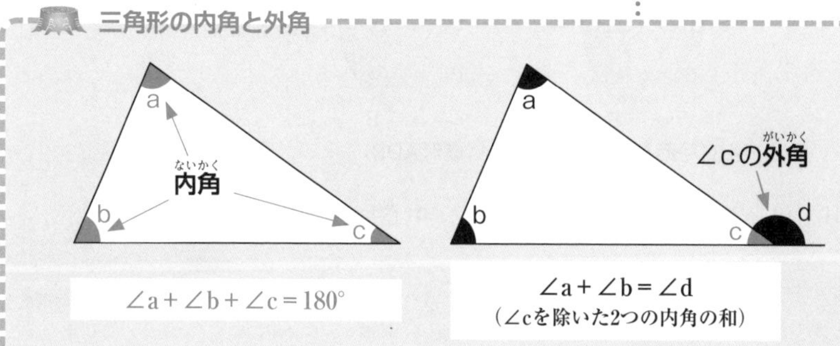

多角形（n角形）の内角と外角

多角形（n角形）は，三角形，四角形，五角形などをまとめた総称です。多角形（n角形）は，すべて三角形に分割できるので，分割して内角の和を求めます。右欄の図を見てください。四角形は三角形が２個，五角形は三角形が３個できるように，n角形は，２個少ない$n-2$個の三角形ができるので，内角の和は

n角形の内角の和

n角形の内角の和＝180°×(n−2)

となります。そして，多角形（n角形）の外角の和は必ず360°になります。

また，平行な２直線があるときの角度の関係には次のような性質があります。

四角形の内角の和

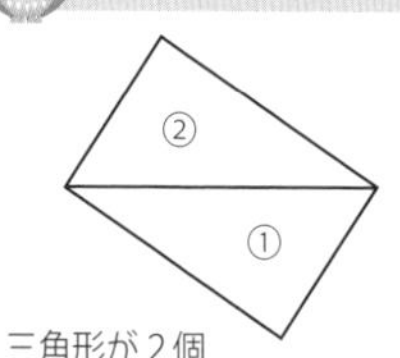

三角形が２個
180°×2＝360°

五角形の内角の和

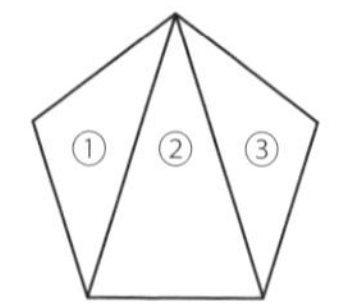

三角形が３個
180°×3＝540°

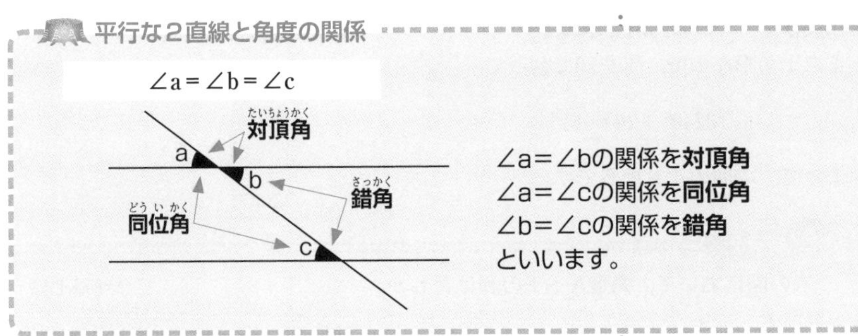

下図の直線BEと直線CFの交点をAとするとき，向かい合う三角形ABCとAEFの角度には，次の関係があります。

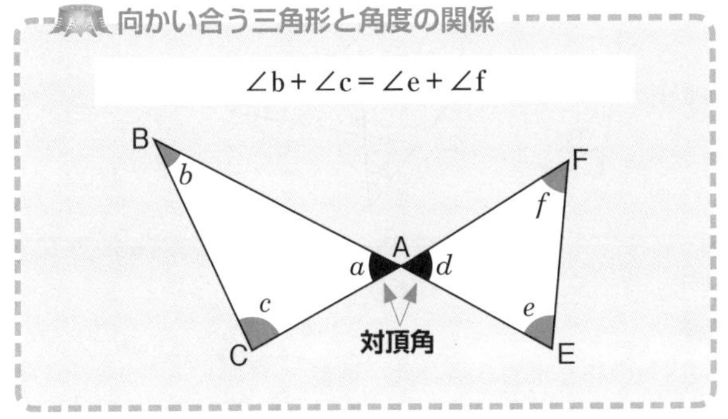

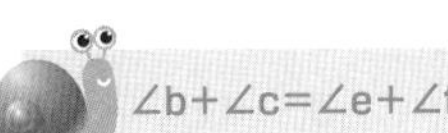

∠a+∠b+∠c=180°①
∠d+∠e+∠f=180°②
①より
∠b+∠c=180°−∠a
②より
∠e+∠f=180°−∠d
対頂角より∠a=∠d
となるので，
180°−∠a=180°−∠d
よって
∠b+∠c=∠e+∠f

この性質は，内角の和を求める際によく利用します。

例題 1

正二十角形の１つの内角の大きさとして，最も妥当なものはどれか。

（東京消防庁Ⅰ類）

1 158°　**2** 159°　**3** 160°　**4** 161°　**5** 162°

解法のステップ

正二十角形なので，内角の和を求めることができれば20で割ることで１つの内角の大きさを求めることができます。

●Step 1　内角の和を求める

正二十角形を三角形に分割すると（20－2＝）18個の三角形ができます。よって内角の和は

$$180° \times (20-2) = 3240° \quad \cdots ①$$

多角形（*n*角形）の内角の和

180°×（*n*−2）
二十角形なので，
*n*に20を代入して
180°×（20−2）
＝3240°

●Step 2　1つの内角を求める

正二十角形なので，①を20で割って

$$3240° \div 20 = 162°$$

よって，本問の正答は**5**です。

例題2

次の図において，角度A～Fの和はどれか。　（特別区Ⅲ類）

1　300°

2　360°

3　420°

4　480°

5　540°

解法のステップ

このように複雑な多角形の内角の和を求める場合は，単純な多角形の内角の和になるように変形します。その際，三角形が2つ向かい合う場合の性質を活用します。

三角形を探す

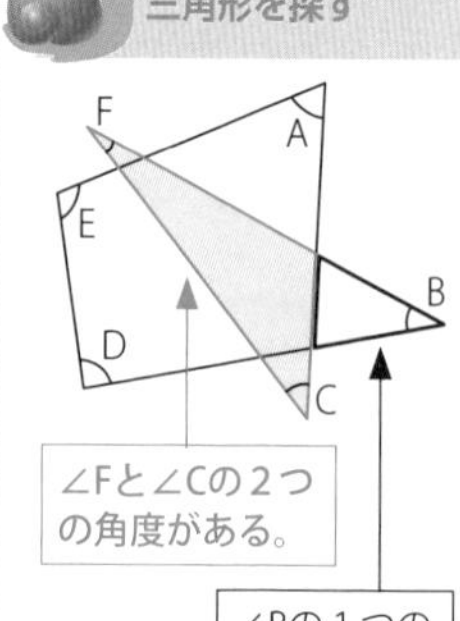

●Step 1　三角形を探し，角度を移す

図形からまず角度A～Fが2つある三角形を探します。三角形を探した後に向かい合う部分に三角形を作り，角度を移します。下図のように点Gを設定すると，三角形GFCがあります。AとBを結んで三角形AGBを作ります。

「角度が2つ与えられている三角形を探す」

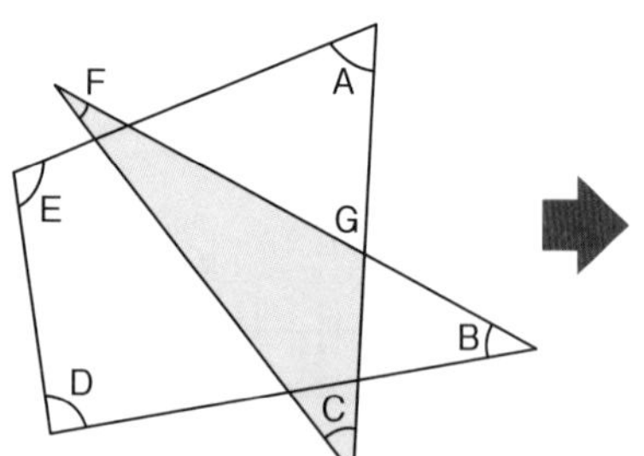

「向かいに三角形を作る」

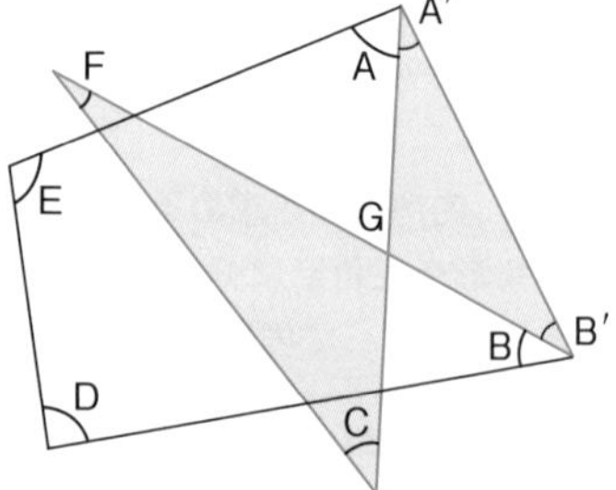

三角形が２つ向かい合う（△GFCと△GA′B′）場合の性質から，次の式が成り立ちます。

$$\angle F + \angle C = \angle A' + \angle B'$$

向かい合う三角形

∠b＋∠c＝∠e＋∠f

B b F f A a d c e C E 対頂角

●Step 2　角度を移した後の図形を取り出す

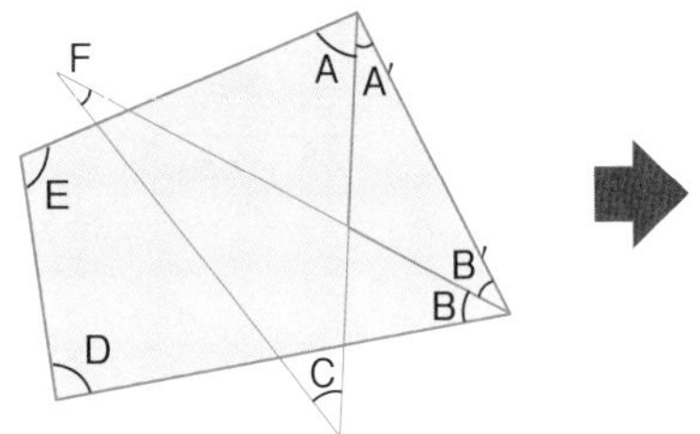

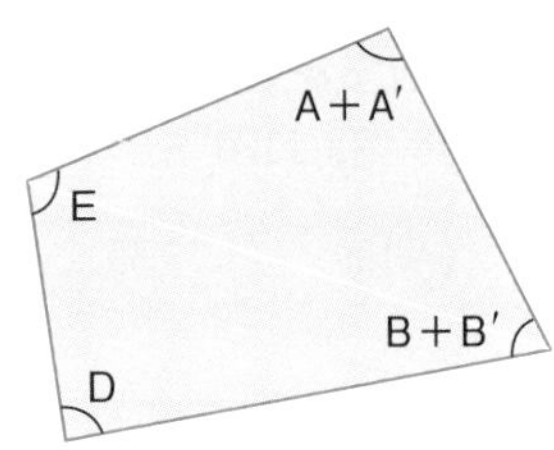

$$\angle A + \angle B + \angle C + \angle D + \angle E + \angle F$$
$$= \angle A + \angle A' + \angle B + \angle B' + \angle D + \angle E$$

式で書くと複雑ですが「四角形の内角の和」を求める問題に変わりました。

四角形の内角の和

四角形の中には
三角形が２個あるので
180°×2＝360°
です。
n角形の内角の和の公式
180°×(n－2)
のnに**4**を代入して
180°×(4－2)＝360°
としてもOKです。

●Step 3　図形の角度を求める

四角形の内角の和は360°なので，本問の正答は**2**です。

ほかにも三角形の見つけ方はいろいろあります。

例題３

図のように，三角形ABCの外接円の外部の点Pからこの円に接線PA，PBを引く。このとき，∠APBの大きさとして，正しいのはどれか。なお，図は必ずしも正確ではない。
（警視庁Ⅲ類）

1　40°
2　45°
3　50°
4　55°
5　60°

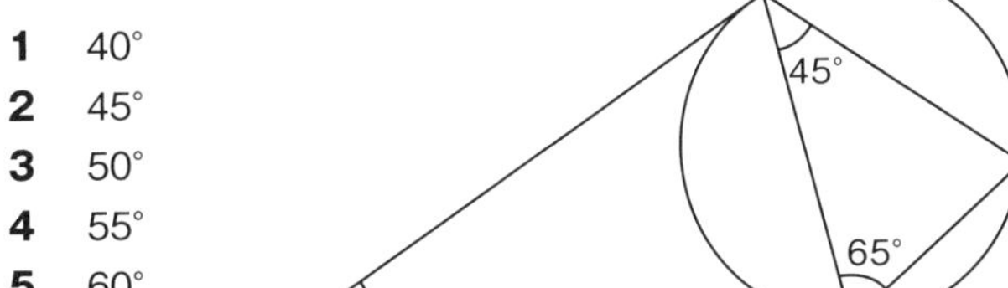

第6章 図形の問題

解法のステップ

円の性質からPA＝PBなので△PABは二等辺三角形とわかります。∠APBの大きさを求めるためには，∠PBA（もしくは∠PAB）がわかればいいわけです。

∠PBAを求めるためには，接弦定理より∠BCAがわかればよいので，順次求めていきましょう。

●Step 1　∠BCAを求める

△ABCの内角の和は180°なので

$$\angle BCA = 180^\circ - (45^\circ + 65^\circ) = 70^\circ$$

●Step 2　∠PBAを求める

接弦定理より

$$\angle PBA = \angle BCA = 70^\circ$$

PA＝PBより△PABは二等辺三角形なので

$$\angle PBA = \angle PAB = 70^\circ$$

●Step 3　∠APBを求める

Step 2の結果と三角形の内角の和が180°より

$$\angle APB = 180^\circ - 70^\circ - 70^\circ = 40^\circ$$

となるので，本問の正答は**1**です。

円の性質

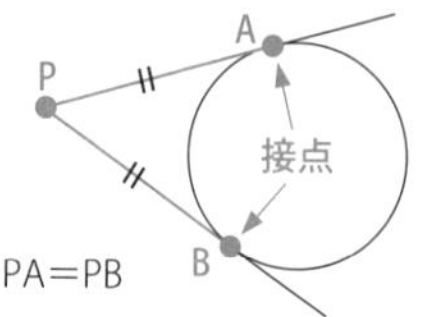

接弦定理

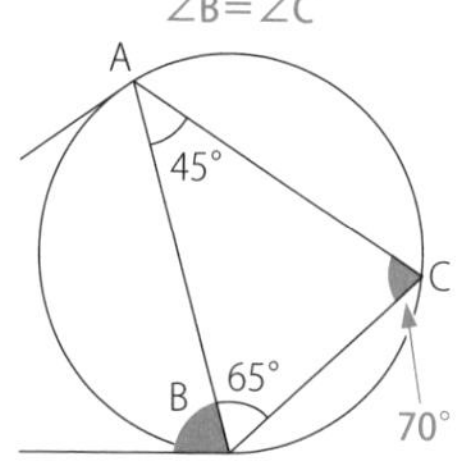

△PABの図

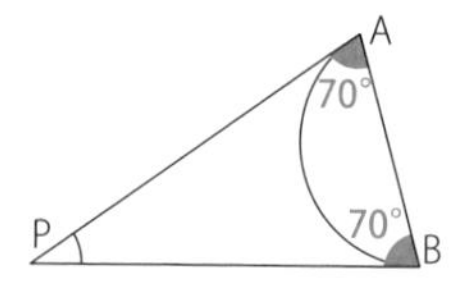

例題４

下の図のように円Oの円周上の点Pから円Oの中心を通る直線を引き，この直線と円Oの円周上の点Aを通る接線TT′との交点をBとしたところ，∠PAT＝67°であった。このとき，∠PBAの角度として，最も妥当なものはどれか。

（東京消防庁Ⅰ類）

1　40°
2　41°
3　42°
4　43°
5　44°

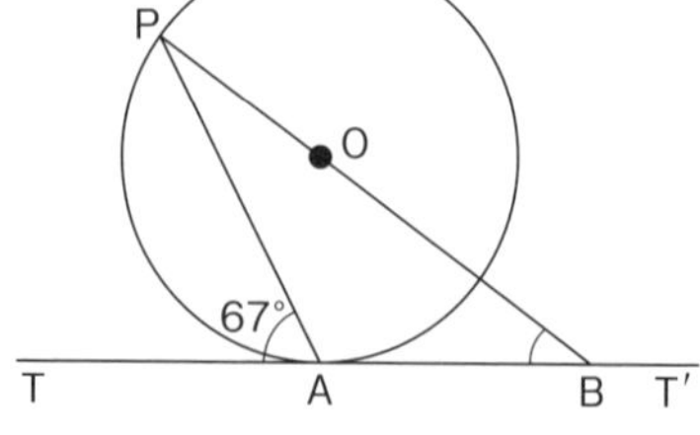

解法のステップ

問題文の∠PAT＝67°の利用を考えます。形から「接弦定理」が使えそうなので，補助線を引いていきます。また，「点Pから円Oの中心を通る直線を引き」とあるので，「弦が中心を通る円の円周角は90°」の性質が活用できそうです。

●Step 1 補助線を引いて，接弦定理を利用

接弦定理を利用するために，下図のように「補助線」を引きます。PBと円との交点をQとします。

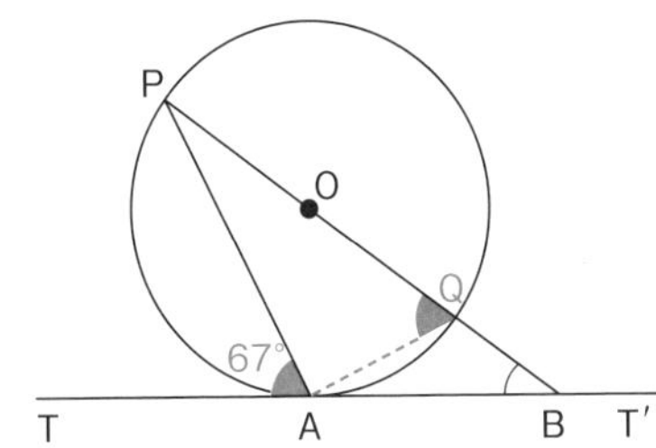

接弦定理より

$$\angle AQP = \angle PAT = 67^\circ$$

●Step 2 円周角の性質を利用する

PQが中心Oを通る弦より，円周角は90°となるので

$$\angle PAQ = 90^\circ$$

∠APBは180°から∠PAQ（90°）と∠AQP（67°）を引いて

$$\angle APB = 180^\circ - 90^\circ - 67^\circ = 23^\circ$$

●Step 3 三角形PBAに着目する

∠PABは，180°から∠PAT＝67°を引いて

$$\angle PAB = 180^\circ - 67^\circ = 113$$

よって，求める∠PBAの角度は，

$$\begin{aligned}\angle PBA &= 180^\circ - \angle PAB - \angle APB \\ &= 180^\circ - 113^\circ - 23^\circ \\ &= 44^\circ\end{aligned}$$

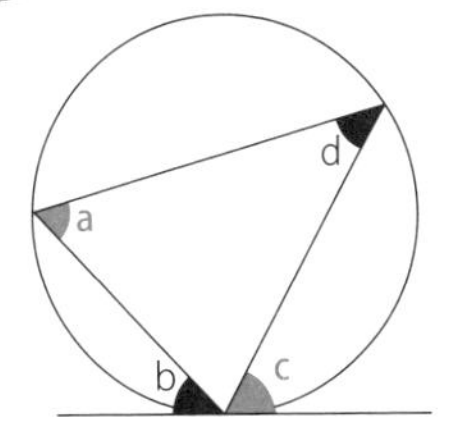

∠a＝∠c，∠b＝∠d

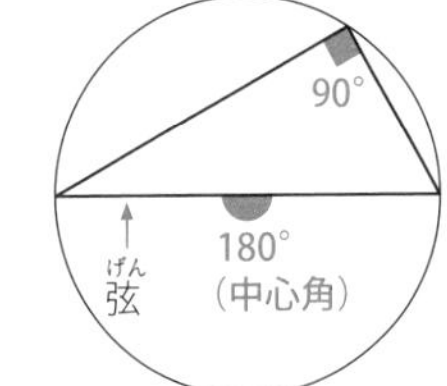

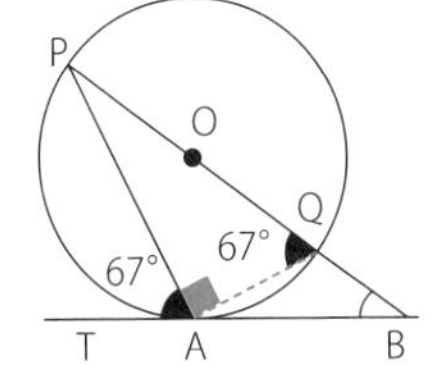

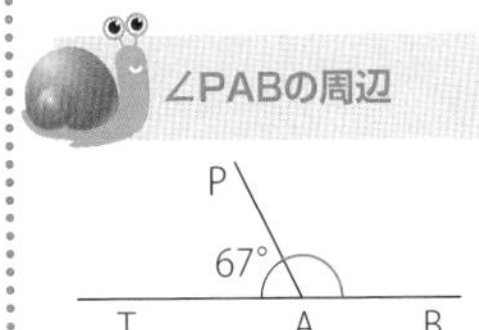

となるので，本問の正答は**5**です。

例題5

図のような，平面鏡A，Bがあり，AとBのなす角をθとする。今，Bの点Xから図のように50度の角度でAに光を当てたところ，光はAとBに1回ずつ反射して，その後はAと平行に進んでいった。このときθはいくらか。　（地方上級）

1　15度
2　20度
3　25度
4　30度
5　35度

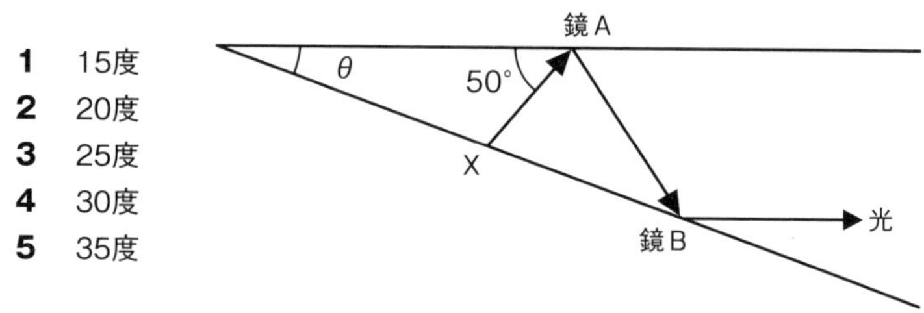

解法のステップ

「入射角と反射角が等しい」という光の性質を利用していきます。最終的には平行となっているので，同位角や錯角という角度の性質も利用できそうです。

解説の都合上，次のように点を設定します。

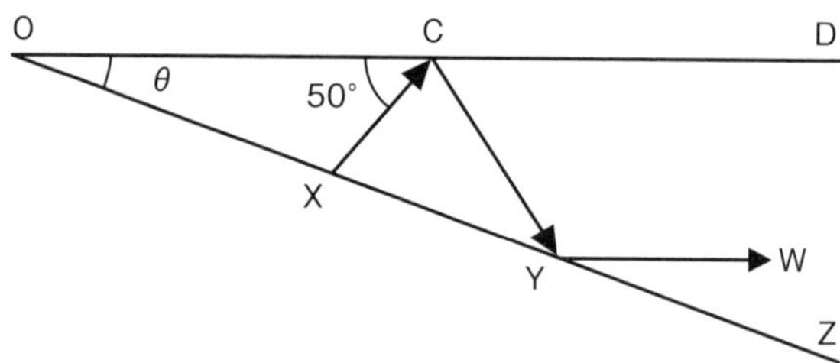

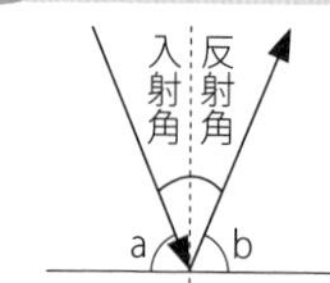

「入射角＝反射角」より
「∠a＝∠b」も成り立つ

●Step 1　入射角＝反射角を利用

入射角と反射角が等しいので，∠OCXと∠DCYは同じになるため

$$\angle DCY = \angle OCX = 50^\circ$$

∠XCYは180°から∠DCYと∠OCXを引いて

$$\angle XCY = 180^\circ - \angle DCY - \angle OCX$$
$$= 180^\circ - 50^\circ - 50^\circ$$
$$= 80^\circ$$

入射角＝反射角の性質

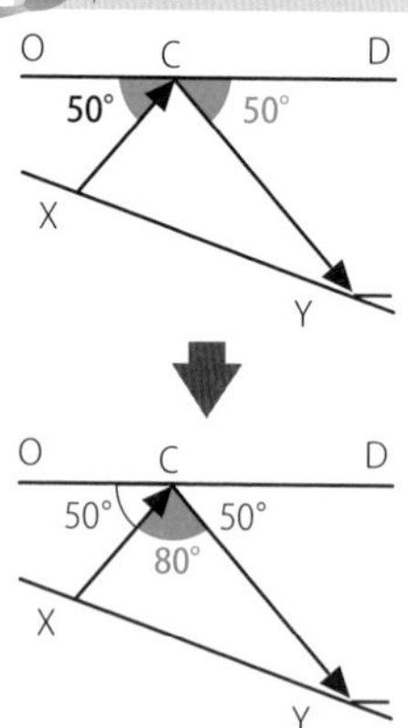

●Step 2　平行の性質を利用

問題文に平行の条件があるため，うまく利用していきましょう。平行に関する下図の青線部分を取り出すと，

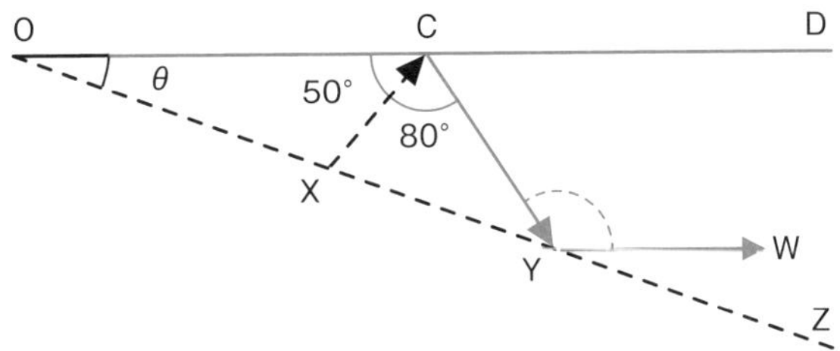

∠OCYと∠CYWは錯角なので

$$\angle CYW = \angle OCY = 50^\circ + 80^\circ = 130^\circ$$

右欄の図を見てください。入射角と反射角が等しいので，鏡Bに反射したときの∠CYOと∠WYZも同じになります。∠CYOと∠WYZをxとすると

$$x + 130^\circ + x = 180^\circ$$
$$x = 25^\circ$$

θは180°から∠OCY＝130°と∠CYO＝x＝25°を引いて

$$\theta = 180^\circ - \angle OCY - \angle CYO$$
$$= 180^\circ - 130^\circ - 25^\circ$$
$$= 25^\circ$$

となるので，正答は**3**です。

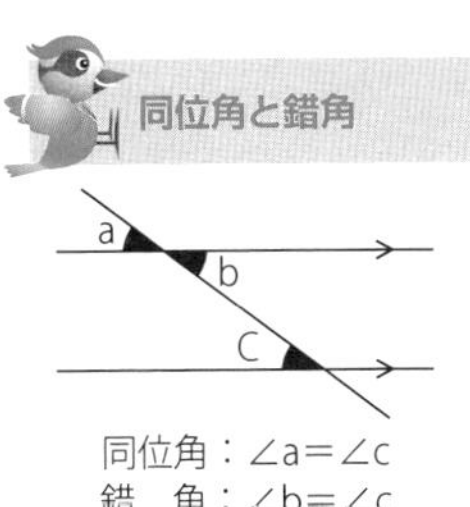

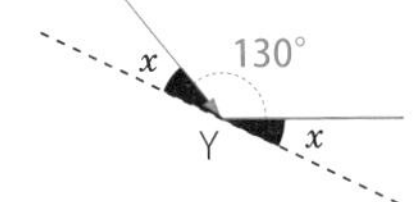

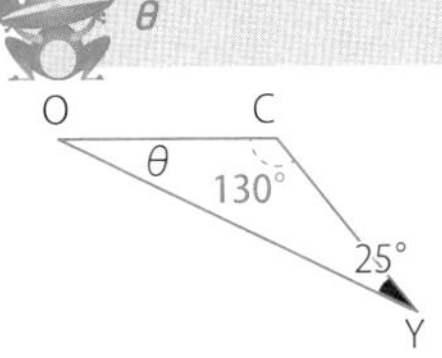

θ（シータ）は，数学で角度を表す記号としてよく使われます。

6-7　国総★　国般★　地上★　市役所★　初級ー

図を使う速さの問題
〜ダイヤグラムで解く〜

ダイヤグラムとは？

速さの問題で条件が複雑な場合，図に表して視覚化的に考える方法があります。この図を**ダイヤグラム**といいます。ダイヤグラムは電車の運行状況を表すときに使われているもので，下図のように，ダイヤ（◆）が現れる図であることからこう呼ばれるようになりました。

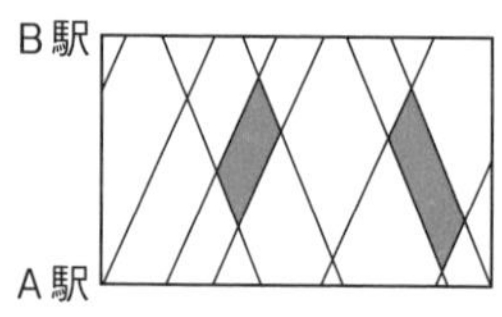

速さの問題では，右欄の図のように縦に距離，横に時間の条件を書き加えて図にすると，機械的に解ける問題が多くあります。このとき，直線の傾きは速さを表しています。

ダイヤグラムを使うことで素早く解ける問題の一例としては，下図のようにAが地点「あ」から，数分後にBが地点「い」からスタートして，AとBが地点「う」で出会い，Aが地点「い」に，Bが地点「あ」に着くパターンです。これは，池などの円周をAとBで反対方向に走り始めて出会う場合も同様に考えることができます。ダイヤグラムでよく見かける三角形が向き合う形は相似な図形の頻出パターンです。

テーマの重要度

ダイヤグラムを使う問題は苦手にしている人が多いです。とはいえ，パターンは決まっているので慣れていきましょう。

ダイヤグラムの記述

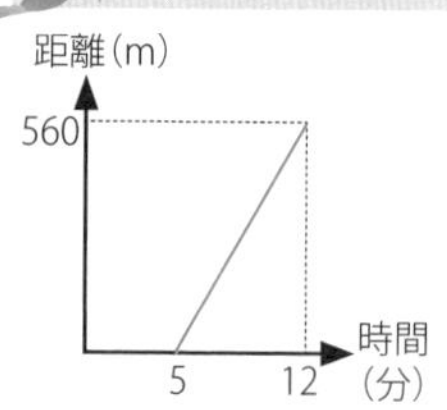

距離：560m
時間：12－5＝7分
速さ：$\frac{560}{7}$＝80m/分

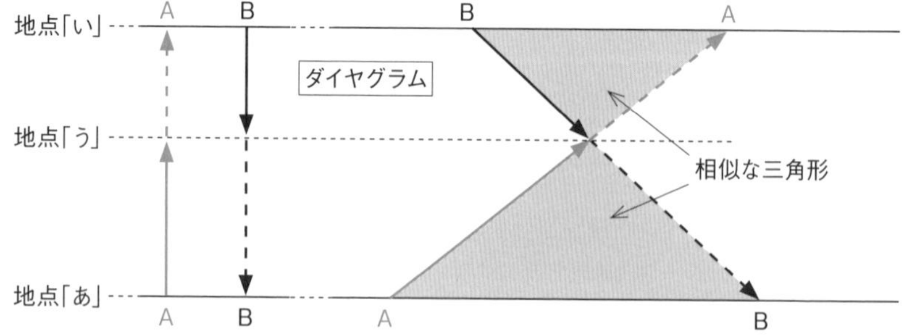

相似の性質を使う

ダイヤグラムの問題では積極的に相似の性質を使います。特に下図のように分けた比の関係式を用いることが多いです。

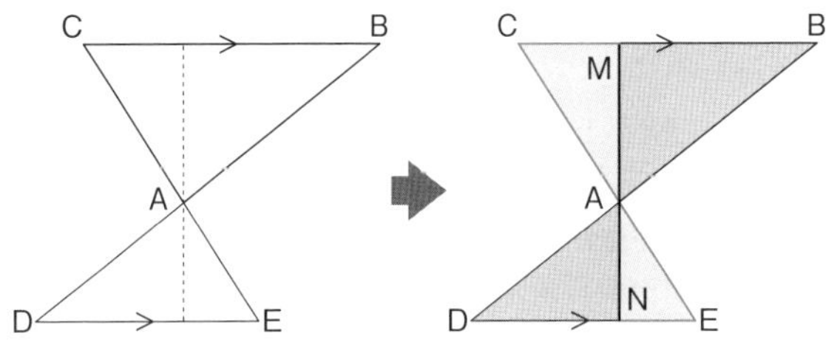

CM：EN＝BM：DN
青色の三角形の相似比＝灰色の三角形の相似比

ダイヤグラムの相似

△ACM ∽△AENより
CM：EN＝AM：AN…①

△ABM ∽△ANDより
BM：DN＝AM：AN…②
①と②ともに右辺の「AM：AN」が同じなので，合わせて
CM：EN＝BM：DN

例題 1

甲駅と乙駅を結ぶ道路を，Aは甲駅から乙駅に向かって，Bは乙駅から甲駅に向かって，それぞれ一定の速さで歩く。2人が同時に出発してから途中で出会うまでにかかる時間は，Aが甲駅を出発してから乙駅に到着するまでにかかる時間に比べると4分短く，Bが乙駅を出発してから甲駅に到着するまでにかかる時間に比べると9分短い。Bが乙駅を出発してから甲駅に到着するまでにかかる時間はいくらか。

（国家一般職［大卒］）

1　11分
2　12分
3　13分
4　14分
5　15分

解法のステップ

Aが甲駅から乙駅，Bが乙駅から甲駅へ向かう途中で出会う問題で，ダイヤグラムが利用できる典型的な問題です。

式を立てやすくするため，問題文を言い換えましょう。「2人が同時に出発してから途中で出会うまでにかかる時間は，Aが甲駅を出発してから乙駅に到着するまでにかかる時間に比べると4分短く」の部分は「Aは甲駅を出発し，Bに出会ってから4分後に乙駅に到着する①」と言い換えられま

問題文の状況

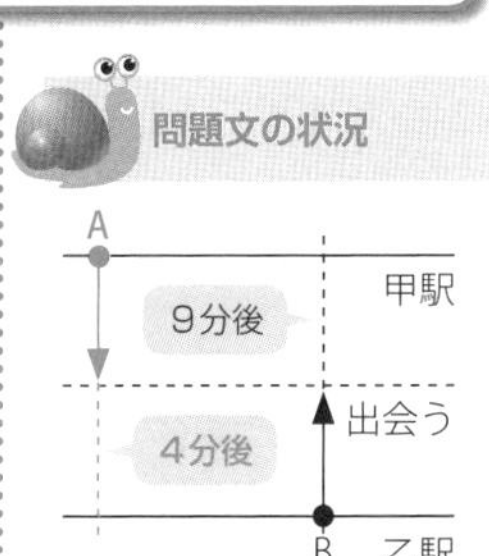

す。同じように「Bは乙駅を出発し，Aに出会ってから９分後に甲駅に到着する②」と言い換えられます。Bが乙駅を出発してから甲駅に到着するまでにかかる時間を問われているので，本来これを文字にしますが，①と②の条件を直接使うために，AとBが出会った時間をtとします。

●Step 1　ダイヤグラムを書く

ダイヤグラムを書きます。甲駅と乙駅を上下に設定します。AはBに出会ってから４分後に乙駅へ，BはAに出会ってから９分後に甲駅に着くので，Aのほうが速度は速いと考えて傾きが急な直線を書きます。AとBが出会う地点をXとします。左下図のように向かい合う三角形を垂直に分割します。そして，右下図のように相似な三角形に分けて，比を取ります。

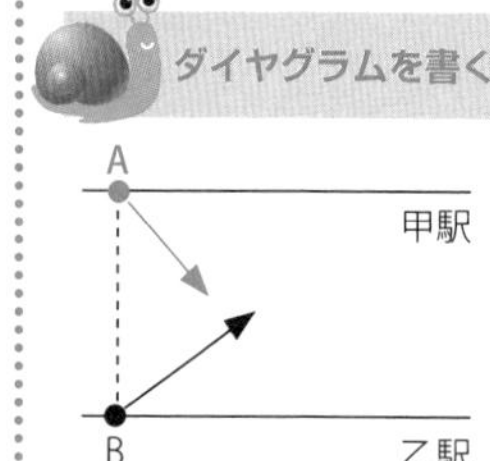

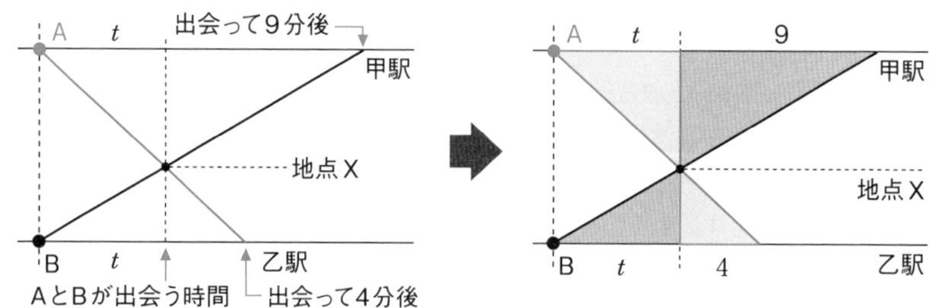

●Step 2　ダイヤグラムを読む

Step 1のダイヤグラムから相似の関係を見つけます。「青色の相似な三角形」の比の部分と「灰色の相似な三角形」の比の部分は同じなので

$$t:4=9:t$$
$$t=6$$

となります。AとBが出会った後，Bが甲駅に到着するのは９分後なので

$$6+9=15$$

よって，本問の正答は**5**です。

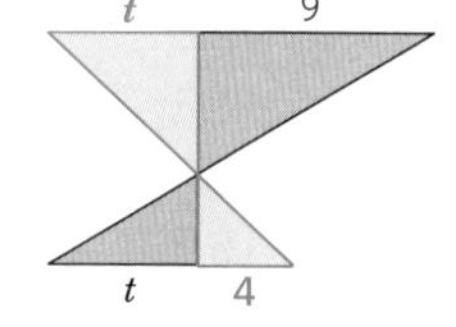

外側どうし（外項の積）

$t:4=9:t$

内側どうし（内項の積）

$t^2=36$

$t^2-36=0$

$(t-6)(t+6)=0$

$t=6,\ t=-6$

$t>0$より$t=6$

例題 2

A，Bの２人が，１周20kmの湖の周囲をAはオートバイに乗って，Bは自転車に乗って，午前10時00分に同じ地点から反対方向に走り始めた。Aは１周するまでの間，止まることなく走り続け，湖を１周し終えた。Bは途中でAと出会った地点で10分間とどまって休憩をとった後，再び同じ方向に走り始めてから40分後に湖を１周し終えた。A，Bの走った速さはそれぞれ一定であり，Aが時速40kmで走ったとき，Bが湖を１周し終えた時刻として，正しいのはどれか。

（東京都Ⅰ類A）

1　午前11時00分
2　午前11時10分
3　午前11時20分
4　午前11時30分
5　午前11時40分

解法のステップ

右図のような１周20kmの湖の周囲を回る問題なので，ダイヤグラムが活用できる問題です。まずは順を追って，ダイヤグラムの活用のしかたに慣れていきましょう。

●Step 1　ダイヤグラムを書く

Aは時速40kmで，１周20kmを進むので，かかる時間をt（時間）とすると，「$40\times t=20$」から$t=0.5$（時間）$=30$（分）です。

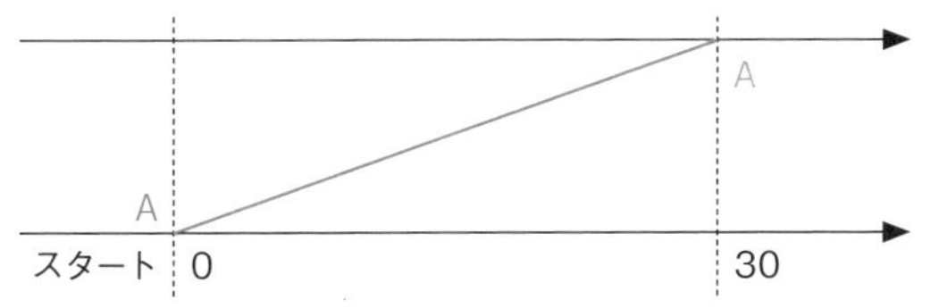

AとBがすれ違う地点をPとして，ダイヤグラムを書きます。AとBがすれ違った時刻をAがスタートしてからt分後とすると，AがBと出会ってからもとの位置に戻るまでは「$30-t$」分かかります。これをダイヤグラムに反映させると右図となります。BはAと出会ってから，10分間休憩をとってからもとの位置に戻るまで40分かかるので図に書き込みます。

次のステップでダイヤグラムを読んで比の式を作ります。右図のダイヤグラムのままだと相似の関係が使いにくいの

問題文の状況は

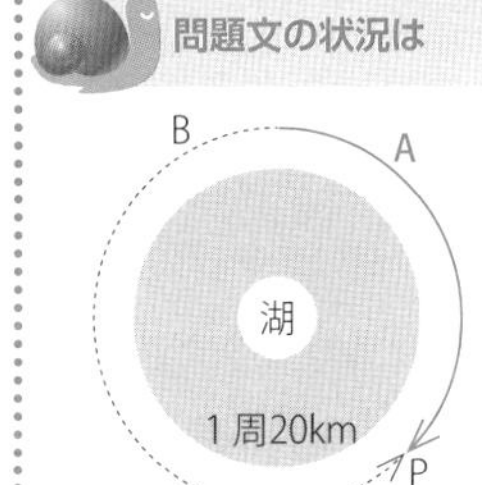

速さ？時間？

「速さ×時間＝距離」です。

ダイヤグラム

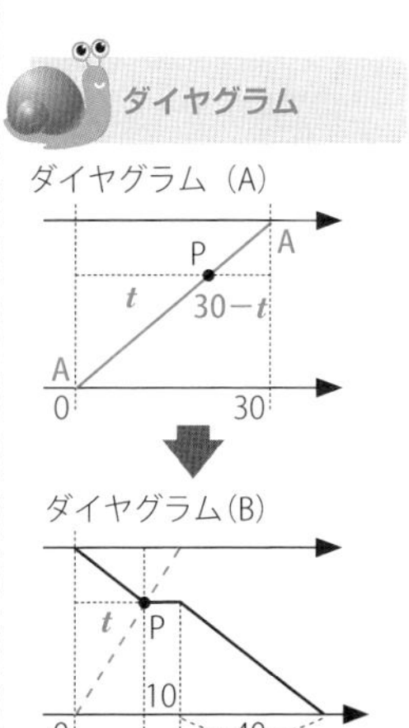

で，Bについては次の図のように「10分間休憩」を除いた点線の場合を準備します。

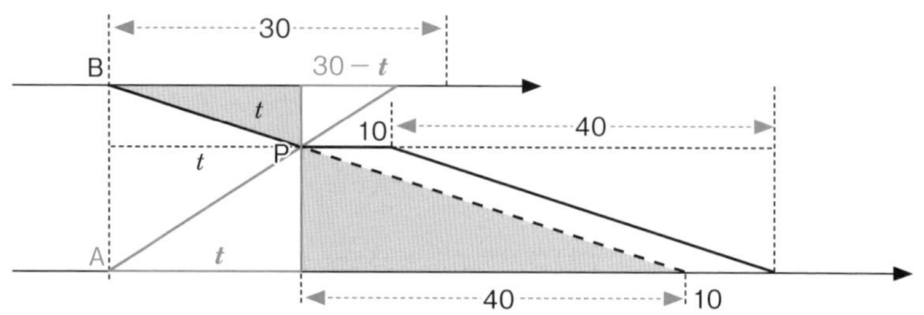

●Step 2　ダイヤグラムを読む

右図を参照して，相似の条件を利用すると

$$t:40=30-t:t$$
$$t^2=40(30-t)$$
$$(t+60)(t-20)=0$$
$$t=-60,\ t=20$$
$t>0$より，$t=20$

ダイヤグラムから

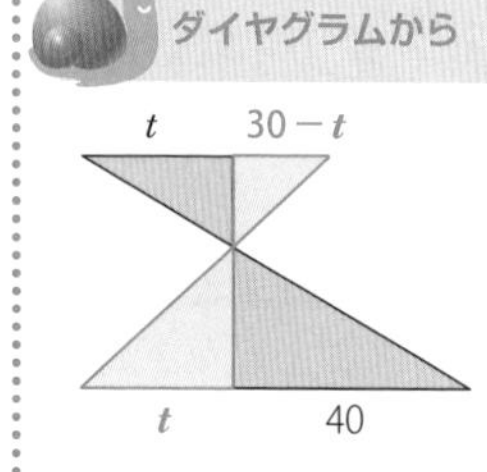

Bは途中でAと出会った地点で10分間とどまって休憩をとった後，再び同じ方向に走り始めてから40分後に湖を１周し終えたので，かかった時間は

20＋10＋40＝70分＝１時間10分

午前10時から走り始めたので，答えは11時10分となるので，本問の正答は**2**です。

計算お助け

外側どうし（外項の積）
$t:40=30-t:t$
内側どうし（内項の積）
$t^2=40(30-t)$
$t^2+40t-1200=0$
$(t+60)(t-20)=0$
$t=-60,\ 20$
$t>0$より$t=20$

例題３

ある作業をAとBの２人で共同して行うと，Aだけで行うより４日早く終了し，Bだけで行うより９日早く終了する。この作業をAだけで行う場合の作業日数として，正しいのはどれか。ただし，A，Bの１日当たりの作業量はそれぞれ一定とする。

（東京都Ⅰ類B）

1　10
2　11
3　12
4　13
5　14

解法のステップ

仕事算の問題ですが，この問題，先ほど解いた「例題１」に状況が似ていると思いませんか？　この問題は，ダイヤグラムを用いても解くことができます。ダイヤグラムを用いない場合は解き方が2つありますが，右の注釈に示したように計算が大変になります。

まずは，問題文を言い換えてみましょう。

AとBの２人で共同して行うと，Aだけで行うより４日早く終了なので「Aは，AとBの２人で共同作業するより４日多くかかる」。「Bは，AとBの２人で共同作業するより９日多くかかる」。これを図（ダイヤグラム）に書き込みます。

仕事算を利用する場合

解法は次の２つです。

1．選択肢を１つ１つ当てはめて，確認する方法（別解で紹介します）

2．AとBの２人で共同して作業を行った場合の日数をtとします。A，Bそれぞれの作業日数をtで表し方程式で解きます。この場合，文字が入った分数計算と因数分解が必要で，計算が大変です。

●Step 1　ダイヤグラムを書く

AとBの共同作業でかかる日数を「t」とします。「Aは，AとBの２人で共同作業するより４日多くかかる」を図にすると左下図となります。

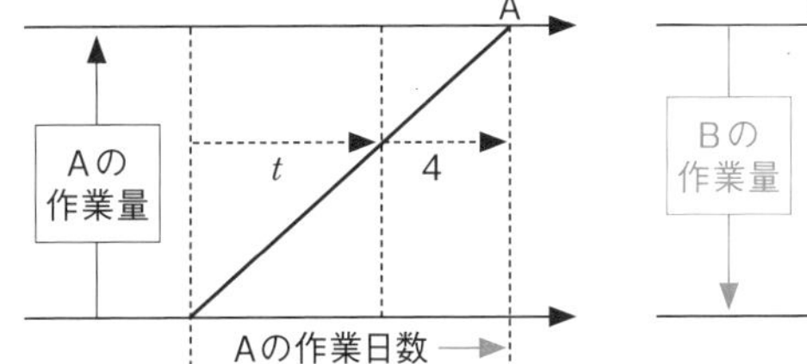

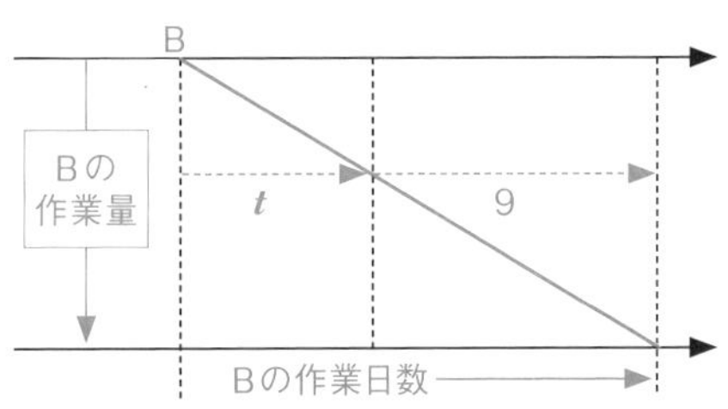

同様に「Bは，AとBの２人で共同作業するより９日多くかかる」を図にすると右上図となり，この２つの条件を合わせると

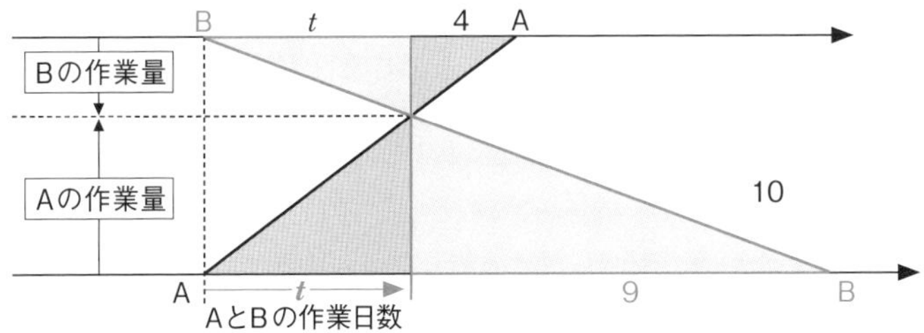

となります。

●Step 2　ダイヤグラムを読む

相似の条件を利用すると，青色の三角形の相似比と灰色の三角形の相似比が同じなので

$$t:9=4:t$$
$$t=\pm 6$$
$$t>0\text{より},\ t=6$$

Aは共同作業$t=6$日より４日多くかかるので

$$t+4=6+4=10$$

よって，本問の正答は**1**です。

別解

選択肢を１つ１つ検証していきます。

●選択肢１を検証する

選択肢**1**の「10」より，Aだけで作業を行う場合の作業日数は10日…①

AとBの２人で共同して作業を行うと，Aだけで作業を行う（①）より４日早く終了するので，作業日数は

10－4＝6日…②

Bだけで作業を行う場合の作業日数は，AとB共同で作業を行う（②）より９日多くかかるので，

6＋9＝15日…③

全体の仕事量をA，Bの作業日数の10，15の最小公倍数で定めると30（右の計算方法を参照）。

Aの１日の作業量（仕事量）は，30÷10＝3

Bの１日の作業量（仕事量）は，30÷15＝2

AとBの２人の１日の作業量（仕事量）は，3＋2＝5となります。

よって，AとBの２人が共同で作業したときの日数は30÷5＝6で②と一致するので，選択肢**1**は正答とわかります。

●選択肢２を検証する

選択肢**2**以降は誤答なのですが，誤答の例も１つだけ見ていきましょう。

選択肢**2**の「11」より，Aだけで作業を行う場合の作業日数は11日…①

AとBの２人で共同して作業を行うと，Aだけで作業を行う（①）より４日早く終了するので，作業日数は

計算お助け

外側どうし（外項の積）

$t:4=9:t$

内側どうし（内項の積）

$t^2=36$

$t^2-36=0$

$(t-6)(t+6)=0$

$t=6,\ -6$

$t>0$ より $t=6$

としてもよいです。

仕事算の解き方

1．最小公倍数を使い，全体の仕事量を設定。

↓

2．それぞれの単位当たりの仕事量（今回はA，B）を求め，合計を計算。

↓

3．全体の仕事を終えるのにかかる時間を割り算で求める。

仕事算については，2-4を参照してください。

10，15の最小公倍数

5) 10　15
　　2　3

↓

5×2×3＝30

11－4＝7日…②

Bだけで作業を行う場合の作業日数は，AとB共同で作業を行う（②）より9日多くかかるので，

7＋9＝16日…③

全体の仕事量をA，Bの作業日数の11，16の最小公倍数で定めると11×16＝176。

Aの1日の作業量（仕事量）は，176÷11＝16

Bの1日の作業量（仕事量）は，176÷16＝11

AとBの2人の1日の作業量（仕事量）は，16＋11＝27となります。

よって，AとBの2人が共同で作業したときの日数は，176÷27≒6.5となり，②と一致しないので，選択肢**2**は誤答とわかります。

選択肢**3**，**4**，**5**も選択肢**2**と同様に誤答であることが確認できます。

選択肢3の検証

Aの作業日数…12日①
A，Bの作業日数…8日②
Bの作業日数…17日③
①，③より
A，Bの作業日数…7.0日
これは②と一致しません。

選択肢4の検証

Aの作業日数…13日①
A，Bの作業日数…9日②
Bの作業日数…18日③
①，③より
A，Bの作業日数…7.5日
これは②と一致しません。

選択肢5の検証

Aの作業日数…14日①
A，Bの作業日数…10日②
Bの作業日数…19日③
①，③より
A，Bの作業日数…8.1日
これは②と一致しません。

6-8　国総 ★★★　国般 ★★★　地上 ★★★　市役所 ★★★　初級 ★★★

立体図形
～展開する，公式を使う～

立体図形の表面積・体積問題

立体図形の問題は，体積，表面積，最短経路の３つが頻出です。長さを求めることが多く，三平方の定理をよく使います。表面積や最短経路を求める際には展開図が必要になるので，公式の復習とともに押さえていきましょう。立体図形は，柱体とすい体に分かれます。柱体は，上と下の面が同じ形（合同な図形）です。なお，この上下の面をどちらも底面といいます。

テーマの重要度

立式図形の問題は頻出です。必ず押さえましょう。

三平方の定理

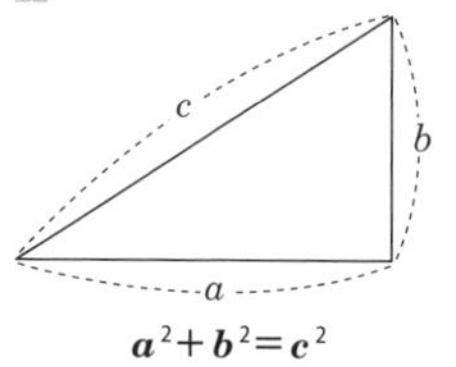

$a^2+b^2=c^2$

立体図形の性質①

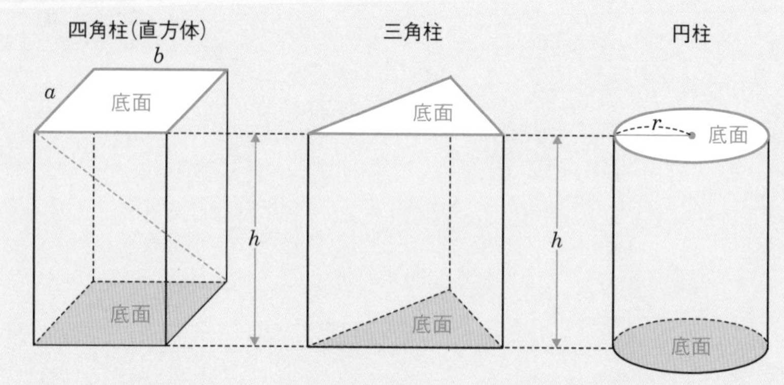

縦：a，横：b，高さ：h **四角柱（直方体）の体積** $a\times b\times h$	底面積：S，高さ：h **三角柱の体積** $S\times h$	半径：r，高さ：h，円周率：π **円柱の体積** $\pi\times r\times r\times h$

四角柱（直方体）の対角線の長さ： $\sqrt{a^2\times b^2\times h^2}$

すい体は，頂点がとがっている図形です。すい体の体積は柱体の体積を$\frac{1}{3}$倍すると求まります。

立体図形の性質②

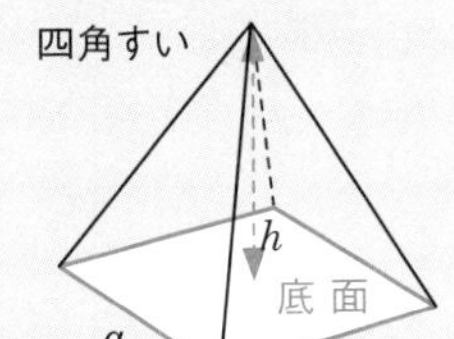

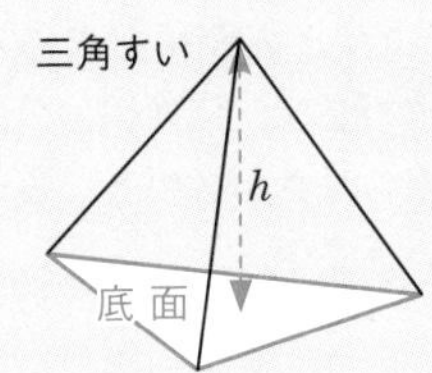

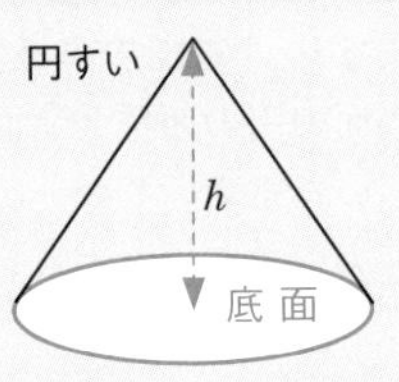

縦：a, 横：b, 高さ：h
四角すいの体積
$$a \times b \times h \times \frac{1}{3}$$

底面積：S, 高さ：h
三角すいの体積
$$S \times h \times \frac{1}{3}$$

半径：r, 高さ：h, 円周率 π
円すいの体積
$$\pi \times r \times r \times h \times \frac{1}{3}$$

すい体の中では特に円すいがよく問われるので，展開図と公式を押さえましょう。

立体図形の性質③

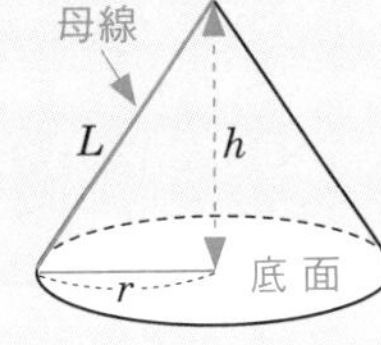

展開図

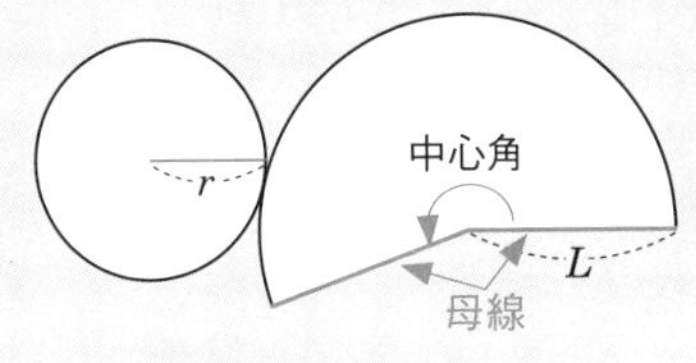

中心角を求める式
$$\frac{r\,(\text{半径})}{L\,(\text{母線})} = \frac{\theta\,(\text{中心角})}{360^\circ}$$

底面積（円）　：$\pi \times r^2$
側面積（扇形）：$\pi \times L \times r$
表面積 ＝側面積＋底面積
$= \pi \times L \times r + \pi \times r^2$

正三角形を４枚張り合わせてできた図形を正四面体といいます。１辺の長さがaのとき正四面体の高さhは

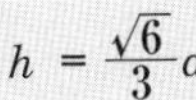
$$h = \frac{\sqrt{6}}{3}a$$

となります。それでは，例題を解いていきましょう。

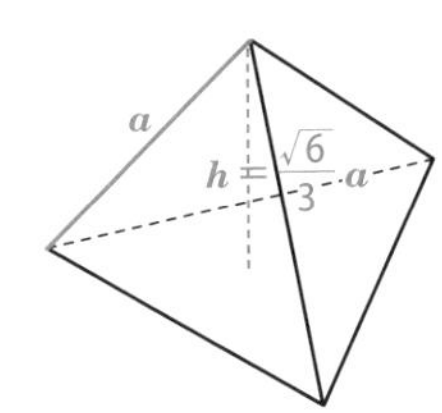

例題１

底面の半径 3 cm，高さ 4 cmの直円すいの表面積として，正しいのはどれか。

（警視庁Ⅲ類）

1　24π cm²　　**2**　25π cm²　　**3**　27π cm²
4　30π cm²　　**5**　32π cm²

解法のステップ

直円すいは右図のような図形です。表面積を求めるために，底面の円の面積と側面積を求めます。側面積は公式を活用していきます。そのために母線の長さが必要となるので，三平方の定理を用いて計算していきます。

●Step 1　三平方の定理で母線の長さを求める

母線の長さをLとします。三平方の定理より

$$L^2 = 3^2 + 4^2$$
$$L = 5$$

●Step 2　底面積，側面積を求める

円すいの表面積は右欄の図のとおり，底面積（円）①と側面積（扇形）②を合わせたものです。

底面積（円）①は，半径$r = 3$なので

底面積（円）①：$\pi \times r^2 = \pi \times 3^2 = 9\pi$

側面積（扇形）②は，母線の長さ$L = 5$，半径$r = 3$なので

側面積②：$\pi \times L \times r = \pi \times 5 \times 3 = 15\pi$

●Step 3　表面積を求める

表面積は，底面積（9π）＋側面積（15π）で求まるので

$$9\pi + 15\pi = 24\pi$$

よって，本問の正答は**1**です。

母線の長さ？

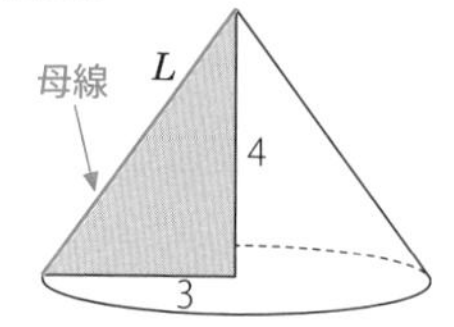

計算お助け

$L^2 = 3^2 + 4^2$
$= 9 + 16$
$= 25$
$L > 0$ より $L = 5$

底面積・側面積

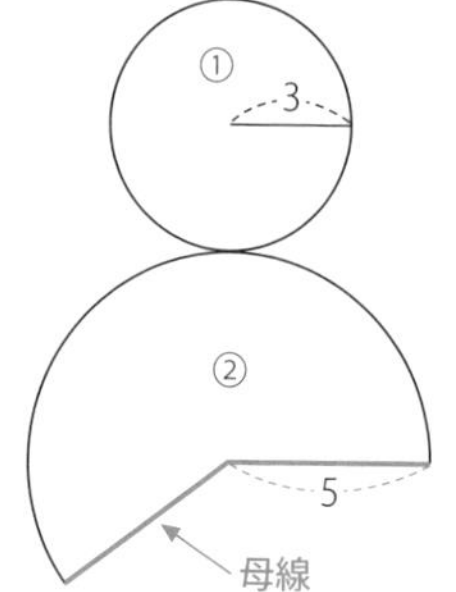

例題2

1辺の長さが6の正四面体の体積として，正しいのはどれか。　（警視庁Ⅰ類）

1　$18\sqrt{2}$　**2**　$18\sqrt{3}$　**3**　36　**4**　$18\sqrt{6}$　**5**　72

解法のステップ

正四面体は正三角形を4枚張り合わせてできた図形なので，底面は正三角形となります。そのため1辺6の正三角形の面積を求めて，高さを求めれば体積を求めることができます。なお，正四面体のほかに，公務員試験で覚えておきたい

正多面体は正六面体（立方体）と正八面体の２つです。

正六面体(立方体)

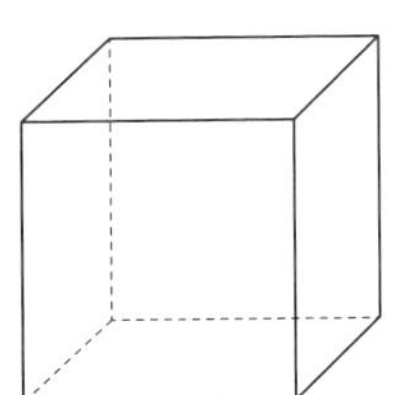

正八面体

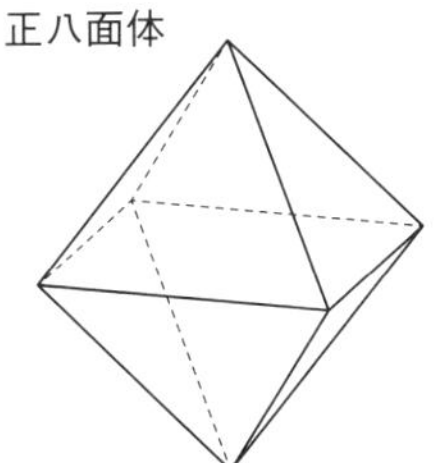

●Step 1　底面(正三角形)の面積を求める

底面は１辺の長さが６の正三角形です。高さがわからないので高さを求めます。下図から，高さは

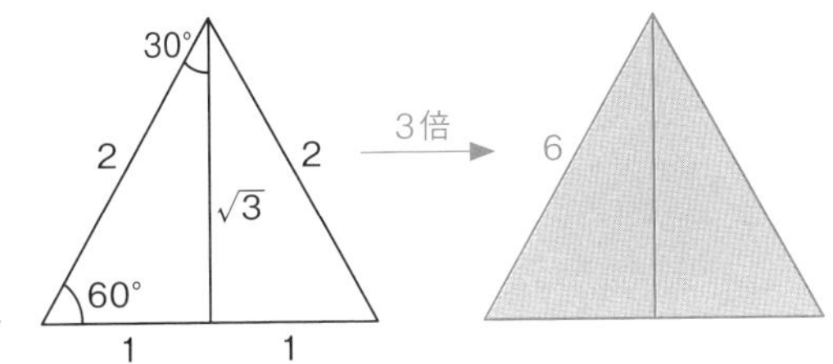

$$\sqrt{3}\times3=3\sqrt{3}$$

よって底面積は，底辺が６，高さが$3\sqrt{3}$なので

$$6\times3\sqrt{3}\div2=9\sqrt{3}$$

●Step 2　正四面体の高さを求める

1辺aの正四面体の高さは$\dfrac{\sqrt{6}}{3}a$なので「$a=6$」を代入して

$$\frac{\sqrt{6}}{3}a=\frac{\sqrt{6}}{3}\times6=2\sqrt{6}$$

●Step 3　正四面体の体積を求める

Step ２，Step ３より底面積が$9\sqrt{3}$，高さが$2\sqrt{6}$なので

$$9\sqrt{3}\times2\sqrt{6}\times\frac{1}{3}=18\sqrt{2}$$

よって，本問の正答は**1**です。

問題文の状況

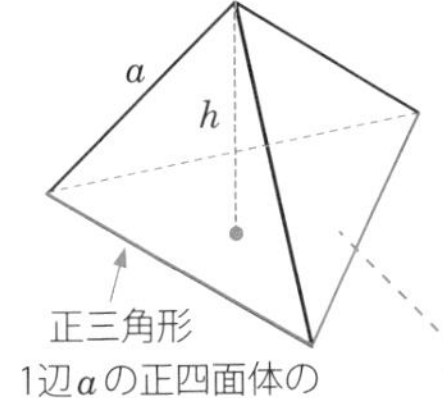

1辺aの正四面体の高さhは

$$h=\frac{\sqrt{6}}{3}a$$

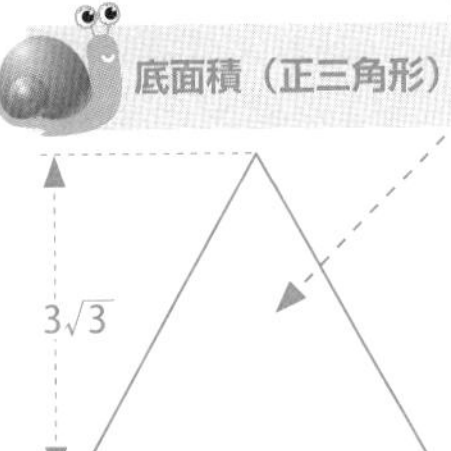

典型的な三角形の比

1：2：$\sqrt{3}$の直角三角形のほかに，直角二等辺三角形の比 1：1：$\sqrt{2}$も覚えておきましょう。

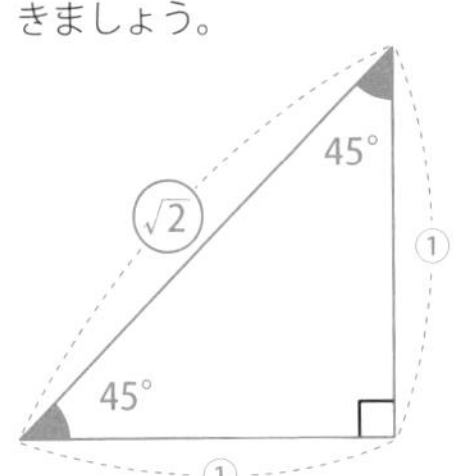

計算お助け

$9\sqrt{3}\times2\sqrt{6}\times\dfrac{1}{3}$

$=3\sqrt{3}\times2\sqrt{6}$

$=6\sqrt{18}$

$=6\times3\sqrt{2}$

$=18\sqrt{2}$

例題3

下図のような底面の半径3，母線の長さ9の円すいと表面積が等しい立体として，最も妥当なものはどれか。

（警視庁Ⅰ類）

1　1辺の長さが6の正八面体
2　底面の半径1.5，母線の長さ4.5の円すい2個を底面どうしぴったり合わせた立体
3　底面の半径2，高さ6の円柱
4　半径$2\sqrt{3}$の半球
5　半径$3\sqrt{3}$の球

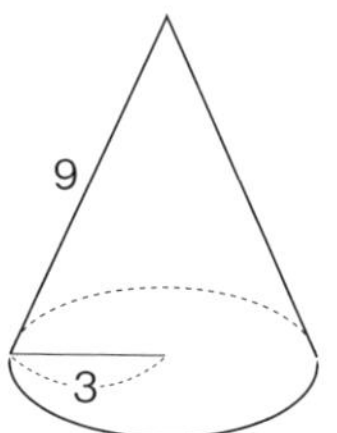

解法のステップ

まず展開図を書き，扇形の表面積を求めましょう。母線が問題文にあるので右欄の公式を活用していきましょう。

●Step 1　問題文の表面積を求める

展開図を書くと，扇形と円が現れます。

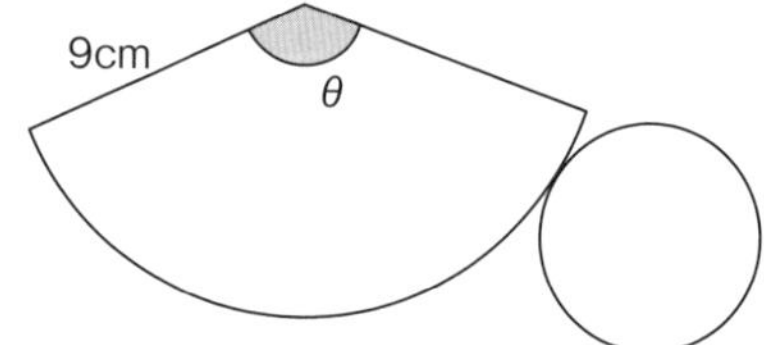

母線$L=9$，半径$r=3$より，側面積と底面積は

側面積（扇形）：$\pi\times L\times r=\pi\times 9\times 3=27\pi$
底面積（円）：$\pi\times r\times r=\pi\times 3\times 3=9\pi$

この結果より表面積は

$$27\pi+9\pi=36\pi$$
扇形　円　表面積

●Step 2　各選択肢の表面積を求める

［選択肢**1**］正八面体は右欄の図のように正三角形を8枚貼り合わせた図形です。よって，正三角形の面積を求めて8倍すれば表面積を求めることができます。しかし，そもそも正三角形の面積で「π」が出てくることはないので，この選択肢が正答になることはありません。ここでは，確認のため計算していきます。

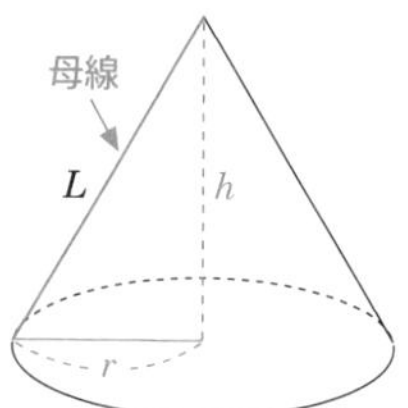

側面積：$\pi\times L\times r$

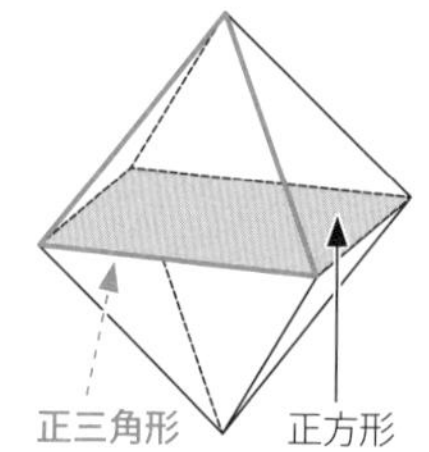

正三角形の面積×8

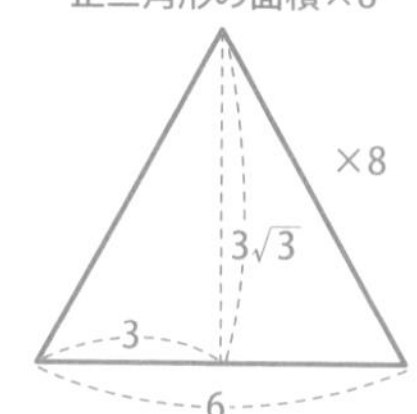

$$6\times3\sqrt{3}\div2=9\sqrt{3}\ \cdots①$$

よって，正八面体の表面積は，①を８倍して

$$9\sqrt{3}\times8=72\sqrt{3}$$

［**選択肢２**］底面の半径，母線の長さが問題文の条件の半分，面積比は長さの比の２乗となるので，側面積は$\frac{1}{4}$，それが２つなので側面積の$\frac{1}{2}$（$27\pi\times\frac{1}{2}=13.5\pi$）です。

このように具体的に計算をしなくても，Step1の結果を用いて求めることもできます。具体的に計算する場合は，母線$L=4.5$，半径$r=1.5$の側面積が２つなので，

$$\pi\times4.5\times1.5\times2=13.5\pi$$

［**選択肢３**］側面の横の長さ（底面の円周の長さ）を求めると，半径$r=2$なので

$$2\pi r=2\times\pi\times2=4\pi$$

円柱の表面積は，底面が2つあることに気をつけて求めると

底面積（円）：$\pi\times2\times2\times2=8\pi$
側面積（長方形）：$4\pi\times6=24\pi$
表面積＝底面積＋側面積：$8\pi+24\pi=32\pi$

よって，36πにならないので不正解です。

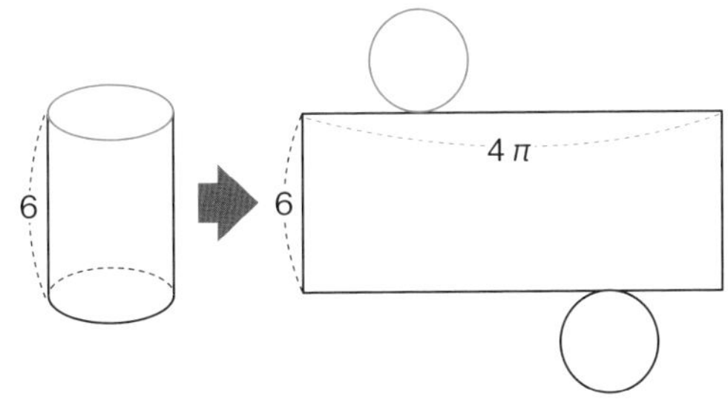

［**選択肢４**］この問題を通して球の表面積の公式を確認しましょう。半球の表面積は，半球の部分と底面部分の円の面積をそれぞれ求めます。半径$r=2\sqrt{3}$の半球なので，表面積の公式（$4\pi r^2$）と円の面積の公式（πr^2）に代入して

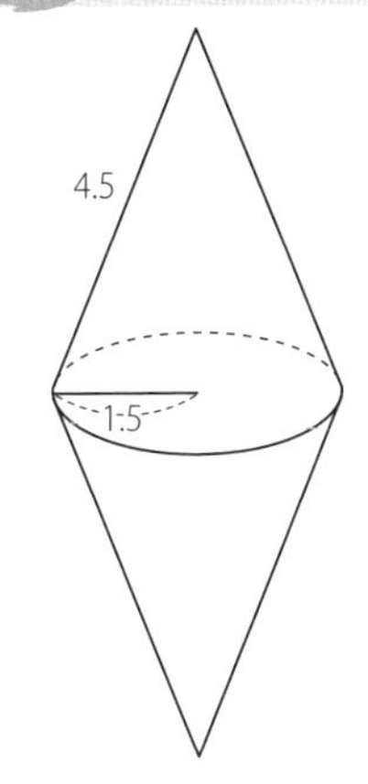

球体の表面積・体積

半径rの球体の
表面積：$4\pi r^2$
［語呂］心配ある事情
体積：$\frac{4}{3}\pi r^3$
［語呂］身の上（３の上に４）に心配があるので参上（３乗）した

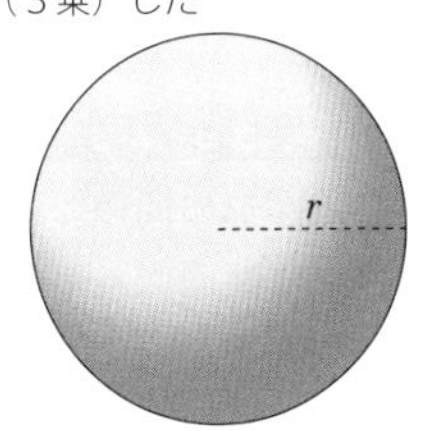

半球の表面積

半球の表面積は「球の表面積÷２」ではありません！底面部分の面積を足すのを忘れないようにしましょう。

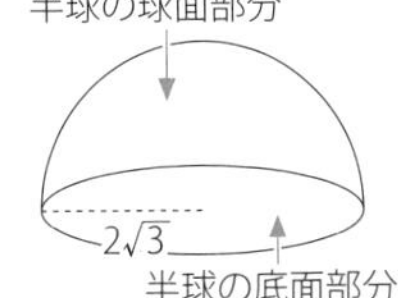

半球の球面部分：$4\pi r^2 \div 2$
$= 4 \times \pi \times (2\sqrt{3})^2 \div 2$
$= 24\pi$
半球の底面部分：$\pi \times (2\sqrt{3})^2 = 12\pi$
半球の表面積　：$24\pi + 12\pi = 36\pi$

よって，本問の正答は**4**です。

［**選択肢5**］いちおう確認しましょう。半径$r = 3\sqrt{3}$の球なので，表面積の公式（$4\pi r^2$）に代入して

$$4\pi r^2 = 4 \times \pi \times (3\sqrt{3})^2$$
$$= 108\pi$$

$4 \times \pi \times (2\sqrt{3})^2 \div 2$
$= 2 \times \pi \times 2^2(\sqrt{3})^2$
$= 2 \times \pi \times 4 \times 3$
$= 24\pi$

例題4

半径10cmの球を，平行な2平面で切断したところ，その２平面の中心の距離は14cmとなった。１つの断面の半径が６cmとすると，もう１つの断面の半径はいくつか。

（地方上級）

1　7cm
2　8cm
3　$5\sqrt{3}$cm
4　9cm
5　$7\sqrt{2}$cm

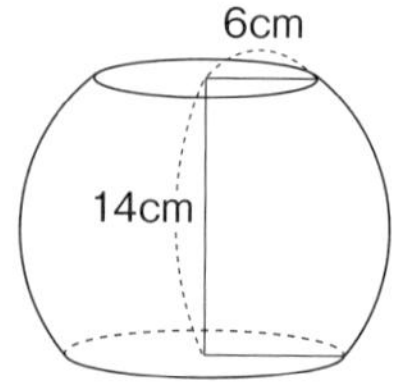

解法のステップ

立体図形の問題ではありますが，立体のまま考えると難しいので「断面図＝平面図形」として考えます。右図のように球の中心を通るように断面（平面）図を考えていきます。

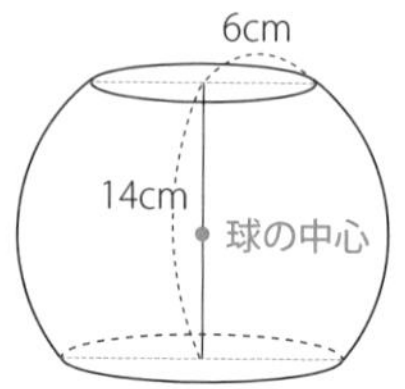

●Step 1　球体を切断した断面(平面)を考える

球の中心を通るように切断し，円の問題の原則である中心・交点・接点を結びます。半径10cmの情報も記入すると

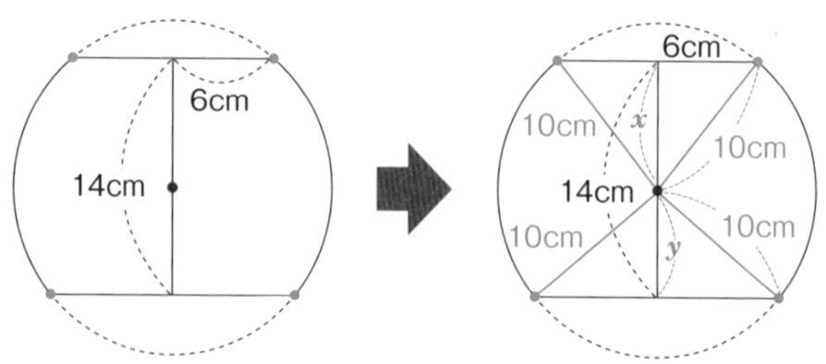

●Step 2 上の断面(平面)と下の断面(平面)と球の中心の距離を求める

球の中心と上の断面（平面）との距離をxとすると，三平方の定理よりxは

$$x^2+6^2=10^2$$
$$x=8$$

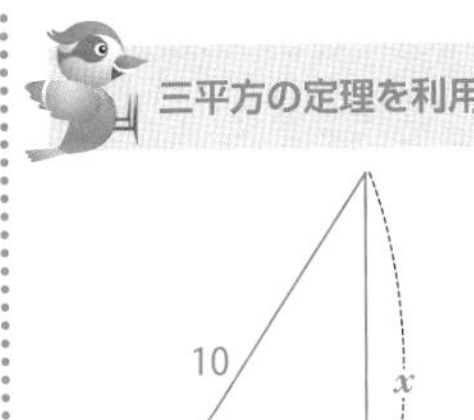

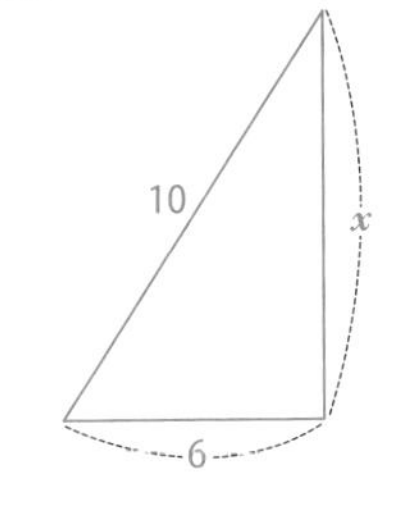

球の中心と下の断面（平面）との距離をyとすると，yは2平面の中心の距離14から球の中心と上の断面（平面）との距離$x=8$を引けばよいので

$$y=14-x$$
$$=14-8$$
$$=6$$

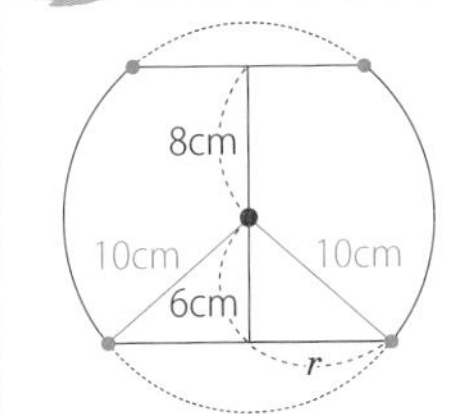

●Step 3 下の断面(平面)の半径を求める

Step 1，Step 2より，もう1つの断面の半径をrとすると，底辺r，高さ$y=6$cm，斜辺10cmの三角形が作れるので，三平方の定理より

$$r^2+6^2=10^2$$
$$r=8$$

よって，本問の正答は**2**です。

例題5

図のように，半径$\frac{\sqrt{2}}{2}$，高さ$3\sqrt{2}\pi$の円柱の上面の点Aから糸を，円柱の側面をちょうど3周して点Aの直下にある底面の点Bに到達するように巻きつけるとき，糸の最短の長さはいくらか。

ただし，糸の太さおよび弾力性は考慮しないものとする。

（国家総合職）

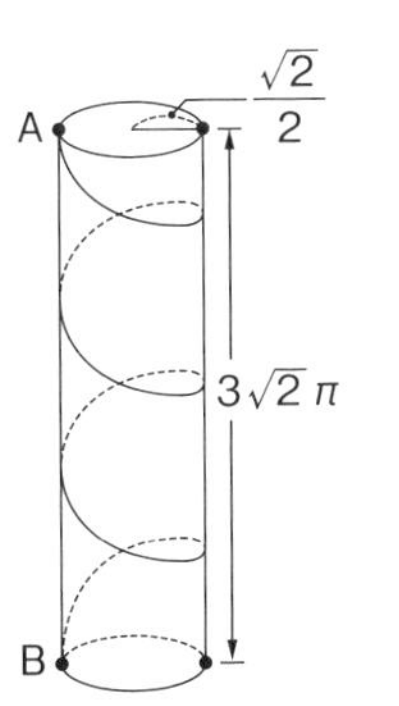

1 $2\sqrt{5}\pi$　**2** $\frac{9}{2}\pi$

3 6π　**4** $6\sqrt{2}\pi$

5 9π

解法のステップ

立体の表面上の最短距離は，展開図上で直線となるので，まず展開図を書いていきましょう。右図のように底面の円周の長さと側面の横の長さが一致します。側面の横の長さを求めるために，円周の長さを求めていきましょう。

●Step 1　底面の円周を求めて展開図を書く

底面の円周の長さは$r=\dfrac{\sqrt{2}}{2}$より

$$2\pi\times\frac{\sqrt{2}}{2}=\sqrt{2}\pi$$

糸は円柱の側面をちょうど3周するので，下図のように，側面を「3つ」つなげて考えます。側面を3つつなげたときの長さは

$$\sqrt{2}\pi\times3=3\sqrt{2}\pi$$

です。

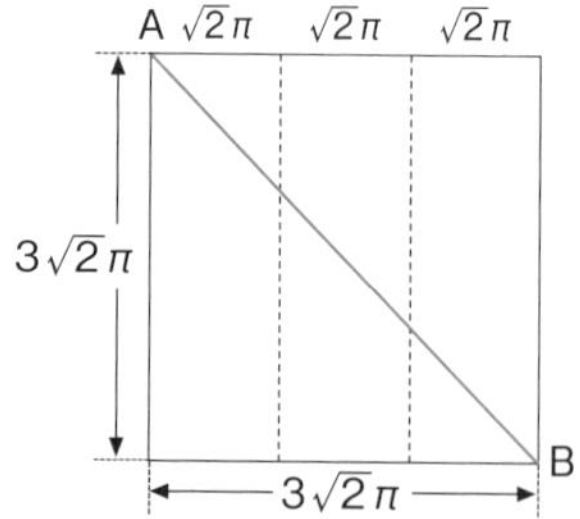

●Step 2　問題文の最短距離を求める

求める糸の長さをxとすると三平方の定理より

$$(3\sqrt{2}\pi)^2+(3\sqrt{2}\pi)^2=x^2$$
$$x>0\text{より}\ x=6\pi$$

よって，本問の正答は**3**です。

右欄のように，直角二等辺三角形の性質を利用して

$$x=3\sqrt{2}\pi\times\sqrt{2}=6\pi$$

としてもよいです。

円柱の展開図（一部分）

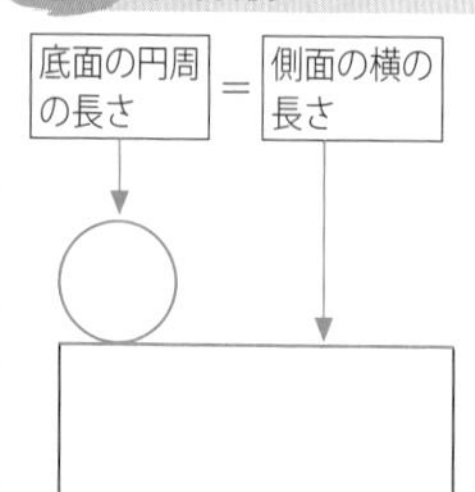

円周の長さ

半径r，円周率πの円の周の長さは
$2\pi r$

1：1：√2（45°，45°，90°）の直角二等辺三角形

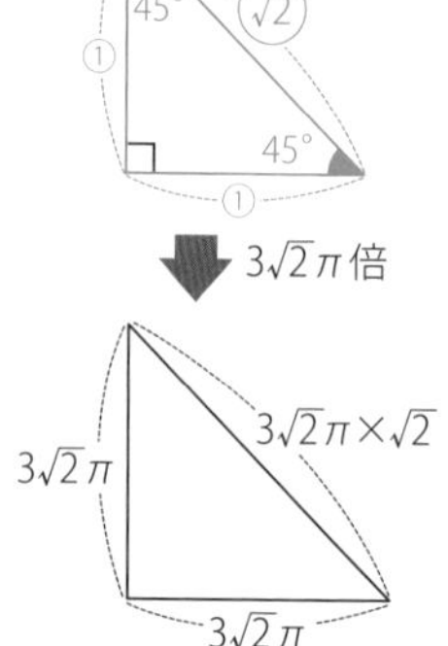

計算お助け

$(3\sqrt{2}\pi)^2+(3\sqrt{2}\pi)^2=x^2$

$18\pi^2+18\pi^2=x^2$

$36\pi^2=x^2$

$\pm6\pi=x$

例題 6

下の図のような底面の半径4cm，母線の長さ12cmの円すいがある。底面の円周上の点Aから側面を1周する線を引いたとき，その最短の長さとして，最も妥当なものはどれか。

（東京消防庁Ⅰ類）

1 $6\sqrt{2}$cm
2 $6\sqrt{3}$cm
3 $12\sqrt{2}$cm
4 $12\sqrt{3}$cm
5 $16\sqrt{2}$cm

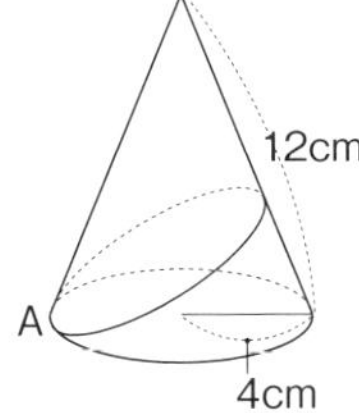

解法のステップ

まず展開図を書き，扇形の中心角を求めましょう。右欄にある母線と半径の公式を活用していきます。

母線と半径の公式

$$\frac{r\,(\text{半径})}{L\,(\text{半径})} = \frac{\theta\,(\text{中心角})}{360°}$$

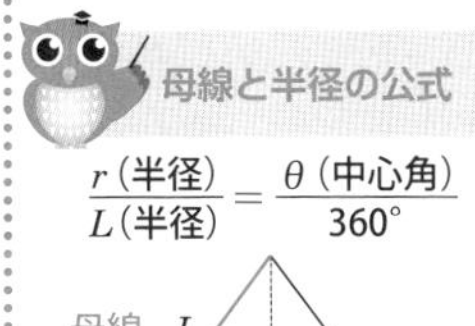

●Step 1　展開図を書いて中心角を求める

側面の展開図を書くと次のとおりです。

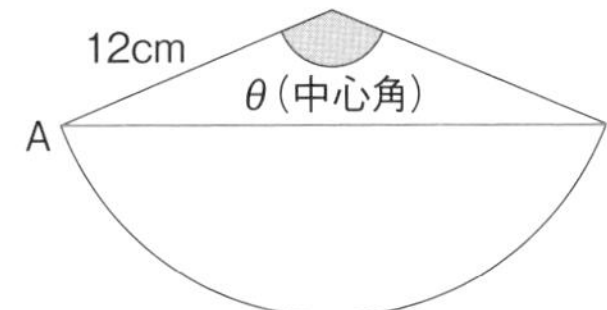

母線$L=12$，半径$r=4$なので，公式より中心角θを求めると，

$$\frac{4}{12}=\frac{\theta}{360°}\quad\text{より}\quad\theta=120°$$

計算お助け

$$\frac{4}{12}=\frac{\theta}{360°}$$

$$\frac{1}{3}=\frac{\theta}{360°}$$

$$\frac{1}{3}\times 360°=\theta$$

$$120°=\theta$$

●Step 2　問題文の最短の長さを求める

中心角が120°なので，側面を１周する線（下図の青線）に垂線の足Mを下ろして考えます。

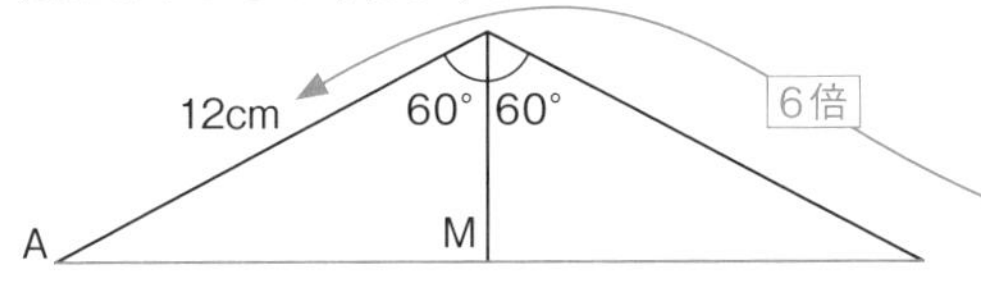

30°，60°，90°の三角形

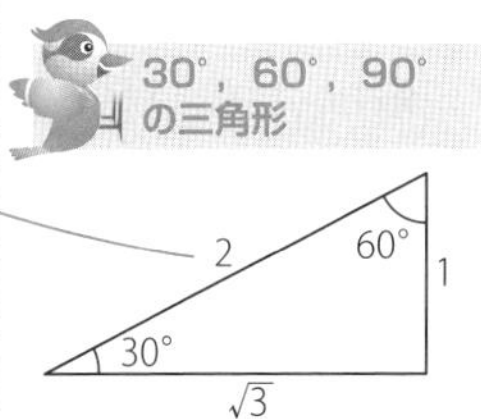

上図より，AMの長さが$6\sqrt{3}$なので，求める側面を１周する線の最短の長さはAMの長さを２倍して

$$6\sqrt{3}\times 2=12\sqrt{3}$$

よって，本問の正答は**4**です。

■ **佐々木　淳**（ささき　じゅん）
1980年宮城県生まれ。防衛省海上自衛隊小月教育航空隊数学教官（特別職国家公務員）。
東京理科大学理学部第一部数学科卒業後，東北大学大学院理学研究科数学専攻修了。代々木ゼミナール数学科講師および東京アカデミー数的処理講師を経て，防衛庁職員Ｉ種およびⅡ種「数学区分」に首席合格し，現職。パイロット候補生に対する入口教育の充実・発展に大きく尽力した功績が認められ，事務官等職では異例の３級賞詞を２度受賞している。
主な書籍に『身近なアレを数学で説明してみる』『いちばんやさしいベイズ統計入門』（いずれもSBクリエイティブ刊）がある。また，『読売中高生新聞』の理数コーナー「リスる」の連載も担当している。

■ デザイン・組版

カバーデザイン　斉藤よしのぶ
本文デザイン　パラゴン
DTP組版　森の印刷屋

●本書の内容に関するお問合せについて

本書の内容に誤りと思われるところがありましたら，お手数ですがまずは小社のブックスサイト（jitsumu. hondana. jp）中の本書ページ内にある正誤表・訂正表をご確認ください。正誤表・訂正表がない場合や，正誤表・訂正表に該当箇所が掲載されていない場合は，書名，発行年月日，お客様のお名前・連絡先，該当箇所のページ番号と具体的な誤りの内容・理由等をご記入のうえ，郵便，FAX，メールにてお問合せください。

〒163-8671　東京都新宿区新宿 1-1-12　実務教育出版　第二編集部問合せ窓口
FAX：03-5369-2237　　E-mail：jitsumu_2hen@jitsumu.co.jp

【ご注意】※電話でのお問合せは，一切受け付けておりません。
※内容の正誤以外のお問合せ（詳しい解説・受験指導のご要望等）には対応できません。

公務員試験
最初でつまずかない数的推理

2021年９月30日　初版第１刷発行　〈検印省略〉

著　者――佐々木 淳
発行者――小山隆之

発行所――株式会社 実務教育出版
〒163-8671　東京都新宿区新宿１-１-12
☎編集　03-3355-1812　販売　03-3355-1951
振替　00160-0-78270

印　刷――精興社
製　本――東京美術紙工

ISBN978-4-7889-4529-6　C0030　Printed in Japan
落丁・乱丁本は本社にておとりかえいたします。